羅爭鳴 著

雲笈管窺

2018年度國家社科基金冷門絕學與國別史專項項目
"步虛詞及其吟綫譜復原研究"（批准號：18VJX057）

2022年度教育部人文社會科學重點研究基地重大項目
（批准號：22JJD750018）階段性成果

本著獲得華東師範大學中文系學術出版基金資助

圖一：河南省登封市嵩陽書院右側新址所立《大唐碑》

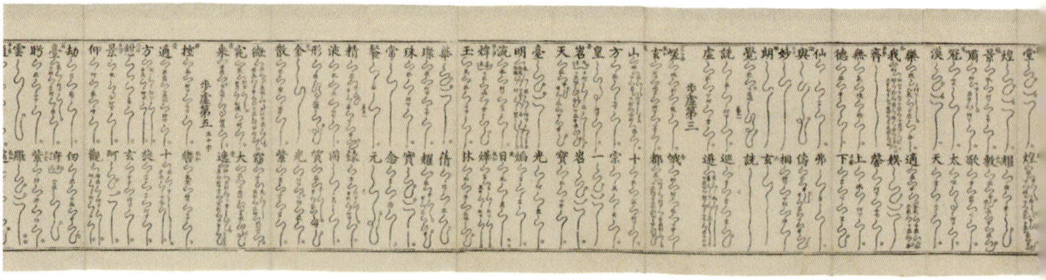
步虛第五
步虛第三

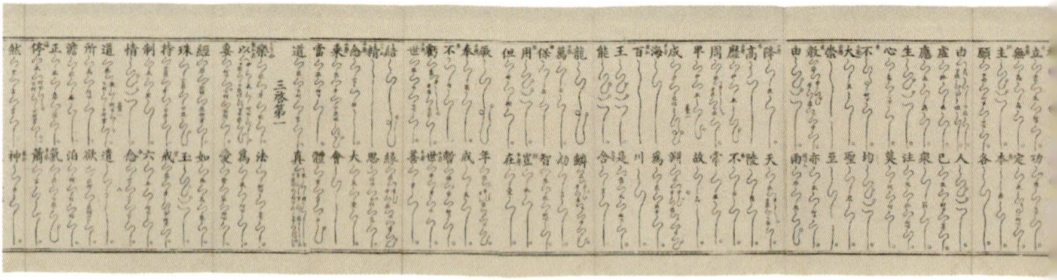
三啓第一

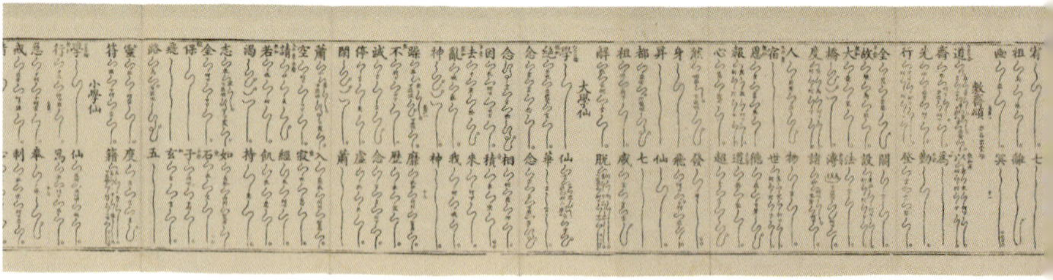
大學仙
小學仙

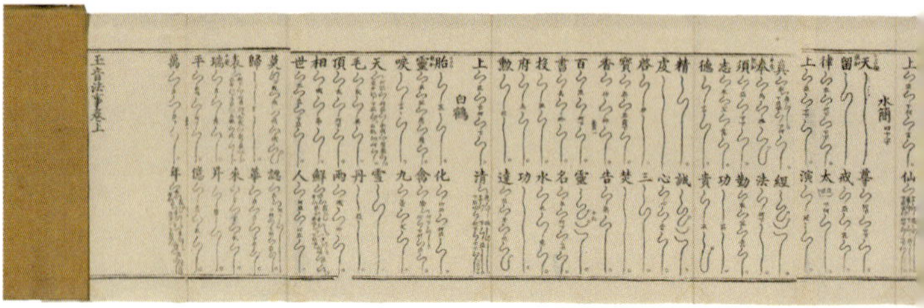
水簡
白鶴
玉音法事卷上

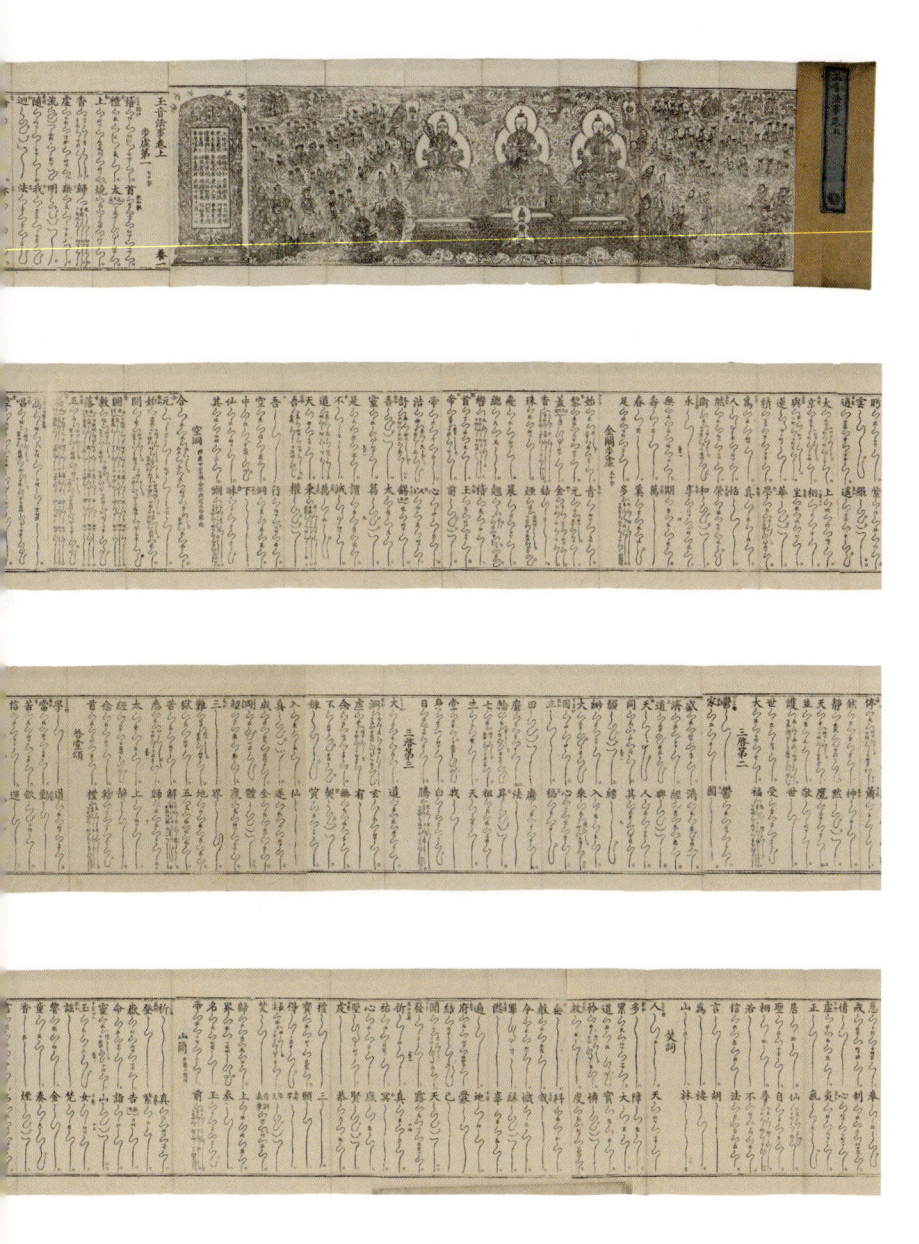

圖二：青島博物館藏《正統道藏》洞玄部讚頌類《玉音法事》卷一

圖三：《大唐碑》碑文拓片

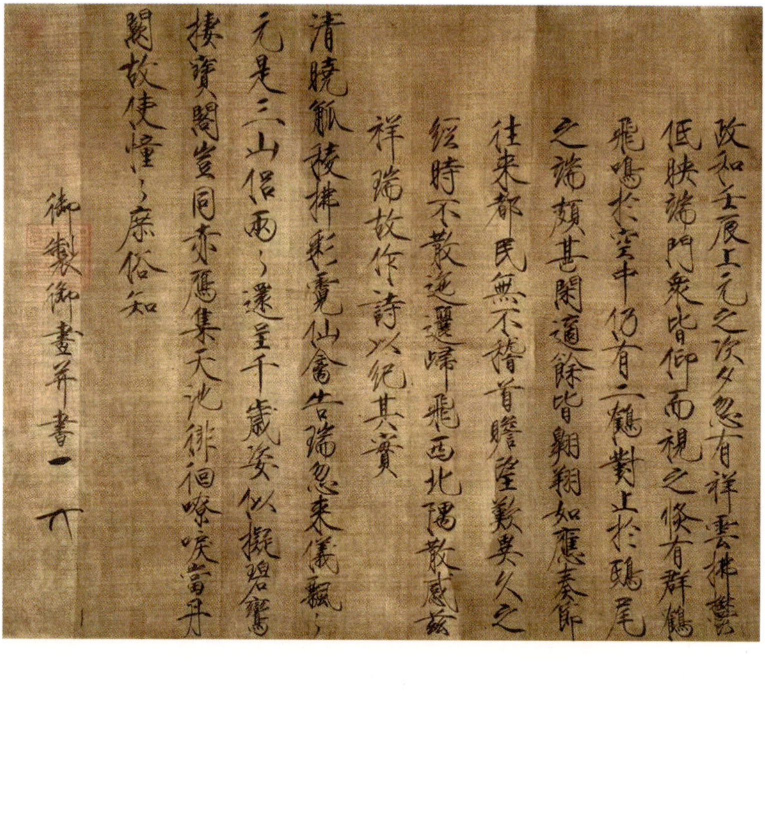

政和壬辰上元之次夕忽有祥雲拂鬱低映端門眾皆仰而視之倏有群鶴飛鳴於空中仍有二鶴對止於鴟尾之端頗甚閑適餘皆翺翔如應奏節往來都民無不稽首瞻望歎異久之經時不散迤邐歸飛西北隅散矣感茲祥瑞故作詩以紀其實

清曉觚棱拂彩霓仙禽告瑞忽來儀飄飄元是三山侶兩兩還呈千歲姿似擬碧鸞棲寶閣豈同赤鴈集天池徘徊嘹唳當丹闕故使憧憧庶俗知

御製御畫并書

圖四：宋徽宗《瑞鶴圖》一側"瘦金體"詩文部分

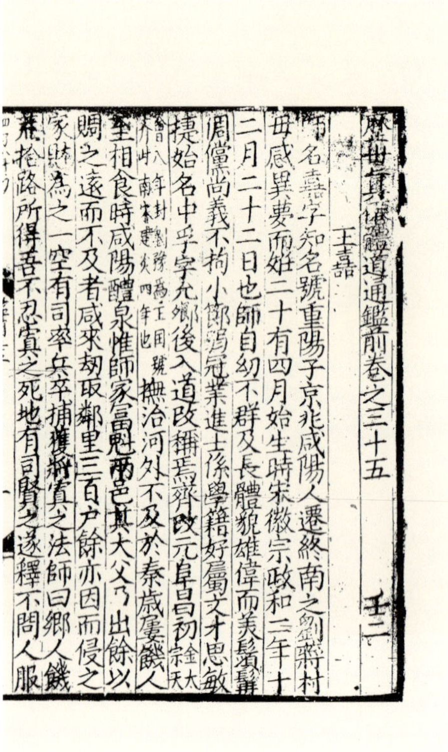
歷世真仙體道通鑑前卷之三十五　十二

王嚞

師名嚞字知名號重陽子京兆咸陽人遷終南之劉蔣村
母感異夢而娠二十有四月始生時宋徽宗政和二年十
二月二十二日也師自幼不群及長體貌雄偉而美鬚髯
倜儻尚義不拘小節乃冠業進士係學籍好屬文才思敏
捷始名中孚字允卿後入道改稱焉齊阜昌初（金太宗天會八年封劉豫為齊王國號大齊南宋紹興四年也）撫治河外不及於秦歲屢饑人
至相食時咸陽醴泉惟師家富魁兩邑其大父乃出餘以
賙之遠而不及者咸來刼取鄉里三百户餘亦因而侵之
家貲為之一空有司率兵卒捕獲將寘之法師曰鄉人饑
求捨路所得吾不忍寘之死地有司賢之遂釋不問人服

圖五：國家圖書館藏元刊明修本《歷世真仙體道通鑑》三卷殘本書影

序

　　羅爭鳴教授將歷年與道教文學與文獻相關論文18篇，結集爲《雲笈管蠡》一書，囑我寫序："這是我的第一本論文集，老師要爲我把把關。"我當然無以推辭。爭鳴走上與道教有關的學術道路，緣起於他隨我讀博期間的論文選題。此後二十多年，他始終堅守不棄，加上在華東師範大學古籍研究所工作，所受工作環境與學術傳統的影響，學術境界漸次提升。又曾到美國哈佛大學、威斯康星大學先後訪學兩年，對海內外道教研究的長期積累與前沿動態，有了更深入、全面的把握與體會。而我則受困於正史修訂與《唐五代詩全編》的編纂，道教典籍有所接觸，但始終缺乏全面系統的研究。結合我自己的工作，我對他的這些論文抱持很大的興趣，願意借此機會，談一些自己閱讀的體會。

　　道教是中國本土產生的宗教，一般以爲淵源於漢代，勃興於兩晉與南北朝時期，至有唐一代則因道祖老子姓李的傳聞，與李唐皇室產生聯繫，獲得空前的尊崇。宋以後道教從外丹到內丹，更與各種民間宗教產生融合，形成空前的影響力，真如江河行地，汪洋恣肆而各成面貌。也許因爲道教修行的目的是長生久視，飛拔升仙，重在儀軌與修行，不太關注典籍之準確與保存，也常忽略著作之年代與作者之歸屬。與佛藏著録保存之豐富可徵相比較,道書之結集雖可追溯到葛洪與陶弘景的時代,前蜀杜光庭、北宋張君房乃至金元間高道,也都有道藏之編修,不僅原書無存,藏目也難以恢復。今人之道藏研究,十之九五僅能依據通行的影印本《正統道藏》和《萬曆續道藏》。近年雖有《藏外道書》的結集、《中華道藏》的會校、《道書集成》的影印,《道藏》的數位文本也有所披布,但諸書問題都很多。我記得曾參加 20 世紀 90 年代末國家圖書獎的評審,《藏外道書》影印質量差還是小事,其間與《正統道藏》多有重複,有時一書收了兩三遍,實在很不理想。《中華道藏》是難得的衆多一線學者參與的著作,對敦煌文本也多有參校,然各書解題仍顯簡略,標點斷句的問題也有不少。《道書集成》我曾自購一套,是《正統道藏》加各種藏外道書的拼合,署名洞齋散人的序分析了《正統道藏》三洞四輔十二類分類的得失、近代以來的各種分類討論,可見作者根底之不弱。不過六十册彙印的大書,僅書首有一没有注出所在卷册頁碼的目録,各册前也没有目録,混圇堆出,誠不改仙書本色。提到這些情況,是要表達我的感受,隨着學術風氣的變化,道教及其文獻之研究,域内與海外比較,雖然已經有長足的進步,問題仍很多,高質量的學術論著尤其值得期待。道教是一門宗教、一種信仰、一項修行,但道教史或道教文獻研究則是一門科學,研究者必須具備全面把握文獻、綜合分析文獻、準確寫定文獻,并進而與時代、社會、作者之人生境遇相結合,作出獨到、深刻而清晰的論述。我知道,海外學者爲此曾付出艱辛努力,幾代學者前赴後繼地展開《道藏》工程,爲確定《道藏》各書的時代與作者、文本形成與衍化,以及各道派的演進及其代表人物的論述,做過大量值得肯定的基礎工作。國内則自《道藏提要》以後有部分之參取,存疑問題尚多。當然,以上僅是我作爲局外人的觀感,未必恰當,但心有戚戚焉。

　　爭鳴教授本書分爲"道教文學""道教金石與書畫""道經文獻"三部分,表述他對所作學術研究的分類。我注意到他早期寫過有關杜光庭的多篇有份量的論文,晚近出版過《杜光庭傳記十種輯校》,近期有《杜光庭全集》的展開,本書幾未涉及,不知是別有結集計劃,還是堅持已刊布者不再重複的原則。本書內容上起六朝,下及有清,尤其關心唐宋金元的道教典籍。其中我特別關心的是他已堅持多年、近期應可定稿的元趙道一《歷世真仙體道通鑑》的校點整理。本書所收《趙道一〈歷世真仙體道通鑑〉的編纂、刊刻與流傳論考》一文,透露了該書整理的基本情況。從《神仙傳》《列仙傳》到五代的《續仙傳》《賓仙傳》,神仙不僅是修道有成的典範人物,更是得道高真的事實與傳聞雜糅的傳記。僧人從慧皎《高僧傳》以後,代有續書,雖也不免傳聞,總以徵信爲原則。仙傳在趙道一以前沒有總彙類的著作,趙書包括正編及《續編》《後集》,總達 64 卷,近 900 篇,是元代以前神仙或高道傳記的總彙類著作,其中包含的道教傳記與傳奇小說文本,極其豐富。比方唐裴鉶《傳奇》中的仙事,幾乎都收入了,如文簫遇吳綵鸞故事,趙書所引比《歲時廣記》多百餘字,許栖巖遇曲龍山仙故事,僅見《歷世真仙體道通鑑》卷三二有存。我在唐詩寫定中,對此很重視,但趙書目前通行本僅《正統道藏》一本,其間錯訛多有。爭鳴在中外公私收藏中調查此書之存本,發現兩個元刻明修的殘本,以及多個明抄本、刻本、活字本,理清了趙書刊刻、流傳過程中的兩個系統,並說明"此中關係錯綜複雜"。大約正因爲此,他爲此費時甚多,讓希望盡快讀到新本的我,真有望眼欲穿之感。

類似論文還可以提到《楊凝式刻帖〈新步虛詞〉與韋渠牟原作考論》，因爲我在校定唐詩，其中楊凝式書跡，注意到《金石録》卷九曾著録，根據中華書局 1936 年影印《舊拓五代楊少師法帖五種》校録，將明末董其昌刻《戲鴻堂帖》卷一一所載區別對待。因爲楊凝式書法名重五代，存世墨跡又少，前人對此討論極多。爭鳴對歷代書家之説徵引詳備，述及《戲鴻堂帖》初刊木刻本焚毁，存世不多，董玄宰重刻本摹拓失真，過於粗率，且因其中涉及書跡真偽與文本所載楊凝式官守及帖後所附題跋皆有問題，前人多有所非議。爭鳴全部占有文獻，平心加以分析，從帖本所存文字與《樂府詩集》和《全唐詩》文本的比讀，認爲帖本雖有殘缺，但從十多處異文分析，均有重要的校勘價值，從而認定此一文本的寫定時間，當早於成書在北宋中晚期的《樂府詩集》。我恰好在處理《唐五代詩全編》中此部分的校樣，原稿録帖文皆存而不改，看來還須再作斟酌。

我近年寫定唐詩，最感困惑而無解的是涉及五代至宋初間三位高人陳摶、鍾離權和吕洞賓名下詩的寫定。清編《全唐詩》中收鍾離四詩、吕詩詞三四百首，陳則未收。我確定的工作原則是《全唐詩》有收詩作無論存删，皆有表達，而跨代人物入宋前有詩者，盡量全收（李昉、徐鉉二家例外），這樣的話，陳摶有多首入宋前詩，鍾離權似乎在五代有痕跡，且有一詩見於敦煌遺書，姑作五代或有其人處理。最麻煩的是吕洞賓，其人名巖，較早的説法是唐海州刺史吕讓的後人，見過丁渭、張洎，太宗時已成名，我懷疑其人本爲宋初道士，存世的《金丹詩訣》《純陽真人渾成集》和《純陽吕真人文集》，可能有部分出此道士之手。全盤考慮文獻而苦無應對之策，只能在保存偽托傳誤詩之《别編》中，專列五卷，記録元以前相傳的吕洞賓詩詞。在讀到争鳴《張伯端及其〈悟真篇〉諸問題的再檢討》及《高象先〈金丹歌〉及其與〈悟真篇〉之關係考論》兩篇後，深感挖掘之深細及結論之可靠，二家之生平與著作、論述皆明晰可知。其中《全唐詩》所收吕之長詩《寄白龍洞劉道人》，《鳴鶴餘音》卷八存吕《西江月》十三首及《解佩令》，皆見於《悟真篇》，可斷爲張作，其他難以落實者尚多。我在這裏提出困惑，希望争鳴別有機緣能給我以解答。

至於道教與政治之關係，本書恰有四篇文章可以對應唐宋四個崇道最熾熱的時期：唐代的玄宗與武宗時代，北宋的真宗與徽宗時代。《"一篇足補世史所未備"：中嶽嵩山〈大唐碑〉考釋》，分析并解讀玄宗天寶前期立於今登封嵩陽書院西側的高近四米、有"中原碑王"之稱的《大唐嵩陽觀紀聖德感應頌碑》。此碑從宋趙明誠《金石錄》著録，歷代皆重其形制與徐浩書法，因撰文者爲權相李林甫，鄙其人而每忽略其價值。此碑内容包含複雜的道教説辭，釋讀也每多訛誤。争鳴努力"從宗教實踐和當時的歷史語境出發"，闡發其學術價值。他首先網羅此碑之善拓與前人録文，斟酌勘誤，校正文本，在參考相關研究的基礎上，確認碑立於天寶九載八月後至十載正月前。而碑所載内容，乃道士孫太沖爲玄宗修煉金丹，最後於嵩山合神丹功畢之始末。煉丹之緣起，則與天寶初符瑞頻繁出現，玄宗也廣興尊道之舉，官員與民間更因玄宗六十大壽而頌其"聖壽無疆""長生久視"。争鳴細讀碑文，確信從煉丹成到李林甫撰碑文，到全碑立成，歷時長達四五年，進而追究玄宗修煉金丹的真實目的和黄白術在開元、天寶之際的真實情況。争鳴説到碑中有很多金丹術語，其具體方法與道教丹經中所説有很大不同，逐一加以解讀，更看到過程之曲折和漫長，圍繞煉丹有成則形成一系列的崇道頌聖活動。其間還提到煉丹道士孫太沖與李白的來往,更是有趣的話題。正史僅紀君主之大節,像這樣舉世若狂的煉丹崇道活動,權相李林甫親自撰碑爲皇帝頌福,也可看到史所缺載的歷史中生動有趣的一幕。

《〈洞玄靈寶三師記并序〉作者歸屬及相關的會昌滅佛問題》,則從《道藏》所收記錄隋唐時期南嶽天台系三位高道田虛應、馮惟良、應夷節傳記的《洞玄靈寶三師記》,記前有序,不署作者,從文本敘述,可知作者爲度師應夷節的弟子廣成先生。《道藏》本署爲"廣成先生劉處静撰",《道藏提要》以爲此廣成先生即名道杜光庭。對此,西方學者有所質疑,但未作結論。爭鳴認爲,杜之獲封廣成先生在前蜀時,與此書稱時爲"有唐"不合。爭鳴認爲要完全作結論還有些證據不足,但可以肯定此人是田虛應四大弟子之一,但《三師記》提到馮惟良、陳寡言、徐靈府三人,缺稱的一位,下文提到憲宗時詔徵不起的"廣成先生劉君猶居嶽下"者,即此序作者。他論證劉君爲劉元靖,即劉玄靖,宋人諱改,爲會昌間鼓動武宗滅佛之爲首道士,宣宗即位後作爲首惡被誅。本篇揭開了會昌滅佛間道士參與決策,且將宗教爭端訴諸政治迫害滅殺的内幕細節。雖爲《道藏》中一部小書而發,但涉及内涵則頗驚心動魄。

《〈翊聖保德真君傳〉的編撰流傳與宋初皇權的更迭》則對真宗朝名臣王欽若撰《翊聖保德真君傳》,混合史傳、志怪筆法,寫宋初50年間黑煞神降言張守真事件。這裏涉及宋開國金匱之盟和太宗繼位的正統性,借黑煞神降言的方式宣講"晉王(即宋太宗)有仁心"。爭鳴通過全盤梳理文獻,認爲這一記載始於真宗朝,借神言讖語宣稱太宗、真宗父子繼位的正統性。他認爲這是一部難得的道教小説，雖然包含強烈的政治目的和濃烈的宗教色彩，也是一部重視細節安排和文辭修飾的長篇傳記，其中且包括大量《全宋詩》失收的佚詩。《聖藝與"聖王在位"：祥瑞傳統下的徽宗書畫創作》，則揭示宋徽宗這位有道君之稱的聖世皇帝，見於文獻記載和大量存世的書畫創作中，強烈的盛世情懷與"聖王在位"的祥瑞描摹。北宋一代的全面繁榮其實就是在徽宗時期，靖康之難其實是很意外的變故，本文涉及徽宗書畫選題的大量有趣細節，頗值得玩味。

最後要特別介紹本書首篇《步虛儀與步虛詞的相關問題叢考》，這是一篇道教文學研究的力作。全文近三萬字，分七節，即"步虛詞研究的回顧""步虛詞釋義""步虛詞的源頭與早期形態""步虛儀形成過程中的佛教影響""步虛儀對佛教影響的反撥""《太上飛行九晨玉經》與'步罡躡斗'的融攝過程""《步虛》聲與《九晨羽章》"。無論作爲詩題或詞牌，《步虛詞》似乎都習見而廣爲人知，但就道教研究立場展開論述，所見則完全是另一件事。我閱讀此文感覺到震撼，但又不知從何談起，因此只能先將各節標題列出。前人對此討論已多，所以回顧不妨作爲研究的起點。爭鳴的"釋義"，同意一般所説指"靈寶科儀中施行'旋繞步虛'儀節時的唱詞"，他要探討的源頭，則是極其複雜的問題。他認爲最早記載源於西晉竺法護譯《佛説普門品經》"遊步虛空"一句，有其意而未成詞；西秦聖堅譯《羅摩伽經》"步虛而來"，是"步虛"的完整表述，但這時道教科儀已經漸漸成熟。進而討論"步虛"與"步罡"的區别與聯繫，認爲靈寶齋儀中旋繞儀節的步虛，與步罡踏斗的步罡有所不同。解決這一問題，必須從早期道經中尋求答案。這裏牽涉到西方學者重視的《洞真太上神虎隱文》的記載,《漢武帝內傳》中"步玄之曲"的解釋,以及《真誥》前後各書關於步虛、旋行、迴旋的記載,這裏不可避免地牽扯到諸書之出世年代與相互關係。爭鳴舉證豐贍,結論妥適,認爲"我們很難確認哪一首是最早的步虛詞,但通過上清經留存的步虛、步玄、金真詩作,可以對步虛詞的早期形態和類別作個大致的推測"。此後兩節,討論步虛旋行及唱詞中,對佛教的接納及反撥,也體現佛道競爭中既排斥又參取的複雜情況。最後討論《太上飛行九晨玉經》,則在指出步虛與步罡有別時,也特別關注二者在道教科儀中的兼融互攝過程。

　　本書書名參取北宋張君房的《雲笈七籤》,雖説以道教文學與文獻爲主,其實涉及道教形成和流佈中的許多問題。與 20 多年前爭鳴起步做杜光庭研究作比較,域外道教研究的參考已經較爲便捷,涉及道典傳播文獻的公開也更爲充分。爭鳴熟諳地掌握古籍文獻整理的基本原則與方法,更能放開視野全方位地關注各時期的道教隆替與變化,特別重要的是懷抱科學的態度,站在道教本身的立場來理解其學術,並尊重海內外已有的研究見解來提出自己的新見。日本學者研究佛學,有內學、外學、宗學之説,內學是站在佛教本身的立場,外學是站在佛教以外的立場,而宗學則是站在某宗某派的立場,不同立場當然會根據同樣文獻得出不同結論,但站在宗教學術的本位立場,理解和闡釋歷史上的學説,當然會較從門外窺探,或以教外的立場加以批判,會深入、準確得多。我不清楚此一分野是否也契合道教研究的實際,但我從爭鳴的著作,讀出他對各代高道的尊重,讀到他以科學立場闡釋道教典籍的客觀深入,也讀到他在道教與政治、道教與人生、道教與文藝等領域的多方位觀照,以及鍥而不捨、求深求細的求索熱忱。在此看到他的視野,看到他的成熟,看到他的境界,我很感欣喜。我期待他取得更多的成績,當然我最記掛且希望盡快看到的是他整理的《歷世真仙體道通鑑》和《杜光庭全集》的完成出版,使我長期困惑的一些疑問能得到解答。就一定意義上説,文獻學是爲人作嫁的工作,但達到一定的規模,完成精微的處分,也可以成爲任何學者都無法繞過的一座高山。謹此與争鳴共勉。

陳尚君
二〇二三年十二月二十九日 於復旦大學光華樓

序

　　這本論文集包含了一些我之前讀過的文章，也包含了一些我在收到這份手稿之前尚未有幸閱讀的文章。換句話説，它包含了一些老朋友，但同時也介紹了一些新朋友——我在此之前未注意到的羅爭鳴教授的大作，其中有一些文章，比如那篇引起人們對城隍廟文化起源重視的《李陽冰〈城隍廟碑〉的文本過錄、重刻過程與拓片流傳考》——在此之前，我從未讀過。這些文章的時間跨度很長，從唐代到帝國晚期，主題涉及了石碑、帖文以及道教詩集、類書等各個領域。而讓他們集結在一起的是羅教授對文學的重視以及對書寫的熱愛。石碑和帖文顯然具有藝術價值，羅教授毫不否認它們作爲藝術研究的重要性，但他同時也認爲，它們的文本內容在許多方面見證了過去，同樣值得研究。

　　羅教授的著作總是引人入勝——它們基於對原始材料的仔細閱讀，正是這一方法使得他的論點更加令人信服。實際上，我有時會以他的著作爲榜樣，來引導我自己的閱讀。爲了使中國歷史對現代讀者重新煥發魅力，羅教授不斷探索新的研究視角，在此過程中，他毫不猶豫地放眼國際，大量閱讀由歐洲、日本和美國的學者撰寫的學術論著。值得佩服的是，這是他與他們進行的一場令人尊敬的對話。

　　這讓我想到了一個重要的問題：我們這些在外國研究中國歷史的人當然很大程度上受益於中國學者的研究。特別重要的是，中國的學術成果在國家的推動下變得更加容易獲得（如 CNKI 等），這讓我們受益匪淺。但大量湧現的信息，讓我們通常難以追蹤到什麼是重要的。所以我們需要依靠與學者之間的直接交流。正如我通過與羅教授的互動所瞭解的那樣，羅教授在這方面是一個楷模。他的這一特質在這一系列文章中也是顯而易見的。讓我舉一個例子來說明他是如何在尊重外國學者工作的同時，提出他們研究中的一些共同問題和解決辦法的。如在討論《洞玄靈寶三師記並序》作者身份問題的時候，羅教授坦言當時（2013 年）他無法獲得傅飛嵐的一本書《杜光庭（850—933）——中古中國末葉的皇家道士》。但他確實查閱了勞格文關於這一文本的注釋，並在文章中提到了傅飛嵐對於這一問題的研究。最終，羅教授對作者的身份問題提出了一個優雅的解決方案，超越了傅飛嵐早期的一些評論。同時羅教授承認，對於某些問題，如作者身份，我們今天所能做的就是提供最可能的假設。而他在這個案例中提供的假設，實際上是基於他對該時期歷史的深刻洞見。這正是一個真正國際化學者的標誌。羅教授的著作將激發全球未來學者的創造力。

　　由於篇幅有限，我無法盡述這本著作中所蘊含的豐富而寶貴的內容。然而，在結束這篇序言之前，我不能不提及我在羅教授的著作中找到的一個重要靈感。這個靈感源於他在本書中多次提及的一個問題："宗教文學的意義是什麼？"在這個問題上，我曾被羅教授寫於 2016 年關於全真道詩的文章所深深吸引。文章充分體現了閱讀內丹歌詩的樂趣，指出只有詩歌能夠完美地展現修行者性命雙修的神秘的宗教體驗。羅教授對於全真道詩對讀者的情感影響和全真道的傳播能力，提供了一個富有激情的論證。受此啓發，我立即着手尋找一種跟"藝術化"的修道方式同樣有力量的英語表達。但基於羅教授的精闢論述，開始感到"artistic"如果作爲翻譯，需要特殊解釋，因爲如他指出的，詩歌的影響兼具實用性，如教育、傳教與護教等。本論文集中，他在其他領域的研究仍貫徹了此前他對宗教文學作品研究的謹愼與全面。

感謝你，羅爭鳴教授，爲學界貢獻出如此有啓發性的著作！正如你所知，在英語中，"forward"有幾個含義，而它既表達了我對學界對這本著作回饋的期待，又表達了我對你下一部著作的期待。

柏夷（Stephen R. Bokenkamp）
美國亞利桑那州立大學（Arizona State University）
學監教授（Regents Professor）

武薇　翻譯

目 録

序··陳尚君 1
序··柏夷（Stephen R. Bokenkamp） 1

道 教 文 學

步虛儀與步虛詞的相關問題叢考·· 3
《漢武》唱和詩述議
　　——兼論《西崑酬唱集》的緣起與特徵·································· 43
第三十代天師張繼先的文學創作與文學史地位···························· 61
儒、道之間：白玉蟾的詩詞創作與心路歷程································ 85
宋代道教文學概况及若干思考·· 102
關於早期全真道詩詞研究的若干問題······································ 117
王重陽"愛看柳詞"本事考論··· 156

道教金石與書畫

"一碑足補世史所未備"：中嶽嵩山《大唐碑》考釋························ 181

李陽冰《城隍廟碑》的文本過錄、重刻過程與拓片流傳考 …… 206
楊凝式刻帖《新步虛詞》與韋渠牟原作考論……………… 218
聖藝與"聖王在位"：祥瑞傳統下的徽宗書畫創作 ………… 239

道 經 文 獻

《洞玄靈寶三師記并序》作者歸屬及相關的會昌滅佛問題 …… 273
《翊聖保德真君傳》的編撰流傳與宋初皇權的更迭…………… 286
張伯端及其《悟真篇》諸問題的再檢討………………………… 310
高象先《金丹歌》及其與《悟真篇》之關係考論……………… 331
趙道一《歷世真仙體道通鑑》的編撰、刊刻與流傳論考 …… 359
張謙及其稿本《道家詩紀》……………………………………… 383

附　　錄

文本細讀下的唐詩與佛道關係探尋
　　——深澤一幸《詩海撈月：唐代宗教文學論集》讀後 …… 399

後記 ……………………………………………………………… 416

道教文學

步虛儀與步虛詞的相關問題叢考

一、步虛詞研究的回顧

"步虛詞"研究與道教儀式、道教音樂研究密切相關。本文在道教文學的視角下，專注於道經文本中的步虛詞考察，而對步虛聲韻、步虛儀式問題不作深究。但因其作爲儀式文學的複雜性，在研究過程中，科儀、文本、音樂問題往往又是交叉的，我們很難避開儀式與音樂"空談"步虛詞。鑒於此，本節除步虛詞外，對步虛音樂、步虛儀式的研究也作一簡略的回顧與梳理，爲進一步探討提供鏡鑒與思考的基礎。

步虛聲韻是道教音樂研究的重要內容。陳國符的《道樂考略稿》《北宋〈玉音法事〉吟（線）譜考稿》較早對步虛音樂作過深入分析，今天仍有重要的參考價值。[1] 吕錘寬的《臺灣的道教儀式與音樂》及《道教儀式與音樂之神聖性與世俗化（儀式篇、音樂篇）》記載了相當數量的步虛樂譜。[2] 曹本冶主編的"中國傳統儀式音樂研究計劃"系列叢書中的多種論著都涉及了步虛樂等，其中曹本冶等編寫的

---

[1] 兩文曾分別發表，現收入陳國符《道藏源流考》，中華書局，2014年新修訂版，第239—280頁。

[2] 吕錘寬：《臺灣的道教儀式與音樂》，學藝出版社，1994年；《道教儀式與音樂之神聖性與世俗化（儀式篇、音樂篇）》，2009年。

《中國道教音樂史略》對步虛的流傳及文人與道樂關係作了系統的梳理。① 另外，曹本冶、羅炳良編輯的《國際道教科儀及音樂研討會論文集》也是這一領域的重要成果，②文集收錄了施舟人（Kristofer Schipper）的"A Study of BUXU（步虛）：Taoist Liturgical Hymn and Dance"一文，對步虛儀起源、靈寶步虛詞及文人步虛詞等作了比較全面的總結，但相關內容，柏夷（Stephen R. Bokenkamp）於1981年刊印的碩士論文"The 'Pacing the Void Stanzas' of the Ling-Pao Scriptures"已有涉及。③ 柏夷的論文作了大量基礎工作，翻譯、注釋了部分步虛詞文本，可以說柏夷是國際學界較早而系統地涉及這個問題的學者。賀碧來（Isabelle Robinet）的上清經研究也對步虛有所涉及，其法文著作 *La révélation du Shangqing dans l'histoire du taoïsme* 可謂這一領域的扛鼎之作。④ 該書第二部分對上清經典的起源、引用文獻和形成演變等問題逐一考察，並在此基礎上分析上清經典的造構歷史。其中對與步虛詞相關的《洞真太上神虎隱文》《洞真太上金篇虎符真文經》《洞真太微金虎真符》等都有專門分析。

曹植的《魚山梵唄》傳說一直是佛、道教音樂研究要面對的重要問題。近年王小盾、金溪發表多篇文章，其中《魚山梵唄傳說的

---

① 曹本冶、王忠人、甘紹成、劉紅、周耘等編：《中國道教音樂史略》，臺北：新文豐出版公司，1996年。
② 1985年，香港中文大學召開了國際道教科儀及音樂研討會（International Symposium on Studies of Taoist Rituals and Music of Today），1989年曹本冶、羅炳良編輯出版了《國際道教科儀及音樂研討會論文集》（香港中文大學，1989年）。
③ 本文為柏夷師從薛愛華（Edward H. Schafer）的碩士論文，未公開出版，1981年印製。
④ Isabelle Robinet, *La révélation du Shangqing dans l'histoire du taoïsme* (Paris: Ecole française d'Extrême-Orient, 1984). 另，《道藏通考》中的上清經條目多為賀碧來撰寫，亦可參考。見 Kristofer Schipper（施舟人）& Franciscus Verellen（傅飛嵐）eds., *The Taoist Canon: A Historical Companion to the Daozang* (Chicago: University of Chicago Press, 2004).

道教背景》從道教音樂神話的上古來源和魏晉時期的發展等角度，指出雖然曹植傳唄的傳說不可信，但道士依托這個傳說製"步虛聲"的神話仍透露了道教音樂活動的影子，有其内在的歷史邏輯。① 有關曹植製唄真僞和這個傳說的起源與嬗變情況，兩人2013年又在《文史》以《魚山梵唄傳說考辨》爲題作了相當系統的分析，指出曹植製唄基本出於虛構。② 而關於《玉音法事》中的步虛詞吟（線）譜，素有音樂修養的蒲亨强、劉紅等從樂理角度有過記録和研討，③但近年更深入的研究並不多見。

步虛儀節的形成伴隨天師道南傳和上清經、古靈寶經複雜的造構過程，治中古道教史的中外學人對此多有論述。近年關於步虛起源（包括步虛儀節和步虛詞）的研究逐漸朝精細化的方向發展。《洞玄靈寶玉京山步虛經》中有《五真人頌》的内容，關於這部分經文的來源和所體現的教派關係，謝世維的《傳授與融合：〈太極五真人頌〉研究》對比靈寶經中各種版本的《五真人頌》，探討靈寶經如何融攝天師道教法，將張天師納入譜系，逐漸建立了增衍傳承的系譜。④《無上秘要》記載步虛儀節前須存思命魔，王皓月的《道教の齋法儀禮における命魔の觀念》考察《道藏》所見"命魔"文獻，對道教齋儀中"命魔"的佛教起源、五帝命魔靈幡及命魔咒的儀

---

① 王小盾、金溪：《魚山梵唄傳說的道教背景》，載《中國文化》2012年第2期（總第36期），第134—157頁。
② 王小盾、金溪：《魚山梵唄傳說考辨》，載《文史》2013年第1期，第95—131頁。
③ 蒲亨强對上海白雲觀步虛樂作過整理記録和分析，見蒲亨强《仙樂風飄處處聞：中國重要宫觀道樂》（巴蜀書社，2005年）。此外可參看：蒲亨强、蒲亨建：《〈玉音法事〉曲線譜源流初探》，載《中國音樂學》1992年第3期，第126—137頁；劉紅："聲曲折"考釋》，《中國音樂》1989年第4期，第34—35頁；《釋道樂"步虛"》，《中國音樂》1992年第1期，第20—21頁。
④ 謝世維：《傳授與融合：〈太極五真人頌〉研究》，載《中國文哲研究集刊》第34期（2009年），第249—285頁。

式場合、成立時間和發展等作了詳盡考察,這對深入認識步虛儀節的形成和儀式功能有積極作用。①

另外,關於步虛研究的核心經典《洞玄靈寶玉京山步虛經》屬於元始舊經還是仙公新經及其構成等問題,學界討論尤爲集中。小林正美《六朝道教史研究》第三章《〈靈寶經〉的形成》認爲此經屬於仙公系靈寶經,後由陸修静等人將之從仙公系中抽出,補充進元始系靈寶經;②吕鵬志《靈寶六齋考》根據隋唐時期編纂的《洞玄靈寶昇玄步虛章序疏》的内容,推測《洞玄靈寶玉京山步虛經》的《序》和十首《洞玄步虛吟》是元始舊經《昇玄步虛章》原本,而後面的内容是在原本基礎上,從仙公新經中摭取部分經文撮合而成。③劉屹(Liu Yi)的論文"Discussing the Development of the Tract Ascending to Heaven and Pacing the Void of Gu Lingbao jing"、鄭燦山的《〈洞玄靈寶玉京山步虛經〉經文年代考證》和王皓月的《〈道藏〉本〈洞玄靈寶玉京山步虛經〉的成書過程》,三篇文章都圍繞這個問題展開,基本上都認可《洞玄靈寶玉京山步虛經》是階段性構成的。④但王承文最近發表的《中古道教"步虛儀"的起源與

---

① 王皓月:《道教の齋法儀禮における命魔の觀念》,《東方宗教》第118號(2011年),第32—53頁。
② 小林正美著,李慶譯:《六朝道教史研究》,四川人民出版社,2001年,第160、166頁。
③ 見吕鵬志《靈寶六齋考》,載《文史》2011年第3輯,第118頁注釋。
④ Liu Yi, "Discussing the Development of the Tract Ascending to Heaven and Pacing the Void of Gu Lingbao jing"(《論古靈寶經〈升玄步虛章〉的演變》),收入 Florian C. Reiter ed., *Foundations of Daoist Ritual: A Berlin Symposium*, Göttingen: Hubert & Co., 2009, pp.189-205;鄭燦山:《〈洞玄靈寶玉京山步虛經〉經文年代考證》,臺北:"道教經典與儀式"國際學術研討會論文,2008年。另見鄭燦山《六朝隋唐道教文獻論考》(臺北:新文豐出版公司,2012年)第一章《六朝道經〈玉京山步虛經〉經文年代考證》;王皓月:《〈道藏〉本〈洞玄靈寶玉京山步虛經〉的成書過程》,載《華人宗教研究》第3期(2014年),第105—144頁。

古靈寳經分類論考——以〈洞玄靈寳玉京山步虛經〉爲中心的考察》圍繞古靈寳經的分類和出世先後，認爲這部《玉京山步虛經》作爲一部元始舊經，没有根據仙公新經續寫的可能，故保存了古靈寳經問世之初的面貌。① 至此，這個問題幾乎呈膠着狀態，其關鍵所在，正是元始舊經與仙公新經的先後問題。而王皓月在另外一文指出學界對"元始舊經"的含義存在誤解，對教理上的"元始舊經"與人間實際存在的元始系靈寳經未加區分，因靈寳經的鑲嵌式結構，無法判斷仙公系就晚出於元始系。②

步虚研究，除了聲韻及其儀式本身外，步虚詞文本研究也是其中一項重要内容。步虚詞多采用五言詩體裁，内容駁雜深奥，再加上"儀式文學"本身的程式化、穩定性，相較於遊仙詩，學界至今缺乏對這一宗教詩歌的總體考察。值得注意的成果有深澤一幸的《步虚詞考》，此文從文學角度分析十首《洞玄步虚吟》的藝術性；③ 孫昌武的《遊仙詩與步虚詞》和《道教的仙歌及其文學價值》從詩學方面作了深入的歸納和總結；④蔣振華的《唐宋道教文學思想史》第六章第二節"唐宋仙歌道曲的藝術旨趣"也從文藝審美角度作了概述，⑤但是較缺乏宗教立場的分析。

關於步虚聲韻、步虚儀節及步虚詞研究的論著還有一些，如薛

---

① 王承文：《中古道教"步虚儀"的起源與古靈寳經分類論考——以〈洞玄靈寳玉京山步虚經〉爲中心的考察》，載《中山大學學報》第 4 期（2014 年），第 68—90 頁。
② 見王皓月《再論〈靈寳經〉之中"元始舊經"的含義》，載《世界宗教研究》2014 年第 2 期，第 85—91 頁。
③ 深澤一幸：《步虚詞考》，見吉川忠夫編《中國古道教史研究》，京都：同朋舍，1992 年，第 363—416 頁。本文已經由東京大學吳雨桐博士翻譯發表在《中外論壇》2021 年第 1 期（上海古籍出版社，第 97—136 頁）。
④ 孫昌武：《遊仙詩與步虚詞》，《文史哲》2004 年第 2 期，第 92—98 頁；《道教的仙歌及其文學價值》，載《文學遺産》2012 年第 6 期，第 4—14 頁。
⑤ 蔣振華：《唐宋道教文學思想史》，嶽麓書社，2009 年。

愛華(Edward H. Schafer)的 *Pacing the Void: T'ang Approaches to the Stars*、大淵忍爾的《道教とその経典—道教史の研究》、柏夷的專書 *Early Daoist Scriptures* 及其論文"Sources of the Lingpao Scriptures"。① 本文在撰寫之前,基本上掌握了中外學界對"步虛"問題的大多數重要成果,②這些成果對步虛詞研究起到了非常大的推動作用,有的論著堪稱道教學的經典之作,成爲後續探討的基礎和必備手册。

二、步虛詞釋義

"步虛詞"是一個後起的説法,六朝道經有稱之爲"步虛吟""步虛辭"者,③隋唐以後廣泛使用"步虛詞",至《金籙齋三洞贊咏儀》及《玉音法事》所收宋太宗、真宗、徽宗作品都稱作"步虛詞",後世相沿,亦多作"步虛詞"。那麼,"步虛詞"究其根本,是一種什麽樣的詩歌體裁?與此相關的"步虛"又如何理解?

20世紀90年代前後,大陸傳統文化研究復興,先後出現幾種道教辭典與研究論著,如《道教文化辭典》(1994)、《中華道教大辭

---

① Schafer, *Pacing the Void: T'ang Approaches to the Stars*, Berkeley: University of California Press, 1977. 該書評論由著名科技史專家何丙郁(Ho Peng Yoke)撰寫,發表在 *The History of Science Society*, Vol. 70, No. 3 (Sep., 1979), pp. 465-466. 大淵忍爾:《道教とその経典—道教史の研究》,東京:創文社,1997年。Bokenkamp, *Early Daoist Scriptures*, Berkeley: University of California Press, 1997. 該書書評由 Angelika Cedzich(蔡霧溪)撰寫,發表在 *Journal of Chinese Religion* 28 (2000): pp. 161-176; Bokenkamp, Sources of the Ling-pao Scriptures, Michel Strickmann, (司馬虛) et al., eds., *Tantric and Taoist Studies in Honour of R. A. Stein*, Bruxelles: Institut Belge des Hautes Études Chinoises, 1983, Vol. 2, pp. 434-486. 此文對《洞玄靈寶玉京山步虛經》的構成有深入討論。
② 另外,韓國方面也有數篇相關著作,因條件所限,未能檢核參考。
③ 《洞玄靈寶玉京山步虛經》所存十首步虛詞,題作"洞玄步虛吟十首";《太上洞玄靈寶授度儀》在引録步虛詞時云"師起巡行,咏步虛,其辭曰"。北周庾信有《道士步虛詞》十首,但整體看六朝時期稱"步虛詞"者不多。

典》(1995)、卿希泰主編的《中國道教》(1994)、朱越利等翻譯的福井康順監修的《道教》第二卷(1992)等,①其中都有"步虛聲""步虛詞"等相關詞條。這些詞條對"步虛詞"作了初步的界定,但所用文獻彼此相因,結論也大同小異。玄英(Fabrizio Pregadio)主編的 The Encyclopedia of Taoism(《道教百科全書》)中的詞條"Buxu ci 步虛詞, Lyrics for Pacing the Void"由柏夷撰寫,該詞條的撰寫顯然是在其碩士論文的基礎上完成的。除了各種論述常常提及的曹植"聞唄"傳說與《樂府詩集》的記載外,亦指出步虛詞最早出現在《智慧消魔經》中。②

其實,我們現在所指稱的"步虛詞"都是靈寶科儀中施行"旋繞步虛"儀節時的唱詞,歷史上教內、外經典的解釋,也都是指這種儀式化的唱詞。唐初道經《洞玄靈寶昇玄步虛章序疏》在解釋《昇玄步虛章》經名時云:

"昇玄"是妙覺之通名,"步虛"是神造之員極。"昇"則證實不差,"玄"則冥同至德;"步"是通涉之名,"虛"是縱絶之稱。又云"章"者,煥輝敞露,讚法體之滂流,乃有玄音纔吐,而八表咸和;神韻再敷,則十華競集;旋玄都以擲靈,躡雲綱而攜契。信是怡神滌志之法場,解形臙心之妙處也,故言《昇玄步虛章》。③

---

① 張志哲主編:《道教文化辭典》,江蘇古籍出版社,1994年;胡孚琛主編:《中華道教大辭典》,中國社會科學出版社,1995年;卿希泰主編:《中國道教》第4冊《道教詩詞》篇,知識出版社,1994年,第49頁;福井康順監修,朱越利等譯:《道教》第2卷《六朝、唐代的道教與文學》篇,上海古籍出版社,1992年,第265頁。
② Pregadio, ed., The Routledge Encyclopedia of Taoism, London & New York: Routledge, 2011, pp.241-242.
③ (隋唐)佚名編撰:《洞玄靈寶昇玄步虛章序疏》,《道藏》第11冊,第168頁。

這是靈寶系經典對"步虛"的解釋，南宋《無上黃籙大齋立成儀》卷三四《釋步虛旋繞》引張萬福的解釋，也是針對"步虛旋繞"儀節而來的：

張萬福天師曰：玄都玉京山，上冠八方。……旋繞七寶臺三匝，行誦空洞歌章也。其時八風揚旛，香花交散。流煙蓊鬱，太上稱善。……諸天衆聖，朝時皆旋行，誦歌洞章，即《升玄步虛章》。或旋空歌章，大梵無量洞章之流也。密咒畢，都講唱步虛，旋繞，以次左行，繞經三周。其第一首，但平立，面經像。作第二首，即旋行。至第十首，須各復位竟之。①

而吳兢(唐)《樂府解題》曰："《步虛詞》，道家曲也，備言衆仙縹緲輕舉之美。"②解釋也是如此。今人的大多數論著都基於靈寶經系的解釋，把《洞玄靈寶玉京山步虛經》看作是"步虛詞"的源頭，其實它只是比較早的靈寶儀式化的步虛儀節的唱詞。至於其源頭所在，則是另一個相當複雜的問題。

"步虛"作爲一個詞彙，最早在什麼地方出現，還很難給出一個準確答案。西晉(266—316)竺法護翻譯的《佛説普門品經》有"遊步虛空"這種用法：

於是世尊告溥首菩薩……有世界名淨行，其佛號普華如來，常與無數億億百千菩薩摩訶薩圍繞，共講不退轉不思議之

---

① （南宋）蔣叔輿編：《無上黃籙大齋立成儀》，《道藏》第9冊，第579頁。
② （宋）郭茂倩編：《樂府詩集》卷七八，中華書局，1979年，第1099頁。

法。有尊菩薩,名離垢藏,與無數千諸菩薩大士眷屬圍繞幡飛,<u>遊步虛空</u>。①

此中有菩薩圍繞旋轉的描述,而"遊步虛空"中"遊步"與"虛空"組成一個動賓結構,步虛還不是一個詞,但西秦(385—431)聖堅譯《羅摩伽經》卷中就出現完整的"步虛"表述:

爾時東方有一菩薩,名無異行,寶花承足,<u>步虛而來</u>,詣娑婆世界金剛輪山,足蹈山時,娑婆世界六種震動,變成衆寶以爲莊嚴。②

聖堅翻譯此經時,值 4 世紀末、5 世紀初,此時步虛已經發展爲道教儀式中相當成熟的儀節,這裏用"步虛"翻譯菩薩騰空飛行的神通,說不定還借自本土道教。

就"步虛"與"步罡"的區別與聯繫,對道教稍有瞭解的人都會說"步虛與步罡本是兩碼事",但實際上,學界一直存在着混亂的表述。的確,在文獻記載和後人研究中,"步虛"與"步罡""飛行九星"或遊仙步空等難分彼此。薛愛華 1977 年出版的 *Pacing the Void: T'ang Approaches to the Stars* 從唐代的詩詞文獻、歷史記載和宗教經典入手,分析唐人的宇宙觀念和占星術。此書出版後由科技史專家何丙郁(Ho Peng Yoke)撰寫書評,這也説明它的旨趣所在,即"Pacing the Void"主要指在北斗之間的步罡飛行,書中對北斗的名稱和位

---

① (西晉)竺法護譯:《佛説普門品經》,《大正新修大藏經》第 11 册華嚴部下第 11 卷,第 315a 號,第 770 頁。
② (西秦)聖堅譯:《佛説羅摩伽經》,《大正新修大藏經》第 10 册華嚴部下第 10 卷,第 294 號,第 860—861 頁。

置作了精細的描繪,第五部分"The Stars"還針對北極作了數個表格和圖示。① 而薛愛華在 1981 年發表的文章"Wu Yün's Cantos on Pacing The Void",② 在研究吳筠步虛詞的時候,用的也是"Pacing the Void"一詞,顯然他對步虛儀式中的"雅步""步虛旋繞"與北斗星上的"步罡踏斗"未加區分。這種不加區別的論述,還廣見於各種中文論著。王小盾、金溪在探討道教音樂的上古來源時,稱:

> 據考證,《步虛》是最早產生的一支道教曲調,至晚在東晉時便用於齋儀。……從文學角度看,它是一種遊仙詩,源於秦始皇之時的《仙真人詩》。從思想角度看,它和《列仙傳》《神仙傳》一樣表達得道上天的信仰,而這種信仰早見於《太平經》。從儀式角度看,它和漢魏之際流行的乘蹻、玄覽、洞觀、禹步等法術相聯繫,因爲在各種道書的記載中,歌咏《步虛》都須配合大羅天上真人的節目,此時且須仿效真人而旋繞香爐。③

上文認爲"步虛"與乘蹻、玄覽、洞觀、禹步等法術均有聯繫,更進一步的表述,還見於王小盾的另一篇文章《朝鮮半島〈步虛子〉的中國起源》:

> 《步虛》中的"躡雲綱""步玄紀",又稱"步罡躡紀"或"步罡

---

① Schafer, *Pacing the Void: T'ang Approaches to the Stars*, p.46, 51.
② Schafer, "Wu Yün's Cantos on Pacing The Void", *Harvard Journal of Asiatic Studies*, Vol.41, No.2 (Dec., 1981), pp.377-415.
③ 王小盾、金溪:《魚山梵唄傳説的道教背景》,《中國文化》2012 年第 2 期,第 141 頁。

踏斗",其步法源自"禹步"。①

顯然,這裏把步虛詞中的"躡雲綱""步玄紀"看作步罡踏斗,"步"的意義是等同的。然而,有關步罡研究的一篇力作,即安保羅(Poul Andersen)的"The Practice of BUGANG",在解釋"步罡"含義時説:"本文旨在討論道教法術步罡或步綱,也即 walking the guideline,一種踏在星象模型上的儀式性步法和舞蹈。"②顯然,這裏没有把步虛"pacing the Void"等同於步罡"walking the Guideline",而步罡與步虛的本質區别,正通過這兩個英文翻譯得以體現:"pacing the void":靈寶化以後的步虛,排除後世偶有加入步罡的情況,大多是"旋行"的,少有其他規則或者規律性的步法;"walking the guideline":步罡,則是有規則和方法的。二者"步"的含義是有差異的。經過靈寶經系改造過的步虛儀節,無疑吸收了佛教的科儀程式,但同時也融攝了天師道和南朝的地方神仙信仰和相關法術,只是作爲靈寶齋儀中旋繞儀節的步虛,與步罡踏斗的步罡不可等同。

對步虛與步罡作嚴格的界定和區别,在道教歌詩研究上是非常必要的。譬如,《道藏》等道經文獻中有大量歌詩文本,要確定哪些屬於步虛詞的範圍,並不是一個簡單問題。《無上秘要》卷二〇《仙歌品》輯録各種道經中的歌詩,其中卷首引《洞真迴元九道經》歌詩三首:

---

① 王小盾:《朝鮮半島〈步虛子〉的中國起源》,《四川師範大學學報》2011年第4期,第77頁。
② "*The topic of this article is the Taoist practice of bugang* 步綱(or 罡),'walking the guideline', that is, the ritual walk or dance following the basic, cosmic patterns", Andersen, "The Practice of BUGANG", *Cahiers d'Extreme-Asie*, Volume 5, Numéro 1 (1989), pp.15-16.

靈綱落天紀,九斗翠玉虛。紫蓋重霄嶺,玄精明八嵎。上有九晨賓,吟咏隱羽書。飛步遨北漢,長齡天地居。

　　抗轡玄羽臺,飛行九元所。洞靈深幽邃,雲綱垂空舉。下有采真士,仰招玉晨旅。三周陽明上,九迴入洞野。高步登帝尊,長歌龍飛語。

　　玉霄映北朔,瓊條翠隱阿。空生九靈臺,煥精曜太霞。天關運重冥,劫會屢經過。乘我羽行駕,飛步織女河。保靈空常化,永忘天地多。①

《洞真迴元九道經》不存,但是這三首詩尚存於《道藏》洞玄部玉訣類的《太上飛行九晨玉經》中,這是在步罡踏斗時唱頌的歌詞,"無此歌章,皆不得妄上天綱,足躡玄斗"。② 這三首詩是否屬於步虛詞,王小盾在其論文《朝鮮半島〈步虛子〉的中國起源》就以為是,而孫昌武在其《遊仙詩與步虛詞》中則以為是遊仙詩作品。那麽這三首歌詩到底是步虛詞還是遊仙詩?抑或既非遊仙詩亦非步虛詞,僅僅是步罡法術中的頌歌?以靈寶科儀中的旋繞步虛儀節的唱詞來定義步虛詞,這三首詩顯然不是旋繞儀節中的唱詞,當然也不屬於具有文人化傾向的遊仙詩,它們只是步罡踏斗術中帶有咒術色彩的頌歌。③

三、步虛詞的源頭與早期形態

　　賀碧來、施舟人、柏夷的步虛研究都曾提到《洞真太上神虎隱

---

① (隋)佚名編撰:《無上秘要》,《道藏》第 25 册,第 48 頁。
② 同上。
③ 《太上飛行九晨玉經》所見的步罡踏斗術已經走向儀式化。

文》中對"步虛詞"的重要記載,以爲此中敷述太上大道君授李山淵《神虎符》《金虎符》時,侍女所唱"金真之詩、步虛之曲"是有關步虛的最早記載,是靈寶步虛章的直接來源。① 這個發現和結論,多爲時賢引用,但是否"最早"仍然是存疑的,凡是絕對的判斷都有被推翻的潛在可能。不過目前來看,僅靠現存的出世早晚待定的經典對比和考訂,實難確認孰先孰後,這種考證往往是徒勞的。但是,我們發現除了"金真之詩、步虛之曲"後面的長詩,六朝上清派經典中還有相當多的"準步虛詞",與此雷同,均爲步虛詞的早期形態。

關於《漢武帝内傳》的成書時間,學界有各種歧説。《日本國見在書目録》題"葛洪",但現在基本認同"葛洪"僅僅是托名,概括來説,應是魏晉之際的慕道之士雜糅了上清等各派道經、野史和軼事構築的一部宗教性的説部文獻。② 而這部《漢武帝内傳》中就有類似步虛吟唱的記載:

上元夫人自彈雲林之璈,鳴弦駭調,清音靈朗,玄風四發,乃歌步玄之曲。辭曰:昔涉玄真道,騰步登太霞。負笈造天關,借問太上家。忽過紫微垣,真人列如麻。渌景清飆起,靈

---

① 賀碧來提到:《洞真太上神虎隱文》(相當於《洞真太上説智慧消魔真經》卷二)爲《真誥》引用,應當屬於上清諸真降授楊羲的上清經,見 Robinet, *La révélation du Shangqing dans l'histoire du taoïsme*, tome II, p.183. 施舟人的"A Study of BUXU (步虛): Taoist Liturgical Hymn and Dance"也提及這個問題,見曹本冶、羅炳良編《國際道教科儀及音樂研討會論文集》,第 110—120 頁。柏夷之見,參看 Bokenkamp, "The 'Pacing the Void Stanzas' of the Ling-Pao Scriptures", p.9;"*Buxu ci* 步虛詞, Lyrics for Pacing the Void", p.242.

② 孫猛《日本國見在書目録詳考》雜傳類"《漢武内傳》二卷　葛洪撰"條對葛洪撰《漢武内傳》作了較爲詳盡的考訂,此文綜合了《四庫全書總目提要》以下各家研究,基本上認爲非葛洪所作。孫猛:《日本國見在書目録詳考》,上海古籍出版社,2015 年,第 796—798 頁。

蓋映朱葩。蘭宫敞琳闕,①碧空啓璚沙。② 丹臺結空構,③暐暐生光華。飛鳳跽薴峙,燭龍倚委蛇。玉胎來絳芝,九色紛相挐。挹景練仙骸,萬劫方童牙。誰言壽有終,扶桑不爲查。

王母又命侍女田四飛答歌曰:晨登太霞宫,挹此八玉蘭。夕入玄元闕,采藥掇琅玕。濯足鮑瓜河,織女立津盤。吐納挹景雲,味之當一餐。紫微何濟濟,璚輪復朱丹。朝發汗漫府,暮宿句陳垣。去去道不同,且各體所安。二儀設猶存,奚疑億萬椿。莫與世人説,行屍言此難。④

上元夫人"乃歌步玄之曲"的"步玄"與"步虛"是否同義?《元始無量度人上品妙經四注》卷三云:"玄者,天也。此是上天之期限,人間則四十年一傳,故稱玄科也。"⑤昇玄、步玄、步虛在根本意義上有相通之處,"玄"與"天""空""虛"在道經中常常通用。《諸真歌頌》從《真誥》等經典中錄輯上清派歌詩,其中就有上元夫人所歌這首"步玄之曲",而標題即爲《西王母宴漢武帝上元夫人彈雲林之璈歌步虛之曲》。上元夫人的這首步玄之曲與田四飛的答歌,構成一個完整的早期步虛詞,而它的唱和對答形態與靈寶經中一般有十首的步虛詞并不相同。翻檢明《道藏》,我們還能看到多首經題有"步虛""步玄"或"迴旋"一類字眼的歌詩作品,如《衆仙讚頌靈章》中的《衆仙步虛詞》五首、《上清諸

---

① 《諸真歌頌》作"蘭宫敞珠扇",《道藏》第19册,第853頁。
② 《諸真歌頌》作"碧空啓瓊沙",出處同上。
③ 《諸真歌頌》作"丹臺結空棟",出處同上。
④ (約六朝)佚名編撰:《漢武帝内傳》,《道藏》第5册,第55—56頁。
⑤ (宋)陳景元編:《元始無量度人上品妙經四注》,《道藏》第2册,第237頁。

真章頌》中的《上清步虛三契頌》三首等,現總結歸納如下:

所屬部類	道經名目	頌歌標題	出處與重出
洞玄部讚頌類	《衆仙讚頌靈章》	《衆仙步虛詞》五首	《衆仙步虛詞》當出自《太上大道玉清經》卷四,內容與《雲笈七籤》卷九九《贊詩詞》相近。
	《上清諸真章頌》	《上清步虛三契頌》三首	又見於《洞玄靈寶自然九天生神章經》。
		《上清旋行贊》一首	《無上秘要》卷四十《授洞真上清儀品》復爐祝法之後,旋行一周,頌此歌詞。《無上秘要》卷五五《太真下元齋品》禮願之後,向西方扣齒三通之後,附錄此詞。
		《步虛憂樂慧辭》六首	出《上清高上玉晨鳳臺曲素上經》,此經撰人不詳,約出於東晉,是早期上清派重要經典。
		《洞真徊玄章》七首	見於《洞真太上八道命籍經》卷下。又見《洞真太上太霄琅書》卷十,其中"太微天帝曰:此章品以配大戒,乃三寶之宗矣。常以本命日,説三百部戒,而頌此文"。《洞真徊玄章》又單行爲《太上洞真徊玄章》,收在《萬曆續道藏》中。
		《金章十二篇》	《正統道藏》正一部有《上清諸真人授經時頌金真章》,《續道藏》中《上清金章十二篇》同此。
洞神部讚頌類	《諸真歌頌》	《西王母宴漢武帝上元夫人彈雲林之璈歌步虛之曲》一首、田四飛答歌一首。	見於《漢武帝內傳》。

續 表

所屬部類	道經名目	頌歌標題	出處與重出
正一部	《上清無上金元玉清金真飛元步虛玉章》	十四首	未見其他經文,約成書於隋唐。

幾部道經大多纂輯於六朝隋唐時期,[1]有的收錄在《正統道藏》正一部《峴泉集》之後,或爲《正統道藏》編輯整理完畢後的補綴之作。[2] 這些經典中的步虛詞,有的彼此互見,有的見於靈寶經,如《上清步虛三契頌》實際采自《靈寶經目》中就有的《九天生神章經》,但大多數源於六朝上清經系,如《衆仙步虛詞》《洞真徊玄章》《步虛憂樂慧辭》等。源自上清經系的步虛詞形態,與靈寶齋儀中旋繞步虛的步虛詞有很大差別,如洞玄部讚頌類的《衆仙讚頌靈章》收錄多篇讚頌歌詞,有的見於《真誥》,有的源自靈寶科儀,還有的源自《上清太極隱注玉清寶訣》等。這部《衆仙讚頌靈章》就收了五首《衆仙步虛詞》:

飄飄上雲路,黯黯入長霄。星宮日去遠,光陰劫數遥。仰德金顏隱,傾想佇神飆。願得映霞軫,焚香稽首朝。

玄風轉飛蓋,紫氣泛仙車。浮空不待駕,合忽升虛無。徘徊哀下界,顧盼愍群諸。三元真化畢,倏然入太虛。

---

[1] 諸部經典的年代參考了 Schipper and Verellen, *The Taoist Canon* 及任繼愈主編《道藏提要》修訂本(中國社會科學出版社,1995年)的相關考訂。

[2] 虞萬里對正一部《峴泉集》後面的一百多卷經文的編輯有過分析。見虞萬里《正統道藏編纂刊刻年代新考》,《文史》2006年第4輯,第181—212頁。

萬氣浮空上，千光合太微。霄間望華蓋，虛重昈霞衣。真儀入雲路，圓曜逐風飛。願得三元會，金容乘運歸。

吉光騰紫氣，霄路逸丹天。旛揚香風轉，蓋動超浮煙。道中還復道，玄中已復玄。真光不識際，大道竟無形。法輪常自轉，希音不可聽。空閑待三寶，虛中聞洞經。七變遊魂反，萬氣駐頹齡。

香風飄羽蓋，遊氣轉飆車，泠泠上雲路，窈窈入長虛。顧愍埃塵子，應運演靈書。妙果諧今日，冥契自然符。①

這五首步虛詞又見於《太上大道玉清經》卷四"中元品第十"和"三元寶經流通品第十二"。敦煌有此經的殘卷，②勞格文（John Lagerwey）以爲此經成書於753年之前，經文中頻見的佛教詞彙體現了唐初的佛道論爭。③ 這幾首步虛詞的出處，從形態上看，可能要更早一些，《太上大道玉清經》卷四"三元寶經流通品第十二"下云：

不審天尊演說此經，當何名之？云何奉持？云何流布？云何供養？云何付囑？願爲分別，開示未聞。天尊告言：善男子，此經名《太上大道三元寶經》。如經奉持，廣宣流布四天之下，使不斷絕。此經所在之處，別笈盛貯，燒香供養，付囑有道國王、王子、大臣、學真道士，齋戒之處，爲人解說，開悟未

---

① （唐）佚名編撰：《衆仙讚頌靈章》，《道藏》第11册，第167頁。
② 敦煌遺書中見部分《太上大道玉清經》的殘片，如 P. 2257（卷二）、S. 5507（卷四）、P. 2405、P. 2341（卷七）、P. 2385（卷一〇）。
③ Schipper and Verellen, *The Taoist Canon*, pp.525-527.

聞。時會大衆聞天尊所説,燒香散花,讃嘆圍繞,奉行教敕。是時天尊至五更之初,浮空而去。是諸仙人徘徊雲路,戀慕霄駕,而作步虛曰:飄飄上雲路,黯黯入長霄……①

這幾首步虛詞,并非靈寶齋儀式上的旋繞步虛,只是"天尊"在演説《太上大道三元寶經》結束時,衆仙真"徘徊雲路,戀慕霄駕"的讃頌抒懷之作,且只有五首,未與禮拜十方搭配爲十首。另外,柏夷、施舟人提及的《洞真太上神虎隱文》中的"金真之詩、步虛之曲",也是没有分篇的形態,非如《洞玄靈寶玉京山步虛經》中的十首格式。一般來説,詩與曲是有區别的,"金真之詩"與"步虛之曲"所涉及的"詩"與"曲",是對仗表述下的同一篇作品,還是各有所指？宋沈括《夢溪筆談·樂律一》云：

古詩皆咏之,然後以聲依咏以成曲,謂之"協律"。……詩之外,又有和聲,則所謂曲也。古樂府皆有聲有詞,連屬書之,如曰"賀賀賀""何何何"之類,皆和聲也。②

這是常見的一則資料,基本上揭示了古詩多可咏頌的特徵,根據咏之長短變化,用"聲",也即用宫商角徵羽伴奏,那麽就"成曲"了。也就是説,曲本身就包含了詩或曰歌詞的這部分,否則無從"唱曲"也。那麽"金真之詩"是否就是"步虛曲"中的歌詞部分？現在來看也未必,《道藏》中還有多首《金真詩》,它們更像是一種獨立的詩歌體裁。

---

① (唐)佚名編撰：《太上大道玉清經》,《道藏》第33册,第324頁。
② (宋)沈括：《夢溪筆談》,上海書店出版社,2003年,第38頁。

據南朝道經《上清金真玉光八景飛經》，在修此經時，除了案置招靈致真攝魔之符，還需要咏《金真太空之章》一遍，并解釋云：

咏此一句，上響九天，中徹無間，外朗洞元，玉帝駭聽，群魔束身，此章至妙，故爲金真。①

此句下錄《金真太空之章》曰：

天魔乘空發，萬精駭神庭。托化謠歌章，隨變入無名。嚚氣何紛紛，穢道當塗生。雲中合朱官，北帝踴神兵。鼓翔自知道，玄運來相征。上景按飛轡，飛駕檢雲營。促校北帝錄，收攝群魔名。豁落張天羅，放威擲流鈴。金真輔空洞，玉光煥八冥。金玄守上官，神虎戮天精。翦滅萬祅氣，億億悉齊平。上承九天信，嘯命靡不傾。招真究三洞，慧誦朗且清。八道望玄霞，七轉緯天經。混合帝一真，拔度七祖程。削滅五苦根，反魂更受榮。金光耀寂室，神燭自然生。華香散玉宇，煙氣徹玉京。帝遣徘徊輦，三元降綠軿。迅駕騰九玄，朝禮玉皇庭。②

此詩又收錄於洞真部讚頌類《三洞讚頌》，題爲《金真章》。除此之外，以《金真章》爲名的詩作，正一部又見《上清諸真人授經時頌金真章》。這部由十二首詩組成的經典，又見錄於《上清諸真章頌》，題爲《金章十二篇》；《續道藏》亦重復載錄此經，題爲《上清金章十二篇》。三個版本的《金真章》組詩在文字上略有出入，但大體相

---

① （六朝）佚名編撰：《上清金真玉光八景飛經》，《道藏》第34冊，第58頁。
② 同上。

同，内容與《上清金真玉光八景飛經》中的《金真太空之章》有類似的經德，即授經、修齋時吟咏《金真章》，可以招靈致真，攝魔驅邪，甚至百關開朗，疾病散滅。

由此我們反觀《洞真太上神虎隱文》中侍女紀林華、嚴采雲、朱條煙、韓放要等合歌"金真之詩、步虛之曲"下面所錄的長詩，應該是與"步虛之曲"有別的《金真章》詩，那麽爲什麽要與"步虛之曲"并稱？它們是否也可以看作步虛詞？步虛是配樂的道曲，與《金真章》詩顯然不同，但是又密切聯繫。正一部《上清諸真人授經時頌金真章》後面，就載錄了單行道經《上清無上金元玉清金真飛元步虛玉章》，此經錄詩十四首，其中第十一、十三、十四首爲四言，其他十一首爲五言。此經題目複雜冗長，據賀碧來研究，可能爲隋唐時期的重編道經，[1]且有模仿《洞玄靈寶玉京山步虛經》中《步虛吟》的痕跡，如第一首：

《洞玄靈寶玉京山步虛經》之《步虛吟》第一首	《上清無上金元玉清金真飛元步虛玉章》第一首
稽首禮太上，燒香歸虛無。 流明隨我回，法輪亦三周。 玄願四大興，靈慶及王侯。 七祖生天堂，煌煌耀景敷。 嘯歌觀太漠，天樂適我娛。 齊馨無上德，下俗不與儔。 妙想明玄覺，訛訛巡虛遊。	稽首禮天尊，燒香歸十方。 雙光十明轉，飛梵法輪綱。 諸天同斯慶，齊駕讐存亡。 流金煥太無，眇眇至真王。 三周登玉界，訛訛任虛翔。 窈窕大羅上，郁郁金元堂。

此經年代雖晚出，但這裹也是把"金真""步虛"放在一起，可以說明早期上清經系的道士，在修飛行虛空、招靈致真、驅邪攝魔法術或授經講經之時，咏"金真之章"，唱"步虛之曲"，都是具有無量功德

---

[1] Schipper and Verellen, *The Taoist Canon*, p.627.

和無邊法力的重要環節。綜合早期上清經中的這些步虛詞作品，我們推測此時的步虛之曲大概有兩種方式：

一是天真下降授經、講經時所作，如《漢武帝內傳》中上元夫人所歌《步玄之曲》、《太上大道玉清經》卷四"三元寶經流通品第十二"所記的《衆仙步虛詞》。這類作品，以讚頌爲主，沒有儀式中的旋繞，不一定與禮拜十方相對應爲十首，相對靈活，甚至可以是對答唱和體。

二是修齋或修步罡踏斗、"飛行虛空"等相關法術時所唱的步虛之曲。因儀式的表演性質，這時演唱步虛曲，要伴隨一些模仿動作，而這種類型的步虛曲，正是靈寶科儀改造的對象。《洞玄靈寶玉京山步虛經》中的十首步虛吟，在陸修靜的《太上洞玄靈寶授度儀》中就已經完美"嫁接"，也基本固定爲後世"旋繞步虛"儀節的慣常模式。雖然《洞玄靈寶玉京山步虛經》等靈寶經在改造上清經唱步虛曲時，雜糅了佛教和天師道等因素，但也保留了驅邪命魔、飛行虛空的上清經痕跡。

總之，關於步虛詞的源頭和早期形態，我們很難確認哪一首是最早的步虛詞，但通過上清經留存的步虛、步玄、金真詩作，可以對步虛詞的早期形態和類別作個大致的推測。

四、步虛儀形成過程中的佛教影響

王承文的《中古道教"步虛儀"的起源與古靈寶經分類論考——以〈洞玄靈寶玉京山步虛經〉爲中心的考察》認爲："中古道教'步虛儀'的起源與東晉末年古靈寶經《洞玄靈寶玉京山步虛經》直接相關。"[1]在《洞玄靈寶玉京山步虛經》這部古靈寶經中，我們

---

① 見該文《摘要》部分。

能清晰地看到步虚仪的佛教色彩,其卷首文字云:

玄都玉京山在三清之上,無色無塵。上有玉京金闕七寶玄臺紫微上宫,中有三寶神經。山之八方自然生七寶之樹,一方各生一株,八株彌滿八方,覆蓋諸天,包羅三界,為無上大羅天太上無極虚皇天尊之治也。其山林宫室皆列諸天聖衆名籍。諸天聖帝王、高仙真人無鞅數衆,一月三朝其上,燒自然旃檀反生靈香,飛仙散花,旋繞七寶玄臺三周匝,誦咏空洞歌章。是時諸天奏樂,百千萬妓,雲璈朗徹,真妃齊唱而激節,仙童凛顔而清歌,玉女徐進而跰躚,放窈窕而流舞翩翩,詵詵而容裔也。山上七寶華林,光色焯燁,朱實璨爛,悉是金銀、珠玉、水晶、琉璃、琿瑛、碼碯。靈風振之,其音自成宫商,雅妙宛絶。諸天聞聲而飛騰,勿輟弦止歌,嘆味至音,不能名狀。神獸、龍麟、獅子、白鶴、奇禽、鳳凰,悲鳴踴躍。太上震響法皷,延賓瓊堂,安坐蓮花,講道静真,清咏洞經,敷釋玄文,遠味希夷,喜動群仙。其時八風颺幡,香花交散,流煙蓊靄。①

而保留的十首《步虚吟》,在用詞上更有濃厚的佛教色彩,如:
第一首:流明隨我迴,法輪亦三周。
第二首:諸天散香花,蕭然靈風起。
第四首:六度冠梵行,道德隨日新。
第五首:逍遥太上京,相與坐蓮花。
第六首:舍利曜金姿,龍駕欻來迎。

---

① 《道藏》第34册,第625頁。

第七首：騫樹玄景園，煥爛七寶林。天獸三百名，獅子巨萬尋。

第八首：五苦一時迸，八難順經寥。妙哉靈寶囿，興此大法橋。

第九首：流煥法輪綱，旋空入無形。

經文中不僅有"蓮花""善哉"等隨處可見的佛教詞彙，還有"諸大聖帝王、高仙真人、無鞅數衆……飛仙散花，旋繞七寶玄臺三周匝"等非常明顯的佛教式表述。而《太上洞淵神咒經》卷七描述的"步虛"也有明顯的佛教儀式特徵：

道言：有病人之家，若有犯入刑獄元元恐死者，當先立此齋。齋官或三人五人、十人八人，張好籍帳，若淨室之中，備安三寶、香燈供養之具，令辦集淨潔，請三洞法師。法師中務取一人聰明了了分明者爲法師，與主人唱道。并安二高座，高座上一人稱揚聖號，爲其主人。其餘道士，次次旋行耳。高座上法師執步虛唱和，座下人旋行徐徐，高越而望天，聽雲中鴻聲。若聽嚓嚓之響，似玄景之官天人之歌矣。①

施舟人（Kristofer Schipper）在"A Study of BUXU（步虛）：Taoist Liturgical Hymn and Dance"文中引用此段材料，指出《太上洞淵神咒經》是在佛教深刻影響下的產物，這裏描述的旋繞高座的形式，源自佛教的 pradaksina。② 梵語 pradaksina 即"繞佛""旋繞""旋右""旋匝"意，指在佛或塔的周圍向右繞轉。《太上洞淵神

---

① 《道藏》第6册，第26頁。
② 見曹本冶、羅炳良編《國際道教科儀及音樂研討會論文集》，第112頁。

咒經》是5世紀初南方民間道教儀式,融攝了靈寶經、天師道、南方方士傳統的經典內容,這裏的齋儀顯然采用了靈寶齋的做法。①在此之前的靈寶科儀《上元金籙簡文真仙品》對步虛儀節就有相當明確的記載:②

> 拔度生死建齋威儀。禮十方畢,次一時左轉,繞香燈三周。師誦步虛之章,弟子都門讚祝。三周,如玄臺法。尊卑相次,安徐雅步,調聲正氣,誦詠空洞之章。勿得顧盼,意念不專,遲速越錯,更相進卻。要量壇席廣狹爲則,如壇席狹處,第二、第五、第八首旋繞散花,餘面經像作可也。③

呂鵬志《唐前道教儀式史綱》在詮釋《上元金籙簡文》這段記載時説:

> 印度宗教和佛教有圍繞崇拜對象(神像、舍利、聖物、佛塔等)右旋行以示崇奉之意的禮儀,佛經中常提到聽佛説法者朝右繞佛三匝。靈寶齋在這一點上完全模仿了佛教,只不過稱其爲"左轉",這可能與道教所謂左主生、右主死的觀念有關。

---

① 參考呂鵬志《唐前道教儀式史綱》第八章《〈太上洞淵神咒經〉所見5世紀初南方的民間道教儀式》,中華書局,2008年,第175、177頁。

② 除了《洞玄靈寶玉京山步虛經》等,古靈寶經《太極真人敷靈寶齋戒威儀諸經要訣》也對步虛儀節有詳細的解説,謂:"(啓事、燒香祝願,禮拜十方,畢。)齋人以次左行,旋繞香爐三匝,畢。是時亦當口咏《步虛蹑無披空洞章》。所以旋繞香者,上法玄根無上玉洞之天大羅天上,太上大道君所治七寶自然之臺,無上諸真人,持齋誦咏,旋繞太上七寶之臺,今法之爲。又三洞弟子諸修齋法,皆當燒香歌誦,以上象真人大聖衆繞太上道君臺時也。"《道藏》第9冊,第868—869頁。

③ 呂鵬志《唐前道教儀式史綱》第七章《東晉末劉宋初融攝天師道、佛教和方士傳統的靈寶科儀》對《上元金籙簡文》曾予輯補,見第153頁。

咏步虛可能是模仿佛教的唄讚，而散花則是直接從佛教移植過來的儀法，表示對神的崇敬。儘管旋行步虛事實上是從佛教借來的儀式，但靈寶經作者卻將它描述爲天上聖真舉行的儀式，且稱道士旋繞步虛就是效法天上聖真的禮儀。①

礼拜後"旋行步虛"在靈寶科儀這裏基本定型，後世步虛儀節多如此安排，旋繞、雅步、誦歌章、拈香散花等細節也成爲唐五代以後步虛儀節的基本要素。杜光庭的《太上黃籙齋儀》中：卷一至卷九"三日行道儀"、卷二二至卷二四"安宅儀"、卷二六至卷二八"消災儀"、卷三〇至卷三一"懺禳疾病儀"、卷三二至卷三四"三元儀"、卷三七至卷三八"遷拔儀"、卷四十"解考儀"、卷四四"安宅方懺儀"、卷五三"贊導儀"，共計 25 卷左右，在禮方、懺悔之後，均有"步虛旋繞"儀節。此後"旋行步虛"固定爲一個儀式單元，後世雖有增衍變通，但核心的儀節程式未變，廣泛應用於消災、安宅、祈禳疾病、遷拔等道教儀式中。

步虛除了在旋繞步法等方面吸收了佛教科儀，在步虛聲韻和步虛詞唱法上也可能吸收了佛教的唄讚。儀式的步法、節次、壇場布置等通過文字記載，我們還能找到一些線索，但是步虛音聲這種"口耳之學"，我們只能通過有限的傳說或文字描述做些推測。南朝初年的《異苑》記載了曹植的魚山梵唄傳說，此說後面又加了一句："一云，陳思王遊山，忽聞空裏誦經聲，清遠遒亮。解音者則而寫之，爲神仙聲。道士效之，爲步虛聲也。"②這個傳說也許不是毫無根由的，王皓月《道教中的"梵音"與中夏音——

---

① 吕鵬志：《唐前道教儀式史綱》，第 162 頁。
② 劉敬叔著，范寧點校：《異苑》卷五，中華書局，1996 年，第 48 頁。

〈靈寶經〉所見老子化胡説》就認爲在中古靈寶經中，"梵音"與中夏音並存，而"靈寶步虛詞"可能用"梵音"説唱。① 2012年永悟禪師編輯出版的《魚山梵唄聲明集》引用了一副《聲明集》的抄本圖片（圖一），②吟譜的形態與《玉音法事》中的極爲相似，或可進一步説明步虛聲韻與"梵音"的關係。

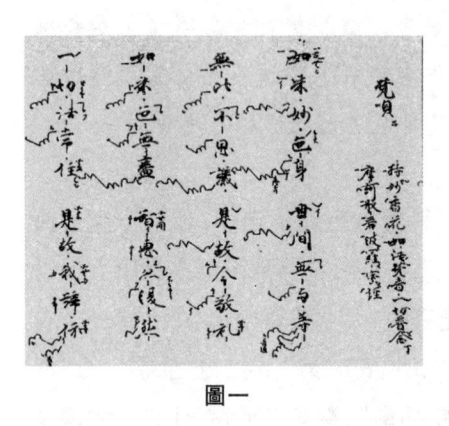

圖一

靈寶經與佛教的關係是治中古道教史的學者都無法避免的複雜問題，近些年，在柏夷（Stephen Bokenkamp）等中外學者的努力下，我們已經突破"影響""競爭"或"超越"的思考框架，更多關注内在的融合與包容。靈寶經中的步虛儀，是已經相當成熟的道教儀節，在形成過程中，它的確吸收借鑒了佛教繞佛、誦經儀式等内容，深刻地影響了道教科儀的形態。

五、步虛儀對佛教影響的反撥

麥谷邦夫《吴筠的生平、思想及文學》在討論吴筠新創作的十首《步虛詞》時指出：

> 吴筠曾猛烈地批判佛教。那麽，他對一邊咏唱這種帶有濃厚的佛教氣息的步虛詞，一邊行步虛道術持何種態度是可

---

① 《商丘師範學院學報》第 30 卷第 4 期，2014 年 4 月。
② 《魚山梵唄聲明集》，華東師範大學出版社，2012 年，第 16 頁。

想而知的。在唐代的道佛之爭的背景下，試圖從道教教理中消除佛教色彩的運動逐漸成爲一股洪流，其目標在宋代的《雲笈七籤》中基本上得以達成。吳筠也曾身在這股洪流之中。可以説他依附於自發的反佛教思想，摒棄陸修静的佛教色彩濃重的《步虛詞》親手進行了創作。從這一視角審視吳筠的《步虛詞》的話，應該會注意到吳筠雖然以陸修静《步虛詞》的構成作爲參考，但完全沒有使用任何佛教由來的語彙。……可以説已經徹底消除了佛教的氣息。[1]

從後世步虛儀的發展來看，這個道教儀節并没有一直在佛教的影響下演變，在佛道衝突的背景下，有時候會出現對佛教色彩的刻意抵消，麥谷邦夫對吳筠步虛詞的研究就看到了這一點。從步虛詞内容的變化，我們可以看到步虛儀在發展過程中對佛教的態度變化。《樂府詩集》卷七八《雜曲歌辭》中收録了北周庾信的《步虛詞》十首、隋煬帝二首、唐代陳羽一首、顧况一首、吳筠十首、劉禹錫二首、韋渠牟十九首、皎然一首、高駢一首、陳陶一首。這是宋以前有部分文人參與的、保存於道教經典之外的步虛詞作品，從形式和内容上看，僧皎然、高駢的《步虛詞》各存一首，似與儀式無關，他們是出於審美體驗而非宗教功能的創作。這與早期靈寶經中五言十首、用於科儀旋繞儀節中的步虛詞已經在體制和功能方面有很大差别，跳出科儀束縛，成爲一種相對固定的樂府曲辭。

麥谷邦夫以爲吳筠在佛道論争的大背景下有意擺脱佛教的影響，而北周庾信的十首步虛詞和唐韋渠牟的十九首步虛詞也都少

---

[1] 2015年12月香港浸會大學"道教與文學國際學術研討會"提交的論文，未刊稿。

見佛教詞彙和佛教痕跡,而這未必是在排佛背景下的作品,可能源於道教科儀經典獨立自足的內在訴求。宋以後的步虛詞作品,文人創作的科儀用詞和對步虛吟唱的描寫,着力點也都在道教本身。《玉音法事》卷下《宋道君聖製道詞》中的步虛詞,前面所録十首顯然是科儀用詞,延續了《洞玄靈寶玉京山步虛經》十首、五言的格式,但在内容上也全無佛教色彩。其後録兩首《步虛詞》,云:

步虛詞二首後一首,因講《御注道德經》,仙鶴翔集而作。
一炁化之元,邈在兩儀先。寶埒馳金馬,真香噴玉蓮。
飛空按龍轡,梵響導芝軿。綿永長春劫,翱翔無色天。
初真難曉諭,以此戒中仙。

高真明道德,垂世五千言。解釋慚涼薄,殫誠測妙元。
霓旌嚴教典,羽唱徹雲軿。瑞鶴儀空際,祥風拂暑煩。
穹窿兹響應,寶祚億斯年。①

根據題記,第二首《步虛詞》是因講《御注道德經》仙鶴雲集的祥瑞有感而發,與科儀中的旋繞步虛儀節無關,可見自封道君皇帝的教内"道士"徽宗,對步虛詞也不全是從宗教目的出發,也偶爾把步虛詞看作即興創作的樂府舊題。而這一點更接近步虛詞在靈寶儀式化前的早期形態。就步虛儀節的本義,道教内部的解釋也盡脱佛教色彩,如唐初《洞玄靈寶昇玄步虛章序疏》在解釋"步虛"時云:

"昇玄"是妙覺之通名,"步虛"是神造之員極。"昇"則證實

---

① 《道藏》第11册,第139—140頁。

不差,"玄"則冥同至德;"步"是通涉之名,"虛"是繼絕之稱。又云"章"者,煥輝敞露,讚法體之滂流,乃有玄音纔吐,而八表咸和;神韻再敷,則十華競集;旋玄都以擲靈,躡雲綱而攜契。信是怡神滌志之法場,解形驁心之妙處也,故言《昇玄步虛章》。①

這是後世靈寶系經典對"步虛"的解釋,南宋《無上黃籙大齋立成儀》卷三四《釋步虛旋繞》引張萬福的解釋,旋繞步虛時需"以次左行、繞經三周"②,而左行與佛教科儀中的右行正好相反,這也透露了道教科儀特與佛教科儀有所區別的用意。

六、《太上飛行九晨玉經》與"步罡躡斗"的融攝過程

步罡躡斗是道教衆多法術中的一種,概源於早期的"禹步三""三步九跡"的巫步,也即禹步的多樣化和複雜化;還有的學者以爲步罡躡斗來源於遠古星辰信仰——斗極崇拜。③ 這方面的研究成果并不算多,但張澤洪發表於《中國道教》的《論道教的步罡踏斗》還是所有研究中基礎工作做得最好、所得結論相對鑿實的一篇。④ 張澤洪以爲,道教的禹步稱爲步罡踏斗,是因爲禹步與星斗崇拜相融合,使傳統的禹步注入了新的内容,後來還與八卦相配合,變化出繁複深奧的罡法。這個說法較準確地概括了步罡踏斗的起源和

---

① 《道藏》第 11 册,第 168 頁。
② 《道藏》第 9 册,第 579 頁。
③ 張素琴的《"斗極觀念"影響下的漢代盤鼓舞與道教"步罡踏斗"淵源考》(《北京舞蹈學院學報》2012 年第 3 期)指出北斗崇拜中的壽夭觀念,是融入道教步罡踏斗法術中的重要因素之一。
④ 該文發表於《中國道教》2000 年第 4 期,但署了熊永翔、王進、譚超三人的《道教禹步論》(《湖北社會科學》2010 年第 4 期)一文,"禹步要義論"部分大段襲自張澤洪此文,"禹步功能論"襲自李劍國、張玉蓮的《"禹步"考論》,數段文字幾無變動,也無注引。

演變,符合道教形成發展過程中熔鑄神仙信仰及各種方術的演變特徵。但其具體的融攝過程,我們往往不明就裏。

每談及步罡躡斗,我們常引《無上秘要》卷二〇《仙歌品》所引的《洞真回元九道經》。該經現已不存,《無上秘要》成於6世紀北周時期,其造構年代當不晚於此期。而我們翻檢《道藏》,《無上秘要》所引《洞真回元九道經》中的仙歌,還完整地保留在《太上飛行九晨玉經》中,但二者并不是同一部道經。①

《太上飛行九晨玉經》一卷,載《道藏》洞玄部玉訣類,《雲笈七籤》卷二〇"三洞經教部"亦載全文,但題作《太上飛行九神玉經》,并雙行小字注"一名《金簡内文》"。《上清道類事項》卷三"寶臺品"引《太上金簡内文》:

《太上金簡内文》曰:玄羽臺者,下有采真童,仰招玉晨侶。又云:九靈臺者:玉霄映北朔,瓊條隱林柯,空生九靈臺,煥精耀太霞。

這段文字中的詩歌部分與《太上飛行九晨玉經》中的《九晨羽章》只有個別文字出入,但二者仍未必是同一部道經。《太上飛行九晨玉經》曾引《金簡文》曰:

九晨玄圖,《金簡文》曰:修飛步九晨之道,亦當依步天綱之日,兼而行之,益求飛天之速,玄斗屢鑒也。

---

① 道教類書《上清道類事項》卷一引《太上飛行羽經》,從文字看即此《太上飛行九晨玉經》,卷三又引《洞真回元九道經》,再從"九道"與"九晨"之名看,二經有聯繫,但並非同一部道經。

《金簡文》當即《太上金簡內文》，如果《太上飛行九晨玉經》就是此經，當不會再出現引《金簡文》的話。但可以推斷，《太上飛行九晨玉經》當援據了《太上金簡內文》。① 在關於禹步、步罡躡斗的研究中，《太上飛行九晨玉經》鮮有提及。② 這方面的探討，我們多參考《抱朴子》中的《仙藥》《登涉》及署名李淳風的《金鎖流珠引》。《金鎖流珠引》或托名李淳風，然《道藏提要》疑爲宋元術士掇拾六朝以來的術數家言彙集而成書的。③ 從《無上秘要》及《上清道類事項》的引用情況，我們可以判斷《太上飛行九晨玉經》當成書於六朝時期，年代遠早於《金鎖流珠引》。

《太上飛行九晨玉經》以太上大道君的口吻傳授飛天步罡之法，記載了"九晨"——北斗七星及輔、弼二星的名稱、神位及飛行九晨之法。張素琴《"斗極觀念"影響下的漢代盤鼓舞與道教"步罡踏斗"淵源考》以爲魏晉南北朝時期，北斗各星以神位入道教體系，關於北斗的經書增多，相關道經多達百十之數。此"百十之數"的道經，不知所據者何，筆者翻閱明《道藏》《敦煌道藏》等未見如此衆多有關北斗信仰的經書。在所有相關道經中，此《太上飛行九晨玉經》是較早且較完備、系統地記錄飛步九晨之法的經書之一。

北斗信仰起源甚早，據考古學者的研究成果，殷商甲骨已經有相當多與北斗祭祀相關的卜文，禳星祈福是遠古巫覡的重要法術

---

① 《金簡文》是否爲已經散佚但可以輯補大約四分之三內容的《上元金籙簡文》？不得而知，然據呂鵬志輯錄的《上元金籙簡文》核對，未發現有文字一致的地方。《上元金籙簡文》見呂先生《唐前道教儀式史綱》第144—157頁。

② 陳國符《道樂考略稿》一文未提及此經，蒲亨強的《道樂通論》及李劍國、張玉蓮《"禹步"考論》等相關研究亦鮮有提及。呂鵬志《唐前道教儀式史綱》引用書目有《太行飛行晨玉經》。

③ 《"禹步"考論》一文以《金鎖流珠引》中有避唐諱，疑爲唐代成書，托名初唐人李淳風，見《求是學刊》2006年第5期，第97頁注釋2。

之一。但由北斗七星到"九星""九晨""九皇"乃至九星"魂魄"的增衍和附會,明顯具有唐前南方道教改造、融匯各種方術的痕跡,比如《上清河圖內玄經》這部經典。

《上清河圖內玄經》概造構於南朝時期,①經文演述河圖授受儀式,以爲河圖本源於天上真文,若存思佩戴、供養禮拜河圖上的太一、九皇寶籙,則可消災散禍或長生不死。這裏的"九皇""九夫人"即指北斗七星君再加輔星君、弼星君及他們的九位夫人。九皇各有姓諱,如佩戴、存思他們的姓諱妙相,夕夕觀之,一樣可以厚福通神,延壽得仙。這種極富"道教性格"的改造和想象,源於上清派道教融攝南方巫術的道教革新時期。而一樣融攝九星信仰,同屬上清派道經體系的《太上飛行九晨玉經》顯然又在《上清河圖內玄經》的基礎上發展爲步罡躡斗的飛步九晨之法。

《太上飛行九晨玉經》卷首以太上大道君的口吻傳授是經的源起:

> 九星上法玄映之道,吾昔受之於元始,於今七億萬劫,經天地成敗,萬品衰滅,而其道獨存。今猶修之於雲景之上,而不能忘之於時節者,意玩此道高妙,愛樂夫人接遇也。況來生始學飛晏之舉,而不知幽尋步空之法,何由得披重霄之門,觀天地之始終乎?既無此道,與九晨乖域,夫人絶遊也,徒有玄名帝錄,超卓高騰,正可得策駕雲龍,遊盼五嶽,但不死而已。如此望踐斗魁,旋步華晨,騰景玉清,當未有期也。

---

① 吕鵬志《唐前道教儀式史綱》第五章《兩晉南朝時期的外丹經、"三洞"經與南方方士傳統及其儀式的承傳與更新》論及上清經系將傳授與設醮儀式結合時,吟咏《上清河圖內玄經》,以爲此經編撰年代不早於5世紀,不晚於唐。(第77頁)

這裏的太上大道君也即造構此經的上清派道士,以爲"徒有玄名帝錄……但不死而已","玄名帝錄"當即《上清河圖内玄經》主張的佩帶九晨星君寶籙的道法,而《太上飛行九晨玉經》以爲這些道法均不如"幽尋步空"、"望踐斗魁,旋步華晨"的步罡躡斗之法。二經文字有部分重疊,九晨星君及其魂精魄靈、九位元夫人名諱、順序完全一致,基本上可以判斷《太上飛行九晨玉經》因襲了《上清河圖内玄經》。

《太上飛行九晨玉經》所述步罡躡斗的法術過程,已經演變爲成熟的道教科儀,爲論述方便,現錄其儀節順序如下:

↓ "行飛步之道,先一日沐浴齋淨。是日於中庭布星圖,隨斗建也"。

↓ 長跪、燒香,存思歲星、太白星、熒惑星、辰星、鎮星布在身中。

↓ "覆衣九星",持咒。

↓ "次乘斗旋行斗星之外,步斗魂魄,從天樞星上,對陽明,次登天璇、天璣,以次周於隱元,住反三過。畢,於隱元星上歌《三洞飛空章》而登陽明也"。

↓ 修飛步之道:存思魂神,"并足上天樞星上,對陽明星,左手撫心,右手指陽明星,叩齒九通,咽液九過,閉氣三息,而微咒"。咒畢,"閉氣三息。次左足躡天璇,進右足與左足并,通氣"。

↓ 依次飛步天璇星、天璣星、天權星、玉衡星、闓陽星、搖光星、洞明星、隱元星。

↓ 步斗魂事畢,存思,"還立天樞星上,向陽明星而歌誦《徘徊遊行九晨羽章》三篇畢,便登綱上陽明星上,行飛步也"。

在步罡躡斗前,有"覆衣九星"的存思法術,即先屈左手於頭上,存思九星於身體各部位,再屈右手於頭上,存思九星於身體各部位。覆衣星斗的記載,其實早見於《抱朴子内篇·雜應》,該篇抱朴子傳授"瘟疫秘禁"之法時云：

又思作七星北斗，以魁覆其頭，以罡指前，乘魁履罡，攀登雲路。

但這裏的"以魁覆其頭"僅是北斗七星的魁斗，而《太上飛行九晨玉經》覆的則是"九星"，其演進之跡甚明。而所述"以罡指前，乘魁履罡"之法，極爲簡略，但可以看出，這是後世複雜的步罡躡斗法術的源頭所在。再從所"修飛步之道"的步法來看，《太上飛行九晨玉經》所用并不複雜，與後世《金鎖流金引》中繁複的罡法相比要簡單得多。現以飛步天樞星爲例，列示如下：

存思——并足天樞星上——面對陽明星——左手撫心，右手指陽明星——叩齒九通，咽液九過——閉氣三息念咒——左足躡天璇星，右足跟進，與左足合并——通氣。

在天樞星上的飛步，僅并足立於天樞星上，微咒、叩齒、咽液、閉氣之後，左足躡下一個天璇星，右足跟上并足在天璿星上，依次九星踏過。這個步法與《抱朴子內篇》裏的《仙藥》《登涉》所記的禹步相類，如《仙藥》所記：

禹步法：前舉左，右過左，左就右；次舉右，左過右，右就左；次舉右，右過左，左就右。如此三步，當滿二丈一尺，後有九跡。

《登涉》所記：

又禹步法：正立，右足在前，左足在後，次復前右足，以左足從右足并,是一步也。次復前右足,次前左足,以右足從左足并,是二步也。次復前右足,以左足從右足并,是三步也。如此,禹步之道畢矣。

《抱朴子》中的禹步與《太上飛行九晨玉經》中的步法都是左足或右足進一步,另一足跟進,然後并足、一步結束的簡單步法。《太上飛行九晨玉經》飛步所有星中,較複雜的步法爲弼星上的飛步:

弼星上右手撫心,左手指北晨星——閉氣、叩齒、咽液、存思、微咒——還向北辰星閉氣七息——左轉兩足——還并立陽明星上——從陽明星上單行禹步——周回九星,往返九回——還弼星上平坐偃息華蓋,存九晨覆衣如初——思已在絳雲之内乘天綱飛空。

這裏明確提到"單行禹步",可看出六朝上清經融攝吸收禹步的"三步九跡"改爲"九星"上步罡躡斗新道法的過程。禹步本是召役神靈的巫步方術,①經六朝道教的充實改造,再結合"星斗信仰",成爲一種周密而精緻的道教儀式。

六朝時期利用禹步造構新道法的當不止上清經系。《洞神八帝元變經》概成書於北魏永平元年(508),内中有《禹步致靈》篇,詳細說解禹步來源、步法等,但這裏的禹步要晚於《仙藥》《登涉》的記載,已有很多附會成分。《禹步致靈第四》中的禹步之法如下:

禹步法:於室内術人鋪前,面向神壇。以夏時尺量三尺爲星相去之間,率以清淨白灰爲星圖及八卦之數。術人入立

---

① 關於禹步的起源,衆説紛紜,大致説來即原始巫術之巫步或跳神的一種。

地户巽上，面向神壇坐之。方鳴天鼓十五通，即閉氣步之。先舉左足踐離，右足踐坤，左足踐震，右足踐兌，左足從右足并作兌。乃先前右足踐艮，左足踐坎，右足踐乾，左足踐天門，右足踐人門，左足從右足并在人門上立……

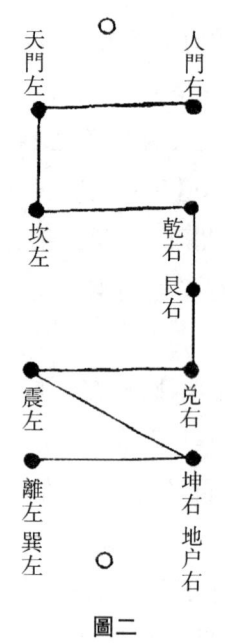

《洞神八帝元變經》爲了召役八大鬼神，預知吉凶，也吸收利用了禹步之法，即以"清淨白灰爲星圖及八卦之數"，禹步"踐"之。據圖一所示，八卦方位與九星結合，以禹步踐之。禹步作爲一種原始巫術，被賦予高妙的神秘功能，并應用於各種仙道方術中的例子，還見於《抱朴子内篇·登涉》所載"進山防身"的隱遁術：

天門左　人門右
坎左　乾右 艮右
震左　兌右
離左巽左　坤右 地户右
圖二

> 又曰，住山林中，當以左手取青龍上草，折半置逢星下，歷明堂入太陰中，禹步而行。……則折所持之草置地上，左手取土以傅鼻人中，右手持草自蔽，左手著前，禹步而行，到六癸下，閉氣而住，人鬼不能見也。

叙述隱遁術中的禹步之法，葛洪云："凡作天下百術，皆宜知禹步，不獨此事也。"上清派道經《太上飛行九晨玉經》在禮拜九晨星君時，也是利用禹步之法的一個重要案例，只是，該道經系統結合星斗崇拜，以禹步飛躡九星，創造出更趨複雜而成熟的步罡躡斗科儀。

從《上清河圖内玄經》的佩戴"九神姓諱"，到《抱朴子内篇》中的"以魁覆其頭",再到《洞神八帝元變經》的在"九星八卦"上的禹步,可以看出,《太上飛行九晨玉經》融攝各種方術編爲複雜的步罡躡斗科儀的演進之跡。

七、《步虛》聲與《九晨羽章》

《太上飛行九晨玉經》在飛步九星之後,立於天樞星上,向陽明星而歌頌徘徊遊行《九晨羽章》三篇,這三篇歌章尚存,錄入下:

《羽章》詞如下:

雲綱落天紀,九斗翠玉虛。紫蓋重霄嶺,玄精朗八嵎。
上有九晨賓,吟咏隱與書。① 飛步遨北漢,長齡天地居。

控轡玄羽臺,②飛行九元所。洞虛深幽邃,雲綱乘空舉。
下有采真士,仰照玉晨府。③ 三周陽明上,九回入洞野。
高步登帝尊,長歌龍飛語。

玉霄映北朔,瓊條翠隱阿。④ 空生九靈臺,煥精曜太遐。
天關運重冥,劫會屢經過。乘我羽行駕,飛步織女河。
保靈空常化,永忘天地多。

此三章出玉清上宮,九陽玉童、九華王文,⑤皆恒歌誦之於華晨之上,以和形魂之交暢,啓靈真於幽關也。凡修飛步

---

① "隱與書",《無上秘要》引《洞真回元九道經》作"隱羽書"。
② "控轡",《無上秘要》引《洞真回元九道經》作"抗轡"。
③ "仰照",《無上秘要》引《洞真回元九道經》作"仰招"。
④ "隱阿",《雲笈七籤》卷二〇《太上飛行九神玉經》作"隱柯",《上清道類事項》引《太上金簡内文》亦作"隱柯"。
⑤ "王文"或即"玉女",《無上秘要》引《洞真回元九道經》,此句作:"此三章出《玉清上宫九陽玉章》,九華玉女皆恒歌誦之於華晨之上。"

七元，行九星之道，無此歌章，皆不得妄上天綱，足躡玄斗也。

這是在上清派步罡踏斗儀式中，"徘徊遊行"吟唱歌章的可靠記錄。按《太上飛行九晨玉經》所云，吟唱《九晨羽章》的儀式單元在步罡躡斗科儀中有重要地位，如無此歌章，不得"妄上天綱，足躡玄斗"，否則"九星執子魂魄閉於斗綱之下也，令人猖狂失性，嗔怒妄興，不出三年，無不喪身"。以此，後世學者多以爲步虛詞也即步罡踏斗、飛行九晨時所吟唱的歌詞。

但如上文所述，吟唱"步虛"在古靈寶經中本與步罡躡斗無關，且"步虛"聲與《啓堂頌》《大學仙》《小學仙》等一樣，同爲道樂樂曲，有固定的曲式和聲調，《玉音法事》卷上有明確的記載，現錄一段，如下圖：

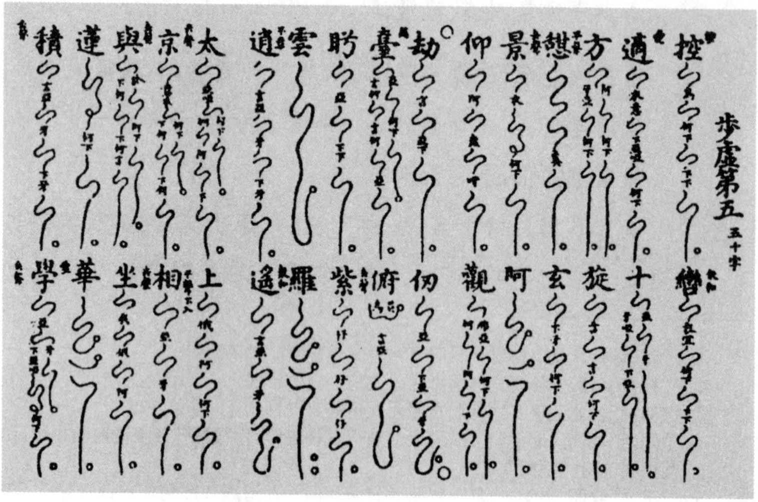

圖三

"步虛"聲作爲道曲的一種，一直相沿不息，所使用的歌詞《玉京山步虛詞》十首和徽宗創製的新《步虛詞》十首，道教科儀至今仍廣泛使用。但《太上飛行九晨玉經》中的《九晨羽章》未見後世道經引作《步虛詞》的記錄，很可能是有別於"步虛"聲的另一種道樂。

按《太上飛行九晨玉經》自身的記載，"此三章出玉清上宮，九陽玉童、九華王文，皆恒歌誦之於華晨之上"，其中"此三章出玉清上宮，九陽玉童"一句，《無上秘要》引《洞真回元九道經》作"此三章出《玉清上宮九陽玉章》"，如《無上秘要》確切的話，《玉清上宮九陽玉章》不得而知，但如前揭，這三章詩句與《太上金簡內文》中詩句基本一致，而這些詩句是針對"玄羽臺""九靈臺"，如前引：

> 《太上金簡內文》曰：玄羽臺者，下有采真童，仰招玉晨侶。又云：九靈臺者：玉霄映北朔，瓊條隱林柯，空生九靈臺，煥精耀太霞。

由此，《九晨羽章》或從《太上金簡內文》節錄而得，並非正式的步虛詞。

步罡蹋斗法術（儀式）是道教星斗信仰中的重要內容，但其融攝形成的歷史過程，往往語焉不詳。而通常所認爲的"吟唱《步虛》"即伴隨步罡踏斗時的道樂演唱，也存在一些誤解。本質上講，唱"步虛"源自古靈寶經的科儀系統，吸收了佛教的梵唄和讚咏儀式，逐漸固定爲上清、靈寶派科儀中的一個儀節單元，但與禹步和步罡踏斗的關係並不密切。之所以容易混淆，在於步罡蹋斗與吟唱"步虛"聲都起源於上古"遊仙"思想，在冥想、形容飛巡虛空的過程中，用語和意境都有近似之處。"名不正則言不順"，知曉"步虛"

聲、步虛詞與步罡躡斗的來龍去脈,道教詩歌、齋醮科儀、道樂的研究才談得上真正的進展。

（原文發表於香港浸會大學中文系"文學與宗教"專題論文集《道教修煉與科儀的文學體驗》,鳳凰出版社,2018年;另有部分發表於《學術研究》等刊物,此作綜合處理,文字亦略有改動）

《漢武》唱和詩述議

——兼論《西崑酬唱集》的緣起與特徵

《漢武》是《西崑酬唱集》(以下簡稱《西崑集》)卷上的一組唱和詩,由楊億首唱,劉筠、錢惟演、刁衍、任隨、劉隲、李宗諤六人相和,共七首和意不和韻的七律,這在《西崑集》中算規模最大的一組唱和詩了。① 這組唱和詩正如題目所揭——吟咏漢武帝故事,是典型的咏史之作。其中楊億首唱的這首《漢武》,後人評價很高,紀昀《瀛奎律髓刊誤》以爲"此便欲直逼義山",②評刁衍《漢武》和詩又云:"此亦是裝砌漢事,而神彩姿澤都減,由不及楊、劉諸公醖釀之深耳。"③就這首《漢武》詩的用意,《瀛奎律髓》卷三"懷古類"評曰:"此詩有説譏武帝求仙,徒費心力,用兵不勝其驕,而於人才之地不加意也。"④馮班也云"此詩有作用",⑤而今人箋注楊億《漢武》,更進一步指認此詩有諷諫真宗"導演"天符下降、封禪泰山之意,較典型的如王仲犖《西崑酬唱集注》卷上所云:

---

① 《西崑集》中唱和人數最多的即此《漢武》組詩,其他有六人、五人,大多爲三四人聯唱。
② 清嘉慶五年(1800)李光垣校刻本《瀛奎律髓刊誤》。
③ 同上。
④ 方回選評,李慶甲集評校點:《瀛奎律髓彙評》卷三,上海古籍出版社,1986年,第127頁。
⑤ 同上。

宋真宗信王欽若之進説，於大中祥符元年之春，即僞造天書。……是年六月，又僞造天書降於泰山，乃於十月封泰山。四年二月，又西祀汾陰。此與漢武帝致惑方士神仙之説，固極近似也。館臣之爲詩譏諷漢武，實即欲以諌帝并止其東封也。①

其他各種學人論著，如鄭再時《西崑酬唱集箋注》等大多持此"諷諌真宗"説，另外方智範教授的大作《楊億及西崑體再認識》則作進一步發揮，以爲楊億傳承了白詩、晚唐詩的諷喻精神，有"尖鋭的現實針對性"——反對封禪。② 因這組詩在内容與立意上接近，餘下六首和詩亦多持此論，如鄭再時評任隨《漢武》，以爲"五六指真宗北巡，末聯與大年元唱相呼應"，③李宗諤《漢武》詩後，鄭先生按語云："然足證真宗之封禪，當時皆以秦皇漢武擬之，此詩人之所以爲刺也。"④但我們細審這組《漢武》詩，結合"漢武"題材的嬗變、真宗崇道的真實背景及《册府元龜》的編纂等因素，對《漢武》組詩的理解，有"過分闡釋"的傾向，尚有商榷的空間。就這一點，鞏本棟教授曾提及："宋真宗東封泰山要在作此詩兩年之後，很難相信諸位館臣當時已有先見之明。其他像《南朝》《明皇》《成都》等咏史詩，是否諷刺宋真宗之作，實在也大爲可疑。"⑤張明華教授的部分

---

① 王仲犖注：《西崑酬唱集注》卷上，上海書店出版社，2001年，第41頁。
② 方智範：《楊億及西崑體再認識》，《華東師範大學學報》2000年第6期，第3—8頁。
③ 鄭再時箋注：《西崑酬唱集箋注》卷上之上，齊魯出版社，1986年影印稿本，第366頁。
④ 同上書，第370頁。
⑤ 鞏本棟：《關於唱和詩詞研究的幾個問題》，《江海學刊》2006年第3期，第165—166頁。

論文及《西崑體研究》一書也指出有"求之過深"的地方。① 但這些論斷尚限於一種直覺感悟,且時下仍有論著,每提及此,還以爲這首唱和詩有諷喻之旨,影響對《西崑集》的深入認識。

本文從文本細讀和主題演變等文藝學角度,以《漢武》爲個案深入分析其内容與主旨,希望能對《西崑集》的緣起與性質,乃至宋詩特徵等有更切近的瞭解。

一、從"漢武故事"到《漢武》唱和詩

七首《漢武》詩大量用典,無一字無來歷,"以學問爲詩"的宋詩特徵已初露端倪。這些有關武帝的典故,主要來自《史記》中的《封禪書》《孝武本紀》及《漢書》中的《武帝紀》《東方朔傳》《郊祀志》等,另外,《漢武故事》《漢武内傳》《神仙傳》《博物志》《十洲記》等雜史、仙道傳記也在采擷範圍之内。綜觀這組詩的咏懷主題,有個別詩句提及武帝出兵威震匈奴事,如:

立候東溟邀鶴駕,窮兵西極待龍媒。(錢惟演)
已教丞相開東合,猶使將軍誤北戎。(刁衎)
蕢陽弋獵侵多稼,朔塞旌旗照不毛。(任隨)
平樂館中觀角抵,單于臺上慴天驕。(李宗諤)②

但無論從單句還是整詩權衡,詩人的着力點並非漢武用兵,而

---

① 張明華:《西崑體研究·緒論》,人民文學出版社,2010年,第43頁。另外,張明華《從〈武夷集〉到〈西崑集〉:西崑體形成期與成熟期作品比較》,對漢武等咏史詩的用意也有所提及,但不夠具體。見《文學遺産》2002年第4期。
② 《西崑酬唱集》中的詩句,均引自王仲犖《西崑酬唱集注》本,下同。

是武帝妄求神仙而身滅、極盡奢靡而成空的遭遇，以及由此引發的對家國、人生的悲劇性隱憂。可以說，從楊億首唱開始的這七首組詩，多在反復堆砌神仙虛幻，漢武帝求仙不得的各種典故，現七首詩各選一句示下：

> 光照竹宮勞夜拜，露溥金掌費朝餐。（楊億）
> 相如作賦徒能諷，卻助飄飄逸氣多。（劉筠）
> 金芝燁煜凌晨見，青雀軒翔白晝來。（錢惟演）
> 灑淚甘泉還有恨，祈年仙館惜成空。（刁衎）
> 若信憑虛王母説，東方三度竊蟠桃。（任隨）
> 東巡岱嶽探金策，倒指寧聞壽數長。（劉騭）
> 西母不來東朔去，茂陵松柏冷蕭蕭。（李宗諤）

詩句幾乎句句用典，部分典故見諸上述正史和雜史筆記，當有一定史實基礎。而漢武帝好仙道長生、奢侈無度，最終難免一死的無奈結局，東漢末、魏晉時期即已彙聚成具有諷諫甚至嘲諷意味的各體文本。其實，《史記》卷二八《封禪書》及由此改編而來的《孝武本紀》，以冷峻犀利的筆觸，對漢武帝濫祭淫祀、篤信方術且執迷不悟已有所譏諷，如《孝武本紀》云：

> 而方士之候祠神人，入海求蓬萊，終無有驗。而公孫卿之候神者，猶以大人跡爲解，無其效。天子益怠厭方士之怪迂語矣，然終羈縻弗絕，冀遇其真。①

---

① （漢）司馬遷撰：《史記》，中華書局1959年點校本，第485頁。

對漢武帝妄求神仙、篤信方士的諷諭基調,或肇始於《史記》《漢書》這類正史文獻,至六朝時期,漢武帝已如箭垛式人物,傳聞異説紛出,相關的筆記、雜史類著作開始出現,如《漢武故事》《博物志》《漢武帝別國洞冥記》等,而隨着道教上清派經典造構的興起,純粹道教化的"漢武故事"——《漢武內傳》《茅君內傳》等也在東晉前後出現。此時,正史未載的西王母駕臨、東方朔偷桃等,在《博物志》中已有文學化的鋪陳,而漢武帝大修土木,建觀起宇,尊崇方士、死後葬茂陵而異事不已等正史語焉不詳的記載,在《漢武故事》中也有了更詳盡的描述和渲染。

六朝時期,這些針對漢武帝妄求神仙的雜史筆記,雖無明確的諷喻主題,或僅出於"搜奇志異"的目的,但敘述本身爲接受者的判斷提供了各種可能,而"引以爲戒"無疑是當然之理。"漢武故事"已成爲具有母題(motif)意義的範型,當時乃至後世被反復擴充、改寫,道教化的《漢武內傳》就是一個典型案例。

《漢武內傳》仍保留基本的史傳模式,從武帝出生寫起,直至死後葬於茂陵,略去軍政要事,不惜大量筆墨增飾西王母下降會武帝事,文内襲用早期上清派經典《消魔智慧經》,轉述《五嶽真形圖》《六甲靈飛》等十二事的傳授内容,[1]構成純粹道教化的漢武故事文本。[2] 在這個宗教化的文本中,對武帝的譏諷和奚落更加直白而無所忌憚,如漢武帝向西王母下跪,自謂"徹小丑賤生,枯骨之

---

[1] 李豐楙先生的長文《〈漢武內傳〉研究》對該傳的著成和演變,作了精微的考論,原刊《六朝隋唐仙道類小説研究》(臺灣學生書局,1986年),後收入《仙境與遊歷:神仙世界的想象》,中華書局,2010年,第175—263頁。

[2] 王青《〈漢武帝內傳〉研究》一文以爲《漢武帝內傳》是典型的傳經神話,與道教傳經儀式密切相關。見《文獻》1998年第1期。

餘",①西王母嚴詞訓斥,責之曰:"然汝情恣體欲,淫亂過甚,殺伐非法,奢侈其性。"②漢武帝已全無人君的尊嚴。實際上,在六朝道教經典系統中,秦皇、漢武已成爲節欲、養性的反面典型,如《抱朴子》卷二《論仙》:

> 秦皇使十室之中,思亂者九。漢武使天下嗷然,户口減半。……彼二主徒有好仙之名,而無修道之實,所知淺事,不能悉行。……漢武招求方士,寵待過厚,致令斯輩敢爲虛誕耳。③

在雜史筆記及道教經典以外,六朝時期的文人詩歌作品對漢武帝嗜好長生卻求仙不成的悲劇也有描述,如郭璞《遊仙詩》其五:

> 奇齡邁五龍,千歲方嬰孩。燕昭無靈氣,漢武非仙才。

又如沈約《遊黄糵山》:

> 秦皇慕隱淪,漢武願長年。皆負雄豪威,棄劍爲名山。

六朝詩歌諷喻武帝求仙的重要作品並不多見,諷刺力度也遠遜《漢武内傳》《漢武故事》等雜史仙傳,但唐朝詩歌以此爲題材的

---

① 《道藏》洞真部記傳類收《漢武内傳》,見《道藏》第 5 册,第 49 頁。
② 同上書,第 48 頁。
③ (東晉)葛洪撰,王明校釋:《抱朴子内篇校釋》卷二《論仙》,中華書局,1986年,第 18—19 頁。

作品大增，且不乏李白、白居易、顧況、寒山等重要詩人，這些作品大多感懷漢武求仙而身死的悲劇，具有很强的諷喻色彩，現節選最具典型意義的六首如下：

1. 李華《咏史十一首》其一："何爲漢武帝，精思遍群山。糜費巨萬計，宮車終不還。蒼蒼茂陵樹，足以戒人間。"(《全唐詩》卷一五三)

2. 李白《登高丘而望遠》："君不見驪山茂陵盡灰滅，牧羊之子來攀登。"(《全唐詩》卷一六三)

3. 白居易《海漫漫，戒求仙也》："山上多生不死藥，服之羽化爲天仙。秦皇漢武信此語，方士年年采藥去。蓬萊今古但聞名，煙水茫茫無覓處。……君看驪山頂上茂陵頭，畢竟悲風吹蔓草。何況玄元聖祖五千言，不言藥，不言仙，不言白日升青天。"(《全唐詩》卷四二六)

4. 許渾《學仙二首》其一："心期仙訣意無窮，彩畫雲車起壽宮。聞有三山未知處，茂陵松柏滿西風。"(《全唐詩》卷五三八)

5. 薛逢《漢武宮辭》："絳節幾時還入夢，碧桃何處更驂鸞。茂陵煙雨埋弓劍，石馬無聲蔓草寒。"(《全唐詩》卷五四八)

6. 寒山《詩三百三首》："常聞漢武帝，爰及秦始皇。俱好神仙術，延年竟不長。金臺既摧折，沙丘遂滅亡。茂陵與驪嶽，今日草茫茫。"(《全唐詩》卷八〇六)[1]

節選的這六篇詩作，末聯或者後半部分都提到荒涼死寂的"茂陵"，與漢武生前的篤信方士、大肆求仙形成反照，"勸誡"之意不言而喻，而這個主題正與《史記・孝武本紀》、《漢武故事》、郭璞《遊仙

---

[1] 以上六篇詩作，均錄自康熙揚州詩局本《全唐詩》，中華書局，1960年校點本。

詩》等一脈相承，只不過表達形式爲唐人詩歌。

　　至此，我們回過頭來看《西崑集》中的唱和組詩《漢武》。李宗諤《漢武》詩末聯"西母不來東朔去，茂陵松柏冷蕭蕭"，內容與格調頗類唐人。錢惟演的末聯"甘泉祭罷神光滅，更遣人間識玉杯"，刁衍的末聯"誰知辛苦回中道，共盡千齡五柞宮"，結構上與前舉唐詩接近，最後都以漢武帝的不免一死反襯生前的大肆求仙。另外楊億、劉筠、劉騭等人的《漢武》詩，主題並無多少創意，仍是感慨神仙虛幻、漢武妄求而不得的人生悲劇，進而表現慣常的諷喻之旨。就風格來說，這七首詩大掉書袋，用典繁密，不熟悉《孝武本紀》《武帝紀》《漢武故事》《博物志》等原典，幾乎不能全然瞭解，與上引唐詩六首大異其趣。

　　綜上所述，漢武"求仙而不得"這樣一個具有母題意義的悲劇性典故，有其形成和演變的歷史過程，爲歷代文人所共有，並非楊億等一干秘閣文人特意拈來用以諷諫真宗封禪的特殊詩材。

二、《漢武》唱和詩與真宗封禪無關

　　如前揭，時賢多以爲《西崑》中的七首《漢武》唱和詩是針對真宗封禪的諷喻之作，比如楊億這首《漢武》，即使明知作於景德三年（1006），[①]離封禪的大中祥符元年（1008）尚有兩年時間，仍可以解釋爲"但這其實是一種基於政治預見的警告"。[②] 其他更多持此觀

[①] 鄭再時《西崑酬唱集箋注》以爲《漢武》詩成於大中祥符元年（1008），但曾棗莊《論〈西崑酬唱集〉的編年》重予考訂，以爲景德二年秋冬作《南朝》至《漢武》諸詩，其中《漢武》作於景德二年冬天或景德三年春天，是說較可信，刊於《古籍整理研究學刊》1993年第5期，第3頁。

[②] 方智範：《楊億及西崑體再認識》，《華東師範大學學報》2000年第6期，第8頁。

點的論著不必贅舉,我們不禁要問,楊億和其他秘閣文人真有如此"政治覺悟"嗎?從上文"武帝妄求神仙"主題演變來看,這組唱和詩不過是對傳統題材的"再敘述"而已,主旨無甚創新。而且,細讀楊億《漢武》及其他和詩,對武帝封禪的描寫并不多,爲方便論述,現完整過錄楊億《漢武》如下:

蓬萊銀闕浪漫漫,弱水回風欲到難。光照竹宮勞夜拜,露溥金掌費朝餐。
力通青海求龍種,死諱文成食馬肝。待詔先生齒編貝,那教索米向長安。

"竹宮夜拜"事見於《漢書·禮樂志》《三輔黄圖》等;"露溥金掌"即建章宮造承露盤接雲表之露事,見於《史記·封禪書》等;"死諱文成"亦見《封禪書》,言尊崇方士李少翁事。雖然有典故見於《史記·封禪書》,但都是漢武帝爲求神仙而大興土木、建齋設壇之事,與封禪嵩山、泰山等無直接關聯。在這七首詩中,如果説有直接涉及封禪的詩句,或即劉騭的"盤概碧霄甘露白,鼎遷幽壤瑞雲黄。東巡岱嶽探金策,倒指寧聞壽數長",但此詩最終還是落腳在漢武帝壽數有限,求仙不成。

而今人每言此詩,即以諷諫真宗封禪持論,不知所據者何?有學者以爲楊億爲人正直,風骨錚錚,有自覺的獨立於皇權的人格意識,且對真宗封禪持保留態度,未留下頌、記之類的吹捧之作。[①]然據《玉海》卷一六〇《祥符泰山天貺》條卻有這樣的記載:

---

① 參閲方智範《楊億及西崑體再認識》,《華東師範大學學報》2000年第6期,第5頁。

祥符元年(1008)七月乙酉,詔泰山靈液亭北天書再降之地建殿,以"天貺"爲名。先是六月丁酉六日,臣欽若奏天書降於泰山,十月壬子幸天貺殿。十二月庚子,命學士楊億撰碑。①

此碑即楊億的《大宋天貺殿碑》,王昶《金石萃編》卷一二七尚存,內中詳細記敘了泰山發現"天書"的經過和宋真宗"乃詔魯郡,申飭攸司,爰就靈區,茂建清宇"的情況。② 據此看來,楊億並未明確反對真宗封禪崇道等,某種程度上也是一個參與者,未留下頌贊之作似不可信。而真宗大中祥符年間,祥瑞頻出,據《玉海》卷一九七《祥瑞》記載,楊億也曾呈祥瑞,如:"八年八月庚寅,知汝州楊億言,粟一本至四十穗。"③其實,楊億等秘閣文人對真宗修齋設醮事的態度,《西崑集》本身也能說明問題。大中祥符元年(1008),錢惟演曾受命禮祠太一宮,事後,錢惟演首唱《致齋太一宮》,次唱即楊億、劉筠二人。楊億的和詩,不妨引錄如下:

漢帝祈年館,威神法太微。赤章修秘祝,磐石拂仙衣。
雉雊靈光發,鶯歌彩霧霏。霓旌飄夕吹,瑤草泛春暉。
瓊屑晨杯滿,芝苗畫茹肥。象樽猶一獻,鳧舄自雙飛。
天迥飆輪度,宵殘素瑟希。回看蔥鬱處,佳氣接彤闈。

此詩也以漢帝事起首,但較之前的《漢武》詩,已無絲毫諷喻之

---

① 王應麟:《玉海》卷一六〇,1987年,上海書店、江蘇古籍影印清光緒九年浙江書局刊本,第2943頁。
② 王昶:《金石萃編》卷一二七,中國書店,1921年影印掃葉山房本。
③ 《玉海》卷一九七,第3609頁。

旨,反倒整篇詩作對修齋過程和神仙世界充滿了向往和贊美之情。而楊億的《武夷新集》中,有相當一部分詩歌,是祭祀、頌聖的郊廟樂章或吟賞宴飲的應制之作。① 實際上,楊億本人向有"頌美"的文學觀念。② 真宗朝雖不如漢唐強大,但天下已定,頗有四海升平的氣象,在這種政治氣候下,歌功頌德即可。就楊億本人,更直説天下太平,連諫官都無所作爲,常常因無所事事而心生愧意,即如這首:

百辟瞻堯眉,九州蒙禹力。朝政無闕遺,諫官慚曠職。③

葛曉音教授曾以爲王禹偁等以諷刺爲詩道之本的思想,在真宗朝就爲崇尚雅頌的觀念所取代,④而期間楊億無疑是最重要的宣導者。

基於以上分析,以爲楊億和其他六人唱和的《漢武》組詩對真宗封禪有諷諫之旨,是把武帝妄求神仙、封禪泰山事與真宗導演天符下降,大舉西祀東封作的一種想當然的"聯想",這種聯想貌似合理,但我們一旦深入文本和具體語境,實際并不符合歷史真相。

另外,我們常常以爲詩作中有對武帝妄求神仙的描寫,就以爲是對真宗封禪的勸諭,如王仲犖《〈西崑酬唱集注〉前言》曾提到:

---

① 張明華《從〈武夷集〉到〈西崑集〉:西崑體形成期與成熟期作品比較》(《文學遺産》2002年第4期)一文,統計《武夷集》中有應制詩15首、輓歌22首。
② 馮志弘的《〈册府元龜〉論韓愈條議述——兼論楊億的"頌美"文學觀》(《文學前沿》2006年第1輯)一文,對楊億的頌美文學觀作了細緻分析,頗有説服力。
③ 《全宋詩》卷一一六,北京大學出版社,1991年,第3册,第1338頁。
④ 葛曉音:《北宋詩文革新的曲折歷程》,見《漢唐文學的嬗變》,北京大學出版社,1990年,第226頁。另外,張明華的《西崑體研究》第三章第二節認爲西崑體是北宋盛世滋養出來的新文學,見該書第195頁。

"楊億替宋真宗草東封詔,原文有'不求神仙,不爲奢侈'等語,宋真宗看了詔文草稿,就把這兩句很重要的話删去了。可見楊億是不贊成東封的,更不贊成大興土木趕造無益於用的這些奢侈措施。"①關於這兩"不"的出處和理解,拙作《〈西崑酬唱集〉的道教底色》曾有過分析。② 以筆者有限的聞見和檢索範圍,"不求神仙,不爲奢侈"不詳來源,無法判斷此語的前後語境和真實用意。但僅從這兩"不"看,楊億的勸諭主要在"求神仙"上,"奢侈"未必指封禪靡費國家財力,煉丹合藥也向來是上層士大夫揮霍奢侈的事情。如前揭,王昶《金石萃編》卷一二七尚存楊億的《祥符泰山天貺》,正是爲真宗封禪泰山所爲,全篇充斥着頌美之辭,何來反對封禪?而且,"求長生、慕神仙"與"封禪大典"是不同層面的信仰實踐。希求長生不死,往往與熱衷甚至癡迷煉丹相聯繫,是個體化行爲;封禪大典雖由皇帝意志爲主導,但還是一種具有明確政治意圖的國家行爲。不否認針對封禪有持反對意見者,但在"大政方針"面前,敢於直言違逆者不多。後世人臣、高道每向皇帝進言,也常常是節欲惜身、不事丹藥等。基本上可以肯定,楊億這裏的"不求神仙,不爲奢侈"更多的是勸諭真宗不要癡迷煉丹合藥等諸種方術,而這也是漢武帝最爲後世譏諷的短板。

又,或以爲楊億爲人耿介,與王欽若不合,而王欽若一手策劃導演了真宗封禪,所以楊億大概也是反對封禪的。首先,真宗封禪泰山是楊億寫作《漢武》詩兩年之後的事情,當然,楊億或在王欽若策劃過程中即有反對之意。但考察楊億與王欽若的關係,我們發

---

① 王仲犖:《西崑酬唱集注》,第4頁。
② 羅争鳴:《〈西崑酬唱集〉的道教底色》,《武漢大學學報》2012年第1期。另人大復印資料《中國古代、近代文學研究》2012年第5期全文轉載。

現二人同爲《歷代君臣事迹》領銜"主編"。《宋史》卷三〇五《楊億傳》："景德初,……俄判史館,會修《册府元龜》,億與王欽若同總其事。"王應麟《玉海》卷五四《景德〈册府元龜〉》條云:

  景德二年九月丁卯,命資政殿學士王欽若、知制誥楊億修《歷代君臣事迹》。欽若奏請直秘閣錢惟演、刁衎……初,令惟演等各撰篇目,送欽若及億參詳。①

  王欽若與楊億同修《歷代君臣事迹》,共同負責,"參詳"初稿。楊"性耿介,尚名節",②王"性傾巧,敢爲矯誕",③二人本性、品格截然不同,以致睚眥竟起,不足爲怪。但在關涉"祀與戎"的國之大事上,楊億並未公然"以名節爲重"反對真宗封禪,二人之間的芥蒂,更多的是一種私人恩怨。由楊億反感王欽若進而推斷反對真宗封禪,這種 A→B→C 的推論在文史研究中有時可能并不十分妥帖。

三、"更迭唱和"與《册府元龜》的編修

  《西崑集》是楊億與劉筠、錢惟演等 17 位文人相與酬唱的詩集,這 17 人中,大部分參與了《册府元龜》的編修。景德二年(1005)九月,真宗命王欽若、楊億等人開館,在纂修《册府元龜》的同時,十幾位秘閣文人也同步"開唱",《西崑集》中的早期作品《南朝》就開始於景德二年秋天。④ 但楊億等纂修官的集體唱和,善始

---

① 《玉海》卷五四,第 1031 頁。
② (元)脱脱等:《宋史》卷三〇五《楊億傳》,中華書局,1985 年。
③ 《宋史》卷二八三《王欽若傳》。
④ 據曾棗莊《論〈西崑酬唱集〉的編年》,見前引。

而未能善終,《册府元龜》前後歷時八年,至大中祥符六年(1013)始成,而《西崑集》的唱和往來在大中祥符元年(1008)秋天即止,前後僅三年。但這部詩集仍與《册府元龜》一書結下不解之緣,可以說沒有前者,就沒有這部影響至遠的唱和詩集。

《漢武》唱和詩是秘閣文人在編書的早期階段相與唱和而成的,如前文所述,概成於景德二年末或三年初。《西崑集》的作品是按照時間順序編排的,所以《漢武》編在《西崑》卷上靠前第八首的位置。一部與編修《册府元龜》同步創作的唱和詩集,以常理言之,詩作內容與這部書密切相關,而我們通觀整部《西崑集》,這個跡象也相當明顯。

《西崑集》詩歌按照題材內容劃分,大概可分爲兩部分:一部分是詠懷歷史的懷古之作,一部分帶有實錄色彩,感時傷事,吟詠編書生活的點滴,下面我們不妨做一個大致區分:

懷古之作:《南朝》《漢武》《公子》《舊將》《明皇》《始皇》《宋玉》《成都》……

感時之作:《禁中庭書》《槿花》《館中新蟬》《夜宴》《直夜》《此夕》《劉校理屬疾》《屬疾》……

這個劃分僅取部分詩篇,並不完整,但整部詩集的題材內容,基本上不出這兩類。而我們看第一類懷古之作,詠懷的對象幾乎全是歷代帝王將相,所謂的《册府元龜》是書成之後,大中祥符六年(1013)真宗的賜名,之前一直題作《歷代君臣事迹》。正如書名,這部大型類書即"取著歷代君臣德美之事"而成。[①]《玉海》錄真宗御製《册府元龜序》云:

[①] 《玉海》卷五四《景德册府元龜》,第1031頁。

洪猷丕顯,能事畢陳。朕遹遵先志,肇振斯文。載命羣儒,共司綴緝(筆者注:或有異文)。粵自正統,至於閏位,君臣善跡,邦家美政,禮樂沿革,法命寬猛,官師論議,多士名行,靡不具載,用存典刑。①

《册府元龜》分爲帝王、閏位、僭僞等31部,共1 104門,門有小序,各述旨歸。1 000卷的《册府元龜》,第一部分即爲"帝王部",檢索該部,有關漢武帝的條目有50條左右。在宋初四大類書中,僅《册府元龜》未標引書,但從文字對比來看,有關漢武帝的這些條目大多出自《史記》、《漢書》、部分唐人實錄及《唐年補遺録》,其中不乏對漢武帝妄求神仙、窮奢極靡的記載,如卷四六"帝王部"《智識》門:

　　玄策退,帝謂侍臣曰:"玄策昨進對,言古人欲招天下賢哲先市駿骨,固請留此婆羅門。朕觀其狼戾猥急,恐竟無益。……昔者,秦皇、漢武慕神仙,求采藥物,勞役天下,秦皇五十之餘即死。漢武末年,乃至國用糜費,功力不足,賴其早覺昔非,下制責躬,息兵止役,始得安静,年逾七十,僅免滅亡。審念此等,必知無成。若有其實,長生之人,即今何在?"②

《册府元龜》中,有關武帝妄求神仙、肆情縱欲的文獻記載還有多處,如卷一〇一帝王部《納諫》提及秦皇漢武爲方士所誤,卷一〇四帝王部《訪問》言及柏梁臺火災而武帝大起宫殿以厭之之事。秘

---

① 《玉海》卷五四《景德册府元龜》,第1032頁。
② 《四庫全書》本《册府元龜》。

閣文人在編輯《歷代君臣事迹》中,每日披覽史籍經書,采摭銓擇、分類謄錄之際,對歷代君臣發人深省的歷史事件必有所感而吟咏之。由此,《西崑集》中有關帝王將相的感懷之作,一定與編修《歷代君臣事迹》有內在聯繫。其實這一點,楊億早有明確的説明,即如《西崑集序》所云:

> 予景德中,忝佐修書之任,得接群公之遊。時今紫微錢君希聖、秘閣劉君子儀,並負懿文,尤精雅道,雕章麗句,膾炙人口。予得以遊其牆藩而咨其模楷。二君成人之美,不我遐棄,博約誘掖,寘之同聲。因以<u>歷覽遺編,研味前作</u>,挹其芳潤,發於希慕,更迭唱和,互相切劘。①

加着重號的這句話,各種論著多有徵引,但對其所揭示的重要信息認識尚有不足。"歷覽遺編,研味前作",不可作楊億等人平日博覽別集、詩作的理解,所"歷覽""研味"者,正是編修《歷代君臣事迹》每日所披覽的歷史文獻。所以這些唱和詩,凡懷古之作,除了這組《漢武》,《明皇》《始皇》《宋玉》《舊將》《成都》等篇,無不與這部大型類書的編纂有關。以此,秘閣文人故意拈取這類典故,爲了諷喻真宗而作詩的可能性不大。②

當然,否定《漢武》組詩具有現實性的諷喻目的,并不是説《西崑集》作者没有絲毫政治熱情,只顧閉門修書,遊賞酬對。在儒家

---

① 王仲犖注:《西崑酬唱集注·序》,第1—2頁。
② 曾棗莊《論西崑體》一書曾提及:"在《西崑酬唱集》中的幾首咏史之作,如《始皇》《漢武》《南朝》《明皇》《成都》《舊將》,連起來就是一部以詩寫成的宋以前的中國史,涉及秦、漢、南朝、唐、五代及宋初的歷史教訓……"轉引自張明華《西崑體研究》,第220頁。

傳統下,身爲人臣就是要"格君心之非",諫阻、諷喻人君是歷朝士大夫義不容辭的責任。另據吳懷東教授指點,《册府元龜》中有關漢武帝的内容比唐代類書中的記載要豐富得多,且多苛責之意。這個現象或有兩方面原因:

1. 唐人幾大類書均與政治和時事關係不大,其中《初學記》本爲玄宗諸子作文時檢查事類之用,《白氏六帖》爲創作積聚材料,《北堂書鈔》供撰文時采録參考,《藝文類聚》在材料取捨上有弘揚儒學的傾向,但兼采佛、道,仍以藝文的善、美爲旨歸。① 宋人所編的幾大類書,多有官方色彩,太宗、真宗有不同程度的參與,政治色彩較濃,便於君上披覽的目的也較明確(如《太平御覽》)。而本名《歷代君臣事迹》的《册府元龜》,專集"歷代君臣德美之事",涉及漢武帝等歷代君臣事迹較多,自在情理之中。

2. 至於《册府元龜》中針對漢武帝癡迷求仙、窮兵黷武的記載多有苛責之意,説明秘閣文人在選材上是有所思考的,但也正説明,宋代士大夫較唐人更趨理性内斂,宋型文化特徵在宋初類書編纂上已有所體現。雖然《歷代君臣事迹》本是編纂歷代君臣"德美"之事,但據真宗御制《册府元龜序》,"法命寬猛,官師論議"也是類書内容之一,《册府元龜》中的《諫諍》部更能説明這是一部綜合的帶有政治功利目的的大型類書。類書中對秦皇、漢武、明皇的諷喻態度,移植到《西崑集》的唱和詩中,自然一以貫之,但也正説明這種諷喻没有明確的指向性——針對真宗封禪,僅是慣常的諷喻之旨。

餘論

《西崑集》早已擺脱的"徒具形式、毫無内容"的判斷,近年來,

---

① 參閲韓建立《〈藝文類聚〉編纂的主導思想》,《前沿》2009 年第 2 期。

相關研究層出不窮,對該集的認識也逐漸深入。其文學實績和歷史上的深遠影響,已有不可勝數的論斷,如《西崑集》是對唐代近體詩創作經驗的總結和再實踐;與白體不僅對立,而且相互滲透並行發展;是對李商隱的追摹與創新;傳承了白詩和晚唐體的諷喻精神,等等。這些論斷,有的十分深刻,切中肯綮,但有些又不免有"過猶不及"之嫌。客觀來説,《西崑集》是編修《册府元龜》的附帶產物,如果没有編書,這部詩集就不會存在。在爬梳整理資料的過程中,秘閣文人更容易對手中的歷史記載感喟不已,由此一部具有創造性的、文學化的《歷代君臣事迹》——《西崑集》,就此誕生。

把《西崑集》的緣起歸結於一部《册府元龜》,並非把複雜問題簡單化,其實整個宋代文化的輝煌,乃至宋詩特徵的形成,都離不開宋初網羅人才、優禮儒士、大規模求書、編書等一系列右文政策的推廣。而在文學上,早期的直接反應就包括這部《西崑集》,以學問爲詩、重議論等宋調特徵在詩集中都有所體現。其對"宋調"的開創與形成作出基礎性的貢獻,已是不爭之論。

(原文發表在《安徽大學學報》2013年第3期)

第三十代天師張繼先的
文學創作與文學史地位

　　第三十代天師張繼先是活躍於徽宗朝的一位年輕的天師道掌門,字嘉聞,又字道正或遵正,①號翛然子,信州貴溪(今江西省貴溪縣)人。張繼先幼年嗣教,徽宗對其優崇有加,曾數次召見。據《漢天師世家》記載,崇寧四年(1105),建醮内廷,張繼先"因密奏赤馬紅羊之兆,請修德",徽宗賜號"虚靖(又寫作"虚静")先生",并賜崑玉所刻"陽平治都功印"及金鑄老君、漢天師像。② 此後,張繼先以封號通聞天下,又稱虚靖真君,成爲宋元間龍虎山正一道中興的關鍵人物。③ 靖康元年(1126),金人圍困汴京,徽宗遣使亟召赴闕。冬月,行至泗州尸解,壯歲羽化,葬於安徽天慶觀。張繼先身後,北宋末至南宋間,各種傳説層出,又傳云:靖康二年(1127)六月,先生與河東張統制自京師回,至泗州,不適,飲湯一杯,便化去,

---

　　① 《漢天師世家》謂張繼先字嘉聞又字道正,《歷世真仙體道通鑑》載爲遵正,白玉蟾《贊歷代天師》亦云"諱繼先,字遵正"。諸説略備於此,不詳考。
　　② 《道藏》第 34 册,第 827 頁。
　　③ 孫克寬《元代道教之發展》[(臺中)東海大學,1968 年]曾對張繼先的道教史地位做過初步探討,其後王見川博士論文《張天師之研究:以龍虎山一系爲考察中心》(臺北:博揚文化事業有限公司,2015 年)及其單篇論文《龍虎山張天師的興起與其在宋代的發展》(見高致華編《探尋民間諸神與信仰文化》,黄山書社,2006 年,第 31—68 頁)有進一步的深入考察。

身如蠟色。① 張繼先早慧與早逝的傳奇人生，留給後人許多想象空間，成爲頗具"神異性"的道教人物。②

張繼先才思敏捷，勤於著述，雖英年早逝，但仍留下大量詩文世教之語，明初第四十三代天師張宇初曾搜集遺缺，重編付梓，成《三十代天師虛靖真君語錄》（略稱《虛靖真君語錄》）七卷，存《正統道藏》正一部。另外，《正統道藏》洞神部讚頌類收錄《明真破妄頌》一卷，40餘首七律，署作"虛靖張真君"，但這部作品是否後人僞托，尚在疑似之間。元代道士孟宗寶編《洞霄詩集》、彭致中編《鳴鶴餘音》等均收錄繼先詩，今人編《全宋詩》卷一一九四至卷一一九八據《虛靖真君語錄》校點整理爲五卷，並佚詩兩首，未收《明真破妄頌》；《全宋詞》亦在《虛靖真君語錄》卷六的基礎上重新調整詞作順序，釐定爲50餘首，另有單行本《虛靖真君詞》傳世。《全宋文》卷四〇四五據《虛靖真君語錄》卷一及《道法會元》卷五〇，錄文10篇。在歷代高道中，張繼先的文學創作，從篇什數量和藝術成就上看，都相當可觀，所述道教義理也頗爲深致，而相關研究還顯不足。本文針對虛靖真君文學活動和文學創作及其詩詞作品的道教詩學價值展開研究，希望能對宋代文學的整體性認識和深入瞭解有所助益。

一、與石元矩的唱和交遊

《虛靖真君語錄》有大量唱和詩詞，張繼先交往的人物多爲方

---

① 《歷世真仙體道通鑑》卷十九本傳小字注，見《道藏》第5册，第212頁。
② 高振宏《虛靖天師傳說研究——筆記、小說與道經的綜合研究》（見《政大中文學報》第二十三期，2015年6月，第135頁）對張繼先傳說在後世筆記、小說、道經等文獻中的傳衍與塑造有深入研究。

外散逸高人,詩詞中常見"用伍先生韻""次韻于真人"等,其中交遊唱和最爲頻繁的是石元矩,而關於此人的記載很少,《漢天師世家》卷三《張繼先》傳記曾言及"石自方",傳云:

> 還山,與弟子曰:"江湘入蜀,有二十八治。"久之自秦川還山,即西源築庵居之,扁曰"渾淪"。沂陽瓊林臺北有《爲愛西源好》絶句五首。時石自方從鄱陽來,與之遊。一日,語以死生之變。自方曰:"吾得全於天,不知好生,不知惡死,奈何得以死哉?"答曰:"不然,爾謂得全於天,天復得全於何?真宰不明,性識交熾,一真獨露,萬劫皆空,則天亦無所全。"自方有省。①

此"石自方"即與張繼先唱和的石元矩,而《道藏》本《虛靖真君語録》均作"元㨦","㨦"爲"規"的本字,而"規"是畫圓的工具,"矩"是畫方形的曲尺,從"自方"來看,應作"元矩"。② 宋元間人鄧牧(約1247—1306)編《洞霄圖志》卷五有《石正素先生》傳,也謂"石自方,字元矩",并且詳細記述了石自方不平凡的一生,現節引如下:

> 石自方,字元矩,饒州番陽人,師沖寂大師孔守容爲道士。長七尺餘,龎眉秀髯,大耳高顴,音聲如鐘,莊靜淡泊,有深沉之思。經史百氏無不通,尤嗜莊列書。眉山陸惟忠授丹訣,往來西山廬阜,與方外隱逸以琴酒自適,嘗自號渾

---

① (明)張正常撰:《漢天師世家》,國家圖書館藏明抄本。
② 下文引《道藏》本《虛靖真君語録》的文字,凡"元㨦"處,一律徑改爲"元矩"。

淪道人。時虛靖天師作庵於龍虎戲珠峰,先生至,即下榻,榜曰"渾淪庵"。虛靖被召,拉先生偕行,居無何,返故廬。朝廷方求巖穴奇士,部使者以先生聞,强起至京師。徽宗幸寶籙宫講所,先生在焉。上望見儀狀魁偉,召前問從何來,對曰:"草野臣,無他技能,江東使者以臣應詔。"即日授金壇郎,主杭州洞霄。蓋宣和元年冬也。明年七月至官,四方學道者,翕然從之。

冬十月,盗起嚴徽間。明年正月,破臨安縣,官吏散走,其徒亦治舟請行。先生曰:"吾被天子命主此宫,守死吾職也,公等第去。"已而賊至,先生正色叱之,遂遇害。門人程用光叩閽,言死事狀。上閔其忠,賻錢三十萬,贈"正素大夫"。……平生有詩文數百篇,以先生死節洞霄,號"石洞霄"。曲肱先生熊彦詩作《石洞霄傳》。贊曰:捨生取義,名教所美。山林閒人,人不望此。宣和東南,嘯聚蠢起。望風逃遁,守土猶爾。元矩正色,罵賊以死。璽書褒嘉,永耀青史。①

石元矩與張繼先同爲江西人,此人儀形甚偉,學問淹通,善琴,宣和年間徽宗曾召見,授金壇郎,主杭州洞霄宫,後因賊亂死難,獲贈"正素大夫"。李格撰《(民國)杭州府志》卷九○録有"《石洞霄詩集》,洞霄道士石自方元矩撰",②今不見傳。從上引可知,石元矩自號"渾淪道人",《虛靖真君語録》卷四《得請還山元矩遠迓遂成山頌》也云:

---

① 清《知不足齋叢書》本《洞霄圖志》。
② 民國十一年(1922)刊本。

喜見石渾淪，忘言意獨真。還尋石橋約，一洗客京塵。
香篆丹爐静，詩篇彩筆新。高霞不孤暎，攜手洞門春。①

這裏首句即稱"石渾淪"，以此我們很容易把《虚靖真君語録》中反復吟咏的"渾淪庵"當作石元矩所建庵，如《和渾淪庵超然即事韻》《渾淪庵成翛然子親慶因以"何"字爲韻共酬聯句》《京師夜坐懷渾淪庵有作寄之》《渾淪庵慶成》等詩作。但通過《漢天師世家》和《洞霄圖志》卷五所載《石正素先生》傳得知，張繼先大觀二年（1108）繞道從秦川回到龍虎山，在西源戲珠峰建庵一所，庵成，石元矩至，於是繼先以其號"渾淪道人"名庵，即《漢天師世家》所謂"即西源築庵居之，扁曰'渾淪'"的由來。

大觀二年這次還山，石元矩從鄱陽到龍虎山，與張繼先唱和當有一段時間，但二人交遊不限於此，《虚靖真君語録》收録二人酬唱贈答之作有 30 餘首。這些作品涉及兩人講論老莊、聽琴品茗、遊訪送別等題材，可以看出二人對《道德》《南華》的無爲守一之道，都有深湛的體悟。五言古詩《同石元矩講鯤鵬偶書》：

翱翔數仞間，何異九萬里。大道蕩無名，無彼亦無此。
倬哉元矩翁，斯言迨盡矣。一物自太極，志士標高擬。
鵬乎與蜩鳩，涉辯非至理。有形相變化，不出六合裏。
飛躍涉程途，底用嘲遠邇。乃識逍遥遊，濛遠發玄旨。
講罷四窗間，忘言空隱几。②

---

① 《道藏》第 32 册，第 374 頁。
② 同上書，第 370 頁。

這是二人研讀《逍遙遊》開頭部分所作的一首古體詩,詩作首先復述了元矩對鯤鵬萬里與蜩鳩數仞的理解,接下來作者自己進一步發揮,指出"遠"與"近"相對有待,均非至道,悟得玄旨後,遂至"忘言空隱几"。張繼先《心説》一文,系統闡述了心爲萬法之宗的觀點,此文石元矩讀後曾作"頌"一篇,張繼先就此次韻賦詩一首,①云:

  新文博不繁,披誦已清魂。意在諸緣外,心爲萬法源。
  猶龍誰可測,牧馬自微言。三復難窮處,重來得細論。

張繼先覺得《心説》仍有未盡其意處,需要"重來得細論",二人論道探玄的求真精神良可嘉嘆。集中還有一首《臨江仙·和元矩覽楊羲傳》,詞云:

  自古清真靈妙降,安妃來就楊君。因緣冥會異常倫。仙風聊設相,真道本無親。
  惟有元矩能訪問,深將此意相聞。大家宜賞綴新文。免教塵穢士,誚笑上天人。②

張、石二人精研道經,同聲相應,道心相契,這首唱和之作即源於二人共同覽誦研讀《楊羲傳》。

相較參玄論道之作,張繼先、石元矩的酬唱聯句更顯靈動而富

---

① 詩題作"元矩道人覽予《心説》,作頌見寄,次韻奉答",見《道藏》第 32 册,第 374 頁。
② 同上書,第 383 頁。

有韻味。《虛靖真君語録》卷四録《翛然元矩夜坐,酌余德儒所惠酒,因成》《渾淪庵成翛然子親慶,因以"何"字爲韻共酌聯句》兩首由五言、七言組成的聯句詩。劉勰《文心雕龍·明詩》云:"回文所興,則道原爲始;聯句共韻,則《柏梁》餘制。"①一般認爲,聯句詩始於漢武帝和諸臣合作的《柏梁詩》,衆才合韻,屬詞接聲,且體式多樣,經魏晉時期的發展,唐代顏真卿、白居易、劉禹錫、韓愈等人多有創發,興盛一時。宋人則繼之餘緒,力求創新,聯句詩創作參與者衆多,存詩數量也相當可觀。據相關研究,北京大學出版社1991—1998年出版的《全宋詩》共收聯句詩123首。② 但是,這些聯句詩多爲文人騷客所作,也有部分僧人,而道人聯句詩僅白玉蟾等數家。張繼先、石元矩兩位道人的聯句詩,在宋人聯句詩中有一定代表性,深刻體現道教詩學的重要價值。

《翛然元矩夜坐,酌余德儒所惠酒,因成》先以五言聯句,張繼先首唱"共飲名家酒,三杯亦未辭",元矩和云"抒懷談道妙,舉筆賦新詩",接下來一韻到底,詩句清奇灑脱,意境渾融。七言再咏部分也是張繼先首唱,一韻到底,最後張繼先以七絶一首束之:"溪上且同三笑樂,飲中要與八仙争。莫言酒量全輸我,會是詩名數石卿。"③從容恬淡中,亦見聯句詩常見的輕鬆戲語。

如前揭,繼先新庵落成,石元矩忽至,遂以其號"渾淪道人"的"渾淪"二字名庵,集中《渾淪庵成翛然子親慶,因以"何"字爲韻共酌聯句》就是二人以此爲題材的聯句唱和之作,全詩以"何"字爲

---

① (梁)劉勰撰,楊明照校注:《文心雕龍校注》,中華書局上海編輯所編輯,1959年,第35頁。
② 戴歡歡:《論宋代聯句詩創作及其藝術特色》,《周口師範學院學報》2018年5月第三期,第18頁。
③ 《道藏》第32册,第375頁。

韻,仍是繼先首唱,一韻到底:

> 作室觀靈境,功成事若何。張。琴書消日月,畊釣老煙蘿。石。
> 爲羨雲蹤遠,時將酒共過。張。東巖開玉洞,西澗瀉銀河。石。
> 整珮思天柱,觀棋悟爛柯。張。真情敦澹薄,世業信蹉跎。石。
> 絶跡求無累,澄心到不波。張。渾淪甘宴息,真率謝澆訛。石。
> 塵穢千峰隔,風流萬氣和。張。乾坤堪比壽,烏兔任如梭。石。
> 仙至不無識,鶴來信有他。張。正月上旬,白鶴數十群飛至此,盤旋移時乃去。
> 煮茶留客話,種藥救民痾。石。竹露延清蔭,蘭風動妙歌。張。
> 閑尋仙傳讀,静把玉經科。石。大道猶衣袂,囂塵自網羅。張。
> 有生如石火,移世似燈蛾。石。欲入高仙調,毋教下鬼唆。張。
> 茅簷無一事,時復動吟哦。①

這首聯句詩,鮮明地體現了道教詩作特有的清虛無爲的意趣。二

---

① 《道藏》第 32 册,第 376 頁。

人圍繞新庵落成的喜悦心情，表達了絶跡澄心、專心修道之志，對吟哦酬唱、煮茶種藥、讀經設科的修道生活，充滿了向往之情。值得注意的是，二人聯句後，又作了一首聯句詞《飲罷聯西江月》：

此夜月華如畫，東池不讓西江。月明人静滿庭芳，酒興詩情貪長張。

未忍茅堂歸去，濡毫且趁吟狂。燈前高咏對幽窗，卻笑青春流宕石。

有以爲："宋代詞壇留存下來的唯一聯句詞是朱熹與張栻的聯句，朱熹《水調歌頭·聯句問訊羅漢同張敬夫》。"①顯然，論者未見北宋末年這首《西江月》聯句，如果宋代確實只有這兩首聯句詞，那麽張繼先和石元矩的聯句詞當有開創之功。從詞作内容看，仍是上一聯句詩的延續，無甚新意，但形式自創一格，在宗教文學史上當有其特殊地位。

二、《金丹詩》創作與自出機杼的丹道理論

龍虎山正一道統領三山符籙，向以符籙道法見長，但是張繼先對内丹理論也有深入理解，從其留存的 48 首《金丹詩》，可以確定他亦深諳此道。南宋李簡易《玉谿子丹經指要》所附《混元仙派圖》中，在劉海蟾、景知常、趙仙姑等人以下，把張平叔（張伯端）與張虚靖（張繼先）並列於下位。有論者指出，張虚靖傳自劉海蟾，可信性實難指辨。②從張伯端自撰《金丹詩》可以看出，張繼先的内丹修

---

① 李睿：《論聯句詞的發展流變》，《中國韻文學刊》2020 年第 1 期，第 73 頁。
② 王馳：《天師張繼先與龍虎山正一雷法》，《世界宗教研究》2012 年第 4 期，第 78 頁。

煉師承有自，一詩云："只自明師分剖後，難爲荒野作丘墳。"①又云："自從一得明師指，始信雲車出俗鄽。"②這裏所謂"明師"，未見確指，難以考辨，但其丹道理論的造詣卓然一家當是肯定的，《混元仙派圖》把張繼先與張伯端並列，必定有其根據。

張繼先的內丹心性之學，與唐宋間道教變革的基本取向是一致的，即由外而內，致力於內在的修證而合道成真，北方新起的全真道如此，南方符籙派道教亦如此。張繼先略晚於張伯端，都活躍於北宋中後期，其《金丹詩》48首與《悟真篇》在丹道主旨上有很多相近之處。二者都主張"金丹"大道，反對酒色財氣之流俗，尤其強烈反對房中等邪淫之術，不迷信周天火候、胎息行氣等"假法"，《金丹詩》第二首云："假法人間有萬般，君宜求取紫金丹。"③第三首云："流俗紛紛不悟真，不知求己卻求人。只貪世上無窮色，忘卻人間有限身。"④第六首云："采陰丹法起何時，後漢劉晟亦自迷。不免輪回歸復道，豈將淫欲益愚癡。"⑤第十七首云："周天火候誑凡人，胎息縈縈亦未真。"⑥張繼先主張的是無爲清淨的還丹大道，他對此十分自信，第九首云："昭昭妙理余知得，只欲藏機隱舊山。"⑦顯然，"藏機"退隱是"客套"，他在《金丹詩》中，還是從各個方面或隱或顯地透露了他的內修體驗。

與有意構建體系的《悟真篇》不同，繼先《金丹詩》48首沒有明確的結構劃分，大體來說，前六首有諷勸之旨，從第七首開始，

---

① 《道藏》第32冊，第379頁。
② 同上書，第381頁。
③ 同上書，第379頁。
④ 同上。
⑤ 同上。
⑥ 同上書，第380頁。
⑦ 同上書，第379頁。

泥丸、紫府、黃婆、白虎、龜蛇、鉛汞、坎離、黃牙、白雪、嬰兒、炁龍、津虎等隱語反復出現,具體講述了金丹修煉的法門,如第九首:

擾擾浮生一夢間,幾人回首鎖三關。黃婆壓定分全易,白虎飛來投下難。

朱雀入爐三畝靜,黑龜伏鼎一生閑。昭昭妙理余知得,只欲藏機隱舊山。①

第十六首:

急認浮沉水內金,若能烹煉鬼神欽。四神守衛神爐固,九轉工夫轉色深。

龍虎翻施雙入路,龜蛇騰焰兩邊侵。但知五色紛紛起,滿室熒煌可照心。②

第二十二首:

乘龍駕鶴不須驚,此是金丹一粒靈。五色雲龍騰海底,九回風虎到天庭。

瓊花合處看壬癸,紫府交時藉丙丁。此理要明非下士,除非名是少微星。③

---

① 《道藏》第32冊,第379頁。
② 同上書,第380頁。
③ 同上。

這些金丹秘旨與張伯端的命功在很多地方是雷同的，但是繼先反對參禪學佛，第三十二首首句謂："既悟今生與後生，何須苦苦強談禪。"又，第十四首云：

　　學佛回心又學仙，兩頭捫摸不能專。大都錯路生迷惑，便見迷途易變遷。
　　得事只烹身上藥，癡心莫望火中蓮。但能求己兼求命，休説三千與大千。①

"火中蓮"是常用的佛教典故，《維摩詰所説經》云："火中生蓮華，是可謂稀有。在欲而行禪，稀有亦如是。"②雖然"火中蓮"在丹道術語中常用來代指金丹藥物和先天一炁的元精，但這句"得事只烹身上藥，癡心莫望火中蓮"似指學仙又參禪的錯誤路徑，指出應該"求己"與"求命"同修。此句中的"求"字當作"修"解，並非"求人求己"之"求"，而"己"成爲與"心"和"性"接近的另一表述。繼先《心説》有云："此所謂我之本心，而空劫以前本來之'自己'也。"③又云："然而輪回於三界，出入於生死而不能自己者，何也？"④可見，張繼先的"自己"實爲本心、本我，是形而上的道的另外一種表述。

《金丹詩》後面一些詩作，告誡世人學仙者需警惕山精、狐狸對內丹心性的破壞性影響。其第二十六首，對劉晨、阮肇入山遇仙事，頗不以爲然：

---

① 《道藏》第32冊，第380頁。
② （南北朝）鳩摩羅什譯：《維摩詰所説經》卷中，《大正新修大藏經》本。
③ 《道藏》第32冊，第368頁。
④ 同上。

劉晨阮肇事多非,今日憑君(子)[仔]細推。謾使仙宮由色欲,卻將紫府貯奸欺。

洞中清靜難容雜,穴裏幽冥易變奇。大是世人迷不悟,幾人喪命爲狐狸。①

劉阮遇仙是很多道教傳記和道教經典敷衍張煌的傳說,但繼先並沒有人云亦云地附會,而是以"仔細推"的理性精神質疑故事的真實性,凸顯色欲成仙的荒謬性,進而批判房中采戰派非成仙正道,這與其"慎言語,節飲食,除垢止念,靜心守一,虛無恬淡"的内丹心性說是一致的。

張繼先《金丹詩》第十九首和第二十三首開頭都是"勞生擾擾",又見"擾擾浮生一夢間""擾擾尋師苦苦忙"等,詩意略有重複,但從整體上看,這48首詩作並未因丹道隱語的運用而顯得過分晦澀,相反,用典恰切,説理透徹,也體現了"好議論"的宋詩特徵,可謂道教文學史上的經典文本。

三、詞牌、曲牌的創制與詞曲藝術成就

詞在宋代成爲一代文學的代表,而道門詞創作也隨之水漲船高,很多高道均有上乘之作,北宋末年的張繼先就是其中之一。《虛靖真君語錄》卷六所錄,均爲張繼先詞,明石村書屋抄本《宋元明三十三家詞》(五十三卷)抄錄《虛靖真君詞》一卷,②朱孝臧《彊村叢書》亦收一卷,《全宋詞》有整理本,但相關研究幾乎還是空白。

《虛靖真君語錄》卷六最後一首《泗州尸解頌》(靖康丙午冬)並

---

① 《道藏》第32冊,第380—381頁。
② 國家圖書館善本庫藏,10行18字,藍格,白口,四周雙邊。

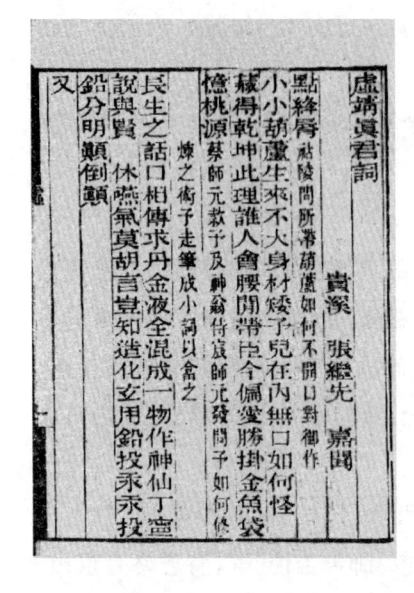

非詞作,《宋元明三十三家詞》本等均刪,除此共收《點絳唇》(1)、《憶桃園》(2)、《臨江仙》(3)、《沁園春》(4)、《滿庭芳》(3)、《洞仙歌》(1)、《漁家傲》(1)、《更漏子》(3)、《瑤臺月》(1)、《喜遷鶯》(2)、《雪夜漁舟》(1)、《春從天上來》(1)、《風入松》(1)、《摸魚兒》(1)、《惜時芳》(1)、《清平樂》(1)、《蘇幕遮》(2)、《西江月》(2)、《南鄉子》(2)、《望江南》(14)、《減字木蘭花》(1)、《江神子》(1)、《鵲橋仙》(1)、《水調歌頭》(1)等 23 個詞牌 50 首詞,其中一首《蘇幕遮》佚下闋。另外,《虛靖真君詞》中還有題爲《度清霄》的 5 首道曲,從內容上看,當爲傳承久遠的《五更曲》的道教變體。

張繼先雖然存詞不多,但他是一位富有創造性的詞人。《春從天上來》以宋金詞人吳激(1090—1142)《春從天上來·海角飄零》爲正體,雙調 104 字,前段 11 句六平韻,後段 11 句五平韻,最早見諸《中州樂府》。該詞調有張翥、張炎等人的變格,而張繼先《虛靖真君語錄》卷六也有一首變格體《春從天上來》:

王土平平。① 正海息波瀾,嶽斂雲煙。三景虛明,八表澄清。一月普照諸天。有流霞洞煥,暎黍珠、徐下空玄。絕形言,

---

① "王"原作"玉",據明石村書屋抄本《宋元明三十三家詞》及《彊村叢書》本改。

見千真拱極,萬炁朝元。

　　當時鶴鳴夜半,感真符寶篆,特地親傳。①碧湛龍文,紅凝龜篆,絳衣舞鬢翩躚。②計功成果就,垂真教、廓景飛仙。③已千年,亘燈燈續焰,光朗無邊。④

《道藏》本《虛靖真君語錄》和《宋元明三十三家詞》抄本《虛靖真君詞》都未見詞牌名《春從天上來》,僅題《鶴鳴奉旨》,但從詞牌上看應屬《春從天上來》的變格。蔡國強《欽定詞譜考證》卷三三曾指出,宋人張繼先有"王土平平"一闋,校之張翥詞基本相同,前段第九句亦入韻,且前段第五句異於吳激體,譜應以張繼先詞爲例。⑤

張繼先這首《春從天上來·鶴鳴奉旨》是典型的應制之作。徽宗崇道重禮,多次出現鶴鳴翔集的"祥瑞"。《宋史》卷一二九《樂志》記載崇寧四年(1105)九月,"以鼎樂成,帝御大慶殿受賀。是日,初用新樂,太尉率百僚奉觴稱壽,有數鶴從東北來,飛度黃庭,回翔鳴唳"。⑥政和二年(1112)又有群鶴飛鳴,集於端門之上,徽宗繪製《瑞鶴圖》并作詩以紀其實。這首《鶴鳴奉旨》從"當時鶴鳴夜半,感真符寶篆,特地親傳"來看,這是在半夜修醮時出現鶴鳴,爲此"奉旨"慶賀的應制之作。宮廷應制之作往往典故堆砌,繁文冗語,主旨不離頌聖,而這首詞體現的更多是宗教性的贊美和頌揚,是對壇場莊嚴和仙界美好的描摹。

---

① 朱孝臧《彊村叢書》第二册,"親"作"清"字。
② "舞"原作"無",據明石村書屋抄本《宋元明三十三家詞》及《彊村叢書》本改。
③ 朱孝臧《彊村叢書》第二册,"垂"作"無"字,"廓"作"郭"字。
④ 《道藏》第32册,第384頁。
⑤ (清)陳廷敬、王奕清等纂,蔡國強考證:《欽定詞譜考證》,華東師範大學出版社,2017年,第1177頁。
⑥ 《宋史》卷一二九,第3001頁。

《虛靖真君詞》還有一首《雪夜漁舟》,詞曰:

晚風歇。謾自棹扁舟,順流觀雪。山聳瑶峰,林森玉樹,高下盡無分别。性情澄澈。更没個、故人堪説。恍然身世,如居天上,水晶宫闕。

萬塵聲影絶。透虚空無外,水天相接。浩氣沖盈,真功深厚,永夜不愁寒洌。愧伶鄙劣。只解、赴炎趨熱。① 停橈失笑,知心都付,野梅江月。②

《欽定詞譜考證》卷二八云:"《雪夜漁舟》,調見《虛靖真人詞》,因詞中有'自棹孤舟,順流觀雪'句,取以爲名。雙調一百字,前後段各十一句,六仄韻。……此調只有此詞,無别首可校。"③後人雖謂此調實爲《繡停針》補體,④但仍有顧太清《雪夜漁舟·題勵宗萬雪渡圖》等代表作品,兹從《御定詞譜》及相關研究,⑤以張繼先此調爲新創。

在張繼先的詞作中,也能體現其"心説"在丹道和符籙法術中的支配地位,"但明心是道,專役天罡",⑥以爲真正的得道修仙,不在於心亂神迷的搬精運氣、飛罡蹋斗,只要"神清心妙",自然"山長水遠"。⑦但繼先詞作與其丹道詩及唱和詩歌相比,説解丹道和修

---

① 朱孝臧《彊村叢書》第二册,"只解"前有空格。
② 《道藏》第 32 册,第 384 頁。
③ 《欽定詞譜考證》,第 988—989 頁。
④ 清人徐本立《詞律拾遺》卷四《補體繡停針》條下謂:"此詞原題《雪夜漁舟》,實即《繡停針》調,惟前後第五句平仄及前後結分句稍異,又後結多二字耳。"
⑤ 潘天寧:《詞調名稱集釋》,中州古籍出版社,2016 年,第 291 頁。
⑥ 見《滿庭芳》,《道藏》第 32 册,第 383 頁。
⑦ 見《鵲橋仙》,《道藏》第 32 册,第 386 頁。

煉體驗的作品并不算多,大部分更像文人詞,體現了詞人沖淡自適、心清行潔的修道生活,讓我們看到不愧爲一代宗師的高道形象,比如這首《江神子》:

　　彩雲樓閣瑞煙平。雨初晴,月籠明。夜靜天風,吹下步虛聲。何處朝元歸去晚,雙鳳小,五雲輕。
　　落花流水兩關情。恨無憑,夢難成。倚遍闌幹,依舊楚風清。露滴松梢人靜也,開寶篆,誦《黃庭》。①

這首詞像是描寫剛剛結束修醮的兩位道人:雨後初晴,彩雲伴月,樓閣中的香爐,香煙嫋嫋,這時候嘹遠的步虛聲徐徐停下。詞的下闋描寫道人孤獨寂寥的隱微心緒:落花流水總關情,但是作爲拋卻塵網俗情的修道者,"恨無憑,夢難成",最後還是回歸"開寶篆,誦《黃庭》"的清幽生活。這首詞就其寫作手法、內涵韻致及所達到的藝術高度,當不在很多文人詞之下。

張繼先還有《望江南·西源好十二首》。從前引《漢天師世家》的記載看,這當是他在大觀二年(1108)繞道從秦川回龍虎山,在西源建庵時所作。這12首《望江南》,前有小序云:"某一喜西源,壁立峻峙,無一俗狀,疏松密竹,四通九達,青玉交輝。天作高山地靈若此,常相謂曰:身處真人之墟而不知也。登戲珠峰,以見虎蹲龍躍,遠壁遙岑,皆在其下。考室立靖,建名榜之。水中花,圃中蔬,山光竹新,日屋逾静,得其居矣。昔之思歸,見十二篇之曲同聲相應,故和之。"②這12首《望江南》主要描寫了西源奇峰異石、可堪

---

① 《道藏》第32册,第386頁。
② 同上書,第385頁。

仙境的人世美景，同時表達了作者虛寂疏慵的道家情懷。

《虛靖真君詞》中還有一組特殊的《度清霄》，單調，56字，八句八平韻，從"一更"寫到"五更"，共作五首，後附一首《結語》。《度清霄》不見於《詞律》《詞譜》等，但《全宋詞》曾予誤收，實際上它是"五更曲"的道教變體。據朱恒夫教授的考察：最早的五更曲爲南朝詩人伏知道的《從軍五更轉五首》，全詩描述戍守邊塞的將士在夜間的活動與思鄉的情感，與題名"從軍"吻合。南朝時候，五更曲已經是很流行的曲調，借用此曲調以宣揚佛教的五更曲也出現了，唐代佛教以宣教爲目的的五更曲就更多了，任二北先生編纂的《敦煌歌辭總編》中就收錄了數十首"五更"曲，如《假托禪師各轉》《頓見境》《釋神會》《南宗贊》《無相》《太子入山修道贊》《太子成佛》《維摩托疾》《警世》等，①但未見道教教義宣傳或修道爲主要內容的五更曲。就目前所見，最早的道教五更曲就是張繼先這首《度清霄》，它比全真道王重陽、馬丹陽的各種形制的五更曲要早出的多。現據《道藏》本引錄如下：

　　一更一點一更初，城門半掩行人疏。茅庵瀟灑一事無，孤燈相對光清虛。

　　蒲團安穩身不拘，跏趺大坐心如如。月輪微出天東隅，空中露出無名珠。

　　二更二點二更深，宮鐘聲絕夜沉沉。明月滿天如瀉金，同光共影無昏沉。

　　起來閑操無弦琴，聲高調古驚人心。琴罷獨歌還獨吟，松

---

① 以上關於五更曲發展的敘述，參考朱恒夫《"五更曲"考論》一文，見《上海師範大學學報》(哲學社會科學版)2015年第6期，第139—146頁。

風澗水俱知音。

三更三點三更中,煙開雲斂靜無風。月華迸入水晶官,四方上下同一空。

光明遍轉華胥同,千古萬古無初終。鐵蛇飛舞如流虹,倒騎白鳳遊崆峒。

四更四點四更長,伏牛送鼠心不忙。丹爐伏火生新香,群陰剝盡回真陽。

金娥木父歡相當,醍醐次進無停觴。主賓倒置情不傷,更闌別去還相忘。

五更五點五更殘,青冥風露迫人寒。扶桑推出紅銀盤,城門依舊聲塵喧。

明暗二景交相搏,生來死去紛紛換。道人室中天宇寬,日出三竿方啓關。①

這五首曲描述的是道人從一更到五更修煉內丹的神秘體驗:一更月輪微出,道人"孤燈相對",蒲團上跏趺穩坐開始修煉;二更明月滿天,無弦琴起;三更"月華迸入水晶宮",鐵蛇飛舞,倒騎白鳳;四更"丹爐伏火生新香,群陰剝盡回真陽";五更"扶桑推出紅銀盤……日出三竿方啓關"。從一更到五更,全曲描述了完整的道教修持過程。全曲末尾,還有一首作結,云:"獨自行兮獨自坐,獨自歌兮獨自和。日日街頭走一過,我不識吾誰識我。人間旦暮自四時,玄中消息不推移。覿面相呈知不知,知時齊唱囉囉哩。"②這首曲子詞旨深奧,耐人尋味,最後的"齊唱囉囉哩"又借禪宗悟道詩的

---

① 《道藏》第 32 冊,第 387 頁。
② 同上。

常用格式,凸顯了作者任性逍遥、自得其樂的忘筌境界。

以五更曲描述宗教性修煉體驗的,最早當始於佛教。南朝人傅翕(497—569)就寫過一首《五章詞》,自作的題解云:"爾時大士語諸弟子,晝夜思維,觀察自心,生而不生,滅而不滅,止息攀緣,人法相寂,是爲解脱,乃作五章詞。"詞曰:

> 一更始,心香遍界起。敬禮無上尊,心心已無已。
> 二更至,跏趺静禪思。通達無彼我,真如一不二。
> 三更中,觀法空不空。無起無生滅,體一真如同。
> 四更前,觀法緣無緣。真如四句絶,百非寧復煎。
> 五更初,稽首禮如如。歸依無新故,不實亦不虚。[①]

此作描寫了僧人通宵禪坐禮佛、静思悟道的修煉生活,[②]張繼先這首《度清霄》雖未題"五更",但從内容和體式上看,均淵源有自,但同時開啓了道門運用"五更曲"以宣教的先河。

四、駢、散道論文的創作

《虚靖真君語録》還録有數篇張繼先的駢、散道論作品,其中《謝職官表》《傳天師與弟青詞》《答林靈素書》《答湯明權啓》等用駢體寫就,《洞神後序》[③]《開壇法語》《心説》三篇以散體形式撰寫。這部分作品相對其詩詞創作,數量不多,但也文采斐然,議論通達,

---

① 陳尚君:《全唐詩補編》之《全唐詩續拾》卷五九《先宋詩上》,中華書局,1992年,第1715—1716頁。
② 見上引朱恒夫論文《"五更曲"考論》。
③ 《洞神後序》輯自元明間編纂的《道法會元》卷五〇,爲《八卦洞神》所作序,署作"嗣漢三十代天師虚靖先生張繼先後序",或後人所增。

體現了張繼先深厚的文學修養。

《心説》文筆簡潔,條理清晰,雖然關於"心"的討論,已經沒有多少新意,但仍能體現張繼先的深刻思考和高深的道論水準。文章首先就"心"的定義和範疇從各個層面作了解説,文内云:

> 夫心者,萬法之宗,九竅之主,生死之本,善惡之源,與天地而并生,爲神明之主宰。或曰真君,以其帥長於一體也;或曰真常,以其越古今而不壞也;或曰真如,以其寂然而不動也。用之則彌滿六虚,廢之則莫知其所。〔其〕大無外,則宇宙在其間,而與太虚同體矣;其小無内,則入秋毫之末,而不可以象求矣。此所謂我之本心,而空劫以前本來之自己也。然則果何物哉？杳兮冥,恍兮惚,不可以智知,不可以識識,强名曰道,强名曰神,强名曰心,如此而以。①

張繼先認爲"心"爲萬法之宗,與天地并生,爲神明主宰,"心"與"道"同,心即道,但他從道教的角度,提出"心"或曰"真君",或曰"真常",或曰"真如"等等,是無所不容、越古今而不壞的一種永恒。接着,繼先提出"心"的根本作用,以老子、莊子爲例,指出"達人則不然也……齋戒以神明其德,一真澄湛,萬禍消滅",②進而提出"修心"的具體方案:"自兹以往,慎言語,節飲食,除垢止念,静心守一,虚無恬淡,寂寞無爲,收視返聽,和光同塵。"③最終以歸於道家的清静無爲。張繼先對心的理解,可能受到禪宗"自性"説的影響,

---

① 《道藏》第 32 册,第 368 頁。
② 同上書,第 368—369 頁。
③ 同上書,第 369 頁。

但仍看出他融合反思、比附貼切的深刻思考。

《開壇法語》是張繼先給一衆道士受度前的宣講訓示，作爲一篇"講稿"，詞旨宏闊，懇切感人。其最後一句云"不敢久立學人，伏惟珍重"，一代天師體諒後學的悲憫之心，溢於言表。全文反復申述，如苦口婆心般鼓勵受度道士們鄙棄世俗榮華，斷緣息慮，一心向道，濟物救人，以修道養性爲己任。從另外一個層面看，《開壇法語》也是一篇極富感染力的勸世之作，文内云：

> 但人之恩情魔阻，名利障難，罪疊日增，未嘗少息。生形無父母，①身外誰親；度日不過衣糧，積之何用？榮華富貴，秉燭當風；恩愛妻兒，同枝宿鳥。高車大馬，難將長夜之遊；美妾豔妻，寧救九幽之苦。雕牆峻宇，白玉黄金，偶爾屬君，不可長守。茫茫三界，碌碌四生，一逐逝波，永沉苦海。莫待酆都使至，黑簿勾名，到此悔之何及！……瑶臺閬苑，爲自己之家鄉；愛海恩山，是他人之活計。人生何定，白首難期；日月迅速，下手猶遲；若更蹉跎，空成潦倒。此生幸到寶山，不得回時空手。②

上引"法語"均非高談闊論、故作高深之語，全篇詞淺而理深，切近而激越，以現代演講水準來看，也是一篇優秀的演講稿。"榮華富貴，秉燭當風；恩愛妻兒，同枝宿鳥"，此句偶對精切，發人警醒。"瑶臺閬苑，爲自己之家鄉；愛海恩山，是他人之活計"，所云"家鄉""活計"，用語平實感人，想來道士們聽聞後，在修道之路上，一定會

---

① 此句疑脱一字，否則與下句失對。
② 《道藏》第32册，第369頁。

深受感染與鼓舞。通過這篇《開壇法語》，我們可以探知張繼先在修道之路上當是一位包容慈悲、志篤力行之人。

結語：張繼先文學創作的文學史價值

張繼先的道教文學創作，在各種文學史和相關論著中尚未得到應有的重視，這與其道士身份及過早仙逝、作品流傳不廣有密切關係。

從張繼先留存的作品來看，他一生主要創作了教內的格律體金丹詩48首及若干詞曲作品和道論文，其中描述修道生活、記述唱和活動的詩詞作品最多。在這些作品中，張繼先富有創造性地利用各種詞牌、曲調，創制新曲和新的藝術形式，在文學和宗教領域引領風尚。其在文學史上最值得提及的有這樣幾點：

1. 最早的聯句詞，很可能是從張繼先與石元矩的《西江月》開始的；

2.《春從天上來》《雪夜漁舟》均別出一體，其中《雪夜漁舟》據《御定詞譜》等相關研究，以張繼先此調爲新創，在詞學發展上有重要貢獻；

3.《度清霄》曾被《全宋詞》以爲詞作收錄，實則爲五更曲的道教變體，張繼先首開道門五更曲的先河，在曲學史也頗值得重視。

從藝術成就上看，道士張繼先的文學才華不在一般文士之下，這在48首金丹詩中有鮮明的體現。《金丹詩》48首全爲格律嚴整的七律，屬辭比事，極爲恰切，且能就複雜的內丹修煉學說自出機杼，提出自己的理論體系，如沒有極高的文化修養，是很難達到的。張繼先自小才思敏捷，《漢天師世家》卷三本傳記載繼先五歲不能言，一日聽到雞鳴，忽笑，賦詩曰：

靈雞有五德，冠距不離身。五更張大口，喚醒夢中人。①

又崇寧三年，張繼先赴闕，上問："卿居龍虎山，曾見龍虎否？"對曰："居山，虎則常見，今日方睹龍顏。"②這些頗具神異性的描述和記載，如結合《虛靖真君語録》卷六"詞"中所録前兩首，還是有相當可信度的。《虛靖真君語録》卷六所録第一首《點絳唇·祐陵問所帶葫蘆如何不開口，對御作》云：

小小葫蘆，生來不大身材矮。子兒在內，無口如何怪。藏得乾坤，此理誰人會。腰間帶，臣今偏愛，勝掛金魚袋。③

因徽宗葬在永祐陵，後人有稱徽宗爲"祐陵"。這首小詞淺顯而富理趣，巧妙地回答了聖上，同時還表白了不慕榮華的修道之志。同卷第二首《憶桃園》也是承問"修煉之術""走筆"而成的。結合前引五歲開口作詩和妙對徽宗事，這些足以説明張繼先的詩筆才情。張繼先不僅富有創造性，其詩詞作品一洗濃厚的宗教色彩，體現了詞人沖淡自適、心清行潔的高道形象。總體來看，張繼先的文學貢獻，不僅在宗教文學領域卓然一家，與六朝陸修静、陶弘景，唐代杜光庭，宋代張伯端、白玉蟾等人比肩，就是在文人文學領域，以其重要的文學成就，也當在文學史上佔有一席之地。

(原文發表於《古代文學理論研究》2022年第一期)

---

① 《虛靖真君語録》卷七"五言絶句"《雞》作"雞德靈居五，峨冠鳳彩新。五更大張口，喚醒夢中人"。《道藏》第32册，第388頁。
② 《道藏》第34册，第826—827頁。
③ 《道藏》第32册，第382頁。

儒、道之間：白玉蟾的詩詞創作與心路歷程

在漫長的道教史上，像南宋道士白玉蟾這樣系統、大規模地創作詩詞文賦者并不多見。葛洪、寇謙之、陸修静、陶弘景、張萬福、杜光庭等歷代高道，一生勤於著述，至今仍有重要文獻存世，對道教發展做出過不可磨滅的貢獻，但他們更多的是對道經、科儀文獻的疏注或纂輯整理，文學性的詩詞創作，相對而言并非主體。杜光庭以"博學善屬文"名世，但他留存的詩詞數量在現有文獻中也是少數，想必完整情況也基本如此。[①] 而白玉蟾竟留下1 000多首詩，100餘首詞，數百篇仙傳、青詞、洞章類文賦，生前即有《玉隆集》《上清集》《武夷集》流傳，後世編纂的《海瓊玉蟾先生文集》（明正統朧仙刻本）、《新刻瓊琯白先生集》（明安正堂劉雙松刻本）、《白玉蟾全集》（蕭天石《道藏精華》本）及朱逸輝《白玉蟾全集校注》（海南出版社，2004年）、周偉民《白玉蟾集》（海南出版社，2005年）等已有數種，而近纂大型總集《全宋詞》收130餘首，《全宋詩》收6卷，《全宋文》收12卷。

單從白玉蟾留存詩詞的卷數和數量，我們都認可他是一位了

[①] 孫亦平《論道教詩詞的思想意蘊與藝術特色——以唐末五代道士杜光庭爲例》對杜光庭詩詞創作作過系統梳理和研究，見《道家文化研究》第24輯，三聯書店，2009年。羅爭鳴《杜光庭道教小説研究》（巴蜀書社，2005年）對杜光庭詩詞創作情況也有考訂。

不起的詩人、文學家,在海南更有"瓊籍文化宗師"的美譽。① 近年關於白玉蟾的研究,除了單篇論文,碩士論文和專著都已出現,如蓋建民《道教金丹派南宗考論》(社會科學文獻出版社,2013年)對白玉蟾著述作過系統考論。但有些研究,每涉及白玉蟾詩詞創作,除了部分學者能結合丹道修煉和哲學思想進行深入探討外,其他多是傳統的"三段論"式的研究:白玉蟾其人及詩詞作品綜述、思想内容歸納、藝術特色總結。但白玉蟾爲什麼創作這麼多的詩詞作品?背景是什麼?内在動機如何?此前"知其然"的基礎工作我們已經作了一些,但"知其所以然"的深層問題還需進一步發掘。

一、道教的經典傳統與白玉蟾的丹道歌詩

葛兆光《"不立文字"與"神授天書":佛教與道教的語言傳統及其對中國古典詩歌的影響》一文,以佛教的"不立文字""不可言説"對應道教秘傳的符文和神聖經典,指出佛教與道教有不同的語言習慣,而道教重視書寫文字,對經典權威性和文字神秘性的强調,5—6世紀有逐漸升級的趨勢。② 道教對經典神聖性和對文字神秘性的重視程度,可以説是一以貫之的傳統。倉頡作書而"天雨粟,鬼夜哭"及"敬惜字紙"的傳説與民俗,彰顯的正是敬畏文字的傳統,作爲本土宗教的道教承續這一觀念,并强化到經典的造構與符文的書寫上。

道教强化經典、符文的神聖性,除了通過漢字形體變化與重新組合而賦予神秘色彩的書寫傳統,③還有"歌詩傳統"。漢語音節

---

① 《海南大學學報》2004年第2期曾發表朱逸輝的《瓊籍文化宗師白玉蟾》一文。
② 葛兆光:《中國宗教與文學論集》,清華大學出版社,1998年,第42—44頁。
③ 還有一種方式是"離合字",即把人名或玄道中的重要字詞化解分開,然後用韻語表達出來,《真誥》中這種現象尤多,如"鳳巢高木,素衣衫然",據陶注即爲許穆之"穆"字等。

分明,再加上漢字的聲調變化、抑揚頓挫等因素,較容易形成叶韻整齊的四、五、七言等表意單位。上古文獻很多講究叶韻,《詩經》《周易》《老子》等莫不如此,而道教爲自神其教,也在歌訣上下足了功夫。其基本方式之一,就是以韻體的四、五、七言夾雜大量隱語、比喻,以造成"詞韻皆古,奧雅難通"的神秘氛圍。如早期道經經典——東漢魏伯陽的《周易參同契》,就大量運用四字一句、五字一句的韻體文及少數長短不齊的散文體和離騷體,其間夾雜各種譬喻和隱語,有的篇什頗類古體詩,且韻味十足,如下篇:

世間多學士,高妙負良才。
邂逅不遭值,耗火亡貨財。
據按依文說,妄以意爲之。
端緒無因緣,度量失操守。
……
雜性不同種,安可合體居?
千舉必萬敗,欲黠反成癡。
穉年至白首,中道生狐疑。
背道守迷路,出正入邪蹊。
管窺不廣見,難以揆方來。①

我們單純看這首五言詩,頗有《古詩十九首》的風味,但這卻出自一部地道的丹經——《周易參同契》。朱熹晚年喜讀《參同契》,謂:"《參同契》文章極好,蓋後漢之能文者爲之。其用字皆根據古書,

---

① 朱熹:《周易參同契考異》,見朱傑人等主編《朱子全書》第13册,安徽教育出版社、上海古籍出版社,2002年,第544頁。

非今人所能解。"①仇兆鼇《古本周易參同契集注例言》以爲：

> 《契》中經、傳，各葉古韻：有全篇一韻者，有一篇數韻者，有兩句叶韻者，有數句疊韻者，有隔二句、三句用韻者，變化錯綜，並非率意偶拈……今玩《契》文，本《周易》以立言，則道尊；托風人之比義，則辭婉。故語特雅馴，能垂世而行遠，且三人各位一體，四言仿《毛詩》，五言仿蘇李，丹賦仿楚騷，鼎歌仿古銘，意本貫通，而語無沿襲。②

以爲《參同契》詩體仿自《毛詩》《楚辭》等，且"道尊""辭婉"，大概這是從文學角度對《周易參同契》的最高評價了。除了《參同契》，早期道教經典多以詩歌語言夾雜隱語和大量譬喻展開，如《黃庭經》《上清大洞真經》《真誥》等南方上清派經典等，都以歌詩見長。《黃庭内景經》基本爲七言韻體歌詩，《大洞真經》中的詩作已趨成熟、精煉，而《真誥》中的人神感會作品，本質上講，還是"人爲"，文學意味更加濃厚。道教運用詩歌傳道、體道的水準，隨着自身的發展和壯大，也日漸提高，并對俗世文學的創作產生影響，趙益的《〈真誥〉與唐詩》就是這方面的宏論。③ 但這種影響并不限於

---

① 朱熹：《周易參同契考異》，見朱傑人等主編《朱子全書》第 13 册，第 530 頁。
② 仇兆鼇：《古本周易參同契集注》，上海古籍出版社，1989 年，第 24 頁。
③ 趙益的《六朝南方神仙道教與詩歌研究》對此也有深究，另外其《隱語、韻文經語及人神感會之章：略論六朝南方神仙道教與詩歌之互動》(《南京大學學報》2004 年第 4 期)也提到《真誥》詩歌既不完全是巫術隱語，也不完全是方術的秘授，更不是歌贊上仙和宗教威儀的'神聖詩歌'，而是人的創造，是詩人在宗教的感召與影響下的感情流露與宗教體驗。……這些詩歌所包含的豐富象徵，對仙真世界的贊嘆與歌頌，對自我宗教熱情的強烈抒發以及體道的欣喜與歡愉，對當時及後來的文學產生了深遠的影響"。

世俗文學,它對教內經典的造構和教義的闡發,更成爲一種根深蒂固的傳統模式。仇兆鼇在《古本周易參同契例言》中言及《參同契》富於文學意味時,順帶說:

> 此歷代道家著述之淵源也,如許真君之《石函記》,崔氏《入藥鏡》,[1]吕祖《敲爻歌》《三字訣》,張公《悟真篇》《金丹四百字》,三豐《節要篇》《證道歌》,皆從此出。[2]

除了衆所周知的《悟真篇》,《石函記》《入藥鏡》《敲爻歌》等丹經歌訣現在還有留存。其中《石函記》除了部分道論,有大量五七言歌訣雜廁其中,如《聖石指玄篇》:

> 萬象虛生何所約,妙化本因丹汞作。
> 扶桑東出金烏精,炎焰羽毛光爍爍。
> 飛走陽火名曰魂,暮落朝榮晦還朔。
> 紅輪駕起景陽車,循亡還合遊匡郭。[3]

歌訣偶句叶韻,并夾雜大量隱語和譬喻,《入藥鏡》《敲爻歌》《悟真篇》等丹道歌訣基本如此,可以説從《周易參同契》以下,以這種似通非通、玄妙隱秘的歌訣形式闡釋丹道理論和修煉方術已成爲一種潛在的"集體無意識"。

---

[1] 《入藥鏡》,《道藏》本《修真十書》題作《天元入藥鏡》,即《崔公入藥鏡》,崔希範撰,崔氏生平無考,據《修真十書·天元入藥鏡》崔希範自述,題"唐庚子歲望日至一真人崔希範述",知其爲唐人,號至一真人。
[2] 仇兆鼇:《古本周易參同契集注》,第25頁。
[3] 《道藏》第19册,第419頁。

白玉蟾被尊爲兩宋道教金丹派南傳第五祖,也是南宗道派的實際創始人。作爲吕祖、張伯端的繼承者,白玉蟾也創作大量歌訣深入闡釋其内丹理論。白玉蟾現存詩作中,丹道歌占相當大的比重,而且很多普通詩歌題材,在白玉蟾筆下都熔鑄了内丹修煉的旨趣,比如他的《水調歌頭·自述十首》《詠雪》《曉》《暮》《武夷有感》十一首等等看似尋常題材,但處處因景寓玄,營造了一個修煉金丹的瑰麗世界。① 另外,《上清集》中的詞作,有的詞牌下標小字注"修煉",如《沁園春》《滿庭芳》等,内容則全是金丹修煉之旨。至於《萬法歸一歌》《大道歌》《安分歌》《必竟恁地歌》《快樂歌》《華陽吟》等與吕祖的《敲爻歌》《三字訣》更是如出一轍,且看《上清集》中的《快活歌》部分:

> 快活快活真快活,被我一時都掉脱。
> 散手浩歌歸去來,生薑胡椒果是辣。
> 如今快活大快活,有時放顛或放劣。
> 自家身裏有夫妻,説向時人須笑殺。
> 向時快活小快活,無影樹子和根拔。
> 男兒端的會懷胎,子母同形活潑潑。②

現有研究指出,白玉蟾的這些詩詞,尤其樂府舊題、新題之作,"是

---

① 詹石窗《白玉蟾詩詞考論》(《武夷文化研究——武夷文化學術研討會論文集》2002年8月)及《南宋金元道教文學》(上海文化出版社,2001年)對白玉蟾詩詞的藝術特徵作過深入研究,此處關於白玉蟾詩詞特徵的描述,即總結概括了詹石窗的相關研究。
② 《道藏》第4册,第781—782頁。

對前代同題樂府詩的模仿與追步,或完全承襲原意而加以改寫",①或"繼承并發展了傳統樂府詩中的敘事表現手法,形成質樸通俗的敘事效果"。② 這種純粹從文學、文藝學角度的觀照,固然可以糾正單純從"內丹修煉"角度理解的偏頗,但又容易滑向另一個極端:過分強調本是道經的丹道歌訣的文學和審美,總結出一些藝術成就、審美特質等,但頗顯牽强。如有的文章着力分析《快活歌》的美學思想,以詩中的"真快活"爲一種"審美高峰體驗",③想必白玉蟾無論如何也不會想到自己的一首煉丹歌竟與西方美學的"高峰體驗"掛上了鉤。實際上,白玉蟾這類丹道歌訣,包括樂府、近體詩、古詩等衆體歌詩,如果説有傳統的話,應是從《周易參同契》《敲爻歌》《悟真篇》等一系承續下來的。

白玉蟾的詞作也有不少,如前揭,《全宋詞》收了130餘首,詞牌有《滿江紅》《念奴嬌》《阮郎歸》等,④這些詞作,有相當一部分是用來闡釋內丹理論的。而這正如《周易參同契》借鑒《詩經》《楚辭》及同時代的古體詩一樣,是隨着時代發展的"與時俱進"——靈活借用新的文學樣式爲闡釋丹道理論而服務。

二、白玉蟾詩詞的"才子"之作

白玉蟾詩詞作品中,除了大量丹道歌訣,還有很多羈旅天涯中的模山範水、感懷身世之作,後者是相對純粹的文學性創作。對白玉蟾的文學評價,清人王時宇説過這樣的話:"於是知真人固天仙

---

① 劉亮:《白玉蟾生平與文學創作研究》,鳳凰出版社,2012年,第99頁。
② 同上書,第118頁。
③ 查慶、雷曉鵬:《白玉蟾道教美學思想簡論》,《宗教學研究》2008年第3期,第173—176頁。
④ 劉亮:《白玉蟾生平與文學創作研究》,第134—135頁。

才子,合而爲一,洵非操觚家所能及也。"①王時宇"天仙才子"的説法,爲今人參研白玉蟾詞提供了借鑒,如有論者指出:

  白詞内容豐富,風格多樣,從總體上看,可分爲兩大類:一類是道教詞,體現白玉蟾作爲"天仙"的身份;一類是文人詞,更多看到白玉蟾世俗的一面,可見其"才子"身份。②

這種劃分或有籠統之嫌,但也不可能對文學作品作出完全清晰明確的區隔。作品的内容與作者當時的觀念、感受、經歷甚至與後世的傳播與接受都有密切聯繫,而這本身就是複雜而混融的。大致來説,白玉蟾詩詞作品基本上可以分爲闡釋丹道理論和作爲一個普通文人的感懷之作兩大類。而這類文人詩詞的藝術水準頗值得稱譽,歷史上這類贊賞之辭已有很多,如:

  葛長庚詞,一片熱腸,不作閒散語,轉見其高。其《賀新郎》諸闋,意極纏綿,語極俊爽,可以步武稼軒,遠出竹山之右。③

又如《粵雅詞》録多首白玉蟾詞,并加以品評,其一云:

---

 ① 王時宇:《重刻白真人文集敍》,周偉民等點校:《白玉蟾集》,海南出版社,2000年,第9頁。
 ② 王麗煌:《南宋方外詞人白玉蟾詞略論》,《樂山師範學院學報》2007年第1期,第43—46頁。
 ③ 陳廷焯:《白雨齋詞話》卷二,唐圭璋編:《詞話叢編》,中華書局,1986年,第3818頁。

白玉蟾詞，有情辭亢爽，一氣呵成，置之蘇辛集中，所謂詞家大文者。①

明清詞論家把白玉蟾與李清照相提并論，以爲"詞家大文"，直追蘇軾、辛棄疾。的評還是溢美？我們看看白玉蟾的詞就會心中有數，比如《白雨齋詞話》評爲"意極纏綿，語極俊爽"的這首《賀新郎》：

且盡杯中酒。問平生、湖海心期，更如君否。渭樹江雲多少恨，離合古今非偶。更風雨、十常八九。長鋏歌彈明月墮，對蕭蕭、客鬢閑攜手。還怕折，渡頭柳。

小樓夜久微涼透。倚危闌、一池倒影，半空星斗。此會明年知何處，蘋末秋風未久。漫輸與、鷺朋鷗友。已辦扁舟松江去，與鱸魚、蓴菜論交舊。因念此，重回首。②

這是白玉蟾詞中典型的抒懷之作，全無一點丹道修煉的意味，一個失意丈夫、不遇才子對人生悲苦的曠達情懷，在這裏表現得淋漓盡致，氣格與辛棄疾的《摸魚兒》（"更能消"）、《水龍吟·登建康賞心亭》頗類，卻與白玉蟾其他丹道歌訣通篇的煙霞氣大相徑庭。像這類詞作還有很多，尤玉兵的碩士論文《白玉蟾文學研究》及近刊劉亮的《白玉蟾生平與文學創作研究》第四章《論白玉蟾詞》對此已有總結和論述。

---

① 潘飛聲：《粵詞雅》，《詞話叢編》，第4892頁。
② 白玉蟾：《葛長庚詞》，唐圭璋編：《全宋詞》第13冊，中華書局，1965年，第2576頁。

白玉蟾詩作,除了《大道歌》《快活歌》《萬法歸一歌》等純粹闡釋丹道理論的道教歌訣外,還有大量"文人詩",這些詩作與普通士子的作品一樣,抒發的俗世的悲歡離合與喜怒哀樂。我們翻檢《全宋詩》白玉蟾卷,可以隨意發現與丹道修煉關係不大的詩作,這樣的作品有的軒昂跌宕,有的清新俊奇,還有的淒清悲涼。在這些作品中,有時還表現出對艱苦修道經歷的深深感喟,如這首《歲晚書懷》:

歲事忽婉娩,旅懷良爾悲。風霧起無邊,雨雪淒霏霏。
豈無銷金帳,唱飲羊羔兒。寄食他人門,屏息從所依。
雕鶚翔九天,鷦鷯巢一枝。煙霄有熟路,我當何時歸。
人間自富榮,信美非所宜。朱顔日已改,華髮漸復稀。
觸目思遠人,勝賞懷昔時。園林向衰謝,青山吞斜暉。
坐久露華重,吟殘雲意遲。晴空清已曠,寒月滿我衣。
莫言一杯酒,容易相對持。病鶻棲草亭,會須唳聲飛。①

這首詩題作《歲晚書懷》,從内容看,當是白玉蟾彼時心境的真實寫照。"歲晚"也即年終,這時候正是"千門萬户曈曈日,總把新桃换舊符"的佳節,但是白玉蟾仍舊隻身一人,風雨淒淒中雲遊天涯。從"寄食他人門"這句看,當時大概暫住在某位友人家裏,但畢竟寄人籬下,無奈"屏息從所依"。而且,此時的白玉蟾並未因金丹修煉而童顔永駐,相反,如常人一樣,"朱顔日已改,華髮漸復稀",

---

① 白玉蟾:《白玉蟾詩》,傅璇琮等主編:《全宋詩》第 60 册,北京大學出版社,1998 年,第 37495 頁。

頭髮已經花白且脱落了。① 這時,唯一可以讓白玉蟾稍感慰藉的辦法,大概也只能是阿Q式的自我寬慰:"雕鶚翔九天,鷦鷯巢一枝。……人間自富榮,信美非所宜。"從字裏行間,我們看出白玉蟾並未徹底不食人間煙火,在訪道、煉丹的同時,也時時展現作爲"人"的一面。這類詩歌,還有《黄葉辭》《悲風曲》《雲遊歌》等,其中《雲遊歌》是認識白玉蟾心路歷程最恰當的一首詞作。

總而言之,白玉蟾的詩詞創作,主題、内容和風格,呈現鮮明的區隔,一部分作品滿是煙霞丹道之氣,一部分又完全是一副失落文人、不遇才子的滿腔悽楚。而這兩方面,白玉蟾都做出了傑出成就,丹道詩歌是白玉蟾闡釋其内丹道修煉思想的重要途徑,也是成就其"南丹派五祖"地位的重要因素之一;而在詩詞等文學創作上,白玉蟾也不失爲一個文采斑斕的大家。誠如白玉蟾的瓊籍老鄉王時宇對白玉蟾"天仙才子"的提法,在南宋乃至後世的衆多高道和文人中,能把二者完美地合而爲一者,實不多見。

三、白玉蟾的人生選擇與心路歷程

關於白玉蟾,我們已經有很多結論,無論道教史還是道教思想史也都有白玉蟾的位置,但白玉蟾本人,作爲一個"人"的一生,我們又如何概括和形容呢? 這個問題似乎與主題無關,但這正是深入認識白玉蟾内丹思想與文化貢獻的重要途徑,而我們往往在陳陳相因的各種"總結"性介紹中忽略掉了。

---

① 其《水調歌頭·自述十首》第三首有"雖是蓬頭垢面,今已九旬來地,尚且是童顔"的話,或可作此一時彼一時之解。白玉蟾是36歲去世還是高壽90多歲,學界争論不休。白玉蟾的行跡記載,頗多錯雜抵牾之處,這種情況或出於刻意以"見首不見尾"的隱現無常以自神其玄。

当然，白玉蟾真實的行跡和內心世界，很難徹底知曉，單說白玉蟾的生卒年里和漫遊過程，已經有多篇考證、多種結論，但目前只能確定一個大致的區間，無法給出定論。而白玉蟾的心路歷程，我們從他留存的詩詞文賦等作品，多少還是能看出這位偉大的修道者內心深處的諸種婉曲，還有時時隱現的矛盾和淒苦。

道教在宋代仍處於隆盛階段，但相對於佛教而言，還是不及佛教勢力強大，兩宋時期的道士、女冠人數比不上僧尼人數，宮觀規模與數量也遠不如寺廟。從總體上看，道士的文化水準與佛教僧侶也存在一定差距，南宋孫覿《跋陳道士〈群仙蒙求〉》云：

> 今世道士能讀《醮儀》一卷中字，歌《步虛詞》二三章，便有供醮祭，衣食足了一生矣。然猶有不能者。常州天慶觀道士陳君葆光，好古嗜學，蓋超然出於其徒數千百輩中者。讀道藏，通儒書，與夫記傳小說，靡不記覽。著書二十卷，號《三洞群仙錄》。①

孫覿對《三洞群仙錄》作者陳葆光褒揚有加，但也透露了一個事實，即當時大部分道徒的文化水準不足以進行文學性的創造，僅靠讀幾卷科儀，唱幾句步虛詞討生活、維持生計而已，而有能力闡經釋典、著書立說并有著述傳世者寥寥。我們詳參祝尚書《宋人別集敘錄》，發現其中的道士別集，僅有白玉蟾等數家，而僧人別集則隨處可見。白玉蟾在那個時代是一個"另類"，也是一個悲劇性的人物。

---

① 曾棗莊、劉琳主編：《全宋文》卷三四七七，上海辭書出版社、安徽教育出版社，2006年，第160册第332—333頁。

在所有白玉蟾傳記資料中，還是《歷世真仙體道通鑑》卷四九所載相對可信。① 《歷世真仙體道通鑑》是元代至元年間趙道一纂輯的帶有"通鑑"體史書追求的大型仙傳總集，對輯錄的傳記多有審訂、筆削，且去白玉蟾年代不遠。② 《歷世真仙體道通鑑》卷四九《白玉蟾》本傳云：

> 先生姓白，母以玉蟾名之，應夢也。……世爲閩人，以其祖任瓊州之日，故生於海南，乃自號爲海瓊子，或號海南翁，或號瓊山道人，……幼舉童子，長遊方外，得翠虚陳泥丸先生之道。當時士大夫欲以異科薦之，弗就也。③

這裏的記載相對簡略，敷衍和附會的成分不多，所記白玉蟾祖籍、字號來歷等，都没有較大出入。這其中有一個細節很值得關注，即白玉蟾少年時期曾經應過"童子科"，得道後又有士大夫舉薦"異科"，不過"弗就也"，實際上白玉蟾也是一位"棄儒入道"的個案。

白玉蟾本姓葛，出生於詩書之家，但命運多舛，兒時父親去世，母親不得已帶着孩子嫁入白氏，遂改姓"白"。白玉蟾跟隨母親嫁入白門，應是他一生中的重大變故，此後在白家過得如何，文獻中

---

① 王尊旺、方寶璋《也談白玉蟾生卒年代及其有關問題——兼評近年來有關白玉蟾問題的研究》(《世界宗教研究》2003 年第 3 期)及劉亮《白玉蟾生平與文學創作研究》第一章《白玉蟾生平考》對署名彭耜的《海瓊玉蟾先生事實》與署名彭竹林的《神仙通鑑白真人事迹三條》真僞均有考訂。劉亮在綜括前人大量相關研究的基礎上，所得結論相對可信，即二者均有僞托可能。

② 據劉亮《白玉蟾生平與文學創作研究》第一章《白玉蟾生平考》，白玉蟾去世大概在 1243 年前後，《歷世真仙體道通鑑》概成書於至元年間(1264—1294)，二者相去不遠。

③ 《道藏》第 5 册，第 385—386 頁。

的可靠記載不多,據云,白玉蟾"天資聰敏,髫齔時即能背誦五經。及長,文思汪洋,頃刻數千言立就"。① 又傳白玉蟾十歲曾到廣州應童子科,并賦《織機》詩一首:

> 大地山河作織機,百花如錦柳如絲。
> 虛空白處做一匹,日月雙梭天外飛。

　　詩的真偽暫且不提,但白玉蟾兒時是一個雄心勃勃的天才少年當没有問題。按照正常軌跡,白玉蟾沿着科舉一途,仕途飛黃騰達,甚至拜相封侯,更符合傳統儒家士子的"外王"理想。而且白玉蟾具備這方面的一切條件和因素,但是,爲什麼一個十歲時候的"童子科"失意,從此改變方向,轉而雲遊天涯崇道求仙呢?這其中一定有重要變故。有以爲白玉蟾"任俠殺人,亡命之武夷",②這個説法很可能是後人爲了神化白玉蟾而附會的,"任俠殺人"本是無視生命的違法行爲,但在古代社會可以成爲李白等俠義之士的標籤,於李白或許實有其事,於後人則未必真。從《雲遊歌》我們看出,白玉蟾當年離家訪道,並非一個公子哥仗義殺人後,腰纏萬貫,遠赴他鄉,相反是非常凄苦的:

> 初別家山辭骨肉,腰下有錢三百足。思量尋師訪道難,今夜不知何處宿。
> 不覺行行三兩程,人言此地是漳城。身上衣裳典賣盡,路

---

① 何繼高:《瓊琯白真人集序》,《藏外道書》,巴蜀書社,1994年,第5册第15頁。
② 詹石窗《白玉蟾詩詞考論》(《武夷文化研究——武夷文化學術研討會論文集》,2002年8月,第298頁)一文提及此語,不詳出處。

上何曾見一人。

初到孤村宿孤館,烏啼花落千林晚。晚朝早膳又起行,只有隨身一柄傘。

漸漸來來興化軍,風雨蕭蕭欲送春。惟一空自赤毿毿,囊中尚有三兩文。

行得艱辛腳無力,滿身瘙癢都生虱。茫然到此赤條條,思欲歸鄉歸未得。①

白玉蟾辭別骨肉時身上只有三百錢,後來只剩三兩文,一路的艱辛苦楚無數。白玉蟾没有走向科舉仕途,期間的直接原因不得而知,根本上説,大概還是個性和母親改適後的家庭環境的影響。

白玉蟾雖放棄科舉轉而求道,但兼濟天下的理想,或者躋身社會主流的心態,卻根植於其内心深處,而這種心態正是從他那些反復申訴"不慕利禄功名"中看出來的,如這首《題天慶觀》:

買的螺江一頁舟,功名如蠟何休休。我無曳尾乞憐態,早作灰心不仕謀。

已學漆園耕白兆,甘爲關令候青牛。刀圭底事憑誰會,明月清風爲點頭。②

再如《題嶽祠》:

南來一劍住三山,分得平生風月歡。雖宰旌陽應施藥,本

---

① 白玉蟾撰:《白玉蟾詩》,《全宋詩》第 60 册,第 37568 頁。
② 同上書,第 37678—37679 頁。

求勾漏爲修丹。

　　蒙莊且慕漆園禄,李老嘗爲柱下官。我視榮華真慣見,何如早煉碧琅玕。①

又如前引《歲晚書懷》：

雕鶚翔九天,鷦鷯巢一枝。
煙霄有熟路,我當何時歸。
人間自富榮,信美非所宜。

白玉蟾一句"早作灰心不仕謀",透露早前曾有"謀仕"的願望和舉動,而"灰心"一詞正是經歷過挫折和失敗後的沮喪和不得已的放棄。在白玉蟾詩詞作品中,這類"述煙霞之志"、蔑視人間富貴的感懷之作不少,但透過這些,也多少説明白玉蟾未曾忘懷。而白玉蟾在丹道詩詞之外,創作大量"文人"詩詞,當是文人士大夫情懷的一種外化表現。

結語

　　我們如果追問,白玉蟾爲什麽創作如此之多的詩詞文賦？又爲什麽一部分作品浸透在丹道理論的世界裏,一部分又完全是士子文人的模樣？白玉蟾的特殊經歷和心路歷程能讓我們知曉一二。白玉蟾本來一個讀書種子,一顆仕途苗子,但卻脱離正常軌道,跨海別親,遠赴他鄉求道,這種巨大的人生轉折和此後漫長的

---

① 白玉蟾撰：《白玉蟾詩》,《全宋詩》第60册,第37679頁。

雲遊經歷,成就了天仙才子——白玉蟾,也成就了這1 000多首斑斕瑰麗、風格迥異的詩詞作品。

(原文發表在《海南大學學報》2013年第5期)

宋代道教文學概況及若干思考

兩宋道教處於轉折、復興階段,又因其特殊的政治地位和堅實的信仰基礎,道教文化取得長足進展。此期道教文學,隨着內丹道的興起、新道派的迭出,張伯端、白玉蟾等衆多高道大德創作大量道教文學作品,成就了一代宗教文學的特殊風貌和鮮明特徵。

一、宋代文學史與宋代道教文學史

兩宋300多年的歷史文化,在整個古代社會中光輝燦爛,朱熹在言及蘇軾的《服胡麻賦》時云:"國朝文明之盛,前世莫及。"[1]王國維、陳寅恪、鄧廣銘等更有宋代文化"造極"與"空前絕後"之語,這樣的評價雖有絕對或誇大之嫌,但幾位真正"大師級"學者的直覺感悟和深層把握,一定程度上是可信的。近年又有論者提出宋代在政治、經濟、軍事上也不是簡單的"積貧積弱"可以概括的,兩宋的歷史地位和文化成就有待被重新審視。

文學作爲宋代文化的重要組成部分,其特徵、地位和發展脈絡,自近代學術展開以來就不乏系統關注。柯敦伯1934年出版了

---

[1] 朱熹:《楚辭集注·楚辭後語》卷六《服胡麻賦》,朱傑人等主編:《朱子全書》第19册,第305頁。

《宋文學史》，①這是第一部宋代文學專史，宋散文、詩、詞、四六、小說、戲曲都在論述之列，基本奠定了後世宋文學史撰寫的框架和範圍。建國後，宋代文學專史著作有程千帆、吳新雷撰寫的《兩宋文學史》，孫望、常國武主編的《宋代文學史》，張毅著《宋代文學思想史》，王水照、熊海英著《南宋文學史》，曾棗莊、吳洪澤編的四巨册《宋代文學編年史》等，再加上數十種中國文學通史、體裁史對宋代文學的描述，一代文學的風貌已經從藝術思想、創作水準、存世文獻、歷史編年等多個維度日益豐滿而靈動。比如新近出版的《南宋文學史》對南宋文學特徵及其在整個文學史上的承啓作用所作的描述，都相當精准恰切。②

但是，完整的文學發展史離不開宗教文學史的撰寫。一個時代的文學史應該是三維立體的，除了士大夫和勾欄藝人的雅、俗文學（"世俗文學"），還應該包括僧人、道士等教内信徒創作的大量具有文學性的作品（"宗教文學"）。如從信仰角度劃分，完整的文學樣態應由世俗文學和宗教文學共同組成，而宗教文學，尤其道教文學研究的力度尚有不逮。近年道教文學研究雖取得一些成績，但總體來看，水準參差不一，研究的廣度和深度，尚遠未達到成熟意義上的學術範型的標準。③

---

① 柯敦伯：《宋文學史》，商務印書館，1934年。
② 《南宋文學史》的《前言》爲王水照教授所撰，後發表於《文學遺產》2010年第一期。該文提綱挈領地對南宋文學史作了分析和判斷。
③ 劉雪梅《道教文學研究的現狀與反思》認爲道教文學研究尚處初始階段，見《中國宗教研究年鑒》（2001—2002年卷），宗教文化出版社，2003年；吳光正教授未刊稿以爲道教文學文獻没有得到有效的清理，缺乏充分的個案研究，道教文學作品反映的民族精神没有得到有效的挖掘，民族詩學建構也處於嘗試階段。另賴慧玲《海峽兩岸"道教文學"研究資料(1926—2005)概況簡析》（《成大宗教與文化學報》第八期，2007年8月，第97—128頁）一文對道教文學研究狀況亦有概括。

兩宋道教文學史的撰寫概始於詹石窗《道教文學史》。① 詹先生習慣從宗教學立場把握道教文學個性，揭示其獨特的表達空間、觀照方式和演變歷程，體現了宗教史與文學史結合的研究路數。該書從道教雛形時期的漢代寫起，直至北宋的道教碑誌與道教傳奇，南宋以後均未涉及，可謂"半部"道教文學史。2001年詹石窗先生出版了《南宋金元道教文學研究》，此書雖未以"史"名之，卻進一步拓展了道教文學縱深發展的歷史脈絡。② 兩部書合二爲一，一部完整的宋代道教文學史也基本成型，但詹先生似有意區別北宋與南宋道教文學史的特徵與内在理路。

　　兩宋道教文學有一己自足的内在聯繫和宗教藝術特徵。詹先生在一次訪談中曾提及"隋唐五代北宋"是道教文學的"豐富期"，南宋爲"完善期"，南宋因新道派迭出，道教理論更爲倫理化，在道教文學創作上也有深刻體現。③ 文學如何體現"豐富"與"完善"，二者有何區別？都是值得探討的問題。兩宋分開來寫，南宋與遼金元一並探討，照顧了歷史時、空的同一而忽視了内在的文化區別。南宋避居一隅，與金元對峙，但賡續北宋，仍以中原文化爲主線，而遼、金、元則爲異質文化。道教是典型的中原漢文化，南宋内丹派、符籙派、淨明道的興起與北宋道教一脈相承，道教文學自然也密切相連。

　　另外，《唐宋道家道教與文學》一書中的宋代部分從文學出發，注重分析涉道文人及其作品的深刻藴含，④但這畢竟不是"文學

---

① 詹石窗：《道教文學史》，上海文藝出版社，1992年。
② 詹石窗：《南宋金元道教文學研究》，上海文化出版社，2001年。
③ 詹石窗：《訪道教文學研究學者詹石窗教授》，陳鼓應主編：《道家文化研究》第24輯，三聯書店，2009年。
④ 張松輝：《唐宋道家道教與文學》，湖南師範大學出版社，1998年。

史",對宋代道教文學獨特的發展脈絡缺乏深入的思考和論述。《道教文學史論稿》也涉及了兩宋部分,以詩、詞、傳記、宮觀名山志爲類別,分別論述總結教内道徒和教外文人的道教文學成就。①最近出版的《唐宋道教文學思想史》則從文學思想角度對宋代内丹理論與文學養性的通融、道教隱語系統與文學隱喻的關係及内丹南宗的文學觀念等重要理論問題作了深入開掘,值得關注。②

回顧兩宋道教文學研究,還有兩篇文章不得不提,即《宋代文學與宗教》③和《宋代道教文學芻論》。④ 兩文發表於 20 世紀八九十年代,距今已二三十年,但翔實而富有識見,對兩宋道教文學的存世文獻與藝術特徵,都有相當深切的把握。

綜括以上宋代文學史及道教文學史研究,我們可以形成這樣的印象:前人作過很大努力,有開拓之功,搭建了基本框架,提供了大量綫索,但也存在一些毋庸置疑的問題。就宋代道教文學來説,有些著作限於全書體例,論述相對簡略,面對浩瀚的宋代道教文學資料和複雜的宗教文學現象,未作系統關照。如兩宋青詞、步虛詞的創作數量相當龐大,但少有論著對這部分内容作過系統分析。⑤ 另外,有些論著雖名之曰"文學史",但更像一部道教文學資料集,缺乏針對道教文學自身發展和演變形態的深入分析。

道教文學史是一種特殊的藝術專史。克羅齊《文學藝術史的改革》一文反對社會學式的文學史和藉由文學藝術瞭解風俗習慣、

---

① 楊建波:《道教文學史論稿》,武漢大學出版社,2001 年。
② 蔣振華:《唐宋道教文學思想史》,岳麓書社,2009 年。
③ 龍晦:《宋代文學與宗教》,《成都大學學報》1986 年第 1 期。
④ 蔣安全:《宋代道教文學芻論》,《廣西師範大學學報》1995 年第 4 期。
⑤ 近見若干篇宋代青詞研究的論文,如《宋代道教青詞略論》,《四川大學學報》2009 年第 4 期;《唐宋青詞的文體形態與文學性》,《文學遺産》2009 年第 2 期。

哲學思想、道德風尚、思維方式等，強調藝術和藝術家的獨特精神與天才創造。① 克羅齊的觀點值得思考，文學藝術史的書寫不必勉強尋找藝術之間的某種聯繫。兩宋道教文學史的撰寫，會着重作家作品的深入解讀，儘量避免"非美學研究"，努力呈現宗教文學的固有特徵和自足性的一面。但這樣的文學史，也絕不是作家作品的資料編年。道教文學作者的創造與想象，離不開他們所處的時代、從屬的道派和所反映的教義思想，他們與道教史、社會史、世俗文學史的發展演變存在更爲密切的聯繫。所以，兩宋道教文學史的撰寫，在紛繁的頭緒面前，還需作縱深的理論探索。

二、宋代道教文學文獻的體量與規模

宋代道教不及佛教興盛，道士、女冠人數比不上僧尼人數，②宮觀規模與數量也遠不如寺廟，但官方對道教的重視程度卻明顯超過佛教，帶有若干官方色彩。③ 從道教史上看，道教在兩宋仍處於上升階段，上自皇族宗室，下至庶民百姓，崇信道教，利用道教，有宋三百多年雖有消長，但基本處在一種復興與滋衍的繁榮狀態。

道教文學兼具宗教與文學的雙重特質。考察兩宋道教文學，除了對此期道教發展的總體趨勢要有準確的把握，還需要對此期文學形態特徵、創作水準等有深入的瞭解。

兩宋文學作爲"宋型"傳統文化的體現之一，在唐代文學盛極

---

① 貝內代托·克羅齊著，黃文捷譯：《美學或藝術和語言哲學》，中國社會科學出版社，1992年。
② 據程民生《宋代僧道數量考察》(《世界宗教研究》2010年第3期)兩宋道士、女冠數量最多兩萬人，與僧尼比例，最多不過8.2%。
③ 汪聖鐸：《宋朝禮與道教》，《宋代社會生活研究》，人民出版社，2007年，第35頁。

而變的趨勢下重建了文學輝煌。宋代各體文學，尤其宋詞的數量和質量成爲了堪稱"一代所勝"的文學代表。宋代詩、文也不遜色。兩宋詩、詞、文俱善的大家，歐陽修、蘇軾、陸游等不勝枚舉。而此期話本、志怪、傳奇、筆記類創作，也頗有可觀者。

兩宋道教與文學在各自領域取得了令人矚目的成就，作爲綜括二者的道教文學，其特徵與地位，并非簡單的"加法"可以推論。"道教文學"在兩宋道教與文學繁榮發展過程中，如何參與其中，又如何成就一己自足的文學史意義？這需要從兩宋道教文學寫作主體的確認、作品的區分、數量的統計等角度加以明晰。

《中國宗教文學史》對"宗教文學"如此界定："宗教文學史就是宗教徒創作的文學的歷史，就是宗教實踐活動中產生的文學的歷史。……從宗教實踐這個角度出發，一些雖非宗教徒創作或無法判定作品著作權但卻出於宗教目的用於宗教實踐場合的作品也應當包括在內。這部分作品可以分成兩大類別：一類是宗教神話、宗教聖傳、宗教靈驗記，一類是宗教儀式作品。"① 以此，道教徒的作品容易區隔劃分，但非宗教徒創作出於宗教目的、用於宗教實踐場合的作品，則需要在大量別集、總集、類書等文獻中檢尋和鑒別。

《道藏》中大量具有文學性的作品都可以算作"宗教徒創作的文學"。② 朱越利《道藏分類解題》第七部"文學類"統計詩文集有11部、詩詞集36部、文集8部、戲劇表演類153種、神話類49種；第九部"歷史類"中的歷史資料、仙傳部分，多爲古代小說文獻，也

---

① 吳光正：《宗教文學史：宗教徒創作的文學的歷史》，《武漢大學學報》2012年第2期。
② 除了明《道藏》，《重刊道藏輯要》在明《道藏》基礎上，增收道經百餘種，多數爲清朝新出道經，也有清朝以前的作品，如曹仙姑的《靈源大道歌》，據考，成書於兩宋。其他藏經文獻也保存了部分宋代道教文學文獻。

屬於文學類作品；第十部"地理類"中的道教宮觀、仙山志中也藴藏着大量文學資料。① 《道藏》中的文學性文獻，兩宋編撰者概有 70 餘人，作品上百部，概而言之，大致具有以下兩個特徵：

1. 兩宋道教文學的作品形式涵蓋了詩歌、詞、小説、文賦、戲曲等傳統文學題材與文獻類別，并以仙歌、仙傳爲主，有非常鮮明的宗教文學色彩。

2. 《道藏》中的 70 餘位兩宋時期的道教文學作者，縱向比較並不算少。如張伯端、白玉蟾等部分作者在道教文學創作上卓然有成，引領一代宗教文學風尚，在道教文學史上彪炳千秋。

《道藏》失收的道教文學文獻不在少數，有待進一步發掘探索，如《宋人總集敘録》卷十考録的《洞霄詩集》，明《道藏》未收。該書十四卷，編撰者孟宗寶，宋末元初道士，所編《洞霄詩集》據宋紹定刊本删補而成，一般歸入宋人文集。② 是集所收詩歌，卷二至卷五爲宋人題咏，卷六爲"宋高道"，卷七爲"宋本山高道"作品，收了陳堯佐、王欽若、葉紹翁等人的詩作。

"非宗教徒創作或無法判定作品著作權但卻出於宗教目的用於宗教實踐場合的作品"大多見於教外文獻，如今人所編《全宋文》《全宋詩》《全宋詞》《全宋筆記》及兩宋類書《太平廣記》《類説》《紺珠集》中，這類文學文獻的存量相當巨大。

《全宋文》中的道教文學作品，主要由道教齋醮章表、祝文、青詞、宫觀碑銘等文體組成。其中青詞占了相當大的比重，但青詞作者大多爲文人，道士反而很少。《全宋詩》是今人編輯的大型斷代

---

① 朱越利：《道藏分類解題》，華夏出版社，1996 年，第 150—229 頁。
② 祝尚書：《宋人總集敘録》，中華書局，2004 年，第 481 頁。另，《洞霄詩集》有《宛委别藏》《知不足齋叢書》《叢書集成初編》，另《中國道觀志叢刊》（續編）也收録了此書。

詩歌總集，全編72冊，3 785卷，再加上近年各種補苴文章和《全宋詩訂補》，①詩人和篇什數量還有增加。其中的道教詩歌數量很大，但真正爲道士創作者並不算多，而且兩宋編纂的科儀類文獻中的經咒作品，《全宋詩》所收甚少。陳尚君教授的《全唐詩補編》曾收大量齋醮經咒，②這類作品自有其存在的文化價值，如南宋金允中《上清靈寶大法》、吕元素《道門定制》、吕太古《道門通教必用集》等科儀文獻中的經咒、讚頌、步虛詞等，《全宋詩》訂補者均應予以注意。

《全宋詞》中的道士詞作主要有張伯端等人的作品。有一個值得注意的現象，即多個始於兩宋的詞牌與道教關係密切，如《聒龍謡》始自朱敦儒遊仙詞《聒龍謡》、《明月斜》始於吕洞賓《題於景德寺》詞，《鵲橋仙》始自歐陽修咏牛郎織女，《法駕導引》始於宋代神仙故事，《步虛子令》始於宋賜高麗樂曲，③等等。

道教小説是一個成熟的文體類别，《道教小説略論》對此有過較系統的論述，指出《新唐書·藝文志》等各種書目子部大多列"道家""神仙類"，宋代羅燁《醉翁談録》將小説分爲八目，其中就有"神仙"目。兩宋道教小説文獻，主要見於各種道經、類書、叢書及筆記、話本類作品。張君房《雲笈七籤》是《大宋天宫寶藏》縮編，時雜北宋道教故事；李昉《太平廣記》卷一至卷八〇多爲神仙、方士故事；《太平御覽·道部》仙傳、筆記類作品也有部分載録。曾慥曾纂《道樞》《集仙傳》等，所纂《類説》一書中的道教小説文獻亦夥。另有類書《窮神記》《分門古今類事》《紺珠集》，内中道教小説也相當

---

① 陳新：《全宋詩訂補》，大象出版社，2005年。
② 《全唐詩續拾》卷五一收録杜光庭所編科儀中大量經咒讚頌類作品，中華書局，1992年，第1509—1535頁。
③ 左洪濤：《金元時期道教文學研究》，人民出版社，2008年，第102—105頁。

豐富。

宋代佛道信仰與小説出現世俗化傾向，[1]説話藝術漸趨發達。林辰參考《寶文堂書目》及胡士瑩先生的考證，指出兩宋話本體神怪小説有 19 種，其中神仙類有《種瓜張老》《藍橋記》《水月仙》《郭瀚遇仙》《孫真人》《劉阮仙記》等 6 種。[2] 另外，緣起於仙歌道曲的道情，在宋代也開始出現。《道教與戲劇》第八章《道情彈詞與傳奇戲曲》指出，宋代不僅道情流傳於民間，而且受到宫廷的歡迎，[3]惜存留的宋代道情文本很少。道情與話本體道教小説，數量雖然有限，但作爲宋代新出現的文體，豐富了兩宋道教小説的體式與内容，有特殊的宗教文學史意義。

兩宋時期的齋醮科儀文獻非常豐富，如孫夷中輯録的《三洞修道儀》、賈善翔編輯的《太上出家傳道儀》、張商英重撰的《金録齋三洞贊咏儀》、金允中的《上清靈寶大法》等。這些科儀文獻藴含着多個文學品類，有着豐富的文學因素。如齋醮儀節强調儀式與服飾的象徵意義，把文學藝術象徵與宗教象徵統一起來，對文學創作本身有極大的啓示意義；[4]齋醮科儀各個儀節之間變换、角色的擔當，又有豐富的戲劇表演元素。[5] 另外，隨着時代演進，道教新神不斷出現，新神話的建構，就是在道教儀式中最直接、最有效地完成的；音樂文學在道教科儀中也有體現，宋徽宗在修齋設醮時，就創作了大量"樂歌"類作品，這類典型的道教文學文獻對於認識宗

---

[1] 凌郁之的《走向世俗：宋代文言小説的變遷》（中華書局，2007 年）一書對小説世俗化趨勢做了深入考論。
[2] 林辰：《神怪小説史》，浙江古籍出版社，1998 年，第 266 頁。
[3] 詹石窗：《道教與戲劇》，厦門大學出版社，2004 年，第 181 頁。
[4] 蔣振華：《唐宋道教文學思想史》，岳麓書社，2009 年，第 299 頁。
[5] 關於道教科儀與戲劇表演，可以參考倪彩霞《道教儀式與戲劇表演形態研究》，廣東高等教育出版社，2005 年。

教文學本身的特質具有重要價值。

總之,兩宋道教文學文獻是一個體量龐大、內容駁雜的特殊的文獻類別。欲撰寫兩宋道教文學史,全面考察這類文獻的數量、種類、形式與內容,是必備的基礎工作,但絕非一兩篇文章可以解決,以上所論,僅爲這類文獻的基本框架和大致範圍,尚有不斷充實和完善的空間。

三、兩宋道教文學作者的教派歸屬與空間分布

一部斷代文學史,不是彙集彼時作家作品作單純的闡釋與分析,應該從深層的詩學精神上瞭解一個時代的作家生態與寫作風貌,這都離不開針對那個年代作家情況的基本分析。

如前所言,兩宋道士數量雖遠不如僧人,但縱向比較,仍是一個龐大的信仰群體。這個群體的文化素養參差不齊,能在文學上有所成就并有作品傳世的,所占比例當少之又少。綜括起來,大致分這樣幾類:內丹道士、外丹道士、三山符籙派道士、南宋新出道派道士、隱逸高人和道教學者。

丹道的萌芽與道派的形成,學界説法不一,但基本上可以確認,唐宋之際一種較爲獨立而完整的內丹修煉模式——鍾吕內丹道——卓然興起,丹家輩出。從鍾、吕算起,陳摶、林太古、曹仙姑、張伯端等內丹道士,各有述作,如《鍾吕傳道集》《西山群仙會真記》《悟真篇》等,其中尤以張伯端采用文學隱喻性的隱語創作大量丹經歌訣爲標誌性的道教文學成就。南宋內丹比北宋更趨盛行,出現了內丹派南宗,相關著述保存在《道藏》者就達20幾種,較北方全真道內丹專著數量爲多。內丹南宗共有四傳:第一傳陳楠,第二傳白玉蟾,第三傳彭耜等白玉蟾弟子,第四傳林伯謙等彭耜弟

子,計20餘人。內丹南宗留下的內丹著述,如陳楠的《翠虛篇》、白玉蟾的《海瓊白真人集》、數種《悟真篇》注疏,都是典型的道教文學著作,在整個道教文學史上具有重要地位。

一般談及中古道教丹術的轉型,特別是外丹的衰落,"中毒説"最爲流行,但存在諸多誤區,蔡林波對此有詳細論證。① 實際上,外丹一直延續至明清,並未因內丹的興起而消亡。兩宋時期的外丹修煉,規模遠不如前,但仍有部分外丹著述存世,這類文獻具有較少的文學意味,唯外丹隱語的運用與文學隱喻的關係值得思考。

兩宋時期,三山符籙派混一交融,不乏一些高道大德,但符籙派道教是實踐性的信仰,擅長修齋設醮,側重濟世度人,具有明顯的社會性,不像內丹修煉者,具有明顯的內修性質。由此,兩宋時期符籙派道教的文學性創作並不多。翻檢茅山上清派、龍虎山天師系、閤皂山靈寶派道士的生平著述情況,他們多以道法名世,闡發教義教理的著述遠不如內丹修煉者豐富,但符籙派道教編撰的道教科儀與戲劇表演存在密切關係,也是道教文學研究應予注意的地方。

兩宋新出道派及神仙崇拜,如許遜崇拜、淨明道、東華、神霄、天心正法、清微派等,多爲符籙派道教,也以法術名世,教義闡發不多。但淨明道在南宋形成時,相關仙傳和道經具有較濃厚的文學色彩。

此外,兩宋時期,還有大量不明道派的隱逸高人及道教思想家,其中不乏造詣高深者。如賈善翔,曾撰有《猶龍傳》三卷、《高道傳》十卷、《南華真經直音》一卷等;張白天才敏贍,思如泉湧,數日

---

① 蔡林波:《神藥之殤:道教丹術轉型的文化闡釋》,巴蜀書社,2008年,第169—213頁。

間賦得《武陵春色》詩300多首,著《指玄篇》、七言歌詩《丹臺集》等;張元華撰有《還丹訣》並小詞二闋,等等。這部分民間高道,界於教內道徒與文人士大夫之間,在道教文學創作上自有一番成就。

兩宋道士創作,從道派分佈來看,內丹修煉者的創作數量較多,且水準較高,這跟內丹修煉者較高的文化素養分不開,但作品形式大多以隱語丹詩爲主。而符籙派道士和民間各種小道派闡發教義的歌訣和仙傳較少,但對戲劇表演、道情創制等世俗化的文學形式也有所貢獻。

兩宋道士的數量與分佈,《宋會要輯稿·道釋》有所記述,如記載真宗時期道士、女冠人數共有20 337人,其中東京959人、京東560人、京西397人、河北364人、河東229人、陝西467人、淮南691人、江南3 557人、兩浙2 547人、荊湖1 716人、福建569人、川陝4 653人、廣南3 079人。① 從這個統計看,江南、兩浙、荊湖、川陝、廣南道士人數都在千人以上,而圍繞東京的北方地區一共只有三四千人,可見北宋時期南方的崇道風氣更盛,而到了南宋時期,則毋庸贅言。那麼參與道教文學創作的道士、女冠是否也以南方道士爲主?南北地域文化的差異是否在道教文學上也有體現?這些問題有待進一步考察。

四、宋代道教文學史的分期

關於宋代道教文學史的分期,詹石窗的《道教文學史》與《南宋金元道教文學研究》雖爲宋代道教文學史的撰寫提供了良好的前期基礎,但在分期問題上,還有值得商榷的地方。實際上,北宋、南

---

① 《宋會要輯稿·道釋》有相關記載,此據卿希泰主編《中國道教史》第二卷第七章《道教在北宋的復興和發展》轉引(四川人民出版社,1996年,第583頁)。

宋道教文學有一己自足的内在聯繫和宗教藝術特徵，應作整體觀照。在一次已經發表的訪談中，詹先生以爲"隋唐五代北宋"是道教文學的"豐富期"，南宋爲"完善期"，南宋因新道派迭出，道教理論更爲倫理化，在道教文學創作上也有深刻體現而有别於他者。① 但道教文學在"北宋"與"南宋"之間，一以貫之還是彼此區隔？ 都是值得探討的重要問題。兩宋道教文學史如果分開來寫，南宋與遼金元一並探討，固然照顧了時、空同一而忽視了内在的文化區别。南宋避居一隅，與金元對峙，但延續北宋，仍以中原文化爲主線，而遼、金、元則爲異質文化。道教是典型的中原漢文化，南宋内丹派、符籙派、淨明道的興起與北宋道教一脈相承，道教文學自然也密切相連。

　　兩宋道教文學因應宋代詩、詞、小説的發展及新的文學體裁的出現，存在水漲船高的現象。比如宋詞，作爲一代文學的"代表"，道教詞作在數量和質量上也有提高。話本、鼓子詞等新體文學，道教因素的滲入也都如影隨形，而這些都難以朝代的更迭作出截然的劃分。我們只能説宋代道教文學有别於此前的六朝隋唐及此後的元明清，在宗教敘事與宗教情感的抒發上取得長足進展，但同時也藴含着變異因素，比如道教俗文學"道教話本"的出現，均預示了元明清道情戲、道教小説繁榮的先聲。顯然兩宋道教文學作連貫書寫，更易於認識宗教文學内在的發展脈絡。宋代道教文學史采取"北宋"與"南宋"合并一體的書寫方式有"兩宋"道教文學史連續性的書寫必要。兩宋道教文學内部，如果以朝代更迭爲時間段，我們大致分四個部分論述兩宋 300 多年的道教文學發展脈絡與演變的内在規律。四個時間段爲：

---

　　① 《訪道教文學研究學者詹石窗教授》，見《道家文化研究》第 24 輯，三聯書店，2009年，第 4 頁。

北宋初期（太祖、太宗、真宗）

北宋中期（仁宗、英宗、神宗、哲宗）

北宋後期（徽宗、欽宗）

南宋（高宗、孝宗、光宗、寧宗、理宗、度宗、恭帝、端宗）

文學有内在的嬗變規律，並非全以朝代更迭爲限，但對於道教文學來説，這種劃分有内在的合理性。古代道教本身高度依附封建政權，道教的發展興衰與皇帝的一己好惡，乃至與朝廷和地方官府的支持與否，有密切聯繫，北宋道教的發展也具有這個特徵。尤其真宗和徽宗崇道的兩個階段，道教信仰得到充分發展，道教文學作爲道教實踐的産物，也隨之呈現繁榮的發展態勢。在兩個高峰之間，北宋仁、英、神、哲四朝，道教文學呈現了穩步發展的大致趨勢，并出現了《悟真篇》這種道教文學的典範之作。南宋時期，沒有出現重大的皇帝崇道事件，但道教與北方全真道興起同步，出現很多新的發展趨勢，道教文學也隨之有一些新變，由此南宋道教文學作爲一個完整時段加以論述。

結語：撰寫兩宋道教文學史的困境與意義

撰寫兩宋道教文學史，將面臨紛繁複雜的道經文獻，選擇處理需要花費大量時間和精力，但這畢竟是看得見的、有形的障礙，而且功到自然成，但撰寫過程中如何面對"文學本位"的問題，如何成就"宗教文學"自足性的一面，則是帶有一定思考深度的理論問題。這個問題得不到合理、充分的解決，寫出來的道教文學史就可能是大量道教文學資料的堆積和作品分析。所以，如何寫出一部高水準的中國宗教文學史，是學界的追問，也是一種追求。

關於"文學與宗教"及宗教文學的定義，T.S.艾略特（1888—

1965)1936年出版的《古代與現代文集》(*Essays Ancient and Modern*)中《宗教與文學》(Religion and Literature)一文有過認真的思考。艾略特以爲,文學只能用文學的標準來判斷,反對把"類文學"的文本當作文學的"泛文學"傾向,認爲好的基督教文學作品,不應該是那些出於"宣傳"教義、爲基督教辯護的文學,而是不自覺、無意識地表現基督教思想感情的作品。此文發表已經過去80餘年,但是有些觀點對我們的"宗教文學史"研究仍有啓發意義。我們如何看待中國的"宗教與文學"或"宗教文學",是一個關涉極深的、重要的理論問題。顯然艾略特所論的"宗教與文學"主要指的是"基督教"與文學,中國的"佛、道教"與文學與此有明顯的區别。尤其"道教"本身的宗教屬性與基督教差異很大,它與文學的關係也就不能套用艾略特的觀點。中國的"道教文學"是否有"泛文學"傾向,道教文學、道教文學批評的定義與標準是什麽?這些都有待中國宗教文學史撰寫過程中作出理論性的回答。

一部好的道教文學史,不僅是文學、宗教與歷史的交融,還應該是思想與學術的結合。道教文學因以"宣教"爲目的,從藝術水準和作者的創作動機上看,他們與文人純粹的文學創作大異其趣,特殊的宗教藝術魅力如何展示?努力探尋道教文學的藝術價值是寫作的重要部分,但更有價值的是分析道教文學與文人文學的互動及道教文學在整個文學發展史上的特殊作用。如宋代文學在"走向世俗"的過程中,道教文學扮演什麽角色?起什麽作用?類似問題將是兩宋道教文學史寫作過程中最值得注意的地方。

[原文刊載於《哈爾濱工業大學學報》(社科版)2012年第2期,略有增删]

關於早期全真道詩詞研究的若干問題

全真道研究是一門國際性學問，中外學者已經取得很大成績。民國時期，陳垣(《南宋初河北新道教考》《道家金石略》)等已爲全真道研究作出了基礎性貢獻，而日本、歐美的漢學家也早有關注，如吉岡義豐、蜂屋邦夫、①姚道中(YAO Tao-Chung)、②高萬桑(Vincent Goossaert)、③康豹(Paul R. Katz)④等都有關於全真道的重要論著。⑤ 大陸從20世紀八九十年代起，陳耀庭、張廣保、盧國龍、王宗昱、吳亞魁等人曾就全真道歷史、內丹方術及文

---

① 蜂屋邦夫的《金代道教研究：王重陽與馬丹陽》由欽偉剛翻譯，中國社會科學出版社2007年出版；2014年齊魯書社又翻譯出版了蜂屋邦夫的《金元時代的道教：七真研究》。兩部書體例接近，第一部分爲史實論考，第二部分爲資料整理。本文所引全真道詩詞，多出自《金元道教研究：王重陽與馬丹陽》一書。

② 姚道中(Ch'üan-chen)是英語世界較早研究全真道的學者，博士論文爲 A New Taoist Sect in North China during The Twelfth and Thirteenth Centuries, University of Arizona, 1980。

③ 高萬桑(Vincent Goossaert)，法國學者，著有 La création du taoïsme moderne: L'ordre Quanzhen(《現代道教的創造：全真教》)。

④ 康豹(Paul R. Katz)20世紀90年代著有 Images of the Immortal: The Cult of Dongbin at the Palace of Eternal Joy，已經翻譯爲《多面相的神仙：永樂宫的吕洞賓崇拜》出版。

⑤ 關於日本、歐美學者的全真道研究，可參考張廣保編的《多重視野下的西方全真教研究》(齊魯書社，2013年)。該書共收錄西方學者全真道研究的14篇專論，時間跨度爲20世紀80年代至今，較全面地反映了西方學者的研究水準。另外該書《編者的話》對西方全真教研究作了系統的學術回顧。

獻整理作過深入考察。① 近年張廣保主編的《全真學案》、香港青松觀主持的《全真道研究中心叢書》等出版了若干種全真道研究，部分成果影響深遠，其中趙衛東的《金元全真道教史論》（齊魯書社，2010 年）等相關論著令學界矚目。

全真諸子留存了大量詩詞等文學性作品，因這類文獻兼具宗教與文學的雙重特質，歷來也不乏從文學角度的探究。黃兆漢的《全真教祖王重陽的詞》（《東方文化》卷十九，第 1 期，1981 年）、《全真七子詞述評》（《中國文化研究所學報》第 19 期，1988 年）是較早從詞曲角度探究全真道詞作的重要成果。② 詹石窗《南宋金元道教文學研究》第一章《金元全真道之詩詞》（上海文化出版社，2001 年）、陶然《金元詞通論》第六章《金元全真道教詞》（上海古籍出版社，2001 年）、王昊《論金詞創作的形態和群體特徵》（《文學遺產》1998 年第 4 期）、徐翠先《金代全真詩簡論》（《晉陽學刊》2003 年第 3 期）、吳光正的《苦行與試煉：全真七子的宗教修持與文學創作》③等從宗教與文學角度對全真道詩詞作了深入探討。相關學位論文及在此基礎上的出版物，主要有左洪濤的《金元時期道教文學研究：以全真教王重陽和全真七子詩詞爲中心》（人民出版社，2008 年）、申喜萍的《南宋金元時期的道教美學思想》（巴蜀書社，2009 年）等。美國康思奇（Louis Komjathy）的博士論文"Cultivating perfection：Mysticism and Self-transformation in Early Quanzhen

---

① 陳耀庭、盧國龍編的《全真道學術研究報告》（香港青松出版社，2004 年）、張廣保的《金元全真道内丹心性學》（三聯書店，1995 年）、王宗昱的《金元全真教石刻新編》（北京大學出版社，2005 年）、吳亞魁的《江南全真道教》（上海古籍出版社，2012 年）等都是這方面的重要著述。
② 這兩篇文章後來都收在黃先生的《中國神仙研究》（臺灣學生書局，2001 年）一書中。
③ 目前所見爲吳光正教授的未刊稿。

Daoism"研究了早期全真道的宗教活動和神秘體驗,并翻譯了署名王重陽的内丹學著作《重陽真人金關玉鎖訣》。2013 年,康思奇出版的 The Way of Complete Perfection: A Quanzhen Daoist Anthology (State University of New York Press)翻譯了若干全真道文本,包括一些全真道詩詞作品,這對英語世界的全真道文學研究至爲重要。但總體上看,全真道詩詞的文學性研究相對薄弱,或者説全真道詩詞多被看作研究全真道的文獻資料,而從文學角度的深入探討相對較少。蜂屋邦夫在 1992 年爲其《金代道教研究:王重陽與馬丹陽》一書作序時,曾感慨:"可以説,因爲詩詞本身難以理解,所以,到目前爲止,幾乎没有人做過研究。"[1]當然,這是指 1992 年之前,那麽時隔 30 餘年,我們對全真道詩詞的深層解讀,也許仍有很長的路要走。

全真派師徒因信仰傳播的現實需要,撰作了大量具有極强衝擊力、吸引力和想象力的詩詞作品,這些作品,一定程度上已經遮蔽了他們作爲一種文學體裁的審美意義,成爲一種宣教工具和自神手段。可以説,全真道的崛起,離不開這些看似通俗,卻又玄妙高深甚至有些"故弄玄虚"的雜體詩和丹道術語。他們的詩詞創作有特殊的文化背景與内在需求,這種"藝術化的修道"本身就值得思索,比如我們如何看待這類詩歌文獻? 它們是文學的,還是宗教的?[2] 是雅文學還是俗文學? 爲什麽早期全真道對柳永詞情有獨鍾? 全真道詩詞體現了何種演進趨勢? 這類宗教文學角度的基礎

---

[1] 見蜂屋邦夫《金代道教研究:王重陽與馬丹陽》之序言部分。
[2] 胡傳志《略論全真教教徒的詩學觀》(《江蘇大學學報》2012 年第 5 期)以爲全真教的詩學觀念:"偏離詩言志的傳統,偏離'詩緣情而綺靡'的主流。他們的跨界創作言道有餘,情彩不足,既不是純粹的宗教文獻,也不是純粹的文學作品,因此成了宗教界、文學界别樣的風景。"

問題,還沒有得到很好的梳理和思考。本文即在前人研究的基礎上,以王重陽、馬丹陽詩詞爲主,就全真道早期詩詞創作的相關問題展開探討。

一、早期全真道"不倦寫詩詞"的創教意識

全真道師徒創作的詩詞作品是金、元文學的"大宗"。在《全金元詞》中,王重陽存詞 670 首,馬鈺 881 首,兩位早期立教者的詞作就達 1500 餘首,而全真派所有詞作則有 7000 多首。[①] 詩歌方面,據各自留存文獻統計,王重陽存詩 550 餘首,馬鈺存詩 530 餘首,王處一存詩 520 余首,劉處玄存詩 500 餘首,丘處機存詩 420 餘首。從數字看,全真道師徒——尤其王重陽、馬鈺等,都算得上"高產作家"。這個現象,在整個道教史或宗教文學史上,幾乎是絕無僅有的。全真道創教者王重陽曾自云"不倦寫詩詞",[②]那麼如此勤於詩詞創作的個中動因是什麼?就這個問題,後世研究者作過各種歸納和分析,如左洪濤《金元時期道教文學研究:以全真教王重陽和全真七子詩詞爲中心》第三章第一節"金元時期全真道教詩詞興盛的原因"以爲:

1. 出於宗教宣傳的需要,詩歌易於記誦傳唱,便於全真道的傳播;

2. 全真道師徒大多"棄儒從道",有扎實的寫作訓練和深厚的

[①] 據張松輝《元明清道教與文學》第六章《道教人士的文學創作》統計,《全金元詞》共計 1314 頁,全真道士所作詞占 600 頁左右,共收 7300 多首詞,馬鈺一人就有 880 首。(海南出版社,2001 年,第 270—271 頁)左洪濤《金元時期道教文學研究》(人民出版社,2008 年)雖云"文學研究",但主要研究對象還是全真七子的詞作,通過此書,可以看出全真詞的創作,數量和藝術成就均極可觀,且對元曲的影響至爲深遠。

[②] 這是王重陽寫給馬丹陽的一首詞裏提到的,見《重陽分梨十化集》卷下《報恩師》(《瑞鷓鴣》),下文詳述。

文學修養;

3. 兩宋詩詞創作風氣的濡染。①

鄧紹基主編《元代文學史》第一章第一節"全真教對文學的影響"以爲金元時期,在特殊的時代背景下,寫作詩詞的方式易於爲士人接受。② 這些探討,可以說都沾邊,但總覺得没有切中肯綮。應該説,全真道早期創教者,有明確而強烈的"創宗立教"意識,在這種觀念影響下,他們選擇了詩詞形式作爲闡釋教義、宣傳教法、勸諷世俗的重要手段,而他們之所以主要選擇"詩詞",而非小說、戲曲,也没有像六朝上清、靈寶一樣熱衷經典的造構與注釋等,此中除了表層原因,應該還有傳統的深刻影響。

世界各大宗教在創始和傳播過程中,都離不開詩歌或韻體文的傳唱與流播。《聖經》中的説教詩歌(didactic poetry)、《古蘭經》中的散體詩乃至佛教的歌詩,大多叶韻、對仗,易於口頭記誦,而且寓意深廣,這在傳播渠道相對狹窄的古典時代,對教義的宣傳、信徒的吸引是最爲有效的手段之一。

衆所周知,道教没有確切的成立時間,也没有明確的創教者或是一部核心的教義經典,道教並非始於一時、一人。但是全真教的創立,則類似基督教、伊斯蘭教、佛教等世界性宗教的創始過程:它有明確的教主王重陽,王重陽在世的時候,就有《重陽全真集》等教義經典的印行,并有馬丹陽、譚長真、劉長生、邱長春等大弟子的進一步推演和弘揚,全真教派隨後風起雲湧,成爲一個成熟、嚴密而相對龐大的宗教團體。的確,全真教創教的時代,與東漢魏晉時期迥然不同,此時佛教早已滲透中原文化的肌理,佛教的宗教儀

---

① 左洪濤:《金元時期道教文學研究》,人民出版社,2008年,第74—78頁。
② 鄧紹基:《元代文學史》,人民文學出版社,1991年,第24頁。

式、傳教方式等對其他教派的崛起，應具有典範意義。道教吸收利用佛教的宣教方式、護法傳統，早在晚唐五代就已造其端。法國學者傅飛嵐(Verellen Franciscus)的《道教靈驗記——中國晚唐佛教護法傳統的轉換》一文，即以《道教靈驗記》中大量"靈驗"故事，説明道教利用佛教的護法模式挽救唐末五代道教遭遇的危機。① 金元時期，全真道創立者懷有強烈的創教意識，且手法嫻熟，以大量的詩詞創作敷衍教義、組建教團、擴大影響，從宏觀來看，當有彼時佛教等成熟宗教的社會影響。

因全真教的這種革新面目，陳垣曾懷疑它的"道教"屬性，《南宋初河北新道教考》卷一云：

全真之初興，不過"苟全性命於亂世，不求聞達於諸侯"之一隱修會而已。世以其非儒非釋，漫以道教目之，其實彼固名全真也，若必以爲道教，亦爲道教中之改革派耳。②

當然全真道的核心教義還是落實在了"成仙"上，只是成仙的意旨與前代有根本區别。但它"非儒非釋""固名全真"的事實，還是需要我們格外注意全真教的特殊性。

全真教之所以選擇詩詞這種藝術化的方式作爲修道、創教與宣教的手段，而不是小説，不是大量的經典造構與傳統經典的注釋，還要從漢語詩歌傳統和特徵上找原因。而這個原因，全真教創立者王重陽自己也曾有過反思。《重陽分梨十化集》卷下《報恩師》

---

① 傅飛嵐：《道教靈驗記——中國晚唐佛教護法傳統的轉換》，《華學》2002 年第五輯。
② 《民國叢書》第一編(13)，上海書店，1989 年，第 11 頁。

《瑞鷓鴣》云：

　　爲何不倦寫詩詞？這個明因只自知。一筆書開真正覺，三田般過的瑞慈。
　　回光返照緣觀景，固蒂根深恰及時。密鎖玄機牢閉户，喚來便去赴瑶池。

馬丹陽次韻：

　　今朝跪領本師詩，秘密玄機喜得知。勘破萬緣忘假相，滌除六欲起真慈。
　　男婚女嫁休心日，意滅情忘舍俗時。恭從吾師雲水去，將來決定到天池。①

　　這兩首《瑞鷓鴣》是王重陽與馬丹陽的唱和，可見王重陽自己對"不倦寫詩詞"也有自覺的反問，不過原因"只自知"，没有給出明確答覆，但"這個明因只自知"隨後兩句"一筆書開真正覺，三田般過的瑞慈"還是揭示了"一筆書開"——詩詞寫作②與"三田般過"——內丹修煉之間的密切關係。這種聯繫，王重陽的《解佩令·愛看柳詞，遂成》（《重陽全真集》卷七）中也有所體現：

　　四旬七上，慧光崇兀。詞中味、與道相謁。一句分明，便

---

① 《金代道教研究：王重陽與馬丹陽》，第518頁。
② 據上下文意，"一筆書開"的"書"當非"書法"，而是寫作詩詞。

悟徹、耆卿言田，楊柳岸、曉風殘月。①

王重陽等全真道士推崇柳永詞是另一個值得探討的話題，這裏所謂"詞中味、與道相謁"一句，最能說明詩詞創作與全真教義之間的密切關係。"謁"者，白也，說明、陳述之意，即詩詞的内在韻味與内丹道術之間可以相互發明與闡釋。當然以詩歌、韻語形式闡釋丹道方術，從《周易參同契》就已開始，北宋有張伯端《悟真篇》，南宋又有白玉蟾的大量詩詞等，全真道創教者只是極大地賡續、發揚了這個傳統。

那麼為什麼詩詞和内丹道術可以相互發明？原因大概有兩個：一方面，漢字的單音節、單形體以對仗、叶韻的格式巧妙地組合，往往能給人一種"奇妙天成"的感覺。接受者在讀到這樣的詩詞作品時，往往對這種"神奇詩句"所傳達的教義宗旨更加信服，起到特殊的崇信效果。《重陽全真集》《洞玄金玉集》中有大量藏頭拆字詩、數字詩等，這種各施巧妙、別具智慧的"詩詞遊戲"很容易造成一種令人信服的信仰力量（下文詳論）。另一方面，丹道方術本身神秘的直覺感悟及道成肉身的宗教體驗，與詩詞内在的"象徵""隱喻"功能第相契合。從《周易參同契》以下，丹道方術一向善以詩詞形式闡釋其精微而玄妙的丹道理論，而全真道師徒則把這一手段發揮到了極致。

全真道早期創立者以詩詞創作闡釋其丹道方術，與這種"妙用"相關聯，詩詞也用於教化弟子上。如上引《重陽分梨十化集》中的《報恩師》（《瑞鷓鴣》），馬丹陽的次韻告訴我們，他們師徒間的詩

---

① 《金代道教研究：王重陽與馬丹陽》，第432頁。

詞贈答，帶有儀式色彩，是神聖而神秘的，對於"本師"的贈詩，馬丹陽需要"跪領"。馬丹陽《漸悟集》卷上《西江月》云：

地肺重陽師父，呂公專遣雲遊。秘玄隱奧訪東牟，釣我夫妻兩口。
十化分梨匠手，百朝鎖戶機謀。千篇詩曲拽回頭，萬劫同杯仙酒。①

這首詞敘述了王重陽教化馬鈺夫婦入道的過程，所謂"千篇詩曲拽回頭"的"千篇"當是虛指，實際就是《重陽分梨十化集》中師徒二人的詩詞往來之作。全真教的第二號人物馬丹陽的入道，"詩詞"贈答所起的作用無疑是至關重要的。

與教化弟子相關，詩詞創作也用於勸諷世俗大衆、傳播教義、擴大香火。最能體現全真道廣泛運用詩詞的例子，當屬王重陽行乞街頭也不忘在紙旗上書寫詩詞作品。《重陽全真集》卷一〇、卷一三錄兩首曾經寫在化緣紙旗上的詩詞，隨着行乞和雲遊四方，其傳播效果可想而知。卷一〇《紙旗上書》云：

占得風來便有緣，朝朝贏得日高眠。
飢時街上來求乞，只要人間自肯錢。②

卷一三《望蓬萊》：

---

① 《金代道教研究：王重陽與馬丹陽》，第586頁。
② 同上書，第462頁。

邊境静，乞覓得便宜。戰鼓復爲韶樂鼓，征旗還作化緣旗。便見太平時。　那減舍，第一莫遲遲。王喆害風無憂子，當三折二小錢兒。伏願認真慈。①

這種寫在紙旗上的詩詞，實際是行乞的"軟性廣告"，但内中不乏體道與傳道的意藴和目的。全真道師徒不放過每個以詩詞形式闡道、傳道的機會，應該説，還没有一個教派像全真道這樣依憑於詩詞的各種功能展開頻繁而複雜的宗教活動。

總之，全真道創教者采用詩詞的修道、傳教方式，因素是多方面的，但從根本上看，還是王重陽、馬丹陽等早期創教者具有强烈的"創宗立教"意識，深切地把握并運用了漢語詩歌的特徵。

二、全真派詩詞的分類問題

在全真道詩詞研究中，很多論述免不了要給作品内容作各種分類和總結。因劃分的角度不同，有的具體，有的粗略，但總有以偏概全或不得要領之嫌。詹石窗教授把王重陽的詩詞作品概括爲勸誡、贈答、咏物、抒懷四類，②還有一些單篇論文，也有大同小異的劃分。這都是典型的站在"純文學"立場或習慣的劃分，但仔細體會，就難免有相互抵牾的情形。比如"勸誡"與"贈答"類詩詞，王重陽勸誡馬鈺就是以詩詞往來贈答的方式展開的，那麽《分梨十化集》中的作品屬於勸誡還是贈答？這勢必難以區隔。而所謂咏物與抒懷的劃分，嚴格來説也不十分妥帖，因很多咏物詩詞本身就是爲了抒懷，抒懷又何曾不著於物？"情景交融"一向是傳統詩詞最

---

① 《金代道教研究：王重陽與馬丹陽》，第491頁。
② 詹石窗：《南宋金元道教文學研究》，上海文化出版社，2001年，第12頁。

常見的抒寫方式之一。

全真派詩詞有明確的宗教目的,是地道的"宣傳文學"或"宗教文學"。對待這類作品,我們不能以純文學觀念作各種比勘和框定,要有深入的瞭解,還是要從文本本身出發,從信仰與修持的角度,客觀認識他們的核心内容與大致類别。

全真道之所以能在道派林立的宋金亂世中脱穎而出,而且能組織起龐大的教團,產生深遠的影響,最重要的因素是全真道能在隋唐成仙新説的基礎上,因應時代變遷,對成仙思想作了徹底變革,刷新了舊傳統的僵化面貌,從而獲得全新的生命力。一般來説,"全真"大致有兩意:一爲洗百家流弊而全老子清淨無爲學説之真,二是摒棄各種幻妄而全人體性命之真。[①] 其中"全性命之真"使全真道擺脱了舊道教主張的"肉體飛升"并不能實現的尷尬處境,在"三教一家"的理論框架下,尋找到宗教發展的理論基礎。在成就"性命之真"的成仙宗旨下,全真道發展了性命雙修、先性後命爲核心的修道觀念,也即全真道的"真功"。在真功之外,全真七子還主張對生民社會廣行善事、濟困拔苦、傳道度人等實踐性的外修功行的"真行"。

全真派創始人王重陽多次提到真功與真行,《重陽全真集》卷四《蘇幕遮·勸化諸弟子》:

> 氣傳清,神運秀。兩脈通和,真行真功就。衝上晴空光猛透。方顯無爲,始見歸無漏。[②]

[①] 卿希泰主編,詹石窗副主編:《中國道教思想史》第三卷第二十五章《金元時代全真道的產生及其思想》,人民出版社,2009年,第180頁。
[②] 《金代道教研究:王重陽與馬丹陽》,第410頁。

卷五《豆葉黃》：

>奉報英賢,早些出路。卜靈景,清涼恬淡好住。開闡長生那門户。便下手修持,真功真行,真性昭著。①

真功、真行從理論與實踐兩個層面概括了全真道的宗教活動,而藉以展開活動的詩詞創作,與此相應,也大致可分闡述真功與真行的兩類内容。左洪濤《金元時期道教文學研究》對王重陽的詞作作了分類,從類目上看,詞作内容分爲：
1. 立倡三教合一以促進本教發展；
2. 宣揚"全真"主旨以吸引教徒；
3. 闡述修道的内容和方法；
4. 自述生平事迹以增强傳道的親和力；
5. 與馬鈺夫婦入道的唱和詞。②

此處分類從具體内容出發,無可非議,且基本上可以涵蓋詩作内容。王重陽以下的全真六子,雖然主張各有差異并形成不同的支派,但大要不離"全真"思想,且在"詩詞創作"上,都有共同的傾向。左先生著作對馬鈺、譚處端、劉處玄、王處一、郝大通、孫不二等詞作也有類似的劃分,但深入到詞作内容背後,實際講的無非"真功"與"真行"兩類内容,只是有的詩詞作品二者集於一身難分彼此而已。六子中,年紀最小的丘處機對全真道發展的貢獻最大,其《磻溪集》六卷,均爲詩詞歌頌類作品,計400餘篇,主要内容也

---

① 《金代道教研究：王重陽與馬丹陽》,第419頁。
② 左洪濤《金元時期道教文學研究》第四章第二節《萬變不離修道傳教——詞作的主要内容》對此有論述,見第127—160頁。

多是内在的性命雙修與外在功行的宗教活動的記述。①

真功類詩詞,即以詩詞形式描述、闡釋内丹修煉方法、修煉體驗的詩詞作品,這在全真道師徒作品中,占了很大比重,尤以全真道創始者王重陽、馬鈺等人爲主。從文學批評、藝術審美的角度看,這類作品,雖然有論者指出他們特殊的美學意義,②但如實說,大多缺乏一般意義上的"美感",這也是經常爲人詬病的地方。真行類詩詞,即以詩詞形式描寫全真道在傳播宗教、勸世行善過程中的一些體驗和感受。這類作品更多關注的是人和社會,大多有深刻的人文關懷,對生命意義、人生目的的追尋,往往有一些發人深省的警句。從文學審美角度看,這類體現"真行"的作品,多有可觀者,而且具有明顯的傳播效應。筆者兒時即知曉的民間流行語"兒孫自有兒孫福,莫與兒孫作馬牛",很可能就出自王重陽之手,③這種用於教化世人的詩作,至今仍流行民間,其影響可見一斑。

綜上,面對全真道詩詞,從"純文學"立場的劃分並不適合這種典型的宗教性文學作品,而應結合全真道修行觀念,從真功、真行兩個層面切入,然後再從文學角度作審美觀照。而這一點,是我們在從事宗教文學研究中,極當注意的地方,即:缺乏宗教研究基礎,僅據文學史、文學批評中那些粗淺、陳舊的範式套用宗教性文

---

① 丘處機詩詞的内容風格,與王重陽、馬鈺等有所區别,部分詞作有文人抒懷的傾向,不全是宣傳教義之作。李聞的《金代全真道士詞研究》(山東師範大學碩士論文,2003 年)等對丘處機的詩詞風格有所論析。

② 申喜萍的《内丹隱喻詩的審美解讀》(《四川大學學報》2008 年第 1 期)及徐翠先的《論金代全真丹道詩的審美特徵》(《沂州師範專科學校學報》1999 年第 1 期)對全真丹道詩的美學意味做了分析。徐文指出丹道詩神秘和朦朧的特徵,申文以"内審美"的角度考察内丹詩歌,很有新意。但是,一般來說,作爲普通的讀者,純粹的丹道詩歌,讀懂就很難,要體會所傳達的藝術美感,更是難上加難。

③ 此句出自彭致中《鳴鶴餘音》卷一王重陽的詞作《集賢賓》(《道藏》第 24 册,第 260 頁),雖《重陽全真集》不見這首詞,但仍有一定可信性。

學文獻,是無法深入理解,甚至是會誤解的。

三、全真道詩詞研究的角度問題

如上文所述,闡述修性與煉命的"真功"類詩詞作品,如果從文藝美學的角度看,缺乏足夠的審美意義,也可以説這類詩詞作品偏離了中國詩歌"抒情言志"的傳統,只剩下詩詞的"外殼",乏善可陳。比如王重陽描述内丹修煉的詞作《雨霖鈴》:

> 東方甲乙,見青芽吐,早應時律。南陽正現紅焰,初將熾、炎炎濃密。西動金風颯颯,致清爽、往來飄逸。北氣候,祁寒嚴凝,聚結成冰瑞中吉。
>
> 肝心肺腎勿令失,四門開、瑩徹都歸一。金丹輥在空外,明耀顯、五光齊出。上透青霄,唯占、逍遥自在寧謐。到此際、還得無爲,永永綿綿畢。[1]

《黄鶯兒》:

> 心中真性修行主。鍛煉金丹,津液交流,澆淋無根,有苗瓊樹。常灌溉,潤瑶枝,密葉黄鶯語。瑩靈聲韻明眸,正覷嬰兒,兑方騎虎。
>
> 堪訴,姹女跨青龍,四個同歸去。本元初得,静裏還輝回光,使胎仙舞。應出上現,昆侖得復,蓬萊處,我不妄想,雲霞鸞鶴天然輿。[2]

---

[1] 《金代道教研究:王重陽與馬丹陽》,第445—446頁。
[2] 同上書,第394頁。

《調笑令》：

　　　　山峭,日光照,碧漢盈盈圓月耀。森羅萬象長圍罩,一道清風裊裊。真靈空外天皇詔,住在蓬萊關要。①

這類詞作在《重陽全真集》中還有很多,其他六子也基本如此。我們這裏選取三首,就是希望讀者能嘗試性地"啃一啃"這種由繁複的丹道隱語和神秘描述寫就的詞作。顯然,在我們搖頭無奈的時候,發現文本的"祛魅"(Disenchantment)就是一道難關,等剝去丹道術語的層層障礙後,除了膚淺的文字遊戲和部分帶有"性暗示"的隱喻,一般文學意義上的"審美"或"美感"已經所剩無幾。這一點,是全真道研究者應該正視的事實,不必爲研究對象刻意地遮掩,甚至溢美。

但是,王重陽等全真七子的詩詞作品自有一種美的感召力,那就是"俗文學"所具有的那種真誠、直白與淺俗！以"俗文學"看待全真道詩詞,似乎面對一個"聖"(Sacred)與"俗"(Profane)較難兩立的問題。迪爾凱姆(Emile Durkheim, 1858—1917。又譯作塗爾幹)的"聖俗二元論"是基於西方基督教背景的判斷,而對中國歷史上以"三教合一"爲特徵的全真道而言,除了超越性的一面,形而下的世俗的一面是完全可以共存的,換句話說,"聖俗融通"更切合全真道的宗教特徵。

據筆者有限的聞見,目前(2013 年 5 月)從俗文學角度研究全真派詞作的論著很少,僅見王昊《論金詞創作的形態與群體特徵》

---

① 《金代道教研究：王重陽與馬丹陽》,第 401 頁。

及左洪濤的《論王重陽道教詞對宋代俗詞的繼承》等。其中王先生文章提出金代道士詞應屬於文人俗體詞,①而左先生文章從模仿柳永談起,指出王重陽詞作繼承了宋代俗詞的語言、詞韻和趣味性。② 那麼全真派詩詞是否屬於俗文學範疇?我們是否應從俗文學角度關照王重陽師徒的詩詞作品?

俗文學是 20 世紀的顯學,關於俗文學的定義和範圍問題,鄭振鐸在《中國俗文學史》第一章《何謂俗文學》中説:

> 俗文學就是通俗的文學,就是民間的文學,也就是大衆的文學。換一句話,所謂俗文學就是不登大雅之堂,不爲學士大夫所重視,而流行於民間,成爲大衆所嗜好、所喜悦的東西。中國的俗文學包括的範圍很廣,因爲正統的文學的範圍太狹小了,於是俗文學的地盤便愈顯其大。③

這個定義從"通俗的""民間的""大衆的"三個層面界定俗文學,應該説帶有一定的隨意性,並不嚴謹,雖然後世廣泛引用,但俗文學與民間文學等概念混淆、糾纏不清的流弊也是顯而易見的。目前,最能廓清俗文學概念與特質的當屬譚帆的《"俗文學"辯》一文。該文認爲俗文學的"俗"應在傳統文獻中尋找依據,而世俗的"俗"則是俗文學的本質屬性,其内涵與外延應包括如下幾個層面:

1. 俗文學是一種文學現象,在"價值功能""表現内容""審美趣

---

① 見《文學遺産》1998 年第 4 期。
② 見《中國韻文學刊》2009 年第 4 期。
③ 鄭振鐸:《中國俗文學史》,商務印書館,1938 年,第 1 頁。

味"和"傳播接受"等方面基本趨於一致,介於"雅文學"與"民間文學"之間,故"俗文學"是一個"文類"概念。

2. 俗文學是指以受衆爲本位的文人加工、整理或創作的文學作品,是"書面文學"。

3. 俗文學以道德教化、宗教布道、知識普及和娛樂消遣爲最基本的價值功能。

4. 俗文學是一種在表現內容、藝術形式和審美趣味上追求世俗化的文學作品。

5. 俗文學具有傳播普及化的特性,具有一定的商業消費性。①

這個界定使俗文學從民間文學中剥離出來,而且"文類"的概念拓展了鄭振鐸先生早先確定的俗文學僅限於"小説""戲曲""講唱文學"的領域,指出"只要符合俗文學之基本特性,凡詩、詞、文、賦、戲曲、小説、講唱文學等均可成爲俗文學之研究對象"。② 另外,我們看譚教授第 3 條界定,俗文學的價值功能之一就是"宗教布道"。結合上述論定,全真派詩詞中,那些以"傳教布道"爲目的的、面向大衆的、淺白而通俗的詩詞,正是地地道道的"俗文學"。

另外,胡適的《白話文學史》在分析唐代白話詩的時候,認爲白話詩有四種來源:一是民歌,二是嘲戲,三是歌伎演唱,四是宗教傳播和哲理闡述。"白話文學"的概念已經隱退,雖然這一概念是從語言學角度創立的,但其隱括的範圍與俗文學有很多交集。胡適在《白話文學史》中用了很大篇幅論述王梵志、寒山等僧人詩作,實際就是致力於宗教傳播的帶有俗文學特徵的宗教詩歌。而從這

---

① 譚帆:《"俗文學"辯》,《文學評論》2007 年第 1 期,第 80 頁。
② 《金代道教研究:王重陽與馬丹陽》,第 81 頁。

個角度看,王重陽等全真七子創作的大量詩詞,正是以傳道爲目的的俗文學的一種。

綜上,我們有理由認爲王重陽、馬鈺等師徒的詩詞作品,本身就屬於俗文學範疇,一如佛教王梵志、寒山等詩僧,王、馬等人是創作大量俗文學的道士詩人。

全真派師徒描述内丹修煉、修養心性的詩詞作品,也即前揭"真功"類詩歌,大多淹没在繁複的隱語、深奧隱喻和神秘體驗中,缺乏審美韻味。但那些用以勸諷世人、行善救濟等外修"真行"類詩歌,用語淺白,意象生動,感情真摯,應該成爲俗文學史上的重要文本。我們且看王重陽的幾首作品:

《重陽全真集》卷三《驀山溪·嘆驢兒》:

驢驢模樣,醜惡形容最。長耳觜偏大,更四隻、腳兒輕快。肌膚粗僂,佗處不能留,挨車買,更馱騎,拽遍家家磑。

任鞭任打,肉爛皮毛壞。問你爲何因,緣個甚、於斯受罪。忽然垂淚,下語向餘言。爲前□,忒曉蹊,欠負欺瞞債。①

這首詞用擬人化的手法,以《驢子》的口吻訴説因緣業障,勸諷世人積善修德,脱離苦海。其中驢子的樣貌描寫,可謂詼諧幽默。

針對世人貪圖酒色財氣的不覺悟,《重陽全真集》卷三《換骨骸·嘆貪婪》也有形象生動的描述:

嘆彼人生,百歲七旬已罕。皆不悟、光陰似箭。每日家,

---

① 《金代道教研究:王重陽與馬丹陽》,第 395 頁。

只造惡,何曾作善？難勸,酒色財氣戀。也兀底。

福謝身危,忽爾年齡限滿。差小鬼、便來追喚。當時間,領拽到,閻王前面。憨漢,和骨骰軟軟。也兀底。①

再如《重陽全真集》卷一三的《搗練子》詞：

搗練子,十怎生,閑來閑去好修行。囉哩唛,哩囉唛。
若逢迎,得圓成,從頭一一説前程。囉哩唛,哩囉唛。

一爲人,做凡身,四般假合怎生真。囉哩唛,哩囉唛。
搜玄路,出迷津,静中調養氣精神。囉哩唛,哩囉唛。②

"差小鬼、便來追喚"一句淺明生動,可以説全篇都是這種俚語白話。"兀底""囉哩唛"本是北方方言中的虚詞,後來成爲元曲常用的發語詞,這裏用在詞作當中。這多少可以窺見全真派詞作在"詞曲遞變"中的過渡性作用。

王重陽的精彩之作,多是這類勸化世人的通俗作品,比如《重陽全真集》卷一中的"一字至七字詩"把酒、色、財、氣的傷精敗神活脱脱地描述出來,讀之不免有所警戒焉。如《酒》篇：

酒,酒。惡唇,髒口。性多昏,神不秀。損敗真元,消磨眉壽。半酣愁腑腸,大醉摧心首。於己唯恣倡狂,對人更没漸忸。不知不飲永醒醒,無害無災修九九。

---

① 《金代道教研究：王重陽與馬丹陽》,第396頁。
② 《重陽全真集》卷十三共收《搗練子》12首,這裏録兩首,見《金代道教研究：王重陽與馬丹陽》,第496頁。

《色》篇：

　　色，色。多禍，消福。損金精，傷玉液。摧殘氣神，敗壞仁德。會使三田空，能令五臟惑。亡殞一性靈明，絕盡四肢筋力。不如不做永綿綿，無害無災長得得。

《財》篇：

　　財，財。作孽，爲媒。唯買色，會招杯。更令德喪，便惹殃來。積成三界苦，難脫九幽災。至使增家豐富，怎生得免輪回。不如不要常常樂，無害無災每恢恢。

《氣》篇：

　　氣，氣。傷神，損胃。聘猩獰，甚滋味。七竅仍前，二明若沸。道情勿能轉，王法寧肯畏。鬭勝各炫傻羅，爭强轉爲亂費。不如不做好休休，無害無災通貴貴。①

這種口語化的淺俗詞作，與那些古奧難懂的丹道詩歌有絕然的區別。我們在評價全真七子詩詞作品時候，往往以潛意識中的正統文學或"雅文學"批評水準來評判這類作品，結論自然是負面的、可憎的。T. S. 艾略特在談及道德評價與文學的關係時説：

---

① 《金代道教研究：王重陽與馬丹陽》，第 371—372 頁。

於是我們實際上發現文學中"引起人們反感的東西"不過是我們當前這一代人所看不慣的東西。但那卻是司空見慣的事,即這一代人所感震驚的事,卻被下一代人泰然自若地接受了。①

我們現在看來似乎鄙俗不堪的全真派詩詞,在那個時代卻是司空見慣的,而且有它內在的理論淵源。

全真派詩詞有明確的寫作目的,那就是闡述教義、傳播信仰、吸引信衆,這種"傳教"式的道教詩詞正是俗文學研究中早先被忽略的大宗。王梵志、寒山等詩僧的白話俗詩,已有相當充分的整理和研究,尤其項楚的《王梵志詩校注》享譽學界,影響深遠,把王梵志俗體詩研究推向新的階段。但是,反觀王重陽、馬鈺等全真七子的俗體傳道詩詞研究,往往陳陳相因,鮮有從"俗文學"角度的關照。

四、王重陽與柳永詞作關係問題

王重陽、馬鈺等師徒喜愛柳永詞,《重陽全真集》卷七《解佩令·愛看柳詞,遂成》有云:

平生顛傻,心猿輕忽。《樂章集》、看無休歇。逸性攄靈,返認過、修行超越。仙格調、自然開發。②

---

① [英]T. S. 艾略特著,李賦寧譯:《艾略特文學論文集》,百花洲文藝出版社,2010年,第267頁。
② 《金代道教研究:王重陽與馬丹陽》,第395頁。

"《樂章集》、看無休歇",一部《樂章集》,王重陽幾乎到了手不釋卷的地步,這在《歷世真仙體道通鑑續集》卷一《王嚞》篇也有詳細記載,現引錄如下:

> 友之因之就竭,師閱書而不爲禮。問讀何書,亦不答。就視,《樂章集》也。問:"全乎?"師曰:"止一帙爾。"友之曰:"家有全集,可觀也。"即爲送至。師自到京日,使馬鈺等四人乞錢於市,市及斤之鯉煮食之,秤不及則不食。友之頗惑,默念:"道人看《樂章集》已非所宜,又食魚必其斤重,果何爲哉?"他日,問:"《樂章集》徹乎?"師不言,但付其舊本。友之檢閱,其空行間逐篇和訖,不覺嘆曰:"神仙語也。"即還,沐浴更衣,焚香請教,日益加敬。①

王重陽對《樂章集》極爲看重,不僅閱讀,還逐篇唱和,但留存下來的恐怕不多。借柳韻唱和也影響了馬鈺,現在馬鈺仍存《玉樓春·借柳詞韻贈雲中子》《傳妙道·本名花枝,借柳詞韻》《五靈妙仙·借柳詞韻》等。王重陽、馬鈺讀柳永,仿柳永,勢必對其創作產生影響。就此,左洪濤的《金元時期道教文學研究》已有過總結,指出王重陽詞作俚俗的一面,深受柳永作品的熏染,柳永詞作的鋪陳手法,在王重陽作品中也有體現。這是從現象本身出發的總結性評述。王昊的《論金代全真道士詞人對柳詞的接受》以接受美學等西方理論分析王重陽等人對柳詞的接受,有些提法富有啓發意義,比如指出接受方式是通過柳詞的"象喻性"以隱喻方式説明修真悟

---

① 《道藏》第 5 册,第 417 頁。

道的體驗,接受的契合依據是全真道的"心遊不離身遊"的"遊"觀,接受的内核存在一種"否定論美學"的指向。① 這種偏重理論層面的推論富有啓發,但有些概念表述不盡明瞭,似有隔靴搔癢之感。我們以爲要真正理解全真道詞與柳詞的關係,還是要從文本本身出發,從具體的詞作分析入手。

其實全真派師徒,尤其王重陽、馬鈺喜歡柳永詞,不僅現在看來有悖情理,就是當時的孟友之見了也斷定"道人看《樂章集》已非所宜"。這句話非常關鍵,在一般世人眼中,以修養心性爲目的、整日勸化他人的道士,借用孔夫子的話,本該"非禮勿視……非禮勿動"而日誦仙經的,但王重陽看的卻是"薄於操行"、好爲淫詞豔曲的柳永的《樂章集》。《樂章集》中狎妓、咏妓的詞作俯拾即是,直接描寫男女交媾過程的詞作也相當赤裸,幾與以身體寫作的當代作家一較勝負。那麽,王重陽爲什麽没有選擇蘇軾詞? 爲什麽没有選擇其他影響更大、成就更高的詞人,而是柳永的《樂章集》? 這要從柳永和《樂章集》本身説起。

柳永活躍於北宋真宗、仁宗朝,正史無傳,具體生卒年也衆説紛紜,没有終解。柳永生前身後都是一個有故事、有爭議的人。貶之者,説柳永是"薄於操行"的浪子;褒之者,謂柳永是"淡泊名利"的才子。其實柳永只是一個普通的古代文人仕宦,只是他更真實、更大膽,他的遊南、北二巷,填詞作曲,實有迫不得已的辛酸。《樂章集》中,柳永提到的妓女,比如師師、瑶卿、秀香、安安、英英、冬冬、楚楚等就有近 20 位。他大量創製這類淫詞豔曲,據薛瑞生《樂府集校注》判斷,很可能出於生計需要——討潤

---

① 王昊:《論金代全真道士詞人對柳詞的接受》,《蘭州大學學報》2011 年第 1 期,第 9—12 頁。

筆費,所謂"奉旨填詞",更可能是"奉妓旨填詞"。① 他的這類浮豔詞作,在柳永生前就已經成了他的標簽,成了傳播的噱頭,以致在那個時代就能有"凡有井水飲處,即能歌柳詞"的傳播效果。所以,柳詞有一部分勢必是世俗的、露骨的,甚至是翻新出奇的——"變舊聲作新聲"。

面對這樣的《樂章集》,王重陽師徒如何看待取捨? 我們一般都能認同,王重陽師徒詞作中"俗"的一面,與柳永不無關係。正是因爲"骫骳從俗",柳永詞可以在大衆中廣泛傳唱,而出於"傳教"目的的全真派詞作,如果一味古雅深奧,除了曲高和寡地自娛自樂,沒有任何傳播效用。而問題是,《樂章集》中不少關於風情雲雨之作,王重陽是否視而不見? 抑或有選擇地閱讀? 如果不是,我們無法回避"少欲寡歡"的苦修道人與"追歡買笑"的柳永之間是怎麼契合的問題。現在有的文章提出,王重陽得道前自稱"害風",曾經放浪形骸,馬鈺也曾"披蓑攜杖,坦蕩逍遙""終日狂歌狂舞",這與柳永的"抛擲雲泉,狎玩塵土"有相似暗合之處。② 還有文章指出,王重陽等全真道士詞作,以修行超越的道教精神,"懸隔"柳永的"酒色財氣"而汲取他的灑脱精神,③也就是對柳永的接受是有選擇的。然而我們總感覺這些説法有避重就輕的嫌疑,其實不必"爲賢者諱",也不必爲"研究對象"諱。事實上,柳永對男女情色的大膽描寫,與王重陽、馬鈺等全真道士的內丹道修煉體驗本身就存在"先天"的契合之處,他們對柳永這些"小兒科的東西"最瞭

---

① (宋)柳永撰,薛瑞生校注:《樂章集校注》,中華書局,2002年,第15頁。
② 《樂章集校注》,第10頁。
③ 楊柏嶺:《由柳永詞看王喆等道士詞的傳播行爲》,《民族文學研究》2006年第4期,第165頁。

解不過。

柳永《樂章集》有大量描寫兩情相悅、相惜的詞作,直接描寫性愛場面的詞作也有不少,比如《菊花新》:

> 欲掩香幃論繾綣。先斂雙蛾愁夜短。催促少年郎,先去睡、鴛衾圖暖。須臾放了殘針線。脫羅裳、恣情無限。留取帳前燈,時時待、看伊嬌面。①

又如《西江月》:

> 師師生得豔冶,香香於我情多。安安那更久比和。四個打成一個。
> 幸自蒼皇未款,新詞寫處多磨。幾回扯了又重按。奸字中心著我②。

《尉遲杯》:

> 寵佳麗。算九衢紅粉皆難比。天然嫩臉修蛾,不假施朱描翠。盈盈秋水。恣雅態、欲語先嬌媚。每相逢、月夕花朝,自有憐才深意。
> 綢繆鳳枕鴛被。深深處、瓊枝玉樹相倚。困極歡餘,芙蓉帳暖,別是惱人情味。風流事、難逢雙美。況已斷、香雲為盟

---

① 《樂章集校注》,第 162 頁
② 薛瑞生:《樂章集校注》之《柳永詞輯佚》,錄自《全宋詞》,第 256 頁。

誓。且相將、共樂平生,未肯輕分連理。①

這幾首在《樂章集》中就算描寫比較赤裸的詞作了,王定永《道教文化視域下的柳永豔情之作》以爲柳永這類詞作與房中修煉有某種契合,但略顯牽强。② 房中術并非一般人想象的道教各派都推崇并修煉此術,相反,唐宋上清派道士等對以房中爲名的淫欲、亂性都有批判。③ 而全真道更是主張斷絶淫欲、寶精養氣,如上文所引,王重陽的雜體詩《色》篇可以明乎此。但這並不妨礙王重陽從柳永這些情愛描寫中,對内丹修煉的體驗有所感悟,并在詞作中加以表現。

《周易》之《繫辭》篇云:

天地尊卑,乾坤定矣。……鼓之以雷霆,潤之以風雨;日月運行,一寒一暑;乾道成男,坤道成女。④

這種天地陰陽交合的觀念,早在《易傳》中就已相當成熟。後世的丹道、房中等神仙修煉思想都援據於此,作各種發揮、豐富和想象。以陰陽交感、牝牡相須的道理説明金丹玄黄的煉製過程,東漢末號稱"萬古丹經王"的《周易參同契》已有論述,其《五相類》云:

---

① 《樂章集校注》,第 64 頁。
② 王定永《道教文化視域下的柳永豔情之作》(《學術交流》2010 年第 5 期)指出柳永豔情詞與道教房中術有一定關聯,符合房中修煉的某些原則。
③ 參閲羅争鳴《〈墉城集仙録〉采自〈列仙傳〉篇目探析:兼論杜光庭對房中術的態度》,《古籍整理研究學刊》2003 年第 3 期。
④ 高亨注:《周易大傳今注》卷五,齊魯書社,1979 年,第 504—505 頁。

乾剛坤柔,配合相包。陽稟陰受,雌雄相須。須以造化,精氣乃舒。坎離冠首,光耀垂敷。玄冥難測,不可畫圖。①

後世針對外丹、內丹的各種闡釋大致都是在"天地設位""坎離匡郭"的宇宙模型基礎上展開的。② 乾坤爲天地之體,坎離爲乾坤之用。坎爲腎水、爲汞、爲青龍、爲下;離爲心火、爲鉛、爲白虎、爲上。道教丹術也即鉛汞、龍虎之學,即以天地交媾、坎離相合而象喻煉丹有成,《參同契》謂:

　　天地媾其精,日月相撣持,雄陽播玄施,雌陰化黃包。③

這種天地陰陽、坎離水火的交運過程,具有濃厚的"男女情色"隱喻性,後世內丹道術更從坎離、陰陽生發出各種意向和隱喻,比如嬰兒(肝)、姹女(肺);金公、黃婆;白雪、黃牙;綠鬢佳人、朱衣姹女、白顔公子、烏冒嬰兒等成組隱喻來描述煉丹的體驗。《重陽全真集》中描寫內丹修煉的若干詩詞,如外行看熱鬧的話,很容易誤解爲男女情事,比如這首《調笑令》的上闋:

　　調笑,説玄妙,姹女嬰兒舞跳。青龍白虎搖交叫,赤鳳烏龜蟠繞。驀然鼎汞召,性命從兹了了。④

————————
　① 蕭漢明、郭東升著:《〈周易參同契〉研究》下篇《〈周易參同契〉校釋》,上海文化出版社,2001年,第269頁。
　② 同上書,第66—70頁。
　③ 同上書,第252頁。
　④ 《金代道教研究:王重陽與馬丹陽》,第401頁。

顯然這描述的是內丹修煉的神秘體驗,但從字面看,姹女嬰兒、青龍白虎的舞跳、交叫似乎刻意用這種情色隱喻的方式展現。看這首七言詩《問龍虎交媾》:

> 莫問龍兒與虎兒,心頭一點是明師。
> 氣調神定呼交媾,心正精虔做煦熙。
> 平等常施爲大道,淨清不退得真慈。
> 般般顯現圓光就,引領金丹采玉芝。①

再看《修行》之一:

> 倒顛交媾分機密,上下沖和得要樞。
> 好向深山最高處,怡然獨放月輪孤。②

又如《玉堂春・鎖門》其一:

> 玉性金真,人人皆可化。玉液金丹,頻頻迎迓。玉兔金烏,光光相次亞。照玉欄杆種玉芽。
>
> 瓊蕊金莖,長長生不謝。玉女金童,常常看舍。玉鎖金匙,門門開闢下。賞玉堂春對玉花。

其二:

---

① 《金代道教研究:王重陽與馬丹陽》,第 366 頁。
② 同上書,第 370 頁。

有個王風,時時頻睡臥。無夢無眠,無災無禍。白虎青龍,自然交媾過。水火相逢上下和。……

《解佩令》:

金郎察察,玉娘握握。堪同壽、方年二八。住在何方,一居水,一居山北。入離門、坎户皆劫。 時時相拉,頻頻搜刮。九條街、坊坊俱達。尋得靈珠,取瓊漿、神水澆沫。放光明、萬道旋斡。①

"交媾""沖和""玉女""金童"等隱喻,頻繁出現在描寫內丹修煉的全真道詩詞中,雖然這與王重陽貶斥的"色欲"不同,但內丹道模仿陰陽交合、坎離化運的內在特質,決定了全真道教仍離不開以男女情事寓指丹道修煉,而所成之"丹",也正像男女交媾的嬰兒,在王重陽詩詞中,就有多處有男子懷孕生子的比喻。王重陽有些描寫內丹修煉的詞作,不仔細分辨,還以爲是普通的性情之作,比如這首《玉女搖仙佩》:

終南一遇,醴邑相逢,兩次凡心蒙滌。便話修持,重談調攝,莫使暗魔偷適。養氣全神寂。稟逍遥自在,閑閑遊歷。覽清淨、常行穴迪。應用刀圭、節要開劈。三田會,明靈結,作般般、光輝是績。

先向天涯海畔,訪友尋朋,得個知音成閲。直待怎時,將

---

① 《金代道教研究:王重陽與馬丹陽》,第 477—478 頁。

相同步,處處嬉嬉尋覓。暗裏瞞瞞檄。覷你爲作,如何鋒鏑。會舉箭、張弓對敵。百邪千魅,戰回純皙。無愁戚。方堪教、可傳端的。①

這類詞作還有很多,如《戚氏》等。另外,《重陽全真集》中的詞牌名與《樂章集》的詞牌名多有重合,筆者推測《歷世真仙體道通鑑》所謂王重陽逐首唱和《樂章集》的事可信度極大。

因道教丹道修煉的内在特質,王重陽師徒對《樂章集》的接受是順理成章的,對柳永情色作品既不是刻意回避,也不是全盤認可,而是把這種描寫内化在丹道修煉的宗教體驗上,創造出大量異於《周易參同契》《悟真篇》的富有象徵意味和情感體驗的丹道詩詞。

五、早期全真道詩詞在丹道詩歌傳統中的定位問題

以韻文或歌訣形式闡釋丹道方術及其修煉體驗,在中國道教史和文學史上都可以說源遠流長。尤其歌、訣、頌、詩、詞等,從四言、五言,再到律詩、長短句,都"與時俱進"地用來闡釋和描述外丹黃白與内丹心性之術,我們姑且把這類詩作稱之爲"丹道詩歌"。②全真派"真功"類詩詞,絕大部分作品都屬於這種詩歌,而且承前啓後,蔚爲壯觀,少有匹敵者。

以詩歌形式描述丹道方術和修煉體驗的作品,主要集中於明《道藏》和今人所纂《藏外道書》。另外,敦煌道經中也有數種不見

---

① 同上書,第396—397頁。
② 當然,詩詞歌賦不僅僅用來闡釋丹道方術,諸多道經戒也以詩歌形式寫就,或夾雜大量詩作,如《真誥》等。

載於《道藏》的丹道詩歌作品，比如 P.3093v 失題道經，内容爲煉丹服食方法，末附《定風波》詞三首，如下圖：①

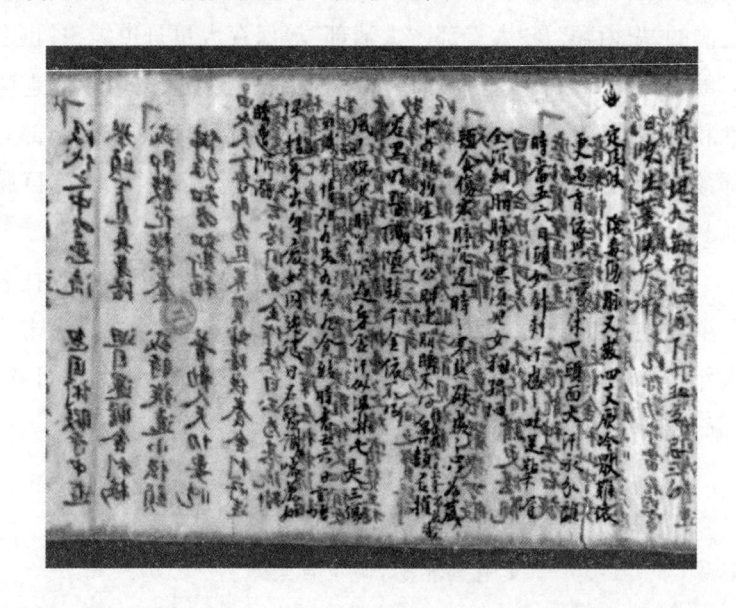

據考，這部失題道經，大概出於唐宋之間，②背面這三首《定風波》詞，用詞的形式描述各種脈象，如這兩句：

  頻食傷寒脈沉遲，時時寒熱□□□。（第二首）
  風濕傷寒脈緊沉，遍身虛汗似湯淋。（第三首）

有所謂"醫道同源"，這裏描述脈象的《定風波》與道教養生、服

---

 ① 國際敦煌項目網站：http://idp.nlc.gov.cn/database/oo_scroll_h.a4d?uid=-6744767186；recnum=60311；index=6.
 ② 王卡《敦煌道教文獻研究：綜述·目錄·索引》之目錄篇著錄此經，擬題《道教煉丹服食法訣》，認爲是經約出於唐宋間，正面寫佛教經文，背面行草書，爲歸義軍時期抄本。（中國社會科學出版社，2004年，第216頁）

食、煉丹等道教方術不無關係。這也體現了民間方士、道士運用詩歌體裁闡釋丹道方術和宣傳教義而因應時代的"隨機性"。《道藏》三洞的"衆術類"及"太玄部""太清部"等保存大量丹道經書,也多以歌訣、詩詞形式寫就,但僅僅是徒具詩歌的韻語形式,缺乏趣味性和可讀性。這樣的作品,我們在《道藏》三洞衆術類或太玄部等部類中,很容易翻檢,比如洞神部衆術類的《太清玉碑子》《巨勝歌》等。

《太清玉碑子》,《宋史藝文志》著録,題葛洪撰,但顯然是托名葛洪,內中大量丹道歌訣爲七言韻語,非晉代流行,①當爲唐宋間人作品。其中的《瑶瓶歌》《楊真人歌》《大還丹歌》《金液大還丹歌》《五金歌》等多述内外丹方術,如《五金歌》:

家有紫河車,黄金滿我家。
更有福相感,萬事自榮華。②

《楊真人歌》:

損神終日談虛空,不如歸於胎息中,綿綿不住道自通。七元三老皆從功,我真不西亦不東。但當修習意莫窮,常令體裏如微風。世人見一不識一,一回存想一神出。只知一心念一物,不知一日損一日。勸君修真需識真,人間道書多誤人。開圖醮籙益亂神,此法不能留兆神。哀哉自有不自親,明珠汨没

---

① 《道藏提要》(第三次修訂版)第 921 條提要,中國社會科學出版社,2005 年,第 421 頁。
② 《道藏》第 19 册,第 314 頁。

放泥塵。①

這樣的詩歌作品，較少趣味，但求"隱晦"而"巧妙天成"的神秘意味，且變化不多，從漢魏至北宋，雖然在詩歌體裁上隨着時代演進出現了七律及詞，但内容風格變化不大，如北宋張伯端的《悟真篇》。《悟真篇》上卷16首律詩綜述丹功之要，中卷64首絶句從實踐角度講述丹功的修養、態度，下卷五律1首、《西江月》詞13首、七絶5首，分別從煉精化氣的核心、步驟、辨別異端等角度闡釋丹道根本。整部《悟真篇》100餘首詩詞，延續了漢魏丹道詩的傳統，充分利用了漢語言文字的象喻功能，以神秘的方式揭示深奥的丹道神功。② 從表述形式上看，《悟真篇》中規中矩，文人化色彩很强，但這一特徵到南宋金元時期開始被打破，"走向世俗"的趨勢勢不可擋，③丹道詩歌也"俗趣"漸濃。南宋白玉蟾和金元全真道的丹道詩詞均體現了這一特徵。

白玉蟾的詩詞有文人雅化的一面，這跟白玉蟾早年經歷有關，④但白玉蟾的丹道詩詞也流露出世俗的一面，且形式多樣，其《武夷集》《上清集》《玉隆集》等較金丹南宗祖師張伯端的《悟真篇》，體裁形

---

① 《道藏》第19册，第315頁。
② 《西江月》原本12首，劉一明以爲十二首象徵十二月，"西"者"金"之方向，"江"者"水"之體，"月"者"丹"之用。轉引自王沐《悟真篇淺解（外三種）》，中華書局，1990年版，第135頁。
③ 凌郁之的《走向世俗》（中華書局，2007）一書以宋代文言小説爲主要考察對象，從宏觀上把握并描述唐宋小説史的流變，從唐宋文化轉型及雅俗文學互動的視角，分析宋人小説與宋代文化文學轉型的内在關聯，文言小説向説話的傾斜、向戲曲的拓殖以及其間的融會，從而揭示了宋代小説的全面的存在形態及其走向世俗的態勢和意義。從走向世俗的角度看詩歌演進，一定程度上，也存在這個趨勢，比如由詞到曲的過渡等。
④ 羅争鳴《儒、道之間：白玉蟾的詩詞創作與心路歷程》（《海南大學學報》2013年第5期）對此有詳論。

式更趨多樣，詞牌就用 36 個，①自製樂府詩題也有 33 個，②且内容多淺顯、輕鬆，在世俗化的道路上已經走出很遠。而基本在同一歷史階段，北方的全真道詩歌在俗化的道路上愈走愈遠。關於全真道詩詞的俗文學特徵，本文已有揭示，這裏僅據全真道早期王重陽、馬鈺雜體詩的分析，③就可以看出丹道詩發展的新方向。

顯然，雜體詩是相對正體而言的，正體無非四言、五言、七言詩的古詩和律詩，包括絶句和排律等，當然還包括後起的詞等。《重陽全真集》《漸悟集》等收藏的雜體詩，具體有這樣幾種：藏頭拆字詩、數字詩、福唐體、聯珠、叠字詩、嵌字詩（喝馬詩）、復字詩、攢字詩（攢三字、攢二字、攢五字）、一至七字詩、同頭詩、同尾詩、助字詩、五更詞、四時詞等十幾種 350 餘首。④ 這十幾種詩體並不多見，現略舉數首并作分析如下：

藏頭拆字詩：

述　懷

　　□三一味獨馨香，□日閑中道眼光。
　　□兀不侵除鬱悶，□門俱得覺清涼。
　　□傳三教誰能看，□覻三光我細詳。
　　□説世人惟好賄，□誰認得這風狂。⑤

---

① 劉亮：《白玉蟾生平與文學創作研究》，第 134 頁。
② 同上書，第 97 頁。
③ 據于東新《金代全真道士之雜體詩詞芻論》(《集寧師範學院學報》2013 年第 1 期)統計，王重陽與全真七子的雜體詩詞，以王重陽、馬鈺數量最多，其次是譚處端、王處一，丘處機較少。孫不二詩詞創作僅數首，没有雜體詩。
④ 于東新：《金代全真道士之雜體詩詞芻論》，《集寧師範學院學報》2013 年第 1 期，第 24 頁。
⑤ 《金代道教研究：王重陽與馬丹陽》，第 376 頁。

關於早期全真道詩詞研究的若干問題　151

　　藏頭拆字詩可能起於唐白居易《遊紫霄宮》，常見的藏頭拆字方法是，首句第一個字從末句最後一個字拆出，第二句的第一個字從首句的最後一個字拆出，第三句首字從第二句的末字拆出，以此類推。這種藏頭、拆分的過程，想來有這樣三層意味：

　　（1）隱藏首字，具有某種神秘感；

　　（2）從前一句的末字拆出一個字，作下一句的首字，有巧妙天成之意；

　　（3）前一句末字拆出下一句首字，首尾銜接，整首詩形成一個循環往復的圓環。這種無始無終的"圓"，對於"道"的表述具有特殊意義。

　　我們依據上述拆分原則，把這首《述懷》拆補爲如下一首詩：

　　王三一味獨馨香→日日閑中道眼光→兀兀不侵除鬱悶→門門俱得覺清涼→口傳三教誰能看→目覷三光我細詳→言說世人惟好賄→有誰認得這風狂

　　最後一個"狂"字拆分出"王"字，這樣首尾相連。類似這種結構的還有藏頭連珠體詩，如馬鈺這首《桃源憶故人・贈董先生藏頭聯珠》：

　　　　（准）予屬付須當認，（認）取本源清淨。
　　　　（淨）意清心除境。（境）滅心忘盡。
　　　　（盡）形八戒持來正。（正）冶靈靈心印。
　　　　（印）結光輝禪定。（定）是神仙准。①

這種首尾銜接相連的結構，用圖可以表示爲一個圓，比如這首《述懷》：

---

① 《金代道教研究：王重陽與馬丹陽》，第722頁。

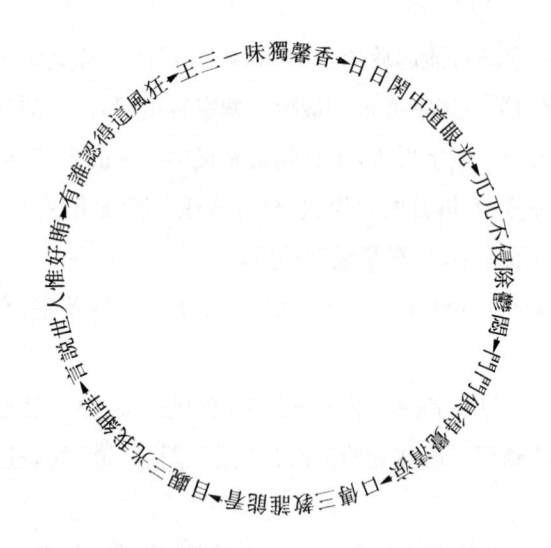

圓形詩（順時針方向，起於頂端）：王三一味獨馨香，日日閑中道眼光，兀兀木侵除釁悶，門門自開靈寶藏，藏寶靈開自門門，悶釁除侵木兀兀，光眼道中閑日日，香馨獨味一三王，狂風這得認誰有，唔好惟人世說言

    毋庸置疑，這是一種"文字遊戲"，但遊戲的難度並不小，不僅要考慮詩的寓意，還要考慮漢字拆分組合間的巧妙關係。這充分利用了漢字的形體特徵，通過這種巧妙組合，丹道方術這種權勢階層才能"玩得起"的事情，開始富有趣味，走向世俗。這種文字遊戲類的詩作還有數字詩，如馬鈺《洞玄金玉集》卷八《贈劉小官》：

    一青牛，二條尾。三隻眼兒，仰觀俯視。四個蹄、雪白如銀，五方中嬉戲。　六欲七情，俱總廢。八味瓊漿，飲來光明遍體。九鼎內、變作神丹，十分功圓備。①

    還有疊字體詩，如王重陽《重陽全真集》卷一三《恣逍遥》：

---

① 《金代道教研究：王重陽與馬丹陽》，第702頁。

物物拈來,般般打破。惺惺用、玉匙金鎖。瀝瀝澄源,炎炎焰火。盈盈處、上下倒顛換過。　妙妙神機,玄玄性果。清清做、靜中堪可。現現虛空,靈靈真個。明明袞、光瑩寶珠一顆。①

還有福唐體詩,②如劉處玄的《山亭柳》:

退道愚生。意亂心生。喪命盡貪生。不畏神明察日,千愆萬過迷生。死多鄷都苦苦,苦苦盡旁生。進道清真忘世夢,閑看聖教似書生。達理悟修生。氣結神靈異,自然有、霞彩光生。寶鑒碧霄光耀,真個先生。③

全真道詩詞中,還有很多怪怪奇奇的雜體詩作,但他們有個總的創作目的,就是利用漢字的形體結構,製造一種"奇妙"和"趣味",有時候甚至蓋過了他們要表達的教義與方術內容。這種創作,顯然更易吸引眼球,更具有廣泛傳播的特質。

總之,從漢魏至金元南宋時期,丹道詩歌發生了重要轉變。這種轉變有內在因素的支撐:其一就是外丹衰落,內丹崛起,而內丹性命雙修的隱秘的宗教性體驗,更適合以詩歌形式闡釋;其二是三教交融、唐宋文化形態的轉變、世俗化加劇等宏觀社會趨勢的影響。這種轉變,在金元時期的北方,最鮮明的體現就是全真道詩詞。

---

① 《金代道教研究:王重陽與馬丹陽》,第498頁。
② 福唐體的特點是通篇用韻,只用同一個字,故又稱獨木橋體。較早使用此體的是黃山谷的《阮郎歸·茶》。
③ 唐圭璋編:《全金元詞》上,中華書局,1979年,第428頁。

餘論

本文從文本細讀出發，從道教史、文學史的發展規律思考全真派詩詞在遊藝與修道之間的宗教文學問題。那麼全真師徒創作的大量詩詞，其文本意義究竟在哪裏？

就文學來說，王重陽、馬鈺等全真道師徒完全出於宗教目的的"文學性"創作，拓展了文學書寫的空間，對"純文學"觀念造成一定衝擊。翻開《重陽全真集》和《漸悟集》，滿眼的詩詞作品，不禁會問：我們能因爲"抒情和審美"就斷然否定他們的文學性嗎？所謂"抒情"就一定是花前月下、羈旅天涯的世俗情感才是"情"嗎？如果通讀并靜靜地體悟這些詩詞作品，我們一樣可以感知那個時代、那樣一群宗教理想主義者或者是悲觀的樂觀主義者，以"求道"爲鵠的，放棄萬貫家財、妻兒老小，盡掃一切社會地位和人格尊嚴，扛起一面紙旗沿街乞討，挖出一個洞穴誓作"活死人"的剛毅和勇氣，這種宗教情感亦足以令人動容。所以，當面對這些帶有"工具性"的宗教文學作品時，我們可以從宗教文學角度討論他們藝術性的高低，分析他們是否爲"次要詩歌"，但絕不能秉持"純文學"的標準嗤之以鼻，置之不理，否則容易墮入促狹的研究視域。

就宗教來說，詩詞在宗教領域的功能得到進一步的拓展和發揮，除了"審美"，還成了宣教、立教、傳教的有效手段。六朝道教成熟發展時期，詩歌就具有重要的道經書寫與教義闡釋作用。《真誥》中的大量降神五言詩，就是人神溝通的文本媒介，雖然仍舊是"人"的作品，但詩歌創作在道教傳播中的地位已日趨鞏固。此後，以詩歌形式敷演丹道經義、敘寫仙人感應、仙界幻境的作品層出不窮。至兩宋時期，張伯端、白玉蟾等都是這方面的代表性人物。但只有到了王重陽、馬鈺創教時期，全真道"三教一家"理論的闡釋、信徒俗衆的勸化、教團教會的建構等幾乎一切宗教活動，都離不開詩詞。相比之下，全真道在創教與傳播過程中，注釋道經、闡發教義的"文"和"筆"卻占了極少的比重，這與六朝隋唐時期也有極大的分別。真僞存疑的《重陽立教十五論》，一般被視作全真教教義的第一手資料，但這 15 篇文字都很簡略，與大量詩詞作品形成鮮明對照。

總之，全真派師徒"不倦寫詩詞"的"藝術化"的修道方式，在宗教比較研究中也具有特殊意義。他們創作的大量詩詞作品，是典型的宗教文學文本，藴含着重要的歷史文化信息，無論在宗教史還是文學史上，都是一個文化奇觀。

（原文發表在《宗教學研究》2016 年第 1 期）

王重陽"愛看柳詞"本事考論

　　王重陽"愛看柳詞",曾對柳永《樂章集》癡迷到手不釋卷的地步。王與柳,身份迥異,一位是全真道祖師,一位是"薄於操行"的青樓浪子,且《樂章集》多有直白的情色描寫。面對這種反差,不僅我們,就是當時王重陽的追隨者也頗覺疑惑。柳永詞作與道教有無聯繫? 王重陽如何理解和接受柳詞? 對這類問題,日本學者蜂屋邦夫有過零散的思考,①大陸學界也有人作過分析,如王定永的《道教文化視域下的柳永豔情之作》,②王昊的《論金代全真道士詞人對柳詞的接受》。③ 這些研究都是很有價值的探索,但多傾向於學理層面的思考,而作爲一個道教與文學研究的典型案例,王重陽"愛看柳詞"本事仍有許多模糊不清的地方。比如,王重陽爲什麼單對"楊柳岸、曉風殘月"句情有獨鍾? 他又是通過什麼方式"堂而皇之"地大看柳詞? 其中的許多細節還有考訂和清理的必要,而背後所體現的道教與文學的關係、丹道詩詞的演變等也都值得我們繼續深入思考。

---

　　① 蜂屋邦夫《金代道教研究:王重陽與馬丹陽》第一編《王重陽的生涯和全真教的創立》對王重陽"愛看柳詞"略有分析。
　　② 王定永:《道教文化視域下的柳永豔情之作》,《學術交流》2010年第5期。
　　③ 王昊:《論金代全真道士詞人對柳詞的接受》,《蘭州大學學報》2011年第1期,第9—12頁。

一、王重陽"愛看柳詞"的背景與歷程

據《七真年譜》,王重陽生於徽宗政和二年(1112)十二月二十二日,①卒於金大定十年(1170),而柳永活躍於真宗、仁宗朝,正史無傳,具體生卒年也衆説紛紜,没有終解。較近的研究指出,柳永與蘇軾基本上生活在同一個年代,且較蘇軾年長,約生於真宗大中祥符三年(1010),卒於英宗治平(1064—1067)和神宗熙寧(1068—1077)之間②。可見,王重陽晚柳永幾乎一個多世紀,且主要活躍在金朝統治下的北方。

據葉夢得(1077—1148)《避暑録話》卷下記載:"柳永,字耆卿……教坊樂工,每得新腔,必求永爲辭,始行於世,於是聲傳一時。"③柳永詞作當時即有聲名,兩宋之際當也相當流行,南宋王明清《玉照新志》卷四記載天台名士左與言(活躍於徽宗年間)傾情名姝張濃,有"堆雲翦水,滴粉搓酥"句,風流與柳永齊名,"當時都人有'曉風殘月柳三變,滴粉搓酥左與言'之對"。④"當時都人"這種坊間帶有戲謔色彩的巧對,一定程度上可以説明北宋末年柳永詞作在市井中的流行熱度,⑤而這種流行,在遼金與南宋對峙之際,在北方各地也是存在的。論及柳永詞的受歡迎程度,我們常常引用這樣一句話:"凡有井水飲處,即能歌柳詞。"這出於上引葉夢得

---

① 西曆已入1113年。
② 參閲鄧子勉《從明人的記載看柳永的生卒年及其與蘇軾的關係》,《古典文學知識》2012年第4期。
③ (宋)葉夢得撰,徐時儀校點:《避暑録話》,上海古籍出版社,2012年,第137頁。
④ (宋)王明清撰,王新森、朱菊如校點:《玉照新志》卷四,上海古籍出版社,2012年,第90頁。
⑤ 《玉照新志》當成於王明清晚年。

《避暑錄話》卷下同一條記載，前後語境是這樣的：

> 余仕丹徒，嘗見一西夏歸明官云："凡有井水飲處即能歌柳詞。"言傳之廣也。①

宋朝存在"歸明""歸朝""歸正"人的特殊群體，歸明人指原不是宋朝人而來歸附宋朝的其他各族人，除了西夏外，還包括兩宋周邊其他少數民族政權，如遼、金人投奔宋朝也叫"歸明人"。② 這裏的"西夏歸明官"即從西夏投奔南宋的歸明人，所云"凡有井水飲處即能歌柳詞"指的是當時的西夏，可見遠在非漢族政權的西北地方（西夏疆域主要在今寧夏、甘肅、內蒙古、陝西等部分地區），柳永詞也非常流行。而王重陽早年也大致在這個範圍活動，王重陽"愛看柳詞"有彼時社會環境與世俗風氣的堅實基礎。

那麼，王重陽鍾愛柳永詞，是隨意而不確定的"興之所至"，還是一以貫之的一生所好？王重陽"愛看柳詞"的確切記載，見於他自己的詞作《解佩令·愛看柳詞，遂成》：

> 平生顛傻，心猿輕忽。《樂章集》、看無休歇。逸性攄靈，返認過、修行超越。仙格調、自然開發。
>
> 四旬七上，慧光崇兀。詞中味、與道相謁。一句分明，便悟徹、耆卿言田，楊柳岸、曉風殘月。③

---

① 《避暑錄話》，第137頁。
② 參考徐東升《宋朝對歸明、歸朝、歸正人政策析論》，《廈門大學學報》2012年第1期。
③ 《金代道教研究：王重陽與馬丹陽》，第432頁。

這首詞中的"四旬七上,慧光崇兀"句較難理解。十日一旬,十歲也作一旬,"四旬七上"當指47歲。王重陽48歲甘河遇仙,曾云"四旬八上得遭逢",①這也可推定"四旬七上"或指47歲。蜂屋邦夫《金代道教研究：王重陽與馬丹陽》認爲此詞即王重陽47歲時的作品,②竊以爲表述不妥。這裏描述的是47歲時的事情,但也可以是王重陽47歲以後,以"回憶性"的筆觸追憶咏懷之作。

王重陽48歲(金正隆四年,1159)甘河遇仙是其一生的重要轉折,也是全真教史上的重要事件,此後,醴泉再次遇仙、坐活死人墓中、住劉蔣村、赴山東傳教等都有較爲詳細的記載,但48歲前的事迹,大多湮没無聞,由此王重陽緣何出家修道、是否参加過科舉、是否参與過抗金等都成了衆説紛紜的問題。據《終南山神仙重陽真人全真教祖碑》、③《金蓮正宗記》卷二《重陽王真人》、④《鄧州重陽觀記》、⑤《十方重陽萬壽宫記》、⑥《歷世真仙體道通鑑續編》(以下簡稱《真仙通鑑續集》)卷一《王嚞》⑦等對王重陽甘河遇仙前的生平記載,雖然各有出入,但大都提到王重陽工文學,好屬文,胸懷大志,後來仕途失意,家財被盗,曾"遊戲於酒,放曠於俗"(《十方重陽萬壽宫記》),"脱落功名,日酣於酒"(《鄧州重陽觀記》)等。那麽,在這個背景下,我們再來斟酌王重陽的《解佩令·愛看柳詞,遂成》。

---

① 《重陽全真集》卷二《遇師》,《道藏》第25册,第701頁。另,《金蓮正宗記》卷二《重陽王真人》作"四十八上得遭逢",《道藏》第3册,第348頁。
② 《金代道教研究：王重陽與馬丹陽》,第31頁。
③ 《甘水仙源録》卷一,《道藏》第19册,第723頁。
④ 《道藏》第3册,第348頁。
⑤ 《甘水仙源録》卷九,《道藏》第19册,第799頁。另,陳垣編纂《道家金石略》亦收此碑。
⑥ 劉兆鶚、王西平：《重陽宫道教碑石》,三秦出版社,1998年,第57頁。
⑦ 《道藏》第5册,第414頁。

這首詞上片首句"平生顛傻,心猿輕忽"似與下片首句"四旬七上,慧光崇兀"相對而起興,先概括自己"平生"的行爲與心理狀態:"顛傻""心猿輕忽",然後描述47歲這年體悟到"詞中味、與道相謁"。"平生"從字面上理解,以常俗語之,當即"我這輩子"或"我平常",從下片首句"四旬七上"相對來看指47歲這一年更有可能,這一年王重陽對《樂章集》"看無休歇",也更符合甘河遇仙之前"放曠於俗""脱落功名"的生活狀態。《金蓮正宗記》卷二記載了王重陽47—48歲甘河遇仙前後的經歷:

> 當廢齊阜昌間(1131—1137),獻賦春官,忤意而黜,復試武舉,遂中甲科。逮乎四十有七歲也,喟然嘆曰:"孔子四十而不惑,孟子四十而不動心,吾今已過之矣,尚且吞腥啄腐、紆紫懷金,不亦太愚之甚乎!"遂辭官解印,黜妻屏子,拂衣塵外,類楚狂之放蕩焉。時正隆己卯(1159),四十有八歲也,甘河橋上,過屠門,嗜氈根而大嚼。有二道者,各披白氈,忽從南方倏然而來,煙霞態度,霄漢精神,觀厥眉宇,大抵相類。①

這個記載,常見學人徵引,謂王重陽在僞齊阜昌年間,即20幾歲時,曾參加科舉,後中武舉甲科,鬱鬱不得志,"逮乎四十有七歲"時感慨一無所成,遂辭官、黜妻、棄子,放浪形骸。從《解佩令·愛看柳詞,遂成》這首詞看,當時王重陽放浪形骸的體現之一,還有對《樂章集》手不釋卷,作過"修行超越"的努力,甚至體悟到"詞中味、與道相謁"的道理。由此我們知道,王重陽並非在48歲甘河遇仙

---

① 《道藏》第3册,第348頁。

之後才慨然歸心於道,"工文學""好屬文"的王重陽在此之前就有嗜讀《樂章集》、體悟修道境界的充分準備。

而48歲以後,王重陽對《樂章集》的興趣如何?從王重陽留存的詞作和相關史料看,在甘河鎮遇仙,住活死人墓、劉蔣庵及山東授徒期間,與柳永《樂章集》有關的資料並不多見,但馬鈺仍存《玉樓春·借柳詞韻贈雲中子》《傳妙道·本名花枝,借柳詞韻》《五靈妙仙·借柳詞韻》等篇什,而其他全真六子則鮮見與柳永詞作相關或唱和柳詞的作品。① 這或許與王重陽、馬鈺往來唱和、交往較爲密切有關。馬鈺《漸悟集》卷上《西江月》曾云:

地肺重陽師父,呂公專遣雲遊。秘玄隱奧訪東牟,鈞我夫妻兩口。

十化分梨匠手,百朝鎖戶機謀。千篇詩曲拽回頭,萬劫同杯仙酒。②

"千篇詩曲拽回頭"自是文學性的誇張,但從《分梨十化集》和現存詞作來看,王、馬之間的往來唱和,相比其他六子更爲頻繁。正是在王重陽的影響下,馬鈺也有若干首唱和柳詞的作品。可以說,王重陽、馬丹陽師徒對柳永詞情有獨鍾,并從《樂章集》的閱讀、唱和中體悟得修道的真諦。

雖然"甘河遇仙"後沒有材料直接提到王重陽仍舊鍾愛柳詞,

---

① 筆者據蜂屋邦夫《金元時代的道教——七真研究》(金鐵成等翻譯,齊魯書社,2014年)第二部分"資料"提供的文獻,翻檢了丘處機的《磻溪集》、譚處端的《水雲集》、劉長生的《仙樂集》、王處一的《雲光集》、郝大通的《太古集》及孫不二的《孫不二元君法語》,未得與柳永相關的作品。

② 《金代道教研究:王重陽與馬丹陽》,第586頁。

但在其生命的最後階段，卻有文獻記載王重陽對柳詞的熱愛有增無減。《真仙通鑑續集》卷一《王嚞》篇云：

> 友之因之就謁，師閲書而不爲禮。問讀何書，亦不答。就視，《樂章集》也。問："全乎？"師曰："止一帙爾。"友之曰："家有全集，可觀也。"即爲送至。師自到京日，使馬鈺等四人乞錢於市，市及斤之鯉煮食之，秤不及則不食。友之頗惑，默念："道人看《樂章集》已非所宜，又食魚必其斤重，果何爲哉？"他日，問："《樂章集》徹乎？"師不言，但付其舊本。友之檢閲，其空行間逐篇和訖，不覺嘆曰："神仙語也。"即還，沐浴更衣，焚香請教，日益加敬。①

《歷世真仙體道通鑑》是元道士趙道一編纂的大型仙真傳記總集，這部"神仙傳"是有史學追求的，絕非荒誕不稽之作，應該説此段記載有相當的可信度。這裏的"友之"即歷史上著名的"孟四元"——孟宗獻。孟宗獻生卒年不詳，約1170年前後在世，開封人，字友之，曾在鄉試、府試、省試、廷試中連中頭名，故有"孟四元"之稱。號虛静居士，有詩集《金丹賦》行世。孟宗獻是王重陽最後的弟子，王重陽仙逝後，曾安葬於他家的花圃中，并擔當起喪祭之事。據《真仙通鑑續集》的記載，王重陽默看《樂章集》，并逐篇唱和的事情發生在金大定九年（1169）王重陽帶領"四哲"（丹陽、長真、長春、長生）到達開封住在王氏旅邸時，也即王重陽在生命的最後時期，對柳永《樂章集》仍舊鍾愛不已。蜂屋邦夫《金代道教研究：

---

① 《道藏》第5册，第417頁。

《王重陽與馬丹陽》第一編《王重陽的生涯和全真教的創立》也提到"重陽直到晚年和生命的末期,都與《樂章集》非常親近",①書中未見蜂屋先生的系統論述,但這個判斷應是準確而可靠的。

寫作詩詞是王重陽傳道的重要手段,一生創作大量丹道詩詞,若沒有深厚的文史修養和閱讀基礎,是無法做到這一點的。在王重陽的"閱讀書目"中,《樂章集》應是他研讀最深、受益最多的作品,而他對柳詞的親近和喜愛,與世俗性的審美或文學欣賞有別,王重陽不僅從《樂章集》閱讀、唱和中獲取寫作靈感,還通過柳詞而體道、悟道。

二、"楊柳岸、曉風殘月"與內丹修煉的關係

上引《解佩令·愛看柳詞,遂成》中的"詞中味、與道相謁。一句分明,便悟徹、耆卿言田,楊柳岸、曉風殘月",對此,蜂屋邦夫《金代道教研究》上篇第一編《王重陽的生涯和全真教的創立》一節作過較詳細的說解:

> "耆卿言田"的表現,從字面看,也許與柳永的通稱柳屯田的"田"字相重合。至少可以說,這一表現,是由"屯田"喚起的。……柳永的《雨霖鈴》詞,吟詠了秋天旅人的離別情感,"楊柳"一句沒有什麽特別的深意。重陽引用這一詞句的意圖不太清楚。重陽的詞中,風與月的對應,常常表現了悟道的境地。柳永的詞中,"楊柳岸、曉風殘月",承接在前句"今宵酒醒何處"後面,重陽引用這句詞,好像表達了從醉酒(迷醉)中醒

---

① 《金代道教研究:王重陽與馬丹陽》,第31頁。

悟過來的意思。①

據以上分析，蜂屋邦夫沒有求知過深的過度闡釋，所論相當平實，可以看出一位日本學者的冷静和客觀。在王重陽和全真七子的作品中，常有用風、月比附悟道境界，尤其"月"這個意象，常常出現，比如譚處端《水雲集》中就有數首：

《如夢令》其一：

清淨無爲做徹，高下休生分别。滅盡我人心，自有真師提挈。提挈，提挈，雲綻家家明月。②

《西江月》其一：

日月暗催人老，利名不使心休。争如放下觀山頭，明月家家盡有。③

《滿路花》其一：

默默無爲坐，獨守孤峰，一輪明月流天。④

《漢宫春》其一：

---

① 《金代道教研究：王重陽與馬丹陽》，第31—32頁。
② 《金元時代的道教——七真研究》(下)，第489頁。
③ 同上書，第491頁。
④ 同上書，第502頁。

誰會得，清風皓月湛湛，兩個人知。①

但如果把"風""月""柳""水"等意象組合的清冷寧靜的詞境，看作是悟道境界的比喻，又與王重陽所謂"詞中味、與道相諧"的表述有一些距離。"相諧"即互相闡發、陳述，②月、水、柳、風等，在這裏似有深意。另外，除了上引《解佩令・愛看柳詞，遂成》提到"楊柳岸、曉風殘月"，《重陽全真集》卷一二《雙雁兒》也提到：

意馬心猿休放劣。害風、姓王名喆。一從心破做顛厥。恐怕、消些舊業。

真性真靈有何説。恰似、曉風殘月。楊柳崖頭是清澈。我咱、恣情攀折。③

上引"真性真靈有何説。恰似、曉風殘月"句，更加直接而明確地説真性真靈"恰似、曉風殘月"。由此，或許我們可以作些推測，"曉風"與"殘月"已經不僅僅是意境比附的問題，而是對丹道修煉方法的一種"闡述"和"説明"。《解佩令・愛看柳詞，遂成》中"便悟徹、耆卿言田"句，蜂屋邦夫以爲指"柳屯田"的通稱，這是一種相對保守的理解，可是如果指"柳屯田"這種再簡單不過的常識，何須"悟徹"？所以，我們可以大膽推測，王重陽"便悟徹"的"耆卿言田"之"田"，就是丹道修煉中的"丹田"。

那麼"楊柳岸、曉風殘月"句所出的柳永《雨霖鈴》，是真的在

---

① 《金元時代的道教——七真研究》（下），第503頁。
② 據《説文解字》卷三"言"部："諧，白也。""諧"字有説明、陳述之意。
③ 《金代道教研究：王重陽與馬丹陽》，第480頁。

"言田"即講丹道修煉嗎？在傳統古典詩詞的賞鑒中，我們無法理解柳永的《雨霖鈴》與全真道的内丹性命觀念存在關聯。爲論述方便，現引《樂章集校注》卷中《雨霖鈴》篇如下：

> 寒蟬淒切，對長亭晚，驟雨初歇。都門帳飲無緒，留戀處、蘭舟催發。執手相看淚眼，竟無語凝噎。念去去、千里煙波，暮靄沉沉楚天闊。
>
> 多情自古傷離別，更那堪、冷落清秋節。今宵酒醒何處，楊柳岸、曉風殘月。此去經年，應是良辰、好景虛設。便縱有、千種風情，更與何人説。①

這首《雨霖鈴》與蘇軾的《浪淘沙》（"大江東去"）的比較，幾乎成爲柳、蘇詞作接受史上的名典。據南宋俞文豹所編《吹劍録》記載，蘇軾有一位善歌的幕士就對柳、蘇風格作過極好的概括：

> 郎中詞，只好十七八女子執紅牙按歌"楊柳岸、曉風殘月"；學士詞，須關西大漢鐵綽板唱"大江東去"。

此後關於《雨霖鈴》的評價，除了有譏爲"梢公登溷詩"外，②多對這首離别詞作正面之評價。但綜觀歷代賞鑒之辭，鮮見與内丹修煉存在"隱喻"或"暗指"的評論。不過《宋朝事實類苑》卷四四《風和尚》條記述的法明和尚嗜酒、唱柳永詞的故事，與王重陽從

---

① （宋）柳永撰，薛瑞生校注：《樂章集校注》，第59頁。
② （清）賀裳《皺水軒詞荃》之"屯田俊句"條有"或譏爲梢公登溷詩，此輕薄兒語，不足聽也"。見唐圭璋《詞話叢編》第一册，中華書局，1986年，第703頁。

"楊柳岸曉風殘月"中看出"真性真靈"卻有異曲同工之處：

> 邢州開元寺僧法明，落魄不檢，嗜酒好博，每飲至大醉，惟唱柳永詞，由是鄉人莫不侮之。或有召齋者，則不赴，有召飲者則欣然而從。酒酣，乃謳柳詞數闋而後已。日以爲常，如是者十餘年，里巷小兒，皆目爲風和尚。一日忽謂寺衆曰："吾明日當逝，汝等無出觀吾往焉。"衆憎笑曰："豈有是哉？"翌日晨起，法明乃攝衣就坐，遽呼聚曰："吾往矣，當留一頌而去。"衆僧驚愕，急起以聽，法明曰："平生醉裏顛蹶，醉裏卻有分別。今宵酒醒何處？楊柳岸、曉風殘月。"言訖，跏趺而逝，衆嘆異之，因以厚葬焉。①

這段記載，又見於釋普濟《五燈會元》卷一六"青原下十一世"《法明上座》。法明祖籍邢州（今邢臺），爲宋初時人，雲門宗青原十一世。《五燈會元》的記載晚於《宋朝事實類苑》，②從文字上看，《五燈會元》的記載略有出於"護教"心態的改飾，如"皆目爲風和尚"改爲"咸指曰醉和尚"，③文辭也趨雅淨，但法明圓寂前的"頌偈"沒有變化。關於這四句偈語的解釋，吳言生在其《雲門宗禪詩研究》中如是説：

> 所謂"醉"，即是將世俗的觀念摒除，使禪悟主體得以全神貫注地、不帶功利眼光地靜觀物象，但此時並非寱然無知，而

---

① （宋）江少虞：《宋朝事實類苑》，上海古籍出版社，1981年，第584頁。
② 江少虞爲徽宗政和進士，《宋朝事實類苑》成於高宗紹興十五年（1145）任吉州時，而《五燈會元》概成於南宋淳祐十二年（1252）前後。
③ 蘇淵雷校點：《五燈會元》卷一六《法明上座》，中華書局，1984年，第1053頁。

是"卻有分別",一切都明歷歷露堂堂,這是無分別的"分別"。酒醒之時,即是生命的圓成解脱之時,觀照主體與觀照對象渾然相融,打成一片,"楊柳岸曉風殘月"既是清純自爲的自然法性,也是圓成蟬蜕的本來面目。①

這是筆者見到的唯一對"楊柳岸曉風殘月"藴含的禪意所做的解釋,應該説,不中亦不遠,尤其指出"酒醒之時"即是"生命的圓成解脱之時",對這四句偈作出了相當恰切的理解。

上文提及法明和尚爲宋初人,而柳永活躍於真宗、仁宗朝,法明和尚吟咏柳永詞,當與柳永爲同時代人,王重陽活躍於宋金時期,當晚於法明和尚。那麽,王重陽多次推重《雨霖鈴》這句"楊柳岸、曉風殘月"是受了禪宗影響或啓發嗎?這個問題無從考究,但我們結合上文提出的"耆卿言田"應指"丹田",可以確定,王重陽從"楊柳岸、曉風殘月"中所體悟到的,另有深意在焉,而非上述"圓成解脱"的禪境描述,它超越於此,不僅僅是對悟道之境的描述。

全真道主張"性命雙修",但"先性後命",性是第一位的。"性"在王重陽的作品中常常用"真性""元神"代指,全真道修仙的終極目的並非肉體飛升,而是全性、命之真,返歸原初所賦予的本來真性,成爲永恒的仙者。王重陽的"金丹"本是比附外丹名稱的一種象徵和符號,多指内丹修煉的聖果——"真性",如《重陽全真集》卷二絶句《金丹》:

本來真性唤金丹,四假爲爐鍊作團。

---

① 吴言生:《雲門宗禪詩研究》,《五臺山研究》2001年第1期,第11頁。

不染不思除妄想,自然袞出入仙壇。①

"本來真性喚金丹"已經言明全真道的"金丹"即指"本來真性",而"本來真性"是通過内丹修煉得來的。一般來説,狹義的内丹道指隋唐高道以存思、服氣、胎息、房中等傳統内修術爲基礎,通過參證外丹道的學理,將各種内修術雜糅爲以身體爲鼎爐,以真陰、真陽交合而結"聖胎"(還有"玄珠""真寶""大仙"等多種稱呼)具有形而上色彩的内修之道。此中修煉法門,雖各有差别,但真陰(心中元神)真陽(腎中元氣)、水火坎離、鉛汞龍虎相交運行於丹田之間的共通要訣,則大同小異,王重陽的内丹道也不外於此。在内丹理論中,真氣運行的基本路綫被稱爲河車,大河車(大周天)即沿下丹田經尾閭穴、夾脊、玉枕、泥丸百會,再下行至上丹田、中丹田,最終返回下丹田。上、中、下"三田"在王重陽詩詞作品中頻繁出現,用來代指内丹。至此,所謂"耆卿言田,楊柳岸、曉風殘月",可以理解爲:柳永説的都是丹田修道之事,"楊柳岸、曉風殘月"實際暗含着内丹修煉法則,講的是全真道的性命修持之術,而下面的推測似乎也能佐證這一點。

"楊柳岸、曉風殘月"句包含五個意象:水、月、楊柳、曉風、岸頭,我們用慣常的陰陽學説比附,水、月爲陰;柳爲木屬火,"風"爲巽,均爲陽;岸頭比附外在的形體、丹爐。這樣就可以構成一個坎離相交、陰陽合和的内丹修煉的鼎爐結構。詞牌或詩詞作品用於比附内丹理論,《悟真篇》當是道經中的代表之一。劉一明《悟真篇直指》在詮釋内中12首《西江月》時就説:

---

① 《金代道教研究:王重陽與馬丹陽》,第381頁。

十二首象徵十二月，"西"者"金"之方向，"江"者"水"之體，"月"者"丹"之用。①

"楊柳岸、曉風殘月"中的水、月意象亦有"丹之用"，當然還是一種推測，但我們可以確認王重陽反復提及此句，必不僅僅是對體道之境的描述，而關於"詞中味、與道相謁"的理解，大概只有王重陽、馬丹陽等自己能有最真切的體會。

三、"道人看《樂章集》"的變通與轉化

其實王重陽"愛看柳詞"這種身份和性質上的反差，如前引《真仙通鑑續集》記載，當時金朝狀元孟宗獻對"道人看《樂章集》"就覺得"已非所宜"，但後來看到王重陽在柳永《樂章集》上"空行間逐篇和訖"，且爲"神仙語也"，遂爲折服，日益加敬。當然，"逐篇和訖"或許存在誇張的成分，但也一定不在少數，只不過現今所見僅數篇而已。

《樂章集》中狎妓、咏妓的詞作俯拾即是，直接描寫男女性愛過程的詞作也相當赤裸，幾與以"身體寫作"的當代作家一較勝負。那麼，王重陽爲什麼没有選擇蘇軾、歐陽修等其他影響更大、成就更高的詞人，而是柳永的《樂章集》？

柳永生前身後都是一個有故事、有爭議的人。貶之者，說柳永是"薄於操行"的浪子；褒之者，謂柳永是"淡泊名利"的才子。其實柳永只是一個普通的古代文人仕宦，只是他更真實、更大膽，他在南北二巷（相當於現在的紅燈區）的遊蕩，填詞作曲，背後實有不得

---

① 轉引自王沐《悟真篇淺解（外三種）》，第135頁。

已的辛酸。《樂章集》中,柳永提到的妓女,比如師師、瑤卿、秀香、安安、英英、冬冬、楚楚等就有近20位。他大量創制這類淫詞豔曲,據薛瑞生《樂府集校注》判斷,很可能出於生計需要——賺潤筆費,所謂"奉旨填詞",更可能是"奉妓旨填詞"。① 他的這類浮豔詞作,在柳永生前就已經成了他的標簽,成了傳播的噱頭,以致在那個時代就能有"凡有井水飲處即能歌柳詞"的傳播效果。所以,柳詞有一部分勢必是世俗的、露骨的,甚至是翻新出奇的——"變舊聲作新聲"。

面對這樣的《樂章集》,王重陽師徒如何看待取捨? 現在我們一般都能認同,王重陽師徒詞作中"俗"的一面,與柳永不無關係。正是因爲"骫骳從俗",柳永詞可以在大衆中廣泛傳唱,而出於"傳教"目的的全真派詞作,如果一味古雅深奧,除了曲高和寡地自娛自樂,則起不到傳播作用。而問題是,《樂章集》中的不少關於風情雲雨之作,王重陽是否視而不見? 抑或有選擇地閱讀? 如果不是,我們無法回避"少欲寡歡"的苦修道人與"追歡買笑"的柳永之間是怎麽契合的問題。有的文章以爲,王重陽得道前自稱"害風",也曾經放浪形骸,馬鈺曾"披蓑攜杖,坦蕩逍遥","終日狂歌狂舞",這與柳永的"抛擲雲泉,狎玩塵土"有相似暗合之處。② 還有文章指出,王重陽等全真道士詞作,以修行超越的道教精神,"懸隔"柳永的"酒色財氣"而汲取他的灑脱精神,③也就是對柳永的接受是有"選擇"的。然而,這種角度的分析,感覺略有避重就輕、"爲賢者諱"的

---

① 以上關於柳永的評價、歌伎人數的統計,參考綜合了薛瑞生《樂章集校注前言》,第15頁。
② 王昊:《論金代全真道士詞人對柳詞的接受》,第10頁。
③ 楊柏嶺:《由柳永詞看王喆等道士詞的傳播行爲》,《民族文學研究》2006年第4期,第165頁。

嫌疑。事實上，柳永對男女情色的大膽描寫，與王重陽、馬鈺等全真道士的內丹道修煉體驗本身就存在"先天"的契合之處，他們對柳永這些風情之作最瞭解不過。

柳永《樂章集》有大量描寫兩情相悅、相惜的詞作，直接描寫性愛場面的詞作也有不少，比如《菊花新》：

> 欲掩香幃論繾綣。先斂雙蛾愁夜短。催促少年郎，先去睡、鴛衾圖暖。須臾放了殘針線。脫羅裳、恣情無限。留取帳前燈，時時待、看伊嬌面。①

又如《西江月》：

> 師師生得豔冶，香香於我情多。安安那更久比和。四個打成一個。
>
> 幸自蒼皇未款，新詞寫處多磨。幾回扯了又重按。姦字中心著我。②

《尉遲杯》：

> 寵佳麗。算九衢紅粉皆難比。天然嫩臉修蛾，不假施朱描翠。盈盈秋水。恣雅態、欲語先嬌媚。每相逢、月夕花朝，自有憐才深意。
>
> 綢繆鳳枕鴛被。深深處、瓊枝玉樹相倚。困極歡餘，芙蓉

---

① 《樂章集校注》卷下，第 162 頁。
② 《樂章集校注》之《柳永詞輯佚》，錄自《全宋詞》，第 256 頁。

帳暖,别是惱人情味。風流事、難逢雙美。況已斷、香雲爲盟誓。且相將、共樂平生,未肯輕分連理。①

這幾首在《樂章集》中當爲描寫比較赤裸的詞作了,王定永《道教文化視域下的柳永豔情之作》以爲柳永這類詞作與房中修煉原則有某種契合,②但我們以爲略顯牽强。房中術並非一般人想象的道教各派都推崇并修煉此術,相反,唐宋上清派道士等對以房中爲名的淫欲、亂性都有批判,③而全真道更是主張寶精養氣,斷絶淫欲,對嗜酒、貪財等也有戒勸。王重陽有《酒》《色》《財》《氣》的"寶塔"詩,現引《色》篇如下:

色,色。
多禍,消福。
損金精,傷玉液。
摧殘氣神,敗壞仁德。
會使三田空,能令五臟惑。
亡殞一性靈明,絶盡四肢筋力。
不如不做永綿綿,無害無災長得得。

從這裏可以看出,王重陽對"色欲"幾乎是完全否定的,也許他對《樂章集》中的情色描寫從宗教倫理上也是否定的,但爲瞭解明全真道的内丹方術,又采用了變通、轉化的策略。變通存在先天的

---

① 《樂章集校注》卷上,第64頁。
② 王定永:《道教文化視域下的柳永豔情之作》,《學術交流》2010年第5期。
③ 羅争鳴:《〈墉城集仙録〉采自〈列仙傳〉篇目探析:兼論杜光庭對房中術的態度》,《古籍整理研究學刊》2003年第3期。

"便利"。内丹道修煉中的陰陽、坎離等核心觀念，從《易傳》《周易參同契》中就有了。《易·繫辭》：

  天地尊卑，乾坤定矣。……鼓之以雷霆，潤之以風雨；日月運行，一寒一暑；乾道成男，坤道成女。①

這種天地陰陽交合的觀念，早在《易傳》中就已相當成熟。後世的丹道、房中等神仙修煉思想都援據於此，作各種發揮、豐富和想象。以陰陽交感、牝牡相須的道理說明金丹玄黄的煉製過程，東漢末號稱"萬古丹經王"的《周易參同契》已有論述，其《五相類》云：

  乾剛坤柔，配合相包。陽稟陰受，雌雄相須。須以造化，精氣乃舒。坎離冠首，光耀垂敷。玄冥難測，不可畫圖。②

後世針對外丹、內丹的各種闡釋大致都是在"天地設位""坎離匡郭"的宇宙模型基礎上展開的。③ 乾坤爲天地之體，坎離爲乾坤之用。坎爲腎水、爲汞、爲青龍、爲下；離爲心火、爲鉛、爲白虎、爲上。道教丹術也即鉛汞、龍虎之學，即以天地交媾、坎離相合而象喻煉丹有成，《參同契》謂：

  天地媾其精，日月相撣持，雄陽播玄施，雌陰化黄包。④

---

① 高亨注：《周易大傳今注》卷五，齊魯書社，1979年，第504—505頁。
② 蕭漢明、郭東升：《〈周易參同契〉研究》下篇《〈周易參同契〉校釋》，上海文化出版社，2001年，第269頁。
③ 《〈周易參同契〉研究》上篇《〈周易參同契〉研究》，第66—70頁。
④ 《〈周易參同契〉研究》下篇《〈周易參同契〉校釋》，第252頁。

這種天地陰陽、坎離水火的交運過程,具有濃厚的"男女情色"隱喻性,後世内丹道術更從坎離、陰陽生發出各種意象和隱喻,比如嬰兒(肝)、姹女(肺);金公、黄婆;白雪、黄牙;綠鬢佳人、朱衣姹女、白顔公子、烏冒嬰兒等成組隱喻來描述煉丹的體驗。《重陽全真集》中描寫内丹修煉的若干詩詞,如"外行看熱鬧"的話,很容易誤解爲男女情事,比如這首《調笑令》的上闋:

  調笑,説玄妙,姹女嬰兒舞跳。青龍白虎摇交叫,赤鳳烏龜鐇繞。驀然鼎汞召,性命從玆了了。①

顯然這描述的是内丹修煉的神秘體驗,但從字面看,姹女嬰兒、青龍白虎的舞跳、交叫似乎刻意用這種情色隱喻的方式展現。看這首七言詩《問龍虎交媾》:

  莫問龍兒與虎兒,心頭一點是明師。
  炁調神定呼交媾,心正精虔做煦熙。
  平等常施爲大道,淨清不退得真慈。
  般般顯現圓光就,引領金丹采玉芝。②

再看《修行》之一:

  倒顛交媾分機密,上下沖和得要樞。

---

① 《金代道教研究:王重陽與馬丹陽》,第401頁。
② 同上書,第366頁。

好向深山最高處，怡然獨放月輪孤。①

《解佩令》：

金郎察察，玉娘握握。堪同壽、方年二八。住在何方，一居水，一居山北。入離門、坎戶皆劫。　時時相拉，頻頻搜刮。九條街、坊坊俱達。尋得靈珠，取瓊漿、神水澆沫。放光明、萬道旋斡。②

"交媾""沖和""玉女""金童"等隱喻，頻繁出現在描寫內丹修煉的全真道詩詞中，雖然這與王重陽貶斥的"色欲"不同，但內丹道模仿陰陽交合、坎離化運的內在特質，決定了全真道教仍離不開以男女情事寓指丹道修煉，而所成之"丹"，也正像男女交媾的嬰兒，在王重陽詩詞中，就有多處有男子懷孕生子的比喻。王重陽有些描寫內丹修煉的詞作，不仔細分辨，還以爲是普通的性情之作，比如這首《玉女搖仙佩》：

終南一遇，醴邑相逢，兩次凡心蒙滌。便話修持，重談調攝，莫使暗魔偷適。養氣全神寂。稟逍遙自在，閑閑遊歷。覽清淨、常行穴迪。應用刀圭、節要開劈。三田會明靈，結作般般、光輝是績。

先向天涯海畔，訪友尋朋，得個知音成闋。直待恁時，將

---

① 《金代道教研究：王重陽與馬丹陽》，第370頁。
② 同上書，第477頁。

相同步,處處嬉嬉尋覓。暗裏瞞瞞儆。覷你爲作,如何鋒鏑。會舉箭、張弓對敵。百邪千魅,戰回純皙。無愁感。方堪教、可傳端的。①

這類詞作還有很多,如《戚氏》等。另外,《重陽全真集》中的詞牌名與《樂章集》的詞牌名多有重合,筆者推測《歷世真仙體道通鑑》所謂王重陽逐首唱和《樂章集》的事可信度極大。

因道教丹道修煉的內在特質,王重陽師徒對《樂章集》的接受是順理成章的,對柳永情色作品既不是刻意回避,也不是全盤認可,而是把這種描寫變通、轉化在丹道修煉的宗教體驗上,進而創造出大量異于《周易參同契》《悟真篇》的富有象徵意味和情感體驗的丹道詩詞。

結語

王重陽"愛看柳詞"背後所隱現的宗教與文學關係,不是簡單的 A 影響了 B,或者 B 中有 A 這種淺層的"影響説"所能説明的。禪宗法師借用"楊柳岸、曉風殘月"喻寫圓融的禪境,但王重陽已經超越了這種比附,直接在詩詞中挖掘全真道內丹修煉的法門。但所謂"詞中味、與道相謁"的"詞"應是有所限定的,蘇東坡、辛棄疾、歐陽修、陸游等表現倫常情感的作品,自然難"與道相謁",而柳永《樂章集》中大量描述男女情愛的作品與丹道的核心觀念——陰陽、坎離、水火之間存在先天的契合點,成爲王重陽積極利用和探尋的教外"寶典",而這正是其"愛看柳詞"的根本原因之一。從實

---

① 《金代道教研究:王重陽與馬丹陽》,第 396—397 頁。

際效用來看,王重陽是成功的,詩詞曲賦成了全真教創立和發展最重要的闡釋工具和宣傳手段,即使在文學史上,金元時期的詩詞文獻,全真道作品一直是相當重要的角色。

(原文發表在《古籍研究》第 64 卷,2016 年 12 月)

道教金石與書畫

"一碑足補世史所未備"：
中嶽嵩山《大唐碑》考釋

引言

  今河南省登封市嵩陽書院西側矗立着一座規模宏大的唐碑（圖一），因地勢較高，看起來更加雄偉壯觀。碑石原址在嵩陽書院大門西南 30 米處，因地質下沉發生嚴重傾斜，1984 年移至現在的位置，并加固了基座，設置了圍欄。2001 年國務院公布此碑爲第五批全國重點保護文物。

  碑文題作《大唐嵩陽觀紀聖德感應頌》（圖二），裴迥所撰碑額在"頌"前加一"之"字，正好湊夠四行、行三字的齊整格式。此碑的簡稱不一，當地人都稱《大唐碑》，它與少林寺、中嶽廟、中嶽嵩山一起，已經成爲登封的文化符號之一。隨俗爲便，下文亦簡稱《大唐碑》。

  《大唐碑》形制複雜，設計巧妙，共由五個部分構成，即基座、碑身、碑額、雲盤、碑脊。基座高 95 釐米，寬 315 釐米，長 206 釐米，前後兩面刻有"甲丁之象"，左右兩側花紋精美，且鋪範金彩，局部至今尚未脱落；碑身高 383 釐米，寬 206 釐米，厚 104 釐米。碑首雕龍，碑額篆書，如前揭。碑首之上，爲兩塊巨石拼對雕刻成的覆斗形大雲盤,花紋精美華貴。爲了穩定整塊石碑,雲盤上刻一"二龍戲珠"式的碑脊,壓住下面的兩塊雲盤,在結構力學上,非常巧妙、科學。總之,《大唐碑》不愧爲"中原碑王",遠觀近察,每有嘆賞稱奇之處。

圖一

圖二

因李林甫的"奸臣形象"和他逝後不久即發生了安史之亂,後人對《大唐碑》的認識存在忽視和誤解等問題。唐天寶年以後,中嶽嵩山及山麓附近的嵩陽觀、少林寺、中嶽廟等一直是歷代高僧大德和文人墨客的集散之地,但唐人對此碑的記載和吟咏很少見,如天寶後期曾在嵩山修道的吴筠,從他留存的詩文作品來看,就未見任何記載。清人編《嵩陽石刻集》卷下所收各種詩詞，也未見一首相關作品。較早著録和評價這座唐碑是從宋朝開始的。朱長文《墨池編》、趙明誠《金石録》、佚名《寶刻類編》等都曾著録過《大唐碑》，他們對玄宗貪欲求仙和李林甫的奉承都持尖銳的批評態度，如趙明誠《金石録》就説：

> 天寶中，明皇命方士煉丹於此觀，李林甫獻《頌》稱述功德焉。天寶之政，荒淫敗度，而明皇區區方煉丹以蘄長生，豈不可笑乎！①

明代進士傅梅又云：

> 予讀唐《奸臣傳》，至李林甫諸惡，未嘗不冠髮上指也。兹頌刻碑嵩陽故宫之前，與漢三柏並列。所紀爲方士煉丹九轉，而以諛詞陰擅人國者。其文與事俱不足道，正宜鏟去之，爲兹山洗垢。惟是碑爲徐定公浩古隸，筆法遒雅，姿態横生，藝林中正自難廢耳。②

今人在論述此碑時也多未跳出古人窠臼，即有"肉腰刀"之稱的奸臣李林甫撰寫碑文，不過阿諛奉承之詞，所述煉丹九轉乃神仙虛妄之事，意不足取，而更多地着眼於它的書法、雕刻等藝術成就。文物學家張家泰從碑體造型、圖案雕刻、徐浩書藝三個層面，認爲

---

① 趙明誠著，劉曉東、崔燕南點校：《金石録》卷二七《跋尾》，齊魯書社，2009年，第224頁。
② 傅梅撰：《嵩書》卷二十，鄭州市圖書館文獻編輯委員會編：《嵩嶽文獻叢刊》第1册，中州古籍出版社，2003年，第474—475頁。

這是一座集書法、雕刻和設計爲一體的"藝術豐碑"。① 但是碑文本身到底講的是什麽？背後牽涉何種問題？至今還未見一文對此深入考察，甚至所見各種録文的破句别字，隨處可見。近年，《唐研究》上刊發一篇有關《大唐碑》的文章，此文主要從史學角度，考察天寶時期東京留守及河南尹的職官問題，《大唐碑》只是此項職官研究的重要史料。② 此文論證有理有據，但限於研究取向和關注角度，對碑文本身和所涉道教問題仍未細究，尚有商榷的餘地。

古代官方立碑往往有特殊的象徵和紀念意義，我們從宗教實踐和當時的歷史語境出發，大唐碑文字内容仍有很大的闡釋空間，其學術價值不在其藝術價值之下。清初書法家王澍（1668—1743）在評價此碑時曾説："一碑足補世史所未備，則碑之所繫大矣！"③王澍曾撰《淳化閣帖考正》《古今法帖考》等，深諳歷代碑帖之品鑒考訂，此非深解其中隱微者不能言也。

一、碑文過録與考訂

現存最早的嵩山志書是明隆慶至萬曆年間陸柬的《嵩嶽志》和《嵩嶽文志》。④《嵩嶽文志·續收詩文》雜文部分録李林甫《嵩陽觀紀》一篇，實爲《嵩陽觀聖德感應頌碑》，但此文在該書卷六《碑》部分未收，反而收在雜文類，可見編者當時尚不知有此碑。清初葉封（1623—1687）曾任河南登封知縣，撰《嵩山志》二十卷，又博采當

---

① 張家泰：《藝術豐碑：記登封〈大唐嵩陽觀紀聖德感應之頌〉碑的藝術成就》，《中原文物》，1984 年第 2 期，第 104—108 頁。
② 張越祺：《唐天寶時期東京留守及河南尹考——以〈大唐嵩陽觀紀聖德感應之頌〉爲線索》，《唐研究》第二十六卷，2021 年。
③ 王澍著，李文點校：《虚舟題跋》，浙江人民美術出版社，2019 年，第 243 頁。
④ 樂星：《嵩嶽文獻敘録》，鄭州市圖書館文獻編輯委員會編：《嵩嶽文獻叢刊》第 4 册附録，中州古籍出版社，2003 年，第 6 頁。

地漢唐碑版，輯成《嵩陽石刻集記》二卷，兩書均録《大唐嵩陽觀紀聖德感應頌》。清人王昶《金石萃編》卷八六、董誥編《全唐文》卷三四五亦存録此碑，各有異文。

因《大唐碑》本身的文化藝術價值和聲名遠播的影響，今人對《大唐碑》也作過一些整理，有些書法碑帖反復印製它的拓片。其中較有學術價值、相對精審的録文整理爲黄明蘭、朱亮編著的《洛陽名碑集釋》。該書是繼《洛陽新獲墓誌》《洛陽出土北魏墓誌選編》以後的又一巨著，以 8 開本的篇幅，插入 80 餘幅碑刻圖片，碑文後附録詳盡的注釋文字。其中《大唐碑》所附拓片也非常清晰。[①] 1982 年中州書畫社出版的《唐徐浩書嵩陽觀紀》8 開本，扉頁有拓本的完整圖片，拓工也極精良。宮嵩濤編《徐浩〈嵩陽觀聖德感應頌碑〉》扉頁插配《大唐碑》彩圖，詳細説明了此碑的刻立過程，翻印也極精美，對模糊字體未作修復填補，基本保留了碑文的原始風貌。[②] 以上今人録文，均存在破句誤解和文字識别錯誤，這裏以相對嚴謹的《洛陽名碑集釋》所收録文爲對象，[③]選録部分，逐條考訂如下：

1. 域中之大有四，道爲之首而王者統焉。方外之人，有五神爲之目，而聖者用焉。非道也無以致神非神也，算能感聖。

此句句讀，顯爲破句，且存在識别錯誤。《道德經》第二十五章："有物混成，先天地生。寂兮寥兮，獨立而不改，周行而不殆，可以爲天地母。吾不知其名，强字之曰道，强爲之名曰大。大曰逝，逝曰

---

① 國家圖書館有陸和九(1883—1958)先生藏拓，一張，346×190 cm，失拓。陸和九先生曾任職河南，精通金石學、古器物學、書法、篆刻亦嘉，收藏大量碑刻拓本，舊時行内曾以"大王""黑老虎"等稱號。
② 收録於靳銀東主編《中嶽嵩山名碑名帖》，中州古籍出版社，2007 年。
③ 碑刻録文見黄明蘭、朱亮編著《洛陽名碑集釋》(朝華出版社，2003 年)第 182 頁，下文引録不再出注。

遠,遠曰反。故道大,天大,地大,王亦大。域中有四大,而王居其一焉。人法地,地法天,天法道,道法自然。"①唐玄宗《御注道德經》疏云:"因强名曰大,而舉所以次大者,故天能顛玄在上,垂覆萬物;地能寧静於下,厚載萬物;王能清静無爲,而化萬物。此三大也,吾道一以貫之矣。"②這兩句話,對稱互文,有極强的邏輯性,當斷爲:

　　域中之大有四,道爲之首,而王者統焉;方外之人有五,神爲之目,而聖者用焉。非道也,無以致神;非神也,莫能感聖。

2. 自炎師水玉軒,訪峒山窅藐汾陽徘徊河上,且猶私壹己之利,屈萬乘之尊。或得之而不存,或求之而不及,……

在各種録文中,這句都存在嚴重的破句誤解,首句均斷爲"自炎師水玉軒",作"水玉軒",殊不可解。此句用典繁密,當斷爲:

　　自炎師水玉,軒訪峒山,窅藐汾陽,徘徊河上,且猶私一己之利,屈萬乘之尊,或得之而不存,或求之而不及。

"炎師水玉",典自《列仙傳》卷上《赤松子》:"赤松子者,神農時雨師。服水玉,以教神農,能入火自燒。往往至崑崙山上,常止西王母石室中,隨風雨上下。炎帝少女追之,亦得仙,俱去。高辛時,復爲雨師。今之雨師本是焉。"③"炎師"爲"炎帝雨師"的簡稱,雨師服水玉以教神農,能入火自燒,隨風上下。"軒訪峒山"典自《莊

---

① 辛戰軍譯注:《老子譯注》,中華書局,2008年,第101頁。
② 明《正統道藏》第 11 册洞神部玉訣類《唐玄宗御製道德真經疏》卷三,第768頁。
③ 王叔岷撰:《列仙傳校箋》卷上,中華書局,2007年,第1頁。

"一碑足補世史所未備":中嶽嵩山《大唐碑》考釋   187

子》和《神仙傳》等各種先秦經典文獻,即軒轅黄帝赴峒山訪廣成子,後在峨眉山遇天真皇人得道。"窅藐汾陽",典自《莊子·逍遥遊》:"堯治天下之民,平海内之政,往見四子藐姑射之山,汾水之陽,窅然喪其天下焉。"① "徘徊河上",有謂"秦穆徘徊河上,让第一等事與别人做也",穆公與神農炎帝、軒轅黄帝、堯相對舉,似有不妥,但是不影響斷句和對文意的基本理解。

3. 上初戡巨難篡,睿圖以爲唐虞,盛理教人而已矣。乃昭禮物,考經 忠 ,於是乎帝典王綱,罔不畢備及夫一戎,□致邕熙又以爲軒昊,上德恭己而已矣。乃□清静□□朴於是乎偃甲垂衣示於無欲。

此段録文,多個字體未能識别或識别錯誤,標點斷句幾乎完全不通。"戡巨難,篡睿圖"與下文的"昭禮物,考經志""一戎夏,致邕熙"相對舉,"唐虞盛理"與下文的"軒昊上德"相對舉。整段文字當斷爲:

上初戡巨難,篡睿圖,以爲唐虞盛理,教人而已矣;乃昭禮物,考經志,於是乎帝典王綱,罔不畢備;及夫一戎夏,致邕熙,又以爲軒昊上德,恭己而已矣。乃敦清静,復淳朴,於是乎偃甲垂衣,示於無欲。

4. 以爲嵩陽觀者,神嶽之宅,真仙都之標胜,直中天晷景之正記,烈祖巡遊之所,抱汝含潁風雨交會,陰陽之所烝,液偓佺之所往,還丹 竈 琳堂,往往而在。

此句并不難解,但標點全誤。偓佺爲古仙人,《列仙傳》卷上:"偓

---

① 郭慶藩輯,王孝魚整理:《莊子集釋》卷一上,中華書局,1961年,第31頁。

佺者,槐山采藥父也。好食松實,形體生毛,長數寸,兩目更方,能飛行逐走馬。以松子遺堯,堯不暇服也。松者,簡松也。時人受服者,皆至二三百歲焉。"①汝、潁爲發源於嵩山的兩條河流。此句當斷爲:

　　　　以爲嵩陽觀者,神嶽之宅,真仙都之標勝,直中天晷景之正,記烈祖巡遊之所。抱汝含潁,風交雨會,陰陽之所烝液,偓佺之所往還,丹竈琳堂,往往而在。

　　5. 聖上方滌慮穆,清齋心虛,曰神期應會如合并焉。於是三事百寮,奉觴稱賀曰:陛下撫群黎而歸喜域,上真降殊休而報,聖德神丹一御與,天□無極且夫 弘 化,至道先烈也,還風太初昌運也,異人委質聖感也,靈藥薦 喜 天符也。此四者皇圖帝載所未聞焉。

　　此段文字,不僅標點混亂,且文字識別有誤,"白"誤作"曰","契"誤作"并","壽"誤作"喜"。"壽"字在下文還有,但今人所有版本的錄文均誤作"喜"字。此段當改爲:

　　　　聖上方滌慮穆清,齋心虛白,神期應會,如合契焉。於是,三事百寮,奉觴稱賀,曰:"陛下撫群黎而歸壽域,上真降殊休而報聖德。神丹一御,與天無極。且夫弘化至道,先烈也;還風太初,昌運也;異人委質,聖感也;靈藥薦壽,天符也。此四者,皇圖帝載所未聞焉。"

　　以上校點疑誤,僅是《洛陽名碑集釋》所錄碑文的一部分。目

---

① 《列仙傳校箋》卷上,第11頁。

前所見各種錄文,標點和文字辨識多不可據。以此,現據《大唐碑》拓片和《全唐文》《金石萃編》《嵩陽石刻集記》等,重予過錄校補如下:

開府儀同三司行尚書左僕射兼右相吏部尚書崇玄館大學士集賢院學士朔方節度等副大使修國史上柱國晉國公臣林甫上
太中大夫守河南尹河南水陸運使上柱國賜紫金魚袋兼東京留守判留司尚書省事臣裴迥題額

域中之大有四,道爲之首,而王者統焉;方外之人有五,神爲之目,而聖者用焉。非道也無以致神,非神也莫能感聖。

自炎師水玉,軒訪峒山,窅藐汾陽,徘徊河上,且猶私一己之利,屈萬乘之尊,或得之而不存,或求之而不及。則未有弘心六合,玄化被於海隅;滌覽九重,異人臻於闕下;密傳仙契,潛役神功,端拱紫庭,坐進金鼎,如我開元天寶聖文神武皇帝之至感也。蓋德邁者其業崇,道弘者其化博。上初戡巨難,纂睿圖,以爲唐虞盛理,教人而已矣;乃昭禮物,考經志,於是乎帝典王綱,罔不畢備;及夫一戎夏,致邕熙,又以爲軒昊上德,恭己而已矣;乃敦清靜,復淳朴,於是乎偃甲垂衣,示於無欲。故載歷三紀,功苞九皇。

乃時有真人方士,不召而至者,儼然而進曰:"臣聞:昔者太初之先也,嘗有受命握符,一君千歲,後代聖人,順其外爲封禪,修其中爲導養,故玉檢有不死之名,金丹爲長生之要。五三以降,茲道蔑聞。陛下承紫氣之真宗,接黃神之遠運,玉檢之文已備,金丹之驗未彰,天將授之,其在今矣。"上覽其議而告之,言:"朕聞神丹者,有琅玕雪霜,三化五轉。太乙得之,爲上帝之伯；元君得之，爲下教之尊。必將假無爲之功，任自然之力，乃可就矣。"

於是考靈跡，求福庭，以爲嵩陽觀者，神嶽之宅真，仙都之標勝。直中天晷景之正，記烈祖巡遊之所。抱汝含潁，風交雨會，陰陽之所烝液，偓佺之所往還。丹竈琳堂，往往而在。乃命道士孫太沖親承密詔，對授真訣，一之日披圖於天府，二之日陳醮於山壇，然後俾太乙啓鑪，陵陽傳火，積炭於廡下，投藥於鼎中，①固以扃鐍，窒其窗户，隙光不容，人跡罕到。自河尹官屬、邑宰吏寮，目對封泥，手連印署。太沖乃與中使薛履信銜命而東，涉海沂，過蒙羽，行且千里，歸已十旬。然後剋日聚觀，開封發印，餘爐未滅，還丹赫然，則已六轉矣。明年，移藥於緱氏山升仙太子廟，其役制之功，神異之效，又如初焉。每至降御詞，陳祝册，紫泥素表，倏忽飛天，玄酒玉杯，繽紛移座。②祠官瞬眙，供吏驚嘩：靈既昭答，有如此者。其餘瑞鶴卿雲，祥光秘語，匪朝伊夕，不可勝記。按《中丹經》云："金華符成，威光鼎就，則有朱鳥呈異，白日激輝。"斯非類乎？九轉既畢，馳駟以獻。

聖上方滌慮穆清，齋心虛白，神期應會，如合契焉。於是，三事百寮，奉觴稱賀，曰："陛下撫群黎而歸壽域，上真降殊休而報聖德。神丹一御，與天無極。且夫弘化至道，先烈也；還風太初，昌運也；異人委質，聖感也；靈藥薦壽，天符也。此四者，皇圖帝載所未聞焉。"微臣預春秋之徒，忝申甫之地，上清

---

① "藥"字原碑剥落，據清初葉封《嵩陽石刻集記》卷上所錄《大唐嵩陽觀紀聖德感應頌》補。

② "移座"兩字原碑剥落，據清初葉封《嵩陽石刻集記》卷上所錄《大唐嵩陽觀紀聖德感應頌》補。

事隱,非魯册之敢徵;大洞功成,豈周頌之能紀?強銘琬琰,永播乾坤,①其辭曰:太古兮上皇,千歲兮一君。自軒轅兮獨往,遂歷代兮無聞。有唐兮英聖,六葉兮十紀。惟天寶兮合符,故淳風兮變始。嵩有峰兮穎有瀾,②交靈氣兮集仙壇。資聖壽兮效神丹,神丹御兮福庭會,虹蜺旗兮紫雲蓋,臨萬邦兮彌億載。

　　　　天寶三載二月五日建
　　　　朝散大夫檢校尚書金部員外郎上柱國臣徐浩書

二、《大唐碑》的碑文寫作與石碑刻立過程

《大唐碑》碑文最後一行用篆書刻寫了紀年文字"天寶三載二月五日建"。據此,很多編著都以爲此碑刻立於是年,即公元744年2月5日。但錢大昕《潛研堂金石文跋尾》、王昶《金石萃編》等已經發現碑文撰寫者李林甫、題額者裴迥、書丹者徐浩在碑刻上的結銜與史載不合。嚴耕望曾針對李林甫的結銜與碑文所示刻立時間的矛盾,連發兩問:"《萃編》八六《嵩陽觀聖德感應頌》,林甫撰,結銜爲'開府儀同三司·行尚書左僕射·兼右相·吏部尚書·崇□館大學士·集賢院學士·朔方節度副大使·修國史·(勳·封)'。碑以天寶三載二月五日建,而階已開府儀同三司,何邪?領朔方節度乃十載事,此已入銜,又何耶?"③問題雖已發現,但均未深究,直到2021年,《唐研究》上發表的一篇文章才深入地考察了

---

① "永"字原碑剝落,據清初葉封《嵩陽石刻集記》卷上所錄《大唐嵩陽觀紀聖德感應頌》補。
② "兮"字原碑剝落,據清初葉封《嵩陽石刻集記》卷上所錄《大唐嵩陽觀紀聖德感應頌》補。
③ 嚴耕望:《唐僕尚丞郎表》卷五,中華書局,1986年,第330—331頁。

李林甫、裴迥和徐浩結銜的任職時間，明確提出題額者裴迥與參與煉丹事的河南尹裴敦復爲兩人；《大唐碑》的刻立時間，當在天寶九載八月癸亥以後、天寶十載正月丁未以前，①而不是碑文中的紀年"天寶三載二月五日"。這個結論，還可以用天寶四載刻立的《石臺孝經碑》加以佐證。《石臺孝經碑》的刻立時間不存在爭議，此碑李林甫的結銜爲："特進行尚書左僕射兼右相吏部尚書集賢院學士修國史上柱國晉國公臣林甫"，這與史載受職時間是吻合的，而《大唐碑》顯示的結銜與天寶三載的任職無法對應。張越祺文章用力頗深，結論信實可靠。但是，作者的着力點在史學考察，對碑文本身的分析略顯不足，有些問題仍有探討的空間。

張越祺文以爲"《嵩陽觀紀》記載的孫太沖爲玄宗煉藥事確乎發生在天寶三載"，②但碑文有謂：

> 太沖乃與中使薛履信銜命而東，涉海沂，過蒙羽，行且千里，歸已十旬。然後剋日聚觀，開封發印，餘爐未滅，還丹赫然，則已六轉矣。<u>明年，移藥於緱氏山升仙太子廟</u>，其役制之功，神異之效，又如初焉。

這次煉丹活動，並非短期內一蹴而就，丹灶封畢，孫太沖與中史薛履信等人遠走千里，數月方返。返回後開爐，丹已至六轉，第二年移至緱氏山升仙太子廟，最終完成"九轉"。可見煉丹活動一定發生在天寶三載之前。假如天寶二年開始，金丹六轉

---

① 張越祺：《唐天寶時期東京留守及河南尹考——以〈大唐嵩陽觀紀聖德感應之頌〉爲線索》，《唐研究》第二十六卷，第451頁。
② 同上。

後,第二年即天寶三載,然後移送升仙太子廟,還要繼續修煉三轉,再"馳馹以獻"運至長安,這樣才有可能在天寶三載二月的時候,裴敦復上奏道士孫太沖於中嶽嵩山合神丹功畢事。但是在兩個月時間内,按常理很難完成。由此,孫太沖爲玄宗修煉金丹事,不可能開始於天寶二年,而是在天寶元年改元前後的崇道熱潮中開始的。碑文雖未明確開始修煉的具體時間,但也揭示了修煉的大致過程,(圖三)即:

圖三

　　故載歷三紀,功苞九皇。乃時有真人方士,不召而至者,儼然而進曰:"臣聞:昔者太初之先也,嘗有受命握符,一君千歲,後代聖人,順其外爲封禪,修其中爲導養,故玉檢有不死之名,金丹爲長生之要。五三以降,兹道蔑聞。陛下承紫氣之真宗,接黃神之遠運,玉檢之文已備,金丹之驗未彰,天將授之,其在今矣。"上覽其議而告之言:"朕聞神丹者,有琅玕雪霜,三化五轉。太乙得之,爲上帝之伯;元君得之,爲下教之尊。必將假無爲之功,任自然之力,乃可就矣。"於是考靈跡,求福庭,以爲嵩陽觀者,神嶽之宅真,仙都之標勝。……

当時有道士"不召而至",上書玄宗當修煉金丹,修煉的理由是:太初之先,一君千歲,後代聖人,玉檢有不死之名,金丹爲長生之要,而玄宗玉檢之文已備,但是金丹之驗尚未彰顯。所謂"玉檢之文已備",當指天寶元年前後出現的各種符瑞,如"天下太平,聖壽無疆""聖上長生久視"等。新、舊《唐書》及《資治通鑑》對這段歷史都有詳載。期間,玄宗還改莊子、文子、列子、庚桑子所著書爲道教真經,將四人各封爲南華真人、通玄真人、沖虛真人、洞虛真人;又將桃林縣改爲靈寶縣。① 玄宗納諫,同意修煉金丹事,與天寶元年前後的崇道活動,很可能發生在同一時間段。

關於碑文末用篆書所題"天寶三載二月五日建"九個字,張越祺在文章注釋中推測此碑爲丹成後封賞慶祝活動的產物,但最早到天寶九載下半年才刻立完工。② 從《大唐碑》的規模看,要刻立這樣一座"丰碑",的確不是短時間内可以完成的,但在相對承平的天寶初年,一通石碑要延宕六七年的時間,也似不合情理。

整塊碑文,除了"天寶三載二月五日建"這九個字,都是徐浩用古隸寫就的,末一行篆體字顯得頗爲突兀,錢大昕曾云:"碑本八分書,獨題年月處作小篆,亦它碑所罕有也。"③就我們檢核所能見到的唐宋以來的碑刻拓片上百幅而言,這種情況的確少見。有以爲,題額者裴迥用篆書寫了這幾個字,④但從碑文内部,裴迥署名結銜處,也僅題"裴迥題額",未見裴迥刻立年月事。書丹結束,再由

---

① 見諸《舊唐書》卷九《本紀》及卷二四《志》等史籍。
② 張越祺:《唐天寶時期東京留守及河南尹考——以〈大唐嵩陽觀紀聖德感應之頌〉爲線索》,《唐研究》第二十六卷,第451頁。
③ 錢大昕著,陳文和主編:《嘉定錢大昕全集·潛研堂金石文跋尾》卷六《唐三·(亨)嵩陽觀紀聖德感應頌》,鳳凰出版社,2016年,第155頁。
④ 宫松濤編著:《徐浩〈嵩陽觀聖德感應頌碑〉序》,中州古籍出版社,2007年。

裴迥用篆書特地題寫刻立年月，從情理上講，也頗有不通。綜合各種因素，筆者以爲，碑末突然出現"天寶三載二月五日建"九個篆字，此種違背常情的做法，説明有兩種情况，一是並非原刻，而是後人補刻；二是其中必有隱情，故意選擇這樣一個日期。

據《資治通鑑》卷二一五、《册府元龜》卷九二八、《文苑英華》卷五六二的記載，天寶三載二月前，河南尹裴敦復上奏道士孫太沖於中嶽嵩山合神丹成功事。① 碑末所云"天寶三載二月五日"，正與上奏皇帝煉丹功成的日期相近。可見，無論是後人補刻還是故意擬定這樣一個日期，都有過精心的思考。

《大唐碑》完整的刻立過程，包括李林甫撰寫碑文、選材選址、碑身設計、書丹上石等一系列重要步驟。我們從碑文本身的釋讀出發，發現《大唐碑》正文的撰寫時間與最終刻立完成的天寶九載、十載之間，至少還有兩年以上，甚至四五年的時間。

《大唐碑》碑文云：

> 則未有弘心六合，玄化被於海隅；滌覽九重，異人臻於闕下；密傳仙契，潛役神功，端拱紫庭，坐進金鼎，如我開元天寶聖文神武皇帝之至感也。

"開元天寶聖文神武皇帝"是天寶元年二月玄宗所加尊號，《舊唐書》卷九《本紀》："天寶元年春正月丁未朔，大赦天下，改元，常赦不原咸赦除之。……二月丁亥，上加尊號爲開元天寶聖文神武皇

---

① 張越祺《唐天寶時期東京留守及河南尹考——以〈大唐嵩陽觀紀聖德感應之頌〉爲綫索》一文曾以表格形式總結了裴敦復開元、天寶年間的任職年表，這裏三處記載即直接引自該文，《唐研究》第二十六卷，第443頁。

帝。"①天寶七載五月，又加尊號"開元天寶聖文神武應道皇帝"，八載又加尊號"開元天地大寶聖文神武應道皇帝"。② 碑文所示尊號爲天寶元年二月所加，天寶七載又在原有尊號上加"應道"二字，八載又改爲"開元天地大寶聖文神武應道皇帝"。可見李林甫撰寫碑文的時間，在天寶元年二月之後、天寶七載五月之前。天寶九載至十載之間刻成的《大唐碑》，雖然碑首撰文者李林甫、題額者裴迴的結銜和碑末書丹者徐浩的結銜，都是在天寶九載以後的事，但是碑刻的正文部分，確係李林甫數年前的舊文，如果是九載以後撰寫，李林甫斷不可用天寶七載以後玄宗所加的最新帝號。

那麽，這篇碑文具體寫於哪一年呢？我們還是從碑文出發。據碑文所記，金丹九轉之後，"每至降御詞、陳祝册"的時候，神丹就現出各種神異：

　　紫泥素表，倐忽飛天，玄酒玉杯，繽紛移座。祠官瞪眙，供吏驚嘷；靈貺昭答，有如此者。其餘瑞鶴卿雲，祥光秘語，匪朝伊夕，不可勝記。

丹成之後，章表文書忽然飄飛至空中，酒杯紛紛移座，壇場上的法師高功，愕然不已。這個帶有祥瑞色彩的神通事件，從現存史籍中也能找到蛛絲馬跡。《資治通鑑》記載：

　　〔天寶四載〕春，正月，庚午，上謂宰相曰："朕比以甲子日，

---

① 《舊唐書》，第215頁。
② 《舊唐書》卷九《本紀》、《新唐書》卷五《本紀》及《唐會要》卷一《帝號》均有記載。

於宫中爲壇，爲百姓祈福，朕自草黄素置案上，俄飛升天，聞空中語云：'聖壽延長。'又朕於嵩山煉藥成，亦置壇上，及夜，左右欲收之，又聞空中語云：'藥未須收，此自守護。'達曙乃收之。"太子、諸王、宰相，皆上表賀。①

這是天寶四載春正月，玄宗與臣下的一段對話，其中提到"又朕於嵩山煉藥成，亦置壇上"時，忽聞空中語的神異，爲此太子、諸王、宰相都曾上表祝賀。《文苑英華》所收孫逖《爲宰相賀中嶽煉藥自成兼有瑞雲見表》（以下簡稱《爲宰相賀表》），②當即孫逖代宰相所擬賀表。從雷同的神異内容上看，碑文提到的丹成之後每逢"御詞"的神通，與《資治通鑑》所載天寶四載春正月玄宗與臣子所談及的金丹符瑞事件是相通的。另外，碑文反復出現祝壽字眼，如"靈藥薦壽，天符也""資聖壽兮效神丹"，以此可進一步印證，此文當與天寶四載玄宗 60 歲生日的慶壽活動有關。

在玄宗 60 歲生日這個特殊年份，長安刻立了《御製石臺孝經》碑（圖四），這

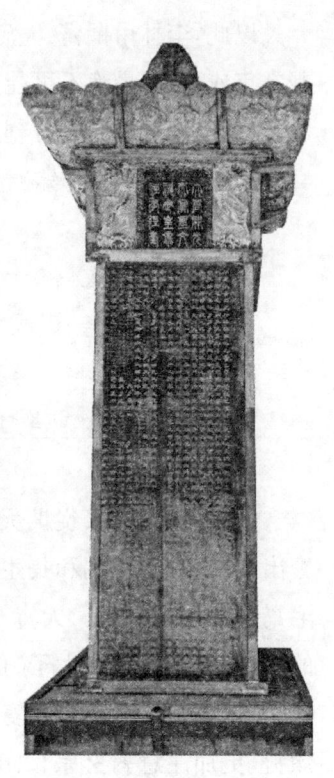

圖四

---

① （宋）司馬光等編，胡三省音注：《資治通鑑》卷二一五，第 6863 頁。
② 見《文苑英華》卷五六二，中華書局，1966 年，第 2879 頁。《全唐文》卷三一一（中華書局，1983 年）第 3157—3158 頁亦錄此文。

是由玄宗親自作序、注解並書丹的皇家刻碑。① 《石臺孝經碑》碑文隸書，18 行，行 55 字，結體莊嚴恢弘，高達 6 米多，碑頂刻有靈芝雲紋簇擁的雙層花冠，碑座底下有三層石臺。《大唐碑》的形製設計與此碑屬同一類型，除了碑身、碑額的必備要件，同樣用了臺基和雲盤頂蓋，它的設計靈感當與《石臺孝經碑》有某種聯繫。

以此，李林甫撰寫《大唐碑》碑文當出於爲玄宗祝壽的天寶四載當年或稍後，最晚不可能超過天寶七載。那麽爲什麽在天寶九載、十載前後才最終書丹刻立呢？這當與彼時李林甫的政治地位與謀略有關。《資治通鑑》卷二一六《唐紀三十二》記載：

（天寶九載）冬，十月，庚申，上幸華清宮。太白山人王玄翼上言見玄元皇帝，言寶仙洞有妙寶真符。命刑部尚書張均等往求，得之。時上尊道教，慕長生，<u>故所在争言符瑞，群臣表賀無虛月。李林甫等皆請捨宅爲觀，以祝聖壽，上悦</u>。②

天寶九載，玄宗從開元末開始崇道，已經十餘年，群臣已揣摩出聖意，紛言符瑞和長生修煉事，李林甫也參與其中，曾經"捨宅爲觀"，以祝聖壽。天寶八載，隨着楊釗的權傾内外、親信蕭炅的出貶，以及玄宗賜太子《仁孝詩》并頒示中外開始，李林甫的相位動摇，政治風向開始轉變。此時，李林甫爲了挽救日漸凸顯的頹勢，更加注意對玄宗佞道行爲的恭從，這種侍君之道，李林甫早已諳熟於心。③ 據此，我們基本上可推知：《大唐碑》的碑文早

---

① 王慶衛《石臺孝經》（西安出版社，2020 年）對此碑有詳密深入的探討。
② （宋）司馬光等編，胡三省音注：《資治通鑑》卷二一六，第 6900 頁。
③ 詳見丁俊《李林甫研究》第十八章《敗局已定》，鳳凰出版社，2014 年，第 474 頁。

在幾年前就已經寫好,但延宕數年,石碑仍未刻立成功,正是在這個關鍵節點,爲配合"捨宅爲觀"等討好玄宗的舉措,加快了刻立的進程,最終於天寶九載、十載前後刻立成《大唐碑》。《大唐碑》的規模比天寶四載刻立的《石臺孝經碑》更爲宏大,極盡奢華,其金彩痕跡至今猶存。而這正是李林甫窮途末路之際,不惜民脂民膏以盡顯忠心、順從聖意,從而自保的政治謀略。

三、玄宗修煉金丹的過程與真實目的

李林甫所撰碑文,用了相當多的筆墨描述道士孫太沖爲玄宗燒煉神丹的神秘過程,碑文還涉及一些丹道術語,頗有不可解處。這背後也透露出外丹術在開元天寶年間的真實情況及玄宗修煉金丹的真實目的。

金丹黃白之術肇始與秦漢之際,經歷了從求藥到煉丹的歷史過程。西漢初年,燕、齊、楚、蜀等地售賣丹砂、服食丹藥等事已相當普遍,也湧現出不少煉丹家。東晉六朝時期,服食求仙、燒煉金丹等已相當流行。而到了唐代,道教與皇室互相利用,道教趁機擴張勢力,在經典造構、教理教義的深化、教團組織上取得空前發展,外丹術亦臻於極盛。陳國符在整理注釋唐代蜀人梅彪《石藥爾雅》時,補錄唐宣宗大中年間長安及四海精心燒煉龍虎(鉛汞)者有數千人。① 孫太沖爲玄宗燒煉金丹,在當時算不上什麼奇聞,民間道門及士大夫階層燒煉金丹希求長生者比比皆是。

據碑文所述,有方士"不召而至",上書進言玄宗修煉金丹。《文苑英華》所收孫逖《爲宰相賀中嶽合煉藥自成兼有瑞雲見表》

---

① 陳國符:《中國外丹黃白法考》,第402—404頁。

云:"臣某言:臣等伏見道士孫太沖奏事奉進止。"奉進止即奉聖旨,從"孫太沖奏事"來看,此"不召而至"的方士或即孫太沖本人。就此奏事,玄宗言:

> 朕聞神丹者,有琅玕雪霜,三化五轉。太乙得之,爲上帝之伯;元君得之,爲下教之尊。必將假無爲之功,任自然之力,乃可就矣。

這段話有很多金丹術語,頗不易解。"琅玕雪霜,三化五轉"均引自金丹經。從當時和後世的各種丹經中,還能看到相關記錄的痕跡,如《參同契五相類秘要》有"赤鹽白雪成雄雌",盛唐人金陵子的《龍虎還丹訣》載:"自古還丹,有《黄帝九鼎丹》《老君還丹》《琅玕》《曲晨》《神符白雪》《五靈》二十四丹等。"[1]《石藥爾雅》亦有"太一琅玕丹""白雲赤雪丹"等名。所謂"元君得之,爲下教之尊",當指傳自老子之師"元君"的《太清神丹》(又稱《太清丹經》),[2]《抱朴子内篇·金丹》云:

> 復有《太清神丹》,其法出自元君。元君者,老子之師也。《太清觀天經》有九篇,云其上三篇不可教受;其中三篇世無足傳,當沉之三泉之下;下三篇者,正是丹經,上、中、下,凡三卷也。元君者,大神仙之人也,能調和陰陽,役使鬼神風雨,驂駕九龍、十二白虎,天下衆仙皆隸焉,猶自言本亦學道服丹之所

---

[1] 《道藏》第 19 册,第 111 頁。
[2] 在杜光庭《墉城集仙錄》卷一《聖母元君》和宋謝守灝《混元聖紀》對元君傳授老子丹經,有進一步的敷述,此中元君已爲老子母。

致也,非自然也。①

《太清觀天經》一共有九篇,上三篇不可教受,中三篇世無足傳,下三篇"正是丹經,上、中、下,凡三卷也",可見下三篇的三卷正是《太清神丹》經的上經、中經、下經。《抱朴子内篇》之《袪惑》曾提及"太清中經",可見,確有《太清上經》《太清中經》《太清下經》的說法。而《大唐碑》碑文後面所引《中丹經》,②當即《太清中經》,而非流傳不廣、"有名無方"的《黃帝九鼎丹》。

孫太沖爲玄宗煉丹,《文苑英華》所收孫逖《爲宰相賀表》也有一段描述,可與《大唐碑》碑文對讀。在選擇修煉地址的時候,選擇了嵩山脚下的嵩陽觀,直接原因是孫太沖就在嵩山修道。另外,碑文云:

> 以爲嵩陽觀者,神嶽之宅真,仙都之標勝。直中天晷景之正,記烈祖巡遊之所。抱汝含潁,風交雨會,陰陽之所烝液,偓佺之所往還。丹竈琳堂,往往而在。

嵩山東面的支脈陽城山,有傳說中的周公測影臺和元代郭守敬主持建造的觀星臺,"天下之中"即所謂"直中天晷景之正"。陽城也是大禹建都所在,今王城崗遺址的發掘,逐步證實了上古傳說。潁水、汝水環繞嵩山,風雨交會,陰陽調和。《抱朴子内篇·金丹》云:"合此金液九丹,既當用錢,又宜入名山,絕人事⋯⋯又按仙

---

① (東晉)葛洪撰,王明校釋:《抱朴子内篇校釋》卷四,中華書局,1985年,第76頁。
② 引作:"按《中丹經》云:'金華符成,威光鼎就,則有朱鳥呈異,白日激輝。'斯非類乎?"

經,可以精思合作仙藥者,有華山、泰山、霍山、恒山、嵩山、少室山……"①古仙人偓佺就曾在嵩山采藥,《列仙傳》卷上:"偓佺者,槐山采藥父也。好食松實,形體生毛,長數寸,兩目更方,能飛行逐走馬。以松子遺堯,堯不暇服也。松者,簡松也。時人受服者,皆至二三百歲焉。"②可以説,從天文、地理、人文和仙道傳統上,嵩山都是最適合的燒煉金丹之所。

這次嵩陽觀金丹燒煉,與道教丹經中的各種歌訣描述都有不同,這是一次描述具體的、真實發生的修煉實踐,對外丹在唐代發展和認識,有重要意義。孫太沖的燒煉方法,與丹經歌訣中的記載大不相同。我們參考陳國符的《中國外丹黄白法考》等論著,看到外丹燒煉中,"火法"是最複雜的一環,僅火的燃料就有馬通(馬糞)、米糠、子東(牛糞)、炭火、金粟火、粟糠火等數種,文火武火用不同的燃料;火候的掌握也非常複雜。但是孫太沖所煉金丹,也有竈、鼎,也有封泥,但據孫逖的《爲宰相賀表》,僅"竈中著水,置炭於竈側",炭没有放在竈中燒煉,又據《大唐碑》碑文描述:"然後俾太乙啓鑪,陵陽傳火,積炭於廡下,投藥於鼎中……"炭放在"廡下",也没有放在鑪中。但是,最終開啓的時候,"丹鑪不爇,金液自成"。丹爐没有燃燒,但是丹液已經燒成。按照孫逖《爲宰相賀表》所云,此全賴"太陽降精,宜假於人工;飛廉扇炭,諒關於神力"。但是丹成的過程,據《大唐碑》碑文的記載,并没有如此順利,細節也略有不同:

  然後剋日聚觀,開封發印,餘爐未滅,還丹赫然,則已六轉

---

① 《抱朴子內篇校釋》卷四,第84—85頁。
② 王叔岷撰:《列仙傳校箋》卷上,第11頁。

矣。明年，移藥於緱氏山升仙太子廟，其役制之功，神異之效，又如初焉。

可見，剋日開封的時候，發現"餘爐未烕，還丹赫然"，並非"丹爐不爇"，且只完成六轉，第二年"移藥"至緱氏山升仙太子廟"另起爐灶"，方才完成金丹九轉，"其役制之功，神異之效，又如初焉"。這是一個頗不可解的地方，孫逖《爲宰相賀表》顯然刪略了這個"曲折過程"，我們推測有兩種可能：一、緱氏山去嵩山不遠，武則天曾駐蹕於此，後刻立《升仙太子廟碑》，把丹藥轉移至此完成剩下三轉，別有金丹修煉方法上的特殊用意；二、孫太沖這種無需人工燒煉的方法失敗，未達預期效果，所以移藥另起爐灶，繼續燒煉。而後者，從常理上看，筆者以爲可能性更大一些。趙翼《廿二史劄記》指出，"唐諸帝多餌丹藥"，"唐代服丹藥者六君"，①但其中沒有玄宗服食丹藥的記載。這枚丹藥送至長安後，據上文所引《資治通鑑》的記載，玄宗置於玄壇上禮拜齋供，與臣子很有興致地談論它的神通和靈驗，但喫掉它以求長生不死，以玄宗之謀略，則未必然。

綜合以上分析，筆者以爲此次爲玄宗燒煉金丹的過程，歸根到底是一次美化玄宗、鼓吹天寶合符的"政治活動"，其意義要遠遠大於丹藥本身的長生久視。根據《大唐碑》碑文，玄宗在回應方士的奏章時說，真正的金丹"必將假無爲之功，任自然之力"，其實這正是與"不召而至"的方士（很可能就是孫太沖本人）策劃好的一場"無爲而至"的"金丹秀"，以此爲天寶改元、天降符瑞的順天承運吶

---

① （清）趙翼著，王樹民校證：《廿二史劄記校證》，中華書局，1984年，第398頁。

喊助威。爲了强化"假無爲之功,任自然之力"而神丹自成的奇迹,修煉過程中,專門派出宦官臣吏現場監視,刻意在河尹官屬的監視下"目對封泥,手連印署";爐竈丹鼎安置好以後,孫太冲與太監薛履信"涉海沂,過蒙羽,行且千里";丹成後右補闕李成式再前往勘驗真假,所有這些,就是爲了説明道士孫太冲没有干預燒煉過程,完全"假自然之功"。隨後玄宗該登場了,但不是真的喫下這枚金丹,而是玄壇供奉,頒示其神通感應。接下來,太子、群臣應聲慶賀,各種賀表、贊頌、刻碑等紛沓至來,一派盛世太平的景象,就這樣營造起來。

我們回顧整個過程,發現這場金丹表演上下配合,彼此照應,環環相扣,從一個側面也反映了開元天寶之際唐王朝的行政效率和政治氣氛。

孫太冲爲玄宗燒煉金丹事後,"功成身退,謝病而去",回到兖州,此間還曾與李白有過交往。李白《崇明寺佛頂尊勝陀羅尼幢頌》云:

> 郡人都水使者宣道先生孫太冲,得真人紫蕊玉笈之書,能令太一神自成還丹,以獻於帝。帝服享萬壽,與天同休。功成身退,謝病而去,不謂古之玄通微妙之士歟? 乃謂白曰:"昔王文考觀藝於魯,騁雄辭於靈光;陸佐公知名在吴,銘雙闕於磐石。吾子盍可美盛德,揚中和。"恭承話言,敢不惟命。遂作頌曰……①

李白對孫太冲爲玄宗煉丹事,也有簡單的回顧和贊美,尤其對

---

① (唐)李白撰,安旗等箋注:《李白全集編年箋注》卷十八,中華書局,2015年,第1844頁。

孫太沖功成身退的胸懷贊美有加，謂之"古之玄通微妙之士"。可見，玄宗煉丹事，從發起到施行，再到功成後的宣傳，形成一個完美閉環。

結語

河南尹裴敦復在天寶三載初上奏合丹功成，但《大唐碑》所述孫太沖爲玄宗煉丹事，發生在天寶元年前後，金丹九轉過程複雜，歷時經年。李林甫爲此事撰寫《感應頌》碑文，當在天寶四載當年或以後、七載之前。天寶九載以後刻立如此宏偉氣派的石碑，實爲李林甫政治自保的手段之一，而《大唐碑》碑文則是李林甫的舊文。

自宋代金石學興起以後，碑刻文獻就成爲校證史籍、訂正訛誤的重要依據。雖然金石文獻因其頌贊性的撰寫初衷，尤其墓誌銘的"諛墓之詞"，不可盡信，但通過辨析碑刻文獻中的各種隱微曲折的春秋筆法，透過重重迷霧，仍能窺探一些宏大敘事之外的歷史真實。這也正是王澍（1668—1743）所謂"一碑足補世史所未備"的意義所在。通過對《大唐碑》文本和刻立過程的考察，我們發現此碑的學術價值不在其書法藝術價值之下，它對於我們重新認識開元、天寶年間的制度變遷、政治危機和帝國走向有積極的推動作用。

李陽冰《城隍廟碑》的文本過録、重刻過程與拓片流傳考

《城隍廟碑》是李陽冰篆書藝術的代表性作品，是書法研究的重要對象，但此碑同時也是城隍信仰研究繞不開的重要參考。目前，學界研究大多集中於對李陽冰小篆藝術的考察，至於碑文本身的文本釋讀、刻立過程、拓片流傳和涉及的城隍信仰問題，都缺乏深入研討。有些論著陳陳相因，對碑文的認識有限，以致於産生諸多誤讀。以此，筆者試對《城隍廟碑》的文本殘損、異文産生、篆法突破和重刻過程等問題，略作考訂闡釋。

一、李陽冰其人與《城隍廟碑》的現狀

李陽冰字少温，祖籍趙郡（今河北趙縣）。《全唐文》卷三四七李陽冰《上李大夫論古篆書》云"陽冰年垂五十"，此書爲代宗廣德元年（763）上李季卿之作，以此年李陽冰"年垂五十"的四十九逆推，約生於開元（713—741）初年。又據墓誌銘等各種史料，李陽冰當卒於德宗貞元（785—804）初年或稍後，享年七十餘歲。《全唐文》卷四三七存文《惡溪銘》《忘歸臺銘》等八篇，《全唐文補編》卷五一輯得《般若臺銘》等三篇，《全唐詩》卷二六二存詩《阮客舊居》一首。

李陽冰爲李白族叔，曾爲李白作《草堂集序》，李白作品也曾多

次提及並頌揚這位族叔,我們從中可略窺李陽冰的身世與成就。如李白這首古風體的《獻從叔當塗宰陽冰》,其中有這樣幾句:

> 吾家有季父,傑出聖代英。雖無三台位,不借四豪名。激昂風雲氣,終協龍虎精。弱冠燕趙來,賢彥多逢迎。魯連善談笑,季布折公卿。……落筆灑篆文,崩雲使人驚。吐辭又炳煥,五色羅華星。秀句滿江國,高才淡天庭。宰邑艱難時,浮雲空古城。①

"弱冠燕趙來"可證李陽冰與"趙郡"的關係,"落筆灑篆文,崩雲使人驚"一句,對其篆書藝術成就作了極高的評價。李白還有一篇《當塗李宰君畫贊》:

> 天垂元精,嶽降粹靈。應期命世,大賢乃生。吐奇獻策,敷聞王庭。帝用休之,揚光泰清。濫觴百里,涵量八溟。縉雲飛聲,當塗政成。雅頌一變,江山再榮。舉邑抃舞,式圖丹青。眉秀華蓋,目朗明星。鶴矯閬風,麟騰玉京。若揭日月,昭然運行。窮神闡化,永世作程。②

李白把族叔看作天降"大賢",符合歌功頌德的贊頌體特徵,但"縉雲飛聲,當塗政成。雅頌一變,江山再榮"兩句,提及李陽冰在處州縉雲和安徽當塗的輝煌政績,對瞭解李陽冰的生平與事功有重要的文獻價值。

---

① 《李白全集編年箋注》卷十五,第 1568 頁。
② 《李白全集編年箋注》卷十八,第 1941 頁。

從李陽冰留存的詩文作品來看,他的詩文創作水平和數量都不及李白,但對他的篆書成就,李陽冰頗爲自信,曾言:"斯翁之後,直至小生。曹喜、蔡邕,不足言也。"另外,與李陽冰有一定交往的竇臮在其《述書賦》中云:"通家世業,趙郡李君。《嶧山》並騖,宣父同群。洞於字學,古今通文。家傳孝義,氣感風雲。"此段文字下的小字注云:

李陽冰,趙郡人,……冰兄弟五人,皆負詞學,工於小篆。初師李斯《嶧山碑》,後見仲尼《吳季札墓誌》,便變化開闔,如虎如龍,勁利豪爽,風行雨集,文字之本,悉在心胸,識者謂之倉頡後身。[1]

"變化開闔,如虎如龍,勁利豪爽,風行雨集"幾句可謂的評。唐人呂總《續書評》又謂:"篆書一人:李陽冰書,若古釵倚物,力有萬夫。李斯之後,一人而已。"宋以後書家論李陽冰書法,也給予了極高的贊譽。

在李陽冰留存的書法作品中,有一通小篆體《城隍廟碑》,北宋宣和五年(1123)利用紙本重刻。碑石保存在浙江省縉雲縣博物館,(圖一)碑

圖一

---

[1] (唐)張彥遠撰,武良成、周旭點校:《法書要録》卷五《述書賦》,浙江人民美術出版社,2019年,第176—177頁。

高 1.65 米，寬 0.79 米，厚 0.17 米，字徑 7×11 釐米。石碑設碑座。正文共 86 個字，自右至左直書 8 列，字體篆書。落款 2 列，字體楷書，字徑 2×2 釐米。碑中大部分字跡清晰可辨，只右下角有 5 個字損毀較嚴重，右上角碑身有缺損，暫用鐵箍加固。

二、李陽冰《城隍廟碑》碑文缺損、異文與篆法突破

《城隍廟碑》雖然不足 90 個字，但現在的各種過錄文字存在一些異文，斷句也有較大誤差。如上文所述，《全唐文》卷四三七錄李陽冰文八篇，其中有一篇《縉雲縣城隍神記》，此篇記文即今存《城隍廟碑》所刻文字。但現存碑石底部有部分殘缺，再加上《縉雲縣城隍神記》有不同版本，故在錄文時出現異文。《縉雲縣城隍神記》這篇文字，目前所見最早的版本是宋初姚鉉（967—1020）編輯的《唐文粹》所收本。《唐文粹》最早的版本是南宋紹興九年（1139）臨安府刻本。《中華再造善本》收錄此書（圖二）。此本《唐文萃》卷

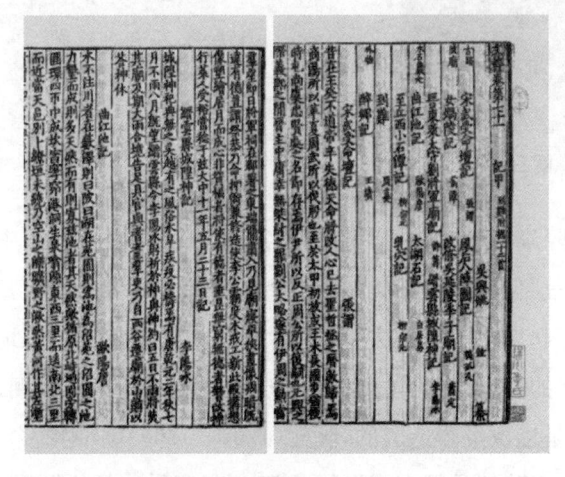

圖二

七一載李陽冰《縉雲縣城隍神記》。清嘉慶十九年（1814）刻本《全唐文》卷四三七所錄文字，與此相同，未產生異文。北宋宣和五年重刻的《城隍廟碑》（圖三）部分字體模糊，底部殘缺 5 個字，"躬"字亦缺大半，但拓片"躬"字尚完整。另外，《唐文粹》本"遷廟於山"的"於"字，《城隍廟碑》刻"于"字。現據清代較好的拓片，依文字原樣照錄如下：

圖三

遷具焚於既乾風城
廟官其神望元俗隍
于與廟與縉二水神
山耆及神雲年旱祀
巔耋期約縣秋疾典
以群大曰令七疫無
答吏雨五李月必之
神乃合日陽不禱吳
休自境不冰雨焉越
西告雨躬八有有
谷足□□□□□

《城隍廟碑》在"文革"期間被當作"四舊"從展覽館中掃地出門，拋之荒野，幸賴住在城隍山的街道清潔工丁守善冒着風險埋入地下保存起來。丁守善去世後，縉雲縣文化館在建築工地發現了埋藏多年的《城隍廟碑》，碑體部分損毀殘缺。但《城隍廟碑》的損毀，不全是這次災難造成的，阮元（1764—1869）編《兩浙金石志》卷二過錄碑文時，"吳越有之"的"之"字和"李陽冰躬祈"的"祈"字就已經缺失。朱文藻(1735—1806)《碧溪文集》也提到:“下截一格,缺蝕三字,微存偏旁,可意會也。”《兩浙金石志》成書於嘉慶十年(1805),與此書同年成書的王昶(1725—1806)《金石萃編》卷九一在收録此碑碑文時,手模了篆書碑文,未見缺字。後出的李遇孫(1765—?)等編《括蒼金石志》也手模篆書碑文(圖四),當參考了《金石萃編》。《金石萃編》《括蒼金石志》等所模寫的完整碑文,並非出自完好的《城隍廟碑》原石,而是據殘存偏旁意會,或據某一文本補寫。

清同治十三年處州府署刻光緒元年潘紹詒增修本

清同治十三年處州府署刻光緒元年潘紹詒增修本

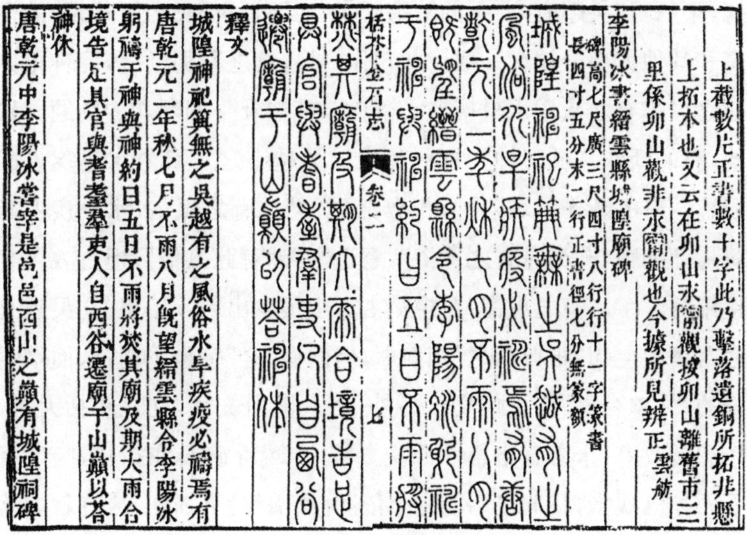
上截數片正書數十字此乃擊落遺銅所拓非懸
上拓本也又云在卯山永嘉觀拔卯山離舊市三
里係卯山觀非永嘉觀也今據所見辨正雲紡
李陽冰書縉雲縣城隍廟碑
碑高七尺廣三尺四寸八行行十一字篆書
長四寸五分末二行正書徑七分無篆額
括蒼金石志　卷二　七
釋文
城隍神祀典無之吳越有之風俗水旱疾疫必禱焉有
唐乾元二年秋七月不雨八月既望縉雲縣令李陽冰
躬禱于神與神約曰五日不雨將焚其廟及期大雨合
境告足具官與耆耋羣吏人自西谷遷廟于山巔以荅
神休
唐乾元中李陽冰嘗宰是邑西山之巔有城隍祠碑

圖四

目前,在斷句和録文過程中,主要問題就出在《城隍廟碑》底部殘缺的五個字上。其中第四行的“李陽冰躬□”的缺字,有的作“祈”,有的作“禱”,無論是“祈”還是“禱”,於句意影響不大,但第一句“城隍神祀典無之吴越有□風俗水旱疾疫必禱焉”這句就比較複雜。對於此句，宋人引錄時就已出現異文。歐陽修《集古錄》徵引此句，作："陽冰所記云'城隍神，祀典無之，吴越有爾'。然今非止吴越，天下皆有，而縣則少也。"南宋人趙與時《賓退錄》卷八云："故唐李陽冰謂：'城隍神祀典無之，惟吴越有爾。'"這兩處引文，"有之"均作"有爾"，《賓退錄》又增一"惟"字。因今存碑石"有"字下正好缺損一個字，有些錄文就錄作"有爾"。

　　從上述考訂來看，要補填這五處缺字，《唐文粹》所載最早的碑文版本應該是最可靠的文本依據。我們以南宋刻本《唐文粹》爲依據，第一行"吴越有□"下的缺字應作"之"，這也與《金石萃編》的摹寫和其他大部分錄文一致。此句作"吴越有之"，那麼"城隍神祀典無之吴越有之風俗水旱疾疫必禱焉"，就涉及一個斷句的問題。目前，有的斷作："城隍神。祀典無之。吴越有之。風俗水旱疾疫必禱焉。"有的斷作："城隍神，祀典無之，吴越有之風俗，水旱疾疫必禱焉。"如斷作"吴越有之風俗"，意近"吴越有此風俗"，但古人可直接用"此"字，"有之風俗"在規範古文中很少出現。這裏的"吴越有之"，實與上句"祀典無之"相對舉，但兩個"之"字也不對稱，而歐陽修的"吴越有爾"似更恰切。另外，古人徵引文字，往往綜括大意，作適當改寫，未必嚴格遵照原文。總之，現存碑石和拓片，"有"字下面都已缺損，我們也不能完全依照《唐文粹》下斷語，或許就如歐陽修所引"吴越有爾"。無論"有之"還是"有爾"，都不能與"風俗"二字合在一起斷句。

　　"風俗水旱疾疫必禱焉"在現代文法上是不通的，"風俗"指特定區域內的風氣、习慣和禮節等，這裏有省略的意味，如翻譯爲現代漢語，當作"民間有這樣的風俗：每遇水災、旱災、疾病、瘟疫，民衆都會向城隍神祈禱"。

我們結合上述考察和《唐文粹》所載最早的碑文版本及王昶《金石萃編》等,爲《城隍廟碑》的文本過錄和標點斷句作如下處理:

城隍神,祀典無之,吴越有之。風俗水旱疾疫,必禱焉。有唐乾元二年,秋七月,不雨。八月既望,縉雲縣令李陽冰躬祈於神,與神約曰:五日不雨,將焚其廟。及期大雨,合境告足。具官與耆畫群吏。乃自西谷遷廟於山巔,以答神休。

關於李陽冰《城隍廟碑》篆文中的俗字和不規範寫法,清人王澍(1668—1743)《竹雲題跋》卷三和阮元《兩浙金石志》卷二都曾指出。前者云:

"五日不雨","日"字以 ⊟,爲"日"篆法。"日"從 ⊙,象形也。⊟,古三切,從口含一,象口含物也。以"甘"爲"日",誤。"巔"字上 無"山",《詩》"首陽之顛",頂也。加"山",俗字。又"山"宜作,今作"山",乃"崇""豈"等字之頭,亦誤。①

《兩浙金石志》卷二指出"日""山""八"等字寫法不符合篆法。另外"必禱焉"的"禱"字右下邊,碑文和拓片均無"口"字偏旁,有"口"字旁的當爲坊間仿作。(圖五)乾元二年(759)前後,李陽冰四十餘歲,此碑不僅"筆意疏瘦,不若他篆之淳勁",②在篆書寫法上也體現出隨意或敢於突破常規的痕跡。

---

① (清)王澍撰,李文點校:《虛舟題跋 竹雲題跋》,浙江人民美術出版社,2019年,第319頁。
② (清)阮元編,阮福補遺:《兩浙金石志附補遺一卷》卷二,清道光四年李橒刻本。

圖五

三、《城隍廟碑》的重刻與拓片流傳

宣和五年(1123)以紙本重刻的《城隍廟碑》左側有兩行小字，這兩行小字大部分尚清晰，可辨識，現據《金石萃編》《括蒼金石志》等錄文，過錄如下：

> 唐乾元中，李陽冰嘗宰是邑。邑西山之巔有城隍祠碑刻，實所爲《記》與篆也。陽冰以篆冠今古，而人爭欲得之。昨緣寇攘，殘缺斷裂，殆不可讀。偶得紙本於民間，遂命工重勒諸石。庶廣其傳，亦足以傳之不朽也。
> 大宋宣和五年歲次癸卯朔，承信郎就差權處州縉雲縣尉周明、迪功郎就差處州縉雲縣主簿費季文、將仕郎處州縉雲縣丞李良翰、文林郎就差處州縉雲縣令管勾勸農公事吳延年立。①

宣和五年處州縉雲縣令管勾勸農公事吳延年、縣尉周明、主簿費季文、縣丞李良翰四人共同籌劃刻立了《城隍廟碑》，但有些論

---

① 上引錄文，現存《城隍廟碑》部分字體漫漶不清，可據《金石萃編》等補全。

述,只提縣令吳延年,似不周全,且"管勾"經常誤作"管句"。

從這段文字可知,宣和五年時《城隍廟碑》原碑已經"殘缺斷裂,殆不可讀",主因"昨緣寇攘",當指前此宣和二年到三年的方臘起義。方臘起義主要影響兩浙地區,當時的處州縉雲縣就在其活動範圍內。

《城隍廟碑》得以重刻再現,主要在於民間有拓本流傳。各地城隍廟的信物或碑刻拓片,往往被地方民衆神化爲具有種種神通的"護身符"。《括蒼金石志》的重要編寫者芝庭曾云:

> 俗稱此碑爲定風碑,攜此涉海可御颶風,俗客爭購之。余按郡志,宣平縣古迹門以北海《葉有道碑》爲定風碑。又雲和《福勝廟碑》,彼處人亦以定風目之。碑之可以定風者何多耶!委巷無稽之談,不足述也。[1]

俗傳明代有王、柳二家結伴從商,於温州海面遭遇强風,眼見船傾人覆,烏雲之中忽現金盔巨神,一揮神鞭,立馬風止浪静。二人跪於船頭對天拜謝。夜夢金甲神説:"我乃浮雲梅大將軍是也,我有石碑埋於城隍廟前祈豐橋下,望爾回去後,將之掘出,此後出海,可將碑帖隨攜,如遇風雨,將之展現,即可定風鎮颶。"二人回家後,果在祈豐橋下挖得石碑。乃於橋邊重葺廟宇,塑將軍像,立碑其中,年年拜祭。這是典型的民間造神活動,本出於福佑平安,但其中也有商機。明、清以來,每年正月月半之後,温州人即船運宣紙而來,居廟拓印《定風碑帖》運回温州售賣,每帖可賣銀幾塊,且

---

[1] (清)李遇孫輯,(清)鄒柏森校補:《括蒼金石志》,同治十三年處州府署刻,光緒元年潘紹詒增修本。

成俗例。凡出海運輸或打漁之户,或沿海居民,均必購一幅備用,鄉民尊之如神。

李陽冰《城隍廟碑》的拓片被尊爲"定風碑"也當是明以後的事情,民間這種拓片當有廣泛流傳。(同治)《姑蘇府志》卷一四二載:"明人重模唐李陽冰《縉雲縣城隍廟記》,嘉靖壬午年,在常熟城隍廟戲樓下。"[1]可見明朝李陽冰《城隍廟碑》的翻模本已經在常熟城隍廟戲樓下出現。另外,我們通過網絡檢索,還能檢得一通清朝翻印的《城隍廟碑》拓片(圖六),上鈐"縉雲縣印"的滿漢文官印。整幅拓片略顯粗糙,或即民間流傳的用於售賣射利的定風碑拓片。

圖六

結語

《城隍廟碑》文字簡短,但卻是研究城隍信仰最重要的文獻之一。碑文過錄、刻立過程、拓片流傳等文獻考察,只是深入研究的基礎工作。城隍信仰的很多問題,都是從此碑生發出來的,具體來

---

[1] (同治)《姑蘇府志》,光緒九年刊本。

説,有如下諸端:

1. 城隍信仰在中唐時期的流傳問題;
2. 從"祀典無之"到明洪武初年的"封爵配位"問題;
3. 早期城隍廟的廟址選擇與後世變遷問題;
4. 城隍神的"水旱變置"問題。

以上涉及了城隍信仰研究的重要面向,《風俗通義·祀典》《大明禮》等前人都有申論,現代學界也有諸多深入探討,如《禮制下移與唐宋社會變遷》等。[1] 這些問題對我們深入思考新時代下城隍信仰的現代化轉型與教化功能的發揮等,都有重要的啓發意義,但限於時間,只能期待來日再考了。

(此文刊於《中國古典文獻研究》第二輯,廣西師範大學出版社,2023年)

---

[1] 王美華:《禮制下移與唐宋社會變遷》,中國社會科學出版社,2015年。

楊凝式刻帖《新步虛詞》與
韋渠牟原作考論

楊凝式字景度,號虛白,華州華陰人,概生於唐咸通十四年(873),卒於後周世宗顯德元年(954),是書法史上承唐啓宋的重要人物。"宋四家"蘇、黃、米、蔡都不同程度地受其影響,其他摹法者代不乏人。楊凝式留存的作品並不多,現存紙質墨跡僅有《韭花帖》《夏熱帖》《神仙起居法》《盧鴻草堂十志圖跋》等數幅。這幾幅作品廣受關注,各種摹寫、評論、翻印層出不窮,而《戲鴻堂法書》輯存的一副刻帖《新步虛詞》近代以來關注的人並不多。(圖一)《中國書法》2014 年第 2 期刊登過于右任(1879—1964)的一副草書《新步虛詞四條屏》,內容即楊凝式書寫的唐人韋渠牟(749—801)詩作《步虛詞》,此後未見其他重要書家的臨摹,相關論述也多限於董其昌的《畫禪室隨筆》及包世臣、吳德旋、劉熙載等清人的各種評價。

刻帖無法與真跡相比,且董其昌主持的木刻本後遭焚毀,相對精細的木刻本《戲鴻堂法書》傳世不多,其後董玄宰以初拓重刻於石,但石刻本摹拓失真,過於粗率,這也許是楊凝式《新步虛詞》較少有人關注的因素之一,但這幅作品的真僞及相關的韋渠牟及其《步虛詞》在文學史上的學術問題仍值得我們作些考察。

圖一　楊凝式刻帖《新步虛詞》首頁

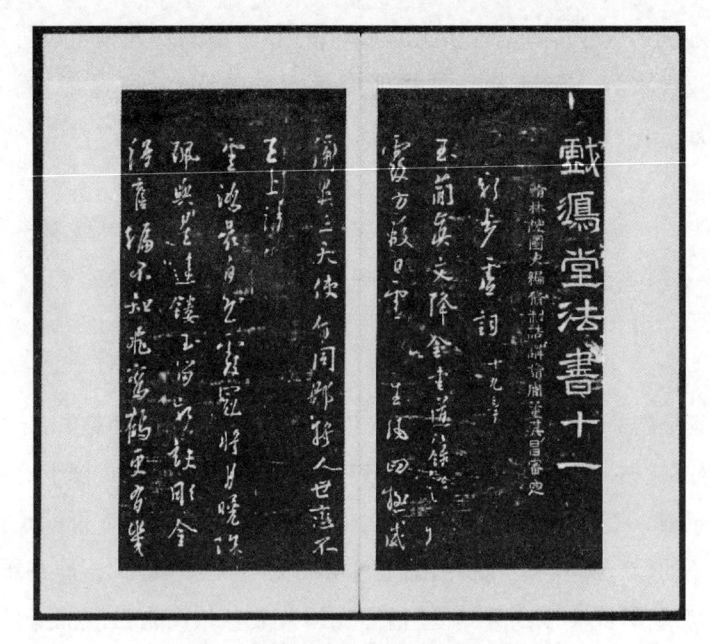

一、楊凝式《新步虛詞》真偽獻疑

　　楊凝式刻帖《新步虛詞》真跡早佚，賴董其昌《戲鴻堂法書》得以流傳。這幅作品的真偽，從未引起書評家的質疑，但有兩點是值得重視的：一是董其昌之前的各種叢帖、書目、論著等，沒有明確、直接地提及楊凝式這幅草書《新步虛詞》；二是作品後楊凝式的題署與史實略有出入。

　　楊凝式的《新步虛詞》見於董其昌《戲鴻堂法書》卷一，這應該是其私藏的一副名帖。《戲鴻堂法書》輯錄的法帖，部分借自友人，部分家藏，《〈戲鴻堂帖〉借摹底本考》一文曾詳細考訂了輯錄法帖的借摹情況，所列《〈戲鴻堂帖〉中外借底本表》中未見《新步虛詞》,①董其昌也曾多次臨摹學習《新步虛詞》,此帖可以肯定爲董氏家藏。那麼董其昌從何處獲得此帖呢?《容臺集》卷一七云:

  楊少師《步虛詞》,即米老家藏《大仙帖》也。其書寫壽簡澹,一洗唐朝姿媚之習。宋四大家皆出於此。余每臨之,亦得一斑。②

董其昌臨摹此帖,獲得書法感悟,以爲即米芾家藏《大仙帖》。宋拓《群玉堂帖》有《米姓晉唐法書真跡秘玩目》一貼,楊凝式條下有兩則記載,一爲《晝寢帖》,一爲《大仙帖》。此《大仙帖》是否就是楊凝式的《新步虛詞》? 就此,網上可檢一文——《董其昌"指鹿爲馬"欲何爲?》,此文以爲董其昌"指鹿爲馬",故意抬高自己藏品身價,炫人眼目而已。此文指出《新步虛詞》非《大仙帖》的證據,似有一定説服力,即:米芾對古代法書的命名有很強的規律性,都是采用帖中首次出現的特徵詞作爲帖名,而《新步虛詞》首字乃至全篇也没有"大仙"二字,恰好米芾《書史》記載過楊凝式墨跡,云:

  楊凝式字景度,書天真爛熳縱逸,類顏魯公《争坐位帖》。秘閣校理蘇澥家有三帖:第一白麻紙,曰"景度上大儇",第二、第三小字與薛紹彭家所藏正書相似。余三次易得,後以第一易與王詵,第二易與劉涇。余家今收楮紙,上詩云……③

----

 ① 于博:《〈戲鴻堂帖〉借摹底本考》,《中國書法》2018年第2期,第162頁。
 ② 董其昌撰,嚴文儒、尹軍主編:《董其昌全集》,上海書畫出版社,2013年,第456頁。
 ③ 《百川學海》本。

上文以爲"景度上大仙"爲尺牘格式，"景度"爲楊凝式表字，故以《大仙帖》"名之。① 但是，這個論斷忽視了古人不會自稱字的習慣，如孔子從不會自稱"仲尼"，只會直言"丘"，楊凝式也不會自稱"景度"，如楊凝式真跡《夏熱帖》（圖二）：

凝式啓 夏熱，體履佳宜，長作酥蜜水即欲致法席。苦非□□□乳之供酥，似不如也。□□□□□□病筆書。□□頓首。

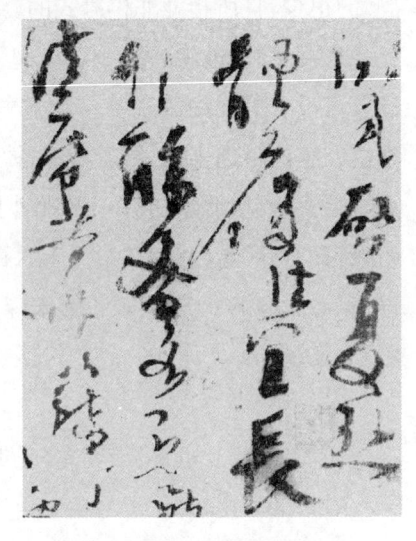

圖二　楊凝式《夏熱帖》局部

所以，"景度上大仙"幾個字，並非所謂的尺牘格式，當是他人所署，但我們無法確指它到底指的是《神仙起居法》，還是《新步虛詞》。《步虛詞》是一種具有濃厚儀式色彩的樂府詩，後與"遊仙詩"混稱，曹唐《大遊仙詩》《小遊仙詩》風格與文人化步虛詞難分彼此。"《大仙帖》"是否泛指《新步虛詞》帖没有確切的證據。總之，董其昌以下，以爲楊凝式《新步虛詞》原藏米芾處，米芾又從秘閣校理蘇澥處易得的線索是不通的。實際上，董其昌《戲鴻堂法書》之前，宋元時期關於楊凝式《新步虛詞》的明確記載幾乎没有。歐陽修、蘇軾、米芾、黃庭堅等都對楊凝式作品有過評價，《集古錄》《宣和書譜》等也

————————

① 此文爲網上未正式發表的文章，題目爲《董其昌"指鹿爲馬"欲何爲?》。

都著録過楊凝式《晝寢帖》(又《韭花帖》)等作品,但提到《新步虛詞》的很少,且所指並非楊凝式的《新步虛詞》。

朱長文《墨池編》卷一八《唐碑下》"藝文"類有"韋虛牟新步虛詞",再没有更詳細的説明。韋虛牟當爲"韋渠牟"之誤。朱長文,嘉祐四年乙科進士榜,富於藏書,博通經史,與蘇軾、米芾等多有往來酬唱。可見,北宋初有一唐碑刻了韋渠牟的《步虛詞》。此後,趙明誠《金石録》卷九録有"第一千六百五十一 唐韋渠牟《步虛詞》正書 貞元十六年十二月"。① 南宋陳思《寶刻叢編》卷一九"廣南西路"下又録有:

唐《新步虛詞》十九首,茅山玄静先生,門人朝議郎守太府卿韋渠牟撰,貞元十七年立,字畫清勁。《諸道石刻録》。②

《寶刻叢編》引《諸道石燒録》再次著録了韋渠牟的《新步虛詞》,但立碑時間與趙明誠所記略有出入,從"字畫清勁"的描述上看,似非草書。由此,上述三種著録,或爲同一唐碑正書韋渠牟《新步虛詞》,而非楊凝式行草《新步虛詞》。可見董其昌《戲鴻堂法書》收録《新步虛詞》之前,關於這幅作品未見明確的評論、記載和著録,米芾《大仙帖》也無法確指楊凝式《新步虛詞》的流傳軌跡。

關於刻帖《新步虛詞》真僞的第二個疑問是作品後楊凝式的題署時間。董其昌《戲鴻堂法書》摹寫木刻於萬曆三十一年(1603),所輯多爲晉、唐、宋、元名跡,曾風靡一時。《戲鴻堂法書》卷一一即

---

① (宋)趙明誠、李清照纂輯,劉曉東、崔燕南點校:《金石録》,齊魯書社,2009年,第79頁。
② (南宋)陳思編纂:《寶刻叢編》,浙江古籍出版社,2012年。

爲楊凝式行草《新步虛詞》十九章。帖後楊凝式題云(圖三)：

　　戶部侍郎楊凝式書寄通玄大師董上人。清泰三年廿六日記。

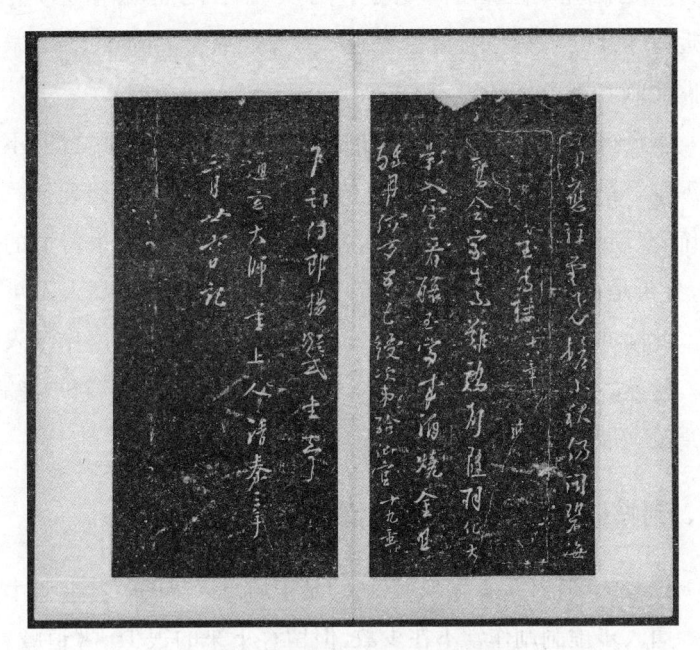

圖三　楊凝式《新步虛詞》題署

清泰三年(936)爲後唐末帝李從珂年號，時楊凝式64歲。但據《舊五代史》卷一二八《周書》本傳、《游宦紀聞》卷一〇録黃伯思撰《年譜》，楊凝式"長興中，歷右常侍、工、戶二部侍郎"，任戶部侍郎係明宗長興年間(930—933)。據《舊五代史》卷四六《唐書·末帝紀》載：清泰元年(934)十一月，"以禮部侍郎楊凝式爲戶部侍郎"；清泰二年(935)五月"以戶部侍郎楊凝式爲秘書監"，十二月"以前秘書監楊凝式爲兵部侍郎"。如果《唐書》的記載可靠,清泰二年五月楊凝式已經由户部侍郎轉秘書監,而據刻帖《新步虛詞》的題署,"清泰三年三月"楊凝式寄給通玄大師董上人的墨跡,仍署"户部侍郎"。這個明顯的誤差有各種可能,有以爲"三年"或爲"二年"之誤刻,①不必細究。但即使楊凝式有"心疾"癲狂之症,恐怕也不會把將近一年前的"舊差"繼續題署吧。另外,"通玄大師董上人"未見相關記載。

基於前揭兩點,楊凝式《新步虛詞》的真僞當在疑似之間,不可延續董其昌、包世臣等書家以下的評論毫無保留地一路褒揚。最能確認《新步虛詞》刻帖真僞的,當通過點畫特徵、運筆習慣的解構,分析是否與楊凝式的風格統一,但這一點非行內高人不可得也。此論亦抛磚獻疑之作,望有心者能從書法藝術角度作深入探討。當然,在没有確切證據之前,本文仍以五代楊凝式《新步虛詞》作爲論文展開的基礎。

二、刻帖《新步虛詞》的校勘價值

楊凝式刻帖《新步虛詞》書寫的是中唐韋渠牟的《步虛詞》十九首。唐人步虛詞創作當不在少數,但留存下來的很少,②《道藏》科儀類道經尚有保存,尚君師《全唐詩補編》有較全面的輯録。較早録輯唐人步虛詞的是《樂府詩集》卷七八"雜曲歌辭",其中就有韋渠牟的《步虛詞》十九首。韋渠牟留存的唐詩作品很少,《全唐詩

---

① 黄緯中:《書藝珍品賞析》第四輯《書法名家·五代 楊凝式》,湖南美術出版社,2007年,第19頁。
② 據李程《唐代文人的步虛詞創作》一文統計,除去吴筠、皎然僧道二人,唐代文人創作的步虛詞,《全唐詩》《樂府詩集》留存下來的合計34首。見《武漢大學學報》(人文科學版)2013年第6期,第117頁。

卷三一四除了十九首《步虛詞》,還有《覽外生盧綸詩因以示此》《贈寶五判官》兩首,①計21首作品。②

楊凝式《新步虛詞》十九首的真偽,在書法史上似有上文所述的兩個疑點,但從文字校勘上看,要優於《樂府詩集》本和《全唐詩》卷三一四所錄韋渠牟的《步虛詞》十九首。現就部分重要異文臚列如下。楊凝式書《新步虛詞》以中國書店1989年影印本《戲鴻堂法書》爲底本,校本《樂府詩集》版本衆多,本文擇取最早刊刻的傅增湘藏宋本,③《全唐詩》取康熙揚州詩局本。④

版本 異文	《戲鴻堂法書》刻本楊凝式《新步虛詞》十九首	宋本《樂府詩集》卷七八韋渠牟《步虛詞》十九首	康熙揚州詩局本《全唐詩》卷三一四韋渠牟《步虛詞》十九首
第一首	玉簡真文降	玉簡真人降	玉簡真人降
第二首	缺首句		
	不知飛鸞鶴	不知飛鳥學	不知飛鳥學
第五首	一朝騎白鹿	一朝騎白虎	一朝騎白虎
第八首	齋室有仙卿	齊室有仙卿	齋室有仙卿
第十首	缺五句		

---

① 陳尚君《全唐詩補編》中册之《全唐詩續拾》卷一九韋渠牟條據《寶氏連珠集》補《贈寶五判官》原題爲《寶五判官罷舉赴商州辟書袖文相訪書懷話舊因抒鄙懷》(中華書局,1992年,第933頁)。
② 《全唐詩》卷二九《雜曲歌辭》中的《步虛詞》據《樂府詩集》卷七八錄存了陳羽、顧況、劉禹錫、韋渠牟、僧皎然、高駢、陳陶的作品,韋渠牟《步虛詞》十九首與《全唐詩》卷三一四重複。
③ (宋)郭茂倩編:《樂府詩集》,人民文學出版社影印,2010年傅增湘藏宋本。
④ 《全唐詩》,上海古籍出版社影印,1986年康熙揚州詩局本。

續表

版本 異文	《戲鴻堂法書》刻本楊凝式《新步虛詞》十九首	宋本《樂府詩集》卷七八韋渠牟《步虛詞》十九首	康熙揚州詩局本《全唐詩》卷三一四韋渠牟《步虛詞》十九首
第十一首	缺整首	—	—
第十二首	仙相有夫人	仙相有大人	仙相有夫人
第十三首	盡把琉璃盞，都傾白玉漿。	竟把琉璃椀，誰傾白玉漿。	竟把琉璃盞，都傾白玉漿。
第十四首	應臉九真經	應檢九真經	應檢九真經
第十五首	東方拜木翁	東方拜木公	東方拜木公
第十七首	歌麟日夜聽	歌麟入夜聽	歌麟入夜聽
第十八首	金花顏應駐	金化顏應駐	金化顏應駐
	缺末句三字	—	—
第十九首	缺首句四字	—	—
	何方五色綬	何妨五色綬	何妨五色綬

通過比勘發現，《戲鴻堂法書》刻的楊凝式《新步虛詞》第二首、第十首、第十一首有整句、整首的缺失，第十八、十九首各缺三四字不等。其他十幾處異文有重要的校勘價值：

1. 楊凝式書《新步虛詞》第一首首句"玉簡真文降"，《樂府詩集》和《全唐詩》均作"玉簡真人降"，聯繫下文"金書道籙通"，"真文"與"道籙"對，"真人"顯誤。

2. 楊凝式書第二首"不知飛鸞鶴，更有幾人仙"，《樂府詩集》《全唐詩》均作"不知飛鳥學，更有幾人仙"，我們僅從字面看，"飛鳥

"學"語意不通,平仄失替,造語怪奇,而"飛鸞鶴"更爲貼切。

3. 楊凝式書第五首"一朝騎白鹿",《樂府詩集》《全唐詩》均作"一朝騎白虎","白虎"在道經文獻和道教用語中,有時指方位"四靈"中的西方白虎,有時指"神虎符",在指"神虎符"時多用"佩"或"戴"一詞,"騎白虎"則少見。此處楊凝式書作"白鹿",很可能更接近韋渠牟原作。此篇首句"羽節忽排煙,蘇君已得仙","蘇君"當用蘇耽的典故。王松年《仙苑編珠》卷上節引《蘇君傳》云:

> 蘇耽者,彬州人也。小時牧牛,牛化爲白鹿,得道。後歸鄉駐牛脾山上。州縣官吏同往禮謁。日暮,君展《黄庭經》化爲大橋,直跨城門,官吏登橋而還也。①

牛化爲白鹿,騎白鹿得仙,此"一朝騎白鹿"很可能用此典。另外,同詩第十八首"無煩騎白鹿,不用駕青牛"顯然亦用此典。

4. 楊凝式書第十三首"盡把琉璃盞,都傾白玉漿"句,②《樂府詩集》作"竟把琉璃椀,誰傾白玉漿",尤其不通。此句《全唐詩》作"竟把琉璃盞,都

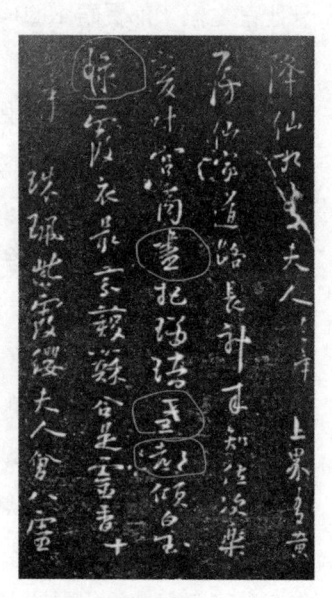

圖四

---

① 《道藏》第11册,第26頁。
② 筆者曾請教某書法文字學家,以爲當作"畫把琉璃盞",但從字形和上下文意上看,作"盡"更準確一些。

傾白玉漿"應有所校改。

其他異文，楊凝式法帖《新步虛詞》亦可提供有價值的探索，對還原和正確理解韋渠牟這首特殊的"新"《步虛詞》具有比較重要的學術價值。另外，從刻帖《新步虛詞》的文字上看，此帖雖然在董其昌刻入《戲鴻堂法書》之前少有提及，但其創作時間應早於《樂府詩集》編輯的北宋中晚期。

三、對韋渠牟的再認識

韋渠牟是中晚唐人，大曆年間著作郎、蘇州司馬韋冰之子，出身仕宦之家。郁賢皓1980年發表的《李白暮年若干交遊考索》對韋渠牟略有考訂，提及他的文學成就時說："韋渠牟那首被李白贊賞的《銅雀臺》絕句沒有流傳下來。李白雖曾授以古樂府之學，但從韋渠牟現存的二十一首詩看，無論在思想性或藝術性方面都沒有什麼值得肯定的東西。其中《步虛詞十九首》都是寫的道士生涯。"①這是少數有關韋渠牟的論文中比較詳細的一篇，今人各種文學史幾乎沒有他的名字，相關論著偶有提及，也是與某人有過交遊，而文學藝術方面的評價大多不高。但通過楊凝式書寫的《新步虛詞》，我們發現他並非一般人物，而且有被史家蒙蔽的可能。

《舊唐書》卷一三五、《新唐書》卷一六七都有韋渠牟傳記，《舊唐書》云："渠牟形神佻躁，無士君子器，志向不根道德。"《新唐書》云："渠牟爲人佻躁，志向浮淺，不根於道德仁義，特用憸巧中帝意，非有嘉謨正辭感悟得君也。"在德宗周圍的一群奸邪之輩中，韋渠牟的影響並不算大，未見裴延齡、皇甫鎛等人的斑斑劣跡，不過延

---

① 郁賢皓：《李白暮年若干交遊考索》，《南京師範大學學報》(社會科學版)1980年第2期。

攬舉薦了幾個山人處士及馮伉等下級僚屬,也曾一時門庭填委。從兩《唐書》的記載來看,韋渠牟大概是一位言語滑稽的輕佻滑稽之輩,奏事時可以讓德宗"笑語款狎,往往外聞"。這種個性在傳統士大夫的道德標準下,必然有失穩重、檢點,但我們拋開這種道德標準,客觀地說,韋渠牟也是一位聰明才子,文學造詣不可小覷。

韋渠牟父親韋冰曾與李白交好,《江夏贈韋南陵冰》《寄韋南陵冰余江上乘興訪之遇尋顔尚書笑有此贈》詩中言及的韋南陵冰,據郁賢皓考訂,即是韋渠牟父親韋冰。① 韋渠牟少年時也曾接觸過李白,并深受李白賞識,遂授以古樂府之學。權德輿《左諫議大夫韋公詩集序》云:"初,君年十一,嘗賦《銅雀臺》絶句,右拾遺李白見而大駭,因授以古樂府之學,且以瑰琦軼拔爲己任。"② 韋渠牟年少時的《銅雀臺》詩早已不傳,但正通過這首詩得到大詩人李白的賞識,李白向以樂府詩見長,授以樂府之學,可以說拿出了看家本領。韋渠牟"少穎悟,涉覽經史",但没有參加科考,先做了道士,後爲僧人,在韓滉鎮浙西時,奏授試秘書郎,轉四門博士。韋渠牟的這個經歷也正合新舊《唐書》所謂的"佻躁",他從來不是一個一本正經的學而優則仕的"根於道德"之輩,但悠遊於儒、釋、道之間,對彼時讀書人的知識結構和大體內容有充分的瞭解,也正是通過他講論三教時"枝詞遊說,捷口水注"般的口才赢得皇帝的賞識,從此平步青雲。

《新唐書》本傳謂韋渠牟"所論著甚多,傳於時",但現在留存的韋渠牟作品,詩歌如上文所述二十餘首,文僅見《全唐文》卷六二三

---

① 郁賢皓:《李白暮年若干交遊考索》,《南京師範大學學報》(社會科學版)1980年第2期。
② (唐)權德輿撰:《新刊權載之文集》,上海古籍出版社,2013年,第346頁。

《商山四皓畫圖贊并序》一篇。但據權德輿《左諫議大夫韋公詩集序》,韋渠牟曾作《天竺寺》詩六十韻,顏真卿序引而和之,①且使畫工繪於仁祠,爲一時佳勝;又曾作《臥疾》二十韻,《五牛圖》作者韓滉手翰而美之曰"卓爾獨立,其在我韋生乎"。權德輿《詩集序》又云,韋渠牟與茶聖陸羽(733—804)、僧皎然(730—799)爲方外之友,且貞元五年以來十年間所著三百多篇文字,都曾見示權德輿本人,權德輿爲其詩集作序,亦云"愛之厚而忘其不能"。可見,從韋渠牟少年時期起,就受到李白、顏真卿、韓滉、權德輿等大詩人、畫家、書法家及權臣名宦的贊賞和推重,與陸羽、皎然等有密切交往。而這些與兩《唐書》對韋渠牟的道德評判并不相符。

韋渠牟除了詩集十卷,還有佛道兩教及禮制方面的大量著述,據權德輿《唐故太常卿贈刑部尚書韋公墓誌銘并序》:

> 公敏於歌詩,縟彩綺合,大凡文集若干卷,《莊子會釋》、《老子》《金剛經》釋文、《孝經》《維摩經疏》、《三教會宗圖》共十餘萬言,又奏修《貞元新集》《開元後禮》二十卷。

韋渠牟出入三教絕非虛言,可惜其《莊子會釋》《金剛經釋文》《三教會宗圖》《貞元新集》《開元後禮》等都已散佚。貞元十二年(796)韋渠牟麟德殿講論獲德宗賞識,遷秘書郎,至貞元十七年(801)去世,韋渠牟在朝時間不過五年,在他正要大展宏圖之際,53歲溘然而逝,這樣一位卓爾不群的才子竟亦如此短命,假如韋渠牟年高位重,他在文化史上的成就和地位當不在中唐幾位重要人物之下。

---

① 顏真卿夫人是韋渠牟父親韋冰的侄女,也即韋渠牟與顏真卿爲郎舅關係。

四、韋渠牟《步虛詞》之"新"

韋渠牟留存的所有作品中，大概只有《步虛詞》十九首最值得稱道了。這首大型的具有濃厚宗教色彩的儀式歌詩，一定與韋渠牟曾經入道、對齋醮科儀有過切身的宗教實踐有關，但更可能與韋渠牟最後任"太常卿"有關。太常卿爲太常寺的最高長官，負責禮樂祭祀，源於漢景帝時期。唐制太常寺卿一人，正三品，負責朝廷大禮時的贊、引等禮樂活動。太常卿多由一些深諳禮樂制度的人擔任，①從韋渠牟的經歷來看，當爲不二人選。《步虛詞》之作很可能與韋渠牟計劃重新釐定道教科儀音樂的初衷有關，它的創作，當具有里程碑的意義，否則貞元十六或十七年，何以韋渠牟去世前後就有唐碑刻寫了這組《步虛詞》？五代又有楊凝式的書法名之爲《新步虛詞》，南宋陳思《寶刻叢編》卷一九也著録爲"唐《新步虛詞》十九首"，而之前吴筠的《步虛詞》十首，以其在道教史上的影響，何以未見任何刻碑或書法，更未見以"新"名之？

楊凝式爲什麼選擇韋渠牟《步虛詞》書寄友人，而非庾信或吴筠的《步虛詞》作品？這其中除了楊凝式與韋渠牟有着華山腳下的一份"鄉誼"外，更主要的當在一個"新"字。

步虛詞是一個後起的説法，六朝道經有稱之爲"步虛吟""步虛辭"者，②隋唐以後廣泛使用"步虛詞"，至《金籙齋三洞讚咏儀》及

---

① 任飛、楊迎《唐代太常卿考》一文統計有70%的唐代太常卿没有音樂才能，太常卿不一定由具有音樂素養的人擔任，見《貴州大學學報》（藝術版）2016年第1期。但是，判斷一位太常卿是否音樂素養並没有做一張表格那麽簡單，從常理判斷，擔任太常卿必定需要一定的"專業"素養，否則無以在其位謀其政。

② 《洞玄靈寶玉京山步虚經》所存十首步虚詞，題作"洞玄步虚吟十首"；《太上洞玄靈寶授度儀》在引録步虚詞時云"師起巡行，咏步虚，其辭曰"。北周庾信有《道士步虚詞》十首，但整體看六朝時期稱"步虛詞"者不多。

《玉音法事》所收宋太宗、真宗、徽宗作品都稱作"步虛詞",後世相沿,亦多作"步虛詞"。20世紀90年代前後,大陸傳統文化研究復興,先後出現幾種道教辭典與研究論著,如《道教文化辭典》(1994)、《中華道教大辭典》(1995)、卿希泰主編的《中國道教》(1994)、朱越利等翻譯的福井康順監修的《道教》第二卷(1992)等,①其中都有"步虛聲""步虛詞"等相關詞條。這些詞條對"步虛詞"做了初步的界定,但所用文獻彼此相因,結論也大同小異。玄英(Fabrizio Pregadio)主編的 The Encyclopedia of Taoism(《道教百科全書》)中的詞條"Buxu ci 步虛詞, Lyrics for Pacing the Void"由柏夷撰寫,顯然是在他的碩士論文基礎上完成的。除了各種論述常常提及的曹植"聞唄"傳說與《樂府詩集》的記載外,亦指出步虛詞最早出現在《智慧消魔經》中。②

其實,我們現在所指稱的"步虛詞"都是靈寶科儀中施行"旋繞步虛"儀節時的唱詞,歷史上的教內、外經典的解釋,也都是指這種儀式化的唱詞。唐初道經《洞玄靈寶升玄步虛章序疏》在解釋《升玄步虛章》經名時云:

"升玄"是妙覺之通名,"步虛"是神造之員極。"升"則證實不差,"玄"則冥同至德;"步"是通涉之名,"虛"是縱絕之稱。又云"章"者,煥輝敞露,讚法體之滂流,乃有玄音繾吐,而八表

---

① 張志哲主編:《道教文化辭典》,江苏古籍出版社,1994年;胡孚琛主編:《中華道教大辭典》,中國社會科學出版社,1995年;卿希泰主編:《中國道教》第4冊《道教詩詞》篇,知識出版社,1994年,第49頁;福井康順監修,朱越利等譯:《道教》第2卷《六朝、唐代的道教與文學》篇,上海古籍出版社,1992年,第265頁。

② Pregadio, ed., *The Routledge Encyclopedia of Taoism*, London & New York: Routledge, 2011, pp.241-242.

咸和;神韻再敷,則十華競集;旋玄都以擷靈,躡雲綱而攜契。信是怡神滌志之法場,解形蠼心之妙處也,故言《升玄步虛章》。①

目前我們能見到成熟的、用於靈寶科儀中的步虛詞是《洞玄靈寶玉京山步虛經》中十首《洞玄步虛吟》。這十首《步虛吟》與陸修静纂輯的《太上洞玄靈寶授度儀》中十首《步虛詞》基本一致,有學者以爲其與《真誥》中衆真誥授之詩同源。② 這十首《洞玄步虛吟》與科儀中的"唱步虛"儀節相對應,是用於儀式展演的,有固定的程式,柏夷(Stephen Bokenkamp)曾做過總結:

1. 五言;
2. 分爲長短不一的十節;
3. 用十個不同的韻部;
4. 以星際飛巡爲主要内容;
5. 敘事性的詩句,描述飛升的過程。③

這幾乎成了步虛詞的標準範式,但《洞玄步虛吟》十首因靈寶經構成的特殊背景,夾雜很多佛教因素,借用不少佛教詞彙,如"法輪亦三周""諸天散花香""窈窕大乘逸""六度冠梵行""累功結宿緣""相

---

① (隋唐)佚名編撰:《洞玄靈寶升玄步虛章序疏》,《道藏》第 11 册,第 168 頁。引文標點引號及底線爲筆者所加,下同。
② 參見深澤一幸《"步虛詞"考》,見吉川忠夫編《中國古道教史研究》,京都:同朋舍,1992 年,第 394 頁。
③ 見柏夷 1981 年在薛愛華(Edward H. Schafer)、司馬虚(Michel Strickmann)等海外道學大家的指導下完成碩士論文未刊稿 The "Pacing the void Stanzas" of the Ling-pao Scriptures.

與坐蓮花""舍利曜金姿""五苦一時迸""興此大法橋""流煥法輪網"等詩句,顯然受到佛教的深刻影響。後世步虛詞已經有意識地"去佛教化",降低佛教影響。麥谷邦夫以爲吴筠《步虛詞》十首就體現了這個趨勢。吴筠曾猛烈地批判佛教,在唐代佛道之争的背景下試圖在道教教理中消除佛教色彩逐漸成爲一股洪流,他的《步虛詞》十首基本摒棄了《洞玄步虛吟》十首的佛教色彩。[1] 但如果說在步虛詞中擺脱佛教色彩,那麽庾信(513—581)的《道士步虛詞》十首已經做到了,而且吴筠的作品比庾信的《道士步虛詞》更加晦澀一些。但無論如何,隋唐時期,步虛詞徹底擺脱佛教色彩已成事實,韋渠牟的《步虛詞》十九首也没有佛教影響的任何痕跡,那麽這十九首《步虛詞》新在何處呢?

首先,"步虛詞"是樂府古題的一種,《樂府詩集》列入"雜曲歌辭"類,庾信、吴筠的作品都具有樂府五言詩的典型特徵,而我們分析韋渠牟的十九首《步虛詞》,發現這是對仗謹嚴、完全符合格律要求的十九首五言律詩,這裏僅據《樂府詩集》卷七八舉首尾兩首:

其 一

玉簡真人降,金書道籙通。
煙霞方蔽日,雲雨已生風。
四極威儀異,三天使命同。
那將人世戀,不去上清宫。

---

[1] 麥谷邦夫:《吴筠的生平、思想及文學》,見陳偉强主編《道教修煉與科儀的文學體驗》,鳳凰出版社,2018年,第98頁。

其 十 九

彎鶴復驂鸞,全家去不難。

雞聲隨羽化,犬影入雲看。

釀玉當成酒,燒金且轉丹。

何妨五色綬,次第給仙官。①

十九首分別壓不同韻腳,這是《樂府詩集》卷七八收錄的所有《步虛詞》中唯一一首用格律詩寫就的作品,僅此一點,其與時俱進的"創新"性就值得關注。想來,這也只有韓渥所謂"卓爾獨立"的才子韋渠牟能爲之。

其次,韋渠牟《步虛詞》十九首的數量並不符合《洞玄靈寶玉京山步虛經》中《洞玄步虛吟》十首的規制。步虛詞是一種儀式詩歌,之所以定爲十首,與儀式展演有密切關係。②《無上黄籙大齋立成儀》卷三四《釋旋繞步虛》引錄唐代高道張萬福對步虛儀式的描述,據此我們可以形象地看出唐人如何吟唱詞、旋繞壇場:

> 玄都玉京山,上冠八方。即太上無極虛皇大道君之所治也,高仙之玄都焉。諸天大聖、高仙真人,各各持齋奉法,宗太上虛皇於此矣。凡遇齋日,并乘飛龍八景雲輿,大會太上玄都玉京,燒自然旃檀返生靈香,飛仙散花,旋繞七寶臺三匝,行誦空洞歌章也。其時八風揚旛,香花交散。流煙蓊鬱,太上稱善。又飛天之神,常乘碧霞之輦,遊於玉隆之天。一日三時,

---

① (宋)郭茂倩:《樂府詩集》第四册,中華書局,2017年,第1609、1611頁。

② 見柏夷碩士論文 The "Pacing the void Stanzas" of the Ling-pao Scriptures,羅爭鳴所譯中文版《靈寶經"步虛章"研究》,發表在《古典文獻研究》(第21輯),鳳凰出版社,2018年。

引天中衆聖，上朝七寶之宮、七寶之臺、七寶玉宮，皆元始天尊所居。諸天衆聖，朝時皆旋行，誦歌洞章，即升玄步虛章。或旋空歌章，大梵無量洞章之流也。密咒畢，都講唱步虛旋繞，以次左行，繞經三周。其第一首，但平立，面經像。作第二首，即旋行。至第十首，須各復位竟之。每稱善，各回身，向中散花，禮一拜，法十方朝玄都也。①

又引《上元金籙簡文真仙品》云：

拔度生死，建齋威儀，禮十方畢。次一時左轉繞香燈三周，師誦步虛之章，弟子門贊祝三周，如玄檯法。尊卑相次，安徐雅步，調聲正氣，誦詠空洞之章。勿得顧盼，意念不專，遲速越錯，更相進卻，要量壇席廣狹爲財。如壇席狹處，第二、第五、第八首旋繞散花，餘面經像作可也。②

這段記載形象地描述了科儀中的旋繞步虛場景。簡單地說，吟唱步虛詞、旋繞香爐就是模擬天界（玉京山）諸天聖衆、高仙真人，每遇齋日，必乘雲車龍駕朝拜太上無極虛皇大道君、元始天尊，大會玉京山，燒香、散花、吟唱崆峒歌章，大道君則頒賜真文符籙。道士在壇場旋繞步虛就是玉京山旋繞大道君的再現，所歌咏的《步虛詞》正是天界仙真所唱《升玄步虛章》。步虛儀節的主角是都講，負責領唱和引領旋繞等一切科儀。這裏面，有個重要環節，即吟唱第一首步虛詞時"但平立，面經像"，顯然第一首具有起誓、發願和

---

① 《道藏》第 9 册，第 579 頁。
② 同上。

申告之意，其他九首則一邊旋繞經像一邊吟唱。至第十首畢，復位稱善，向壇場中央的香爐、經、像散花，模擬十方朝拜玄都玉京山。又據《上元金籙簡文真仙品》記載，旋繞步虛有嚴格的規定，如意念不專、忽快忽慢、接踵摩肩，是要受罰的，而且根據壇場大小廣狹，可以有選擇地吟唱第二、五、八首旋繞，其他面對經像吟唱可也。

那麼韋渠牟《步虛詞》十九首如何適應旋繞步虛的儀節步驟？此詩第一首至第十首和第十一首至第十九首，從詩意上看，不能截然分成上下兩部分，它們仍是一個整體，仍是十首的規制。按照步虛旋繞的要求，第一首無須旋繞，只由都講正面平對經像、香爐吟唱，具有告啓、發願的意味，而我們從這十九首詩作中，扣除第一首，剩下的十八首詩作，從所表達的意涵上來看，每兩首表達相近的詩意，實際相當於九首。如此，在步虛實踐中，仍是十首的規制。這當然是一種推測，我們也可以提出這樣的疑問，如：爲什麼面對經像的第一首，只能是一首，而其他兩首并作一首？就此我們也只能分析到這裏，實難給出絕對標準的答案。但從"新"的角度，韋渠牟這十九首《步虛詞》無論如何都是突破局限的一種創新。

再次，從這十九首《步虛詞》的藝術特徵上看，韋渠牟的創作一洗吳筠、庾信等前代步虛詞較爲凝重莊嚴的宗教色彩，節奏明快，富有趣味。韋渠牟革新了《步虛詞》的創作，除了他自身卓爾不群的才學和品格，也當是中晚唐"新樂府"的一個先聲。我們讀《洞玄步虛吟》十首和庾信的《道士步虛詞》、吳筠的《步虛詞》十首，大量的道教用語和隱秘典故，要徹底理解詩的本意，需要大量的訓詁和考訂，而相比較而言，韋渠牟的作品要簡易明瞭，這對於道教的世俗化當有一定推動作用。

結語

  歷代留存的大量書法墨跡和法帖,我們大都把目光限於他們不朽的藝術價值,但這些同時也是文學文本的一個重要載體。因書法藝術的特殊性,這類文獻往往在學術研究和校勘考訂上有重要的學術價值。尤其是佛道教經典方面,大量書法作品書寫的是佛道經典,他們在宗教文獻上的價值還沒有被充分發掘和整理。在所有這些墨跡、法帖中,五代楊凝式的《新步虛詞》十九首書寫了中唐韋渠牟的詩作《步虛詞》,這爲我們重新認識韋渠牟提供了極佳的切入角度。而楊凝式刻帖《新步虛詞》十九首最早見刻於董其昌《戲鴻堂法書》之中,其真僞問題值得我們進一步考訂。可以説,一副法帖聯繫了韋渠牟和楊凝式兩位陝西同鄉,其中涉及的書法、文學及宗教問題,都是本文需要繼續深入發掘的學術空間。

          (原文刊於《唐代文學研究》2019 年第 19 輯)

聖藝與"聖王在位":祥瑞傳統下的徽宗書畫創作

引言

　　宋徽宗趙佶(1082—1135)是神宗第十一子,哲宗弟,從小受到良好的皇室教育和藝術熏陶。蔡京小兒子蔡絛(1096—1162)在流放白州(今廣西博白)期間,曾謂:"國朝諸王弟多嗜富貴,獨祐陵在藩時玩好不凡,所事者惟筆研、丹青、圖史、射御而已。當紹聖、元符間,年始十六七,於是盛名聖譽佈在人間,識者已疑其當璧矣。"①南宋人鄧椿也稱:"天縱將聖,藝極於神。即位未幾,因公宰奉清閒之宴,顧謂之曰:'朕萬幾餘暇,別無他好,惟好畫耳。'"②徽宗自身有極高的藝術天賦,且於書畫創作相當勤奮,從創作成就上看,歷代皇帝無出其右者。

　　徽宗及其書畫作品,是美術史和藝術鑒藏領域無可回避的研究對象,相關討論已相當充分和深入,但並非題無剩意。總體上看,大部分研究從書畫的真偽、技法的傳承、構圖設色、運筆點化和

---

① (宋)蔡絛撰,李國強整理:《鐵圍山叢談》卷一,《全宋筆記》第三十五冊,大象出版社,2019年,第33頁。
② (宋)鄧椿撰,王群栗點校:《畫繼》卷一《聖藝》,浙江人民美術出版社,2019年,第217頁。

内在深意等角度分析,而實際上徽宗部分書畫創作,在悠久的祥瑞傳統下,有明確的"祥瑞"製作與宣傳的功利目的。

關於徽宗書畫真僞,中外學人討論很多,如謝稚柳、楊仁愷、徐邦達等,角度不同,意見不一,此不具述。王健博士論文《宋徽宗畫作鑒藏研究》在前人研究的基礎上,對徽宗書畫作品的真僞、流傳等問題的考察,是近年比較扎實的著作之一。該文認爲:《芙蓉錦雞圖》《臘梅山禽圖》《祥龍石圖》《瑞鶴圖》有着極爲相近或相同的畫法風格,瘦金書、款押一致,爲徽宗親筆題寫,序、詩與畫面内容對應吻合。……無論從畫法風格,還是代表作品歸屬的名款、花押和鈐印,它們都印證了《鐵圍山叢談》中徽宗與崔白、吳元瑜之間的師承關係和《畫繼》中有關徽宗畫法風格的記載,故這幾件畫作,既不是"代筆"之作,也非"御題畫",而是徽宗親筆。而《五色鸚鵡圖》缺少南宋的收藏信息和遞傳痕跡,很可能是南宋人的臨摹本,但在一定程度上也反映了徽宗畫作的面貌。① 另外,伊沛霞(Patricia Ebrey)的《宋徽宗》一書也以這幾幅畫作爲徽宗真跡,但範圍更廣泛一些。② 又有學者指出北宋晚期的文藝環境中,只有少數人具備條件進行詩、書、畫合一的創作探索,而徽宗具備這個可能性。關於《芙蓉錦雞圖》《臘梅山禽圖》,"雖然不能完全確定繪畫是徽宗本人製作,但是有如此完整的署款、畫押形式,且徽宗親自書寫自作詩,這兩件作品出自徽宗之手的可能性極大"。③ 這是美術史家

---

① 王健:《宋徽宗畫作鑒藏研究》,中央美術學院博士論文,2014 年,第 73、201 頁。
② [美]伊沛霞(Patricia Ebrey)著、韓華翻譯《宋徽宗》第八章"藝術家皇帝"詳細總結并羅列了在徽宗作品真僞問題上做出貢獻的中外學者,列出自己認爲比較可靠的作品表格,相關數據可供參考。(廣西師範大學出版社,2018 年,第 197、513 頁)
③ 李方紅:《宋代徽宗朝宫廷繪畫研究》,文化藝術出版社,2021 年,第 300 頁。

不斷推進而得出的相對客觀的結論,也是較爲新近的研究成果,可資借鑒。

本文在前人研究的基礎上,擬對《瑞鶴圖》《祥龍石圖》《芙蓉錦雞圖》《五色鸚鵡圖》等幾幅被公認爲徽宗親筆或親自參與的書畫,從圖文關係、創作意圖等角度試作分析。

一、徽宗廣集瑞物及對祥瑞事件的直接參與

祥瑞又名符瑞、瑞應、禎祥、嘉瑞、慶瑞等等,各種説法不一,但除了王莽時期的符命、吉瑞、福應各有所指外,大體上指被賦予强烈意識形態,具有符號性的各種自然異象或虛擬靈物,是王道神權的象徵。① 祥瑞大體上源於先秦天命神權、天人感應觀念,與讖緯神學關係密切,但是讖緯主要圍繞陰陽五行、五德終始、神仙方術、災異巨變等預言吉凶,易代之際往往用來指斥對手勢力,宣揚己方的政治正當性和權利合法性。讖緯是一把雙刃劍,有濃厚的宿命論色彩,歐陽修就曾撰《論刪去九經正義中讖緯劄子》一文,申論讖緯的弊端。此後讖緯逐漸式微,屢遭禁燬。祥瑞與災異向來是并存的,但對於一個已經立國的政權來説,"祥瑞"有正面的積極意義,深得"受命於天"的統治者的重視,歷代的嘉祥瑞應事件從來没有斷過。董仲舒《春秋繁露》卷四《王道》云:

《春秋》何貴乎元而言之?元者,始也,言本正也。道,王道也。王者,人之始也。王正則元氣和順、風雨時、景星見、黄龍下。王不正則上變天,賊氣並見。五帝三王之治天下,不敢

① 余欣:《符瑞與地方政權的合法性構建:歸義軍時期敦煌瑞應考》,《中華文史論叢》2010年第4期,第326頁。

有君民之心，什一而稅，教以愛，使以忠，敬長老，親親而尊尊，不奪民時，使民不過歲三日。民家給人足，無怨望忿怒之患，強弱之難，無讒賊妒嫉之人。民修德而美好，被髮銜哺而遊，不慕富貴，恥惡不犯，父不哭子，兄不哭弟，毒蟲不螫，猛獸不搏，抵蟲不觸。故天爲之下甘露，朱草生，醴泉出，風雨時，嘉禾興，鳳凰麒麟遊於郊。囹圄空虛，畫衣裳而民不犯。四夷傳譯而朝。民情至樸而不文。①

王正則元氣和順，景星、黃龍等祥瑞異象頻出，五帝三王時代甘露、朱草、醴泉、嘉禾、鳳凰、麒麟等瑞應異象頻現。祥瑞是"天子"獲得上天認可的有力證據，對鞏固皇權，穩定民心有現實意義。南朝梁沈約(441—513)又云：

夫體睿窮幾，含靈獨秀，謂之聖人，所以能君四海而役萬物，使動植之類，莫不各得其所。百姓仰之，歡若親戚，芬若椒蘭，故爲旗章輿服以崇之，玉璽黃屋以尊之，以神器之重，推之於兆民之上，自中智以降，則萬物之爲役者也。性識殊品，蓋有愚暴之理存焉。見聖人利天下，謂天下可以爲利，見萬物之歸聖人，謂之利萬物。力爭之徒，至以逐鹿方之，亂臣賊子，所以多於世也。夫龍飛九五，配天光宅，有受命之符，天人之應。易曰："河出圖，洛出書，而聖人則之。"符瑞之義大矣。②

---

① （漢）董仲舒撰，朱方舟整理，朱維錚審閱：《春秋繁露》，上海書店出版社，2012年，第132頁。

② （梁）沈約撰，王仲犖點校：《宋書》卷二七《符瑞上》，中華書局，1974年，第759頁。

有九五之尊的人間帝王，配天光宅，有受命之符、天人之應，君臨四海的同時，也能役使萬物，使動植各得其所。《宋書》以後，《南齊書》有《祥瑞志》，《魏書》有《靈徵志》，其他正史雖然沒有專門的"祥瑞"類志書，但各種祥瑞事件必須載記國史，後世正史《本紀》《列傳》《天文志》《五行志》等多有著錄。

唐代終其一朝，尤其李唐立國、武周鼎革和李隆基繼統之際，各種祥瑞頻出，且完備了祥瑞等級和表奏程序等各項管理制度。貞觀二年(628)九月，唐太宗曾下《諸符瑞申所司詔》，限定了祥瑞表奏的範圍，此後武宗、憲宗也都在太宗的基礎上，對祥瑞的等級範圍作出規定。① 玄宗朝李林甫主持的《唐六典》卷四《尚書禮部》又詳細規定了祥瑞的品目，有六十四種大瑞，如景星、慶雲、河精、鳳、麒麟、鸞、比翼鳥、神龜、龍、白澤、神馬、白馬赤鬣、六足獸、白象、一角獸、山稱萬歲、神鼎、醴泉、黃河水清、江河水五色……每遇此等大瑞，地方官員要馬上上奏，文武百官隨後要向皇帝道賀。大瑞之下，有上、中、下三等級別較低的祥瑞，上瑞有三角獸、白狼、白狐、白鹿、白麞、白兕、玄鶴、赤烏、青烏、三足烏、赤燕、赤雀、紫玉、玉龜等；中瑞有白鳩、白烏、蒼烏、白澤、白雉、雉白首、翠鳥、黃鵠、小鳥生大鳥、朱雁、五色雁、白雀、赤狐、黃羆、青燕、玄貉、赤豹、白兔等；下瑞有嘉禾、芝草、華苹、人參生、竹實滿、椒桂合生、木連理、嘉木、神雀、冠雀等等。每有大瑞，要隨即表奏，文武百官詣闕奉賀，其他可搜集起來，年終由員外郎匯總表奏。凡是鳥獸之類的祥瑞，要"隨其性而放之原野"，連理枝等不可轉送的祥瑞，要圖畫以奏。②

---

① 余欣《符瑞與地方政權的合法性構建：歸義軍時期敦煌瑞應考》對漢魏六朝至唐代的祥瑞情況作過梳理(第335—336頁)，可參。
② (唐)李林甫等撰，陳仲夫點校：《唐六典》，中華書局，1992年，第114—115頁。

宋代基本上也遵循類似的祥瑞制度,《宋會要輯稿·瑞異》記載了大量祥瑞的品類、出現的時間、地點、形狀、顏色及君臣之間的討論等。① 宋太祖、太宗也熱衷各種祥瑞,但是也表現出相對理性的一面,太宗就曾下詔,禁止地方官員進獻珍禽異獸,認爲最重要的祥瑞,還是歲稔年豐。真宗對各種祥瑞表現出濃厚的興趣,尤其是大中祥符年間,是祥瑞數量、種類最多的時期,一些趨炎附勢的地方官員投其所好,紛紛獻瑞呈異。各種祥瑞僞造痕跡明顯,但真宗不辨真假,以嘉瑞屢現爲榮。此後仁、英、神、哲時期,雖有收斂,但也不乏各種祥瑞,以致孫奭、韓琦、歐陽修等上書規勸。②

從建中靖國(1101)以後,徽宗選擇了改革派,對祥瑞再次表現出強烈的偏好,以致對災異和凶兆刻意回避,各級官員更是"報喜不報憂",且熱衷奏報祥瑞也是自身投誠和站隊的表現,即這麼做就表明自己與改革派站在一起,支持徽宗的"崇寧"政策。③ 實際上,每逢火患、旱災、洪水氾濫、地震、瘟疫等災異凶兆出現,徽宗朝也有相對應的禮儀,或出宮女,或赦免罪囚等,但重視程度遠不如祥瑞。

祥瑞在徽宗朝有更趨完善的一套"製作系統",有一定表演和娛樂性質,環環相扣,各得其所并各有所得。有一部分祥瑞,應該確實屬於自然界真實發生的一種自然現象或生物變態與變異,但當時沒有大氣輻射、地殼運動、基因突變等科學依據,就被解釋爲

---

① 常静《宋代祥瑞研究》(華中師範大學碩士學位論文,2016 年)根據《宋史》《宋會要輯稿》等文獻,把宋代祥瑞的時間、地點、呈遞人、品類等做了表格統計,多達數百條。

② 韓琦有《上仁宗諭金芝》《上仁宗論石龜》,歐陽修有《上仁宗論澧州瑞木》,齊唐有《上仁宗論麒麟》,曾公亮有《上神宗乞不宣取瑞木》等。

③ 《宋徽宗》,第 149 頁。

一種帶有政治寓意的祥瑞符號,最典型的就是動物"白化"現象和海市蜃樓等。

徽宗朝祥瑞盛行的現象,曾有學者專門探討,指出徽宗朝的祥瑞是日常存在的,而非突發的事物。其次,徽宗朝瑞物的核心部分是當下的製作,主要是新製禮器。再者,君主本人是祥瑞體系的重要組成部分。徽宗朝祥瑞體系的構建,并非爲了合法性,而是爲了展現徽宗時代"自我作古"的歷史定位,體現了"儒學復興運動"之於現實政治的雙刃劍意義。① 徽宗朝的祥瑞事件,顯然並非都是日常存在的,也有很多傳統祥瑞是突然出現的,王安中向徽宗呈遞的五十份賀表,就指明了這一點。前引《唐六典》云,生獲的鳥獸祥瑞,"隨其性而放之原野",但是宋代開始飼養在皇家苑囿中,早期規模應不算大,而到了徽宗朝,大量生獲的珍禽瑞獸豢養在新修建的延福宮和皇家園林艮嶽中,有人專司馴養調教;嘉花、瑞木、異石等,前代難以搬運移植的,"圖畫以進",但是徽宗朝的延福宮、艮嶽確有條件搬運移植過來。政和四年(1114),延福宮建成,徽宗記曰:

> 寒松怪石,嘉花異木,鬭奇而争妍;龜亭鶴莊,鹿砦蓮濠,孔雀之栅,椒漆、杏花之圃,西抵麗澤,不類塵境。②

新建延福宮并不是單純的一座殿宇,它是皇家園林式的建築群,亭臺樓閣間有嘉花異木,蓮池龜魚,并豢養鶴、鹿、孔雀等。而

---

① 方誠峰:《祥瑞與北宋徽宗朝的政治文化》,《中華文史論叢》2011年第104期,第215頁。
② (宋)陳均編,許沛藻、金圓、顧吉辰、孫菊園點校:《皇朝編年綱目備要》卷二八《徽宗皇帝》,中華書局,2006年,第711頁。

艮嶽更是一座皇家"植物園""動物園",内有大量奇花異草、祥禽瑞獸。有謂艮嶽内"聚野獸、麋鹿、鴛鵝、禽鳥數百千,蹄跡遍滿苑囿,宣和間,都下每秋風夜靜,禽獸之聲四徹,宛若川澤陂野之間,識者以爲不祥"。①

徽宗與前代帝王的區别還在於,他是祥瑞製作過程中的直接參與者。大觀三年(1109),有甘露降於尚書省殿宇,徽宗御賜詩云:

> 大觀三年四月壬子,尚書省甘露降。御筆以中臺布政之所,天意昭格,致此嘉祥。因成四韻,以記其實,賜執政而下,云:
> 政成天地不相違,瑞應中臺贊萬幾。
> 夜泡垂珠濡緑葉,朝凝潤玉弄清輝。
> 仙盆雲表秋難比,豐草霄零日未晞。
> 本自君臣俱會合,更嘉報上羙能歸。②

遇到感興趣的祥瑞,徽宗不僅寫詩記其事,還宣召宫廷畫師繪圖奏報,徽宗《宫詞》百首其一首云:"瑞物來呈日不虚,拱禾芝草一何殊。有時宣遣丹青手,各使團模作畫圖。"③除了御用畫師,徽宗以其"天縱將聖,藝極於神"的才華,亦曾親自圖繪作詩。對徽宗藝術創作記載較爲可靠的《畫繼》提到:

---

① (清)黄以周等輯注,顧吉辰點校:《續資治通鑑長編拾補》卷四〇,中華書局,2004年,第1253頁。
② (宋)吴曾撰,劉宇整理:《能改齋漫録》,《全宋筆記》第36—37册,大象出版社,2019年,第54—55頁。
③ 《全宋詩》第26册,第17051頁。

其後以太平日久,諸福之物,可致之祥,湊無虛日,史不絕書。動物則赤烏、白鵲、天鹿、文禽之屬,擾於禁籞;植物則檜芝、珠蓮、金柑、駢竹、瓜花、來禽之類,連理並蒂,不可勝紀。乃取其尤異者,凡十五種,寫之丹青,亦目曰《宣和睿覽冊》。復有素馨、末利、天竺、娑羅,種種異産,究其方域,窮其性類,賦之於咏歌,載之於圖繪,續爲第二冊。已而玉芝競秀於宫閨,甘露宵零於紫簹。陽烏、丹兔、鸚鵡、雪鷹,越裳之雉,玉質皎潔;鸑鷟之雛,金色焕爛。六目七星,巢蓮之龜;盤螭素鳳,萬歲之石;並榦雙葉,連理之蕉。亦十五物,作冊第三。又凡所得純白禽獸,一一寫形,作冊第四。增加不已,至累千冊。①

《宣和睿覽冊》從一至四,不斷增加,竟累至千冊,這裏肯定有誇張的成分,也不大可能全爲徽宗所御製,但是也能說明徽宗高度參與圖繪祥瑞之物的實情。我們從現存的幾件徽宗真跡來看,真實反映了這種情況,如《祥龍石圖》《五色鸚鵡圖》等等,與《畫繼》所云吻合,當屬《宣和睿覽冊》中的作品。

二、《祥龍石圖》《五色鸚鵡圖》《芙蓉錦雞圖》與自我身份的認同

如前述,學界公認《祥龍石圖》爲徽宗的親筆,即使不是獨立完成,也一定是親自參與,并體現了徽宗書畫風格的傑作。圖中右側一石凸起,几乎佔據了整幅畫面,石身有枇杷樹、石菖蒲、萱草等植物,有丘壑縱橫之姿。石體中部,隱約可見瘦金體書寫的"祥龍"二

---

① (宋)鄧椿撰,王群栗點校:《畫繼》卷一《聖藝》,第218—219頁。

字。(圖一)神運峰是艮嶽中的一座大石,"廣百圍,高六仞","惟神運峰前群石,以金飾其字,餘皆青黛而已。此所以第其甲乙者也"。① 艮嶽内部分奇石以金字裝飾。以此,祥龍石原石當有徽宗御筆"祥龍"二字。左側有跋文、詩句,末鈐印數方,其中有徽宗的常用印"御書""宣和殿寶",另有藏印"天曆之寶",可知此圖曾經藏於元文宗内府之中,又有"晉國奎章"和"晉府書畫之印",是爲明代晉藩府内的收藏印。長卷末尾有清代陳仁壽、吳榮光題跋。近代以來,畫作流落至香港,經中央文物小組南下救購回國,現藏於北京故宮博物院。

圖一

《祥龍圖》是祥瑞事件的藝術化終端製作,它不僅有一幅圖,還有與之搭配的説明解釋文字和"有詩爲證"的詩作,從圖文互釋的角度,進一步確立祥瑞的政治符號含義。徽宗的跋文在畫作左側,以瘦金體寫就,(圖二)内云:

圖二

---

① (宋)張淏撰,李國强整理:《雲谷雜記·佚文》,《全宋筆記》第56册,第290頁。

祥龍石者,立於環碧池之南,芳洲橋之西,相對則勝瀛也。其勢騰湧若虯龍出,爲瑞應之狀,奇容巧態,莫能具絕妙而言之也,乃親繪縑素,聊以四韻紀之。

"其勢騰湧若虯龍出,爲瑞應之狀",畫作的祥瑞主題通過這段文字,進一步確認。各級官員奏報祥瑞的基本格式,要具備瑞物出現的時間、地點、特異的形態等基本要素。徽宗這則文字,以帝王之尊,嚴格按照這種奏報格式,説明祥龍石安置的地點、形態等,并點明"親繪縑素",作詩一首,詩云:

彼美蜿蜒勢若龍,挺然爲瑞獨稱雄。
雲凝好色來相借,水潤清輝更不同。
常帶暝煙疑振鬣,每乘宵雨恐凌空。
故憑彩筆親模寫,融結功深未易窮。

詩作本身的藝術水平,限於題材和創作目的,没有特別的深摯感人之處,值得注意的是,徽宗再一次強調了"親模寫",顯示了對"祥龍石"政治符號意義的特別重視。龍的形象,起源於蒼龍七宿的天文觀測,七宿中的心宿二"大火星",向來是人間帝王的象徵。在《祥龍石圖》的生成語境中,徽宗親自參與到祥瑞圖的創造與詮釋中,從"真龍天子"的符命天授含義,實現自我"神化"的身份建構。但是,這種政治訴求,隱藏在超絕的藝術創作之中,更平添了幾分神秘和敬仰。

在一次君臣宴飲中,徽宗拿出《龍翔池鸂鶒圖》,題序并宣示群臣:

凡預燕者,皆起立環觀,無不仰聖文,睹奎畫,贊嘆乎天下之至神至精也。①

畫作的觀賞者——群臣,起立環視徽宗的畫作,對"聖文""奎畫"無不瞻仰贊嘆,以爲天下之"至神至精"。在君臣間的一些輕鬆場合上,相信徽宗也曾經宣示展覽過《祥龍石圖》等,在群臣的恭賀頌揚聲中,徽宗書畫創作的根本意圖和原始初衷,得以真正實現。

《五色鸚鵡圖》絹本,設色,縱53.3釐米,橫125.1釐米,作品有元文宗"天曆之寶"藏印,爲元代内府收藏,另有清乾隆、嘉慶内府鑒藏印,現藏美國波士頓美術館。乾隆皇帝曾重新裝裱,把徽宗的題詩放置卷首,收録於《石渠寶笈初編》。對這幅畫的正確解讀,仍離不開徽宗所配詩文,現過録如下:

五色鸚鵡來自嶺表,養之禁籞。馴服可愛,飛鳴自適,往來於苑囿間。方中春,繁杏遍開,翔翥其上,雅詫容與,自有一種態度。縱目觀之,宛勝圖畫,因賦是詩焉:
天産乾皋此異禽,遐陬來貢九重深。
體全五色非凡質,惠吐多言更好音。
飛翥似憐毛羽貴,徘徊如飽稻粱心。
緗膚紺趾誠端雅,爲賦新篇步武吟。

《五色鸚鵡圖》最重要的表現特徵就是顔色。徽宗詩作中,也

---

① (宋)鄧椿撰,王群栗點校:《畫繼》卷一《聖藝》,第218頁。

描繪了鸚鵡的羽毛顏色,"緗膺"即淺黃色的胸脯,"紺趾"即紫色的趾爪。但從繪畫來看,鸚鵡的胸部羽毛是紅、黑夾雜的,與"緗膺"的描述並未完全吻合,文與圖的表達,存在差異。造成這種差異的因素很多,如徽宗本人對"緗"色的理解、創作的習慣等,但恐怕沒有更深的含義。五色即與五行相配的黑—水、紅—火、黃—土、白—金、青—木。畫中鸚鵡羽毛的顏色,描繪得極爲細緻,頭頂羽毛爲黑色,脖頸爲紅色,頸部兩側有帶狀白色羽毛,背部、雙翅及長尾爲主體的青色,喙部爲淺黃色,具備五色特徵。(圖三)

圖三

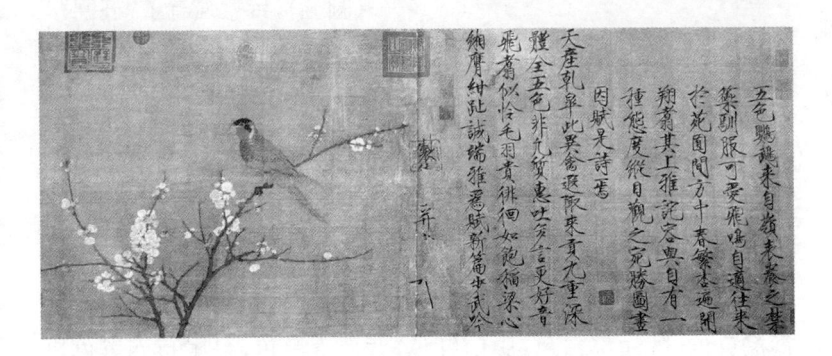

圖四

鸚鵡站在盛開的杏樹枝上,壓得樹枝略有彎曲,靜中有動,閒適優雅。(圖四)關於杏花的道教意味,已經有論著加以闡釋,有以

爲杏花也是五瓣，與五色相應，且徽宗生日爲五月五日，後來改爲十月十日，此即暗藏的"密碼"。① 但我們仔細觀察，有的花朵也未必是五瓣。配畫文字云"方中春，繁杏遍開，翔翥其上"，時值仲春，杏花盛開，鸚鵡翻飛上下。這是一幅寫生作品，選擇杏花，未必有如此之深意。作品首先要突出的是鸚鵡具有祥瑞符號意義的五色羽毛。與此五色對應的花鳥畫，還有一幅《芙蓉錦雞圖》（圖五），特意強調了"五德"。

圖五

《芙蓉錦雞圖》絹本，設色，縱 81.55 釐米，橫 53.6 釐米，現藏北京故宮博物院。畫面主體是一隻停留在芙蓉花枝上的錦雞，兩枝芙蓉花爭相怒放，錦雞壓彎了枝頭。錦雞回首朝右上側仰望着兩只翩翩起舞的彩蝶。畫面的左下角爲兩枝菊花。這不是一幅嚴格意義上的"祥瑞畫"，沒有《五色鸚鵡圖》《瑞鶴圖》《祥龍石圖》那種固定的畫面結構，它就是一幅典型的花鳥畫，但是所畫錦雞，頭部爲棕黃色，脖頸部白色，腹前紅色，背部青黑色，長尾布滿黑色斑紋，也是"體全五色"的瑞禽，但這裏強調的是"五德"。關於"五

---

① 楊冰華：《宋徽宗的密碼——〈五色鸚鵡圖〉再探》，《創意設計源》2017 年第 4 期，第 30—35 頁。

德",《芙蓉錦雞圖》右上方徽宗的瘦金體題畫詩,是最好的詮釋和說明。詩云:

> 秋勁拒霜盛,峨冠錦羽雞。
> 已知全五德,安逸勝鳧鷖。

所繪錦雞,非一般產蛋的家雞,頭有峨冠,身披錦羽,按照祥瑞禽鳥的標準,也是典型的瑞物。但"錦雞"也是"雞",徽宗巧妙地運用了"雞有五德"的典故。從現存文獻來看,這則典故較早出現在《韓詩外傳》中,内云:

> 田饒曰:"君獨不見夫雞乎? 頭戴冠者,文也;足傅距者,武也;敵在前敢鬭者,勇也;見食相呼者,仁也;守夜不失時者,信也。雞雖有此五德,君猶日瀹而食之者,何也? 則以其所從來者近也。"①

這裏的五德是文、武、勇、仁、信,到唐代成玄英《南華真經疏》,雞所具五德稍有改變,即:"雞有五德:頭戴冠,禮也;足有距,義也;得食相呼,仁也;知時,智也;見敵能距,勇也。而魯越雖異,五德則同。"②從"文、武、勇、仁、信"到"仁、義、禮、智、勇",越來越向儒家的"五常"靠攏,而儒家以陰陽五行爲核心的神學化趨勢,早就把仁、義、禮、智、信與金、木、水、火、土相匹配,而五行與五色相對應,

---

① (漢)韓嬰撰,許維遹校釋:《韓詩外傳集釋》卷二第二十三章,中華書局,1980年,第60頁。
② (晉)郭象注,(唐)成玄英疏:《南華真經注疏》卷八,中華書局,1998年,第447頁。

也是基本常識。徽宗的《五色鸚鵡圖》和《芙蓉錦雞圖》強調"五色"與"五德"也是在這種話語系統下對傳統儒家倫理的回應。但是,畫作的作者是一代天子,這種強調本身自然帶有自我身份認同的政治含義,與其他祥瑞畫的創作動機是雷同的。我們可以把"安逸勝鳧鷖"理解成徽宗的自我比附,但更多的索隱發微恐怕有失允當。

三、《瑞鶴圖》的祥瑞生成與創作意圖

在徽宗書畫作品中,最有吸引力的當屬《瑞鶴圖》(圖六),中外學界研究此圖的論著連篇累牘。① 但縱觀這些研究,從祥瑞生成和祥瑞圖角度加以關照的並不多見。② 有些論著索隱發微,對《瑞鶴圖》作出很多似是而非的判斷,如 20 只仙鶴,落在鴟吻上的

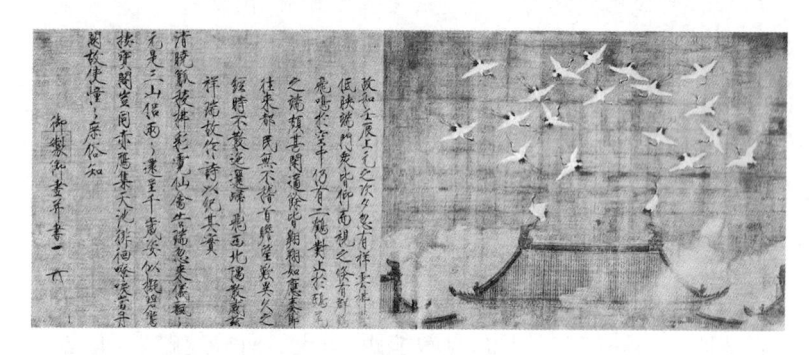

圖六

① 何飛龍:《2000 年以來國内宋徽宗〈瑞鶴圖〉研究述評》(《美學》2019 年第 1 期)從研究範式的角度,總結了十幾年來國内研究的主要成果。但這個總結並不全面,2000 年前的很多中外討論,也是無法繞過的重要研究,如石慢(Peter C. Sturman)的 Cranes above Kaifeng: The Auspicious Image at the Court of Huizong[Ars Orientalis, Vol.20 (1990), pp.33 - 68.]對《瑞鶴圖》的研究就很有代表性。另外,板倉聖哲也有相關研究。

② 馮鳴陽《三種真實:宋代祥瑞畫〈瑞鶴圖〉的寫實》(《美術》2019 年第 4 期)及黃凌子《諸福之物:北宋宫廷的祥瑞文化與祥瑞圖繪》(《南京藝術學院學報》2022 年第 4 期)等是從祥瑞傳統的角度深入研究《瑞鶴圖》的重要論文。另外伊佩霞《宋徽宗》的部分章節也多從這個角度加以論述。

兩只,一陰一陽,似象徵徽宗和帝后;而 20 只仙鶴,按照姿态和朝向,可以劃分爲兩組,恰與太極"陰陽魚"的圖形相符;20 只仙鶴,每 10 只一組,"雙十"正是徽宗的生日;詩中的"天池",極有可能指涉了宋遼河東邊界之爭的具體問題,而"赤雁"或代指當時被貶低的佛教……整首詩作反映了徽宗打算收復燕雲舊地的夙願和計劃。[1] 但是,徽宗並不是一個普通文人,他是否有必要如此隱晦曲折地表達自己?

上引《唐六典》劃分的大瑞及上、中、下三等瑞物中,有大量異常白化、赤化的鳥獸,但是並没有白鶴的影子。《新唐書·百官志》謂禮部郎中員外郎掌圖書、祥瑞,所載瑞物,也没有白鶴。《唐六典》把玄鶴列爲上瑞,是因爲鶴爲白色是"常",而玄黑色爲"異",所以可以列爲祥瑞。由此可見,瑞物並非鍾情於白色鳥獸,而是看中那些因基因突變而發生異化的鳥獸。白鶴的祥瑞符號意義,更多是從道教中來的。

《列仙傳》記載王子喬七月七日乘白鶴飛至緱氏山頂,望之不得,自此仙去。《搜神記》又載丁令威學道靈虚山,後化鶴歸遼,集於城門華表柱上,有少年舉弓射之,鶴乃飛去,徘徊空中,留下一首詩,云:"有鳥有鳥丁令威,去家千年今始歸。城郭如故人民非,何不學仙塚壘壘。"[2]這已成爲後世文學反覆慣用的仙道典故。相傳浮丘公撰《相鶴經》,又稱《幽經》,傳王子晉,王子晉傳崔文子,[3]藏嵩山石室,後淮南八公採藥得之,遂傳於世。六朝以下詩歌多言及《相鶴經》,後散佚,王安石(1021—1086)等人曾撰《相鶴經》跋文,

---

[1] 傅慧敏:《〈瑞鶴圖〉的多重隱喻與圖像內涵新探》,《南京藝術學院學報》2022年第5期。
[2] (晉)干寶撰,李劍國輯校:《新輯搜神記 新輯搜神後記》,中華書局,2007年,第39頁。"丁令威"條又見《搜神後記》,李劍國新輯本認爲當屬《搜神記》文字。
[3] 傳說中的古仙人,《列仙傳》卷上中有傳。

録部分正文，明周履靖（1549—1640）、董斯張（1587—1628）有輯本。輯本雖未必真，但也能體現古人對鶴所以爲"仙鶴"的認識，現引《王安石文集》中部分《相鶴經》文字如下：

> 鶴者，陽鳥也，而遊於陰，因金氣依火精以自養。金數九，火數七，六十三年小變，百六十年大變，千六百年形定。生三年，頂赤。七年，飛薄雲漢。又七年，夜十二時鳴。六十年，大毛落，茸毛生，乃潔白如雪，泥水不能污。百六年，雌雄相視而孕。一千六百年，飲而不食，胎化産，爲仙人之騏驥也。夫聲聞於天，故頂赤；食於水，故喙長；輕於前，故毛豐而肉疏；修頸以納新，故天壽不可量。所以體無青、黃二色，土木之氣內養，故不表於外也。是以行必依洲渚，止不集林木，蓋羽族之清崇也。其相曰："隆鼻短喙則少瞑，露睛赤白則視遠，長頸疏身則能鳴，鳳翼雀尾則善飛，龜背鱉腹會舞，高脛促節足力。"①

鶴爲陽鳥，聲聞於天，故丹頂，天壽不可量，爲仙人坐騎，與道教有天然的聯繫。另外，白鶴以其高潔曼妙的身姿，清唳響亮的叫聲，成爲得道者或長壽成仙的象徵，後世逐漸被人格化、神格化，成爲重要的宗教符號，《靈寶無量度人上品妙經》卷一云：

> 道言：行道之日，皆當香湯沐浴，齋戒入室，東向，叩齒三十二通，上聞三十二天，心拜三十二過。閉目，靜思身坐青、黃、白三色雲炁之中，內外蓊冥，有青龍、白虎、朱雀、玄武、獅

---

① （北宋）王安石撰，劉成國點校：《王安石文集》，中華書局，2021年，第1219—1220頁。

子、白鶴,羅列左右,日月照明,洞煥室内,項生圓象,光映十方,如此分明。①

在齋戒存思過程中,冥想羅列左右的珍禽異獸中,除了四靈青龍、白虎、朱雀、玄鳥和獅子,即有白鶴。修齋設醮、講經唱頌時出現白鶴,更是被看作道法靈驗的吉兆。在這種歷史話語影響下,文人詩詞中,白鶴也成爲重要的意象,②但與梅花一起,文人詩文更多地贊美白鶴隱逸高潔的形象。

徽宗朝白鶴成爲祥瑞系統下的一種瑞鳥,當與徽宗朝制禮作樂的禮制革新有關。傳説鶴鳴能應節中律,董斯張等輯《相鶴經》云:"復七年,聲應節,而晝夜十二時鳴。鳴則中律。"③由此,每有禮樂鳴奏,白鶴飛臨,自是嘉瑞。但是,最重要的還是,白鶴翔鳴是"聖人在位"的一種表徵和符號,正如《相鶴經》所云:"聖人在位,則與鳳凰翔於郊甸。"④徽宗應該閲悉《相鶴經》,作爲一代天子,想必深諳"白鶴"的符號深意。

徽宗曾設大晟府,製大晟樂,與此相應,定音的各種禮器也需要重新打造。崇寧九鼎本身就是定音器,在林靈素的慫恿下,徽宗建立一套皇帝及王朝的全新象徵符號,打造神霄九鼎,再鑄造定音鐘,最後形成神霄樂系統,以對應徽宗昊天上帝元子、神玉清真王、教主道君皇帝的身份及其所統治的世界。禮制革新的另一項重要内容是禮器的修造。徽宗朝不僅製造了崇寧鼎、崇寧鐘,大觀年間又造皇帝行信六璽、鎮國寶、受命寶、定命寶等。除了禮器製作,還

---

① 《道藏》第1册,第3頁。
② 參閲董艾冰的碩士論文《唐詩中的鶴意象研究》,暨南大學,2016年。
③ (明)董斯張、楊鶴輯:《廣博物志》卷四四,明萬曆四十三年刻本。
④ 同上。

有明堂禮等儀注的修訂,政和三年(1113)《政和五禮新儀》修訂完成。在歷次頒示禮器、演奏新樂的時候,往往會有白鶴作爲一種特殊的瑞象伴隨,以配合禮器"格神明、通天地"的神性。① 史籍明確記載白鶴出現的事件,有如下幾次:

時間	起因	史籍記載
崇寧三年 (1104)	議作 九鼎	又方其講事也,輒有群鶴幾數千萬飛其上,蔽空不散。翌日,上幸之,而群鶴以千餘又來,雲爲變色,五彩光黷,上亦隨方入其室,焚香爲再拜,從臣皆陪祀於下。②
崇寧四年 (1105)	鼎樂 新成	以鼎樂成,帝御大慶殿受賀。是日,初用新樂,太尉率百僚奉觴稱壽,有數鶴從東北來,飛度黃庭,回翔鳴唳。③
政和三年 (1113)	明堂 祭禮	大饗明堂,有鶴回翔堂上,明日又翔於上清宮。是時,所在言瑞鶴,宰臣等表賀不可勝紀。④
政和六年 (1116)	帝鼎 安置	用方士王仔昔建言,徙九鼎入於大內,作一閣而藏之,時魯公爲定鼎使。及帝蕭旁行,亦有飛鶴之祥,雲氣如畫卦之象。⑤
政和八年 (1118)	明堂 祭禮	以上清寶籙宮有鶴數千飛繞萬歲山,太師蔡京率百僚拜表稱賀。閏九月二十四日以明堂大饗,夜有鶴十六飛旋應門之上,蔡京以下拜表稱賀。⑥

① 方誠峰《祥瑞與北宋徽宗朝的政治文化》對徽宗朝的禮器製作與祥瑞系統關係有詳盡的分析,此處多有引借。
② 《鐵圍山叢談》卷一,第 33 頁。
③ 《宋史》卷一二九,第 3001 頁。
④ 《宋史》卷六四,第 1410 頁。
⑤ 《鐵圍山叢談》卷一,第 33 頁。
⑥ (清)徐松輯,劉琳等校點:《宋會要輯稿》第五冊"瑞異",上海古籍出版社,2014 年,第 2606 頁。

續　表

時　　間	起因	史　籍　記　載
宣和三年 （1121）	明堂 祭禮	宗祀明堂，太宰王黼等言："奠玉之初，有群鶴翔集空際，從以羽物。在廷執事，罔不矯首嘆嗟，垂眡錫符，其應如響。"①

通過上表，我們看到白鶴瑞象與一般祥瑞的呈現方式不同。一般祥瑞是以其有異於常的特殊外表、形態而呈進的，而白鶴本身在形態上沒有變化，是在舉行重大的國家祭儀，或演奏禮樂的時候，突然出現鶴群飛鳴，以此作為國家禮器、祭祀儀式的神聖性和靈驗表徵。

白鶴成群飛鳴出現，有濃厚的道教背景，有時候頌念道經，也會出現白鶴飛鳴的瑞象。徽宗有一詩，詩題比較長，可作一段文字理解："上清寶籙宮立冬日講經之次，有羽鶴數千飛翔空際，公卿士庶眾目仰瞻。卿時預榮觀，作詩紀實來上，因俯同其韻，賜太師以下。"詩題交代了立冬日講經而羽鶴數千只飛鳴空中的盛大場面，詩云：

上清講席鬱蕭臺，俄有青田萬侶來。
蔽翳晴空疑雪舞，低徊轉影類雲開。
翻翰清唳遙相續，應瑞移時尚不回。
歸美一章歌盛事，喜今重見謫仙才。②

---

① （清）徐松輯，劉琳等校點：《宋會要輯稿》第五冊"瑞異"，第2607頁。
② 《全宋詩》卷一四九五，第17073頁。

上清宮講經時，鶴群飛鳴出現，詩云"萬侶"是文學誇張，但一定也很多。晴朗天空中翻飛的鶴群，像雪片一樣飛舞，又像白雲一樣低徊翻轉。而《瑞鶴圖》所呈現的白鶴祥瑞，在鶴群出現的時間、起因和地點上，與此又有很大不同，這也為後世研究《瑞鶴圖》的製作過程、寫繪意圖和文圖關係等，留下很大的闡釋空間。

　　政和二年（1112），又有群鶴飛鳴，集於端門之上，徽宗繪製《瑞鶴圖》并作詩以紀其實。因《瑞鶴圖》，這成為一次著名同時也比較特殊的白鶴祥瑞事件。

　　現存《瑞鶴圖》，絹本，設色，縱 53 釐米，橫 235.6 釐米。[①]《瑞鶴圖》曾在"靖康之亂"中散落民間，600 多年後竟奇跡般現身，入藏於清內府，此後倍受清帝珍賞，乾隆、嘉慶、宣統都曾鈐印，并著錄於《石渠寶笈續編》。1945 年 8 月，日本投降後，溥儀（1906—1967）攜帶數箱珍貴書畫及珠寶玉器欲乘機逃往日本，途經瀋陽時為人民解放軍及蘇軍截獲，這批文物隨即被護送到東北銀行保管，其中就包括徽宗的《瑞鶴圖》。1949 年後，劫後餘生的《瑞鶴圖》入藏東北博物館，現作為一級文物藏於遼寧省博物館。《瑞鶴圖》右側圖畫部分，下層是祥雲繚繞的廊廡式大屋頂，屋頂上方和兩個鴟吻之上，一共 20 只白鶴，或翻飛起舞，或閑適立於鴟吻之上，背景天空是寶藍色的。

　　整幅畫的構圖非常講究，疏密有致，縱橫有跡，如果沒有對禽鳥寫生的觀察力和刻畫能力，是不可能有這樣生動的表現能力的。尤其是踞於屋頂左右對稱的兩只仙鶴，一是低蹲扇翅而回顧，另一是高立收羽而仰望，雖同處屋頂兩端，但迴環揖讓，左低右高，左抑

[①] 《瑞鶴圖》數據采自《國畫大師・趙佶》册第一章《花鳥篇》，中央廣播電視大學出版社，2014 年，第 20 頁。

右仰,與天上飛翔的18只白鶴,形成一種動静組合的和諧之美。但是,也許因畫作《瑞鶴圖》的誤導,我們往往更關注畫面中的"瑞鶴",而忽略了當時出現的另一種瑞物——祥雲。確切來說,這幅畫的完整題名應該是"《祥雲瑞鶴圖》"。另外,我們如果僅僅着眼於畫面本身,也容易對這種構圖、設色等充滿訝異,以之爲"繪畫史上的特例"。① 歷史上也有雲鶴組合圖,但雲彩用符號性的雲紋表示,排布在仙鶴周圍,而《瑞鶴圖》是現實主義的寫生作品,爲了突出祥雲與仙鶴兩種瑞物的"真實性",必須把端門和天空作爲背景鋪墊。

《瑞鶴圖》整幅畫是由圖畫、説明文字及題詩作共同構成的。對於《瑞鶴圖》而言,不能把圖畫左側的文字,當作普通畫作的"題跋"或"題畫詩"。《瑞鶴圖》首先是一幅祥瑞畫,是祥瑞發生、表奏、製作過程的藝術化終端。皇家畫師會遵守一定的程式,説明祥瑞事件的時間、地點、特徵,并呈上畫作,從而構成一幅完整的祥瑞畫。從徽宗的幾幅祥瑞畫《祥龍石圖》《五色鸚鵡圖》來看,都遵循了同樣的體例。《瑞鶴圖》左側文字部分,是解讀右側畫作的重要參考,現引録如下:

政和壬辰上元之次夕,忽有祥雲拂鬱,低映端門,衆皆仰而視之。倐有群鶴飛鳴於空中,仍有二鶴對止於鴟尾之端,頗甚閑適,餘皆翺翔,如應奏節。往來都民無不稽首,瞻望嘆異久之,經時不散。迤邐歸飛西北隅散。感兹祥瑞,故作詩以紀其實:

清曉觚棱拂彩霓,仙禽告瑞忽來儀。

---

① 陳振濂:《〈瑞鶴圖〉:中國繪畫史上的特例》,《文史知識》2020年第1期。

飄飄元是三山侶,兩兩還呈千歲姿。
似擬碧鸞棲寶閣,豈同赤雁集天池。
徘徊嘹唳當丹闕,故使憧憧庶俗知。

《瑞鶴圖》不僅僅是一幅題畫詩,也是書法、繪畫與文學完美結合的曠世之作。崇寧三年(1104)徽宗賜童貫(1054—1126)瘦金體《千字文》,時年徽宗 22 歲,"瘦金體"靈動快捷、筆畫犀利、風姿清逸的風格已然形成,與晉唐楷書大異其趣。《瑞鶴圖》作於政和二年(1112),時年徽宗 30 歲,書體更加灑脫自然。(圖七)這種字體還有一種雅稱——"鶴體"。筋骨强健,鶴體松形,向被看作純陽之徵,也是丹道真炁修煉者所追求的一種理想狀態。天真皇人回答黄帝問道云:"鍊體純陽,金筋玉骨,鶴體松形,謂之純陽,故得不死。以身爲國,以心爲君,以精爲民,以形爲爐。"[1]徽宗"瘦金體"的形成,是否刻意模仿了白鶴,目前未見明確的文獻記載,但從書法風格來看,整體字形瘦直挺拔、横畫、豎畫都强化頓筆,帶勾或帶點,撇畫像匕首,捺畫如切刀,爽利閑雅,確實有白鶴的身姿和形態。可以說,瘦金體書法,與白鶴繪圖巧妙配合,渾然天成。

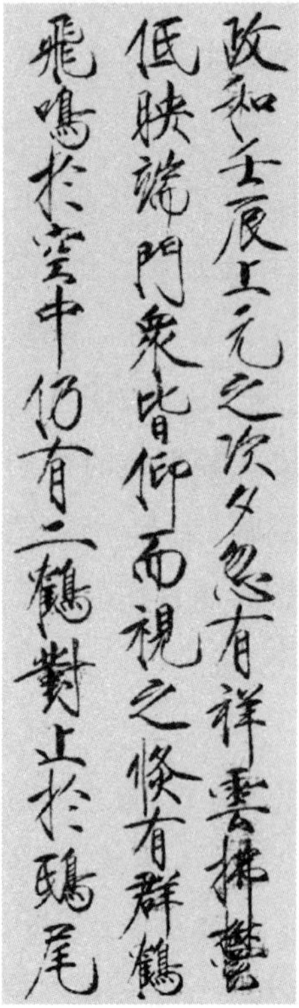

圖七

---

[1] 王宗昱集校:《陰符經集成》,中華書局,2019 年,第 210 頁。

《瑞鶴圖》左側的詩文有助於理解繪圖所不能傳達的信息，瑞物出現的時間、地點、場景細節等，都有待文字作進一步交代。但是在祥雲、白鶴出現的時間上，詩與文出現了矛盾。文字記載云：

   政和壬辰上元之次夕，忽有祥雲拂鬱，低映端門，衆皆仰而視之。倐有群鶴飛鳴於空中。

"上元次夕"顯然指上元節正月十五日以後的正月十六，抑或泛指正月十五以後的十六、十七、十八日，《宋史》卷一一三《禮志·遊觀》記載：

   三元觀燈，本起於方外之説。自唐以後，常於正月望夜，開坊市門然燈。宋因之，上元前後各一日，城中張燈，大内正門結彩爲山樓影燈，起露臺，教坊陳百戲。天子先幸寺觀行香，遂御樓，或御東華門及東西角樓，飲從臣。四夷蕃客各依本國歌舞列於樓下。東華、左右掖門、東西角樓、城門大道、大官觀寺院，悉起山棚，張樂陳燈，皇城雉堞亦遍設之。其夕，開舊城門達旦，縱士民觀。後增至十七、十八夜。①

上元節觀燈慶祝，後來增至正月十七、十八日夜，元陶宗儀《正月十七》詩亦云："上元次夕月華明，雪霰繽紛欲二更。曉起作花飛向日，苦寒砭骨勢崢嶸。"②正月十七，仍謂"上元次夕"。在這天晚

---

① 《宋史》卷六四，第2697—2698頁。
② （元）陶宗儀著、徐永明、楊光輝點校：《陶宗儀集》，浙江古籍出版社，2014年，第137頁。

上，端門之上突然有祥雲低映，百姓（"衆人"）正在觀望嘆異的時候，突然白鶴群"飛鳴"於空中。文字記載，言之鑿鑿，但是詩作卻云"清曉觚棱拂彩霓，仙禽告瑞忽來儀"。"清曉"一詞没有明確的用典，在古詩文中常指"清晨"，這樣的例句很多。那麽爲什麽會出現這種時間上的偏差？哪裏的記載是準確的？詩和文都提到了同一個場景，即衆人仰望跪拜，詩云"故使憧憧庶俗知"，文云"衆皆仰而視之……往來都民無不稽首，瞻望嘆異久之"。設想，如果發生在"清曉"的早晨，大概率不會有熙熙攘攘觀看花燈的"都民"，可以確定就是"上元次夕"，即十六或十七日還在歡慶上元節的晚上。詩歌創作與紀實文字相比，在措辭上更多一些誇張想象或程式化用典的成分。徽宗《白鶴詞》中有一首詩是這樣的：

玉樓金殿曉風輕，靈鶴翩翩下太清。
昂昂不與雞爲侣，時作衝天物外聲。①

這首詩描繪"靈鶴"從"太清"天飛落在"玉樓金殿"上，也是"曉風輕"時的清晨。在人跡尚稀的早晨，仙鶴飛臨，更凸顯其靈性，自與混跡擾攘塵寰中的雞、鴨不同。在徽宗其他《白鶴詞》詩中，也反復申説白鶴多在深夜、凌晨時活動的輕靈、神秘的特性，如"玉壇夜醮神仙降，飛過緱山人不知""瑶飈風静夜初分，仰喙驚鳴露氣新"。由此，我們不必糾結爲什麽詩歌所云"清曉"與文字所云"上元次夕"出現時間誤差，詩作更多的是一種文學表現而已，此外無他。②

---

① 《道藏》第 5 册，第 772 頁。
② 劉偉冬：《群鶴飛舞 朝兮暮兮：〈瑞鶴圖〉有關問題的闡釋》《南京藝術學院學報》2004 年第 1 期）認爲徽宗先創作了詩歌，再由畫師作畫，然後自己再謄抄并寫題跋，所以時間上出現了錯位，但此種解釋似過牽强，忽略了祥瑞畫的固定程式和生產過程。

從《瑞鶴圖》徽宗配詩的文學成就上看,這算不上什麼含蓄雋永、寓意深刻的傑作,所用典故,徽宗在其他詩作中也常常使用,如果但就這一首作無限的發揮想象,就難免墮入"曲解"一途。如詩云"飄飄元是三山侶"的"三山侶",有學者以並非指蓬萊三山,而是指茅山、閣皂山、龍虎山,體現瑞鶴與茅山教的密切聯繫。[1]但是,我們看徽宗的十首《白鶴詞》詩,其中就有"三山"的用法,其四云:

三山碧海路非遙,來瑞清都下紫霄。
霜雪羽毛冰玉性,瑤池深處啄靈苗。[2]

這裏所用"三山碧海"顯然指的是傳統典故,即海中三座仙山:蓬萊山、方丈山、瀛洲山。這個典故在蘇軾等人的很多詩作中都有運用,徽宗《白鶴詞》所謂"三山碧海路非遙,來瑞清都下紫霄"說的正是從海中三座仙山來的仙鶴,呈祥獻瑞而下降清都。《瑞鶴圖》配詩所謂"飄飄元是三山侶"的飛鳴獻瑞,也正是利用同樣的典故,而非另有深旨。如果指現實世界中的三座道教中心,則矮化和消解了仙鶴的神秘和靈性,與詩意背道而馳。

實際上,要深入了解《瑞鶴圖》這首配詩,我們首先要讀懂徽宗的十首《白鶴詞》。《金籙齋三洞讚詠儀》卷上錄宋太宗《白鶴贊》十首,卷中錄真宗十首,卷下即徽宗《白鶴詞》十首。這是最爲集中的三十首白鶴贊歌詞,後世科儀文本多有摘引,但新創不多。徽宗這十首《白鶴詞》寫得相當生動,現據《金籙齋三洞讚詠儀》本完整過錄如下:

---

[1] 傅慧敏:《〈瑞鶴圖〉的多重隱喻與圖像内涵新探》,第57頁。
[2] 《道藏》第5冊,第772頁。

其　一

胎化靈禽唳九天，雪毛丹頂兩相鮮。世人莫認歸華表，來瑞升平億萬年。

其　二

瑶颸風静夜初分，仰喙驚鳴露炁新。太液徘徊歸未得，曾於往劫作麒麟。

其　三

靈鶴翩翩下太清，玉樓金殿曉風輕。昂昂不與雞爲侣，時作衝天物外聲。

其　四

三山碧海路非遥，來瑞清都下紫霄。霜雪羽毛冰玉性，瑶池深處啄靈苗。

其　五

金火純精見羽儀，長隨王母宴瑶池。玉壇夜醮神仙降，飛過緱山人不知。

其　六

五雲宫殿步虚長，斗轉旋霄夜未央。白鶴飛來通吉信，清音齊逐返魂香。①

其　七

一聲嘹唳九皋禽，换骨輕清歲月深。遼海等閑人不識，大羅天上有知音。

其　八

白毛鮮潔映霜華，丹頂分明奪絳紗。千六百年神炁就，飛

---

① "返魂"，《玉音法事》作"返風"，《道藏》第11册，第138頁。

鳴長伴玉仙家。

其　　九

蓬萊會散列仙歸，羽駕飄然白鶴飛。明代爲祥人慣見，何須樂府詠金衣。

其　　十

玉宇沉沉瑞霧開，香風未斷鶴徘徊。奇姿會與青田別，① 定是仙人次第來。②

相比太宗《白鶴贊》每句以"白鶴"開頭而類似民歌的形式，徽宗這十首組詩有明顯雅化的傾向，反復用典，深致古雅，體現了徽宗高妙的文學造詣。這十首《白鶴詞》顯然是用於配樂演唱的歌詞。從歌詞文本看，內容涵蓋了仙鶴所具有的長壽、高潔、閑雅、飄逸等各種品質和祥瑞的符號性質。除了上文提及的"靈鶴翩翩下太清，玉樓金殿曉風輕"和"三山碧海路非遙"有助於理解《瑞鶴圖》配詩以外，"玉宇沉沉瑞霧開，香風未斷鶴徘徊"正是《瑞鶴圖》配詩描繪的祥雲出現在宮殿之上和白鶴飛鳴徘徊的瑞象；"明代爲祥人慣見"則從側面說明徽宗朝白鶴頻頻飛臨的政治意義——"明代爲祥"，即明君盛世才會有如此頻繁的白鶴瑞象。

《瑞鶴圖》所繪白鶴飛鳴的瑞象，與其他出現場景有個重要的區別，即這次並非因朝廷禮器宣示內外，鼎樂齊鳴，或是明堂舉辦重大祭儀時候出現的，而是出現在汴京上下都在歡慶上元節的晚上。皇帝遊豫有時，不能隨便出宮遊覽，一般來説，上元

---

① "會與"，《玉音法事》作"迥與"，《道藏》第 11 册，第 138 頁。
② 《道藏》第 5 册，第 772 頁。

節會到集禧觀、相國寺觀賞,晚上登宣德門城樓觀燈。① 上元次夕出現群鶴飛鳴、祥雲籠罩端門之上,很可能是徽宗在上元次夕觀燈時候發生的,是帶有娛樂和喜慶成分的"與民同樂",如果一定要解析這次事件的政治寓意,那就是體現了太平盛世和今上的聖德感應。② 至於"天池""赤雁"與伐遼的用典深意,亦多揣測臆想之語。

祥雲與瑞鶴同時出現在端門之上,可能此時徽宗恰好正在皇城某處觀看端門這場爲自己定製的"視覺盛宴"。按自然常理,白鶴爲候鳥,12世紀汴京的正月(上元)氣溫仍是很低的冬日,此時自然界的白鶴正在南方暖濕地帶避寒,不可能出現在開封。這群突然飛鳴於端門之上的白鶴,是專門飼養在皇家園囿中的馴化禽鳥。如前引,徽宗修建的新延福宮中就有鶴莊,艮嶽萬歲山中也有專門的飼養馴化的白鶴:

> 艮嶽初建,諸巨璫争出新意事土木。既宏麗矣,獨念四方所貢珍禽之在囿者,不能盡馴。有市人薛翁,素以搴擾爲優場戲,請於童貫,願役其間,許之。乃日集輿衛,鳴蹕張黄屋以遊,至則以巨样貯肉炙粱米,翁傚禽鳴,以致其類,既乃飽飫翔泳,聽其去來。月餘而囿者四集,不假鳴而致,益狎玩,立鞭扇間,不復畏。遂自命局曰"來儀",所招四方籠畜者,置官司以總之。一日,徽祖幸是山,聞清道聲,望而群翔者數萬焉。翁

---

① 《宋史》卷六四,第 2695 頁。
② 石慢(Peter C. Sturman)對《瑞鶴圖》的創作意圖也作過深入分析,指其象徵了徽宗大晟樂製作的成功,且在上元日次夕出現,體現了社會高層到底層的全面和諧。見 Cranes above Kaifeng: The Auspicious Image at the Court of Huizong, *Ars Orientalis*, Vol.20(1990), pp.33-68.

輒先以牙牌奏道左,曰:"萬歲山瑞禽迎駕。"上顧罔測,大喜,命以官,賚予加厚。靖康圍城之際,有詔許捕,馴篆者皆不去,民徒手得之,以充殽云。①

萬歲山珍禽有人專門畜養馴化,這些禽鳥後來竟像馴化的寵物一樣,"不假鳴而致",呼之即來,揮之即去。徽宗遊覽萬歲山時,群鳥竟作出飛翔迎駕的表演。這些禽鳥中當有可以指揮的白鶴。在上元次夕這種帶有民間色彩的節慶活動下,從鶴莊中放出群鶴以娛聖上,同時也令百姓紛紛稱奇禮拜。這種祥瑞表現方式,宣傳效應和聖德感應的説服力,遠遠超過少數君臣參與的朝廷禮拜和國家祭祀。

結語

太祖、太宗、真宗也熱衷於各種祥瑞,但是這些祥瑞事件用藝術表現并能作爲曠世傑作流傳下來的很少。徽宗天分非常,在藝術創作上精勤刻苦,但不全是"爲了藝術而藝術",他的創作大多數有強烈的現實目的,即作爲一代天子凭借自己的不世之才,親自參與了符瑞的製作,"聖藝"服務於"聖王在位"的宣傳,對盛世太平的粉飾也不遺餘力。

徽宗對道教表現出極大的熱情,前期的茅山上清派劉混康、後來的神霄派林靈素都對徽宗的政治決策和藝術創作產生深刻影響,但總體來看,道教終究服務於王權,所謂"教主道君皇帝"也僅限於齋醮科儀等法事活動。從徽宗與劉混康的通信來看,徽宗也

---

① (宋)岳珂撰,吴企明點校:《桯史》,中華書局,1981年,第106—107頁。

曾繪製過三茅真君等道教聖像，抄過道經，但是都没有留存。從徽宗的書畫真跡來看，他仍是一位深知"聖人以神道設教，而天下服矣"的道理，并把實踐與目的藏於"聖藝"的另類"高人"。

（此文曾在 2023 年香港浸會大學"文學與宗教"系列之"宗教圖像與中國文學"國際研討會上宣讀發表）

道經文獻

《洞玄靈寶三師記并序》作者歸屬及相關的會昌滅佛問題

道教各派都有尊師傳統，禮拜"三師"是某些科儀中的重要儀節。上清派的"三師"説，在《洞玄靈寶三師記并序》中有所闡釋。該經載録了經師、籍師、度師三位高道傳記，前有《序》一篇，每篇傳記各附《贊》一首，所有字數不過三千，在浩繁的《道藏》文獻中顯得微不足道。但是，這部作品的真實用意及編撰過程實難索解，而由作者問題引出的政治與宗教問題，實關涉會昌滅佛的背景與誘因。本文擬就上述問題試作探討，就正方家。

一、作者歸屬的迷霧

《洞玄靈寶三師記并序》收在《道藏》洞玄部譜録類，載録隋唐時期田虛應、馮惟良、應夷節三位有師承關係的上清南嶽天台系高道的傳記。三師傳記前有《序》一篇，爲敘述方便，略引如下：

> 我元始天尊，啓重玄，歷五太，握元化，運真經，總括妙門，以爲法印，授大道君。道君纘統以廣大之，敷暢以宣布之，凡十二印。……以授於老君，老君奉而行之，上極三清，旁周無外，綿亘億載，開導未聞。……自是奕葉紹承，師師授度，上自

元始,下逮兹辰。故受道尊奉,其爲"度師"乎!"度師"之師曰"籍師","籍"者,"嗣"也,嗣籍真乘,離凡契道。"籍師"之師曰"經師","經"者,"由"也,由師開悟,舍凡登仙。①

這裏編撰者廣成先生敘述了"三師"的緣起,并以"三師"爲線索,以史傳筆法第一人稱,編撰了自己的度師、籍師、經師的"三師"行狀,弘先師德風。如研究隋唐時期南嶽上清派的傳承問題,當是一篇非常值得關注的道教史傳文獻。

但這部作品的編撰者到底是誰?此序曾提及:

道弟吴興陸甚夷已敘道元先生休烈,但繼短贊,以紀德風。②

"道元先生"即度師應夷節,查本書應夷節傳記,後附一句:

後學弟子吴郡陸甚夷,稽首煙霞,直書其事,門人廣成先生制贊曰……③

結合這兩處記載,可以肯定此書的編撰者就是度師的弟子,號爲"廣成先生"的人。《道藏》本原題"廣成先生劉處静撰",但是,據度師應夷節的傳記可以看出,劉處静與應夷節本是道門同學,都是籍師馮惟良的弟子,而且劉處静已經早於師兄應夷

---

① 《道藏》第 6 册,第 751 頁。
② 同上。
③ 同上書,第 753 頁。

節"仙化",①怎麼可能是此人編撰的《洞玄靈寶三師記并序》呢?

《道藏提要》第 443 條較早認識到這個問題,最後考訂"門人廣成先生"不是劉處静,而是杜光庭,重要證據有二:一是杜光庭也有"廣成先生"的賜號,二是杜光庭曾爲應夷節弟子,符合應夷節傳記後附"門人廣成先生"的提法。這二者結合,似乎鐵證如山,并定論爲:"蓋《道藏》原題有誤,'門人廣成先生'乃應氏弟子杜光庭也。"②這個結論曾被廣泛徵引,但也有質疑者。

施舟人(Kristopher Schipper)和傅飛嵐(Fransiscus Verellen)主編的《道藏通考》(*The Taoist Canon: A Historical Companion to the Daozang*)是西方道教研究的重要成果,一共 29 位學者參加,耗時 25 年。這部書最大的特徵是選本極爲嚴格,而且最大限度地利用了半個世紀以來的國際道教研究,學術成就當與《道藏提要》相牟。此書《洞玄靈寶三師記》條,作者法國道教學者勞格文(John Lagerwey)也考證了它的作者問題。在這篇考證説明文字中,作者對此問題仍没有結論,但指出:The only person known to fit this description is DU GUANGTING, but Verellen adduces a number of good reasons for calling Du's authorship into doubt.③以爲僅有杜光庭能説明這個問題,但傅飛嵐對此也提出一些有價

---

① 在此書應夷節傳記中,有這樣一段:"又五年前孟冬月,山中道士章敬玄於天台觀偶瞻岩峰之上,見雲物紅紫,紛然有異,中有彩舟三艘:其一玉霄葉君乘之,一則方瀛劉君修然乘之,一則先生居其中。二舟飄然飛去,先生之舟在二舟之後。果劉、葉已先升化,先生後方登遐,益明得道之徵,實表修行之應矣。"(《道藏》第 6 册,第 753 頁)劉君即"劉處静",與應夷節同門,據此書前後記載,此謂"方瀛劉君"或有誤,當爲"仙都劉君"。"升化""登遐"都是道門對高道去世的諱稱,一如佛教的"圓寂"。
② 任繼愈、鍾肇鵬:《道藏提要》,中國社會科學出版社,1995 年修訂版,第 329 頁。
③ 該書尚無中文翻譯,此處爲核對方便,引原文如上,見 *The Taoist Canon: A Historical Companion to the Daozang*, The University of Chicago Press, 2005 年,第 2 卷第 418 頁。

值的疑點。傅飛嵐的大作《杜光庭(850—933)——中古中國末葉的皇家道士》是研究杜光庭的力作,惜原文未見,但借此瞭解到,傅飛嵐並沒有因襲《道藏提要》的結論。

那麼疑點在哪? 如果此"廣成先生"爲杜光庭,那麼《洞玄靈寶三師記并序》一定是在杜光庭獲得"廣成先生"賜號之後成書的。而杜光庭獲得"廣成先生"賜號是在前蜀王建當國時期。① 但是《洞玄靈寶三師記序》最後一句涉及的紀年文字爲"有唐龍集庚辰中元日甲辰序"。

庚辰年有公元860年和920年兩種可能,前者杜光庭僅10歲少年,尚未成人,只有後者一種可能。但是920年爲前蜀乾德二年,此時杜光庭獲前蜀王氏政權尊崇,已是71歲且患眼疾的老人。② 920年距唐亡已十餘年,杜光庭在前蜀委身王氏,但在文後題署紀年,仍作"有唐",③實不可思議。翻檢杜光庭著述,恰好有撰寫於同一年920年的《道德真經元德纂序》,此序題爲:

乾德二年庚辰降聖節戊申日廣成先生光禄大夫尚書户部侍郎上柱國蔡國公杜光庭。④

同是"庚辰"920年,此題前蜀"乾德二年",并疊加所有封號、賜號,而

---

① 羅爭鳴:《杜光庭道教小説研究》附錄一《杜光庭簡譜》,巴蜀書社,2005年,第318頁。
② 同上書,第320頁。
③ 唐亡後,杜光庭著述有關紀年的題署,偶見沿用唐朝年號,如《録異記》卷一:"今猶在江西境内,時天祐庚午年也。""天祐庚午"年已是前蜀武成三年(910)。這種情況很少見,此時杜光庭仍有尊唐之意,而且對前蜀政權,並未唐亡之後當即見風使舵,《鑒誡録》卷五云"杜則王取九命不從",歸在"高尚士"之列,可見《録異記》中所見唐年號當是杜光庭尚未獲得前蜀優寵的時候。
④ 《道德真經元德纂序》存《全唐文》卷九三一。

《洞玄靈寶三師記序》卻署"有唐龍集庚辰"。杜光庭在前蜀一面享受王氏政權的尊崇,一面稱"有唐",似有悖情理,所以,用"廣成先生"即杜光庭化解"廣成先生劉處静"的矛盾,一樣容易陷入歷史的迷霧。

那麼一部三千字的普通道經,何以在署名問題上產生如此混亂?從表層原因看,當出在文内"廣成先生""劉君""劉處静"等幾個提法上。

如前述,我們可以肯定此經序文和應夷節傳後所附贊語爲"門人廣成先生"所作,應夷節傳記爲"廣成先生"的同門師弟吴興人陸甚夷所作,經師田虚應、籍師馮惟良的傳記及所附短《贊》不能明確作者,但可以推斷兩種可能:

一、經師、籍師的傳記和短《贊》也是"門人廣成先生"所作;

二、采自他人成文,恰如應夷節傳記,僅由"門人廣成先生"纂集而成。

按《洞玄靈寶三師記序》,既然明確指出應夷節傳記文字采自陸甚夷,爲什麼其他兩篇及短《贊》的來源未著一筆?所以,很可能也出自"門人廣成先生"本人之手。總之,"門人廣成先生"一定是本書的編撰者,但《道藏》何以誤爲劉處静呢?細讀經師田虚應傳記,其中有這樣一句:

> 先生(田虚應)門弟子達者四人,棲瑶馮君惟良、香林陳君寡言、方瀛徐君靈府。元和中,東入天台山,隨方宣教,憲宗皇帝詔征不起。廣成先生劉君,猶居嶽下,武宗皇帝征爲天師,入國傳道。今江浙三洞之法,以先生田君爲祖師焉。[①]

---

① 《道藏》第6册,第751頁。

我們看，其中有一句"廣成先生劉君"，但蹊蹺的是，前三位弟子均有名有姓，"廣成先生劉君"卻簡略如此，這就爲"劉君"到底是誰留下了臆想的空間。而應夷節傳記所附短《贊》恰好有"門人廣成先生製"的字眼，而且籍師馮惟良的子弟、度師應夷節的同學"劉處靜"正應"廣成先生劉君"之合，後世編者不加詳審，署爲"廣成先生劉處靜撰"，結果顛倒了輩分。

但是，此"廣成先生劉君"就是本經編撰者"門人廣成先生"嗎？顯然也不是，此"廣成先生劉君"爲田虛應四大弟子之一，不可能編寫度師應夷節、籍師馮惟良的傳記，他的度師應是田虛應。應夷節"門人廣成先生"只能説較可能接近的就是杜光庭，但如上文所述，也存在一些難以忽視的疑點。據此，此經編撰者除了杜光庭一種可能，還可能是應夷節門下另一位號"廣成先生"的道士，與前蜀賜號廣成先生的杜光庭無關。

但是，"廣成子"居崆峒山，爲軒轅黃帝師，是道教裏面地位相當崇高的神仙，《神仙傳》《太上老君開天經》都有記載。杜光庭"廣成先生"號爲前蜀王建所賜號，如果某位道士以此自居，恐有自大之嫌，當不多見。所以此經編撰者"門人廣成先生"與杜光庭或不無干係，或是造構者假托杜光庭之號編纂此經，後人又誤爲"劉處靜"。

總之，此經編撰者到底是誰，在文獻不足徵的情況下，仍可存疑，《道藏提要》斷爲前蜀杜光庭，尚有商榷的餘地。

二、作者背後的會昌滅佛問題

《洞玄靈寶三師記并序》屬上清經系，是在道教重視"禮拜三師"的時代環境中編纂成書，有鮮明的宗教目的，但這三位高道傳記無意中提供了關涉重大歷史問題的蛛絲馬跡,有道教史傳文獻特有的史學價值,而這,還是從它的作者問題引發的。

上文考察此經編撰者"門人廣成先生"的身份,引用經師田虚應傳記中的一段話,提及田虚應有門人弟子四人,但棲瑶馮惟良、香林陳寡言、方瀛徐靈府三位之後,並不見第四位的身影,而是隔了一句"元和中,東入天台山,隨方宣教,憲宗皇帝詔征不起"才出現"廣成先生劉君猶居嶽下"一句。① 如前揭,此經誤題"廣成先生劉處静撰"正源於此處的"廣成先生劉君"。

那麽"廣成先生劉君"是何許人呢？田虚應門人達者四人,爲什麽前三位名姓俱在,到第四位突然中斷,隔一句僅提"廣成先生劉君",他就是第四位發達的大弟子？

《歷世真仙體道通鑑》是一部有集大成意義的道教史傳,且編纂詳,考訂核,語均有本。是書卷四〇録上清派南嶽天台系師徒傳記,篇目順序爲:《薛季昌》—《田虚應》—《馮惟良》—《陳寡言》—《徐靈府》—《劉元靖》—《葉藏質》—《應夷節》—《左元澤》—《吕志真》—《杜光庭》—《閭丘方遠》。

《歷世真仙體道通鑑》常按照前後傳承次序,集中載録某一派仙真傳記。② 就這12篇傳記,其前後順序基本反映了南嶽天台系的師承關係。薛季昌受之於司馬承禎,然後傳田虚應,田再傳馮惟良,馮再傳應夷節,應再傳閭丘方遠、杜光庭等人,全部囊括了《洞玄靈寶三師記》中的三師傳記,而且更加系統完備。

我們發現,在這12篇傳記中,有《劉元靖》一篇,從傳記内容

---

① 《道藏》第6册,第751頁。
② 劉永海:《論道教傳記的史學價值——以〈歷世真仙體道通鑑〉爲例》,《中國道教》2006年第2期,第12頁。

看,此人也是田虛應弟子,且曾賜號"廣成先生":

> 元靖感悟,泛洞庭,遊武陵,復入南嶽師田良逸。……武宗會昌中,復召入禁中,上請授法籙,問三盟歃血事,對曰:"世之所重者髮膚,天子之尊,止可飲丹以代之。"齋戒,升壇授籙,賜銀青光祿大夫、崇玄館大學士,號廣成先生,別築崇玄觀以居之。

此"劉元靖"者,"師田良逸",唐武宗朝賜號"廣成先生",可以肯定地説,他就是《洞玄靈寶三師記》田虛應傳記中的"廣成先生劉君",只是簡略地提及"猶在嶽下,武宗皇帝征爲天師,入國傳道"。

"廣成先生劉君"既爲田虛應弟子,但我們查《歷世真仙體道通鑑》卷四〇《田虛應》傳,劉元靖未被列入田虛應(良逸)弟子名下,直接被"逐出"師門之外,田傳云:

> 門弟子達者三人,棲瑶馮惟良、香林陳寡言、方瀛徐靈府。

《洞玄靈寶三師記》的田傳尚云"先生門弟子達者四人",四人雖未同列,但隔一句還是提到了"廣成先生劉君"。到《歷世真仙體道通鑑》這裏,劉元靖則被直接剝離師門之外。綜合兩書記載,傳記編撰者極力把劉元靖與田虛應及其弟子"劃清界限",似乎在遮掩什麼,以此看,此輩絶非等閑,定是"敏感人物"。就此,通過《歷世真仙體道通鑑》卷四〇的《劉元靖》本傳,我們已經看出一些端倪:劉元靖曾在會昌年間獲武宗優寵,賜銀青光祿大夫、崇玄館大學士,另造道觀以居之,"廣成先生"即此時賜封。而轟動整個朝野的會昌滅佛正發生在這個階段,《舊唐書》卷一八上《武宗本紀》記載:

歸真自以涉物論,遂舉羅浮道士鄧元起有長年之術,帝遣中使迎之。由是與衡山道士劉玄靖及歸真膠固,排毀釋氏,而拆寺之請行焉。①

同書卷一八下《宣宗本紀》有云:

　　誅道士劉玄靖等十二人,以其説惑武宗,排毀釋氏故也。②

《歷世真仙體道通鑑》卷四〇"劉元靖"與《舊唐書》的"劉玄靖"當爲同一人。宋諱"玄"字,成書於元朝的《歷世真仙體道通鑑》在編撰《劉元靖》傳記時,當采用了南宋紹興陳田夫《南嶽總勝集》卷下劉元靖的傳記資料,《南嶽總勝集》當避"玄"爲"元",這裏一仍其舊,才有"劉元靖"一説。③

綜上,從各種文獻記載來看,《洞玄靈寶三師記》中的"廣成先生劉君"及《歷世真仙體道通鑑》卷四〇中的"劉元靖",而此"劉元靖"即會昌滅佛的關鍵人物之一劉玄靖。劉玄靖曾與趙歸真、鄧元起等道徒詆毀佛教,慫恿武宗滅佛,宣宗即位後,12人或被流放,或遭誅殺。

武宗滅佛的内在原因,佛教學者和歷史學者不乏深入的考察和思考,但大多集中在經濟和政治因素及佛道衝突上。于輔仁先生認爲武宗滅佛的根本背景是武宗與宣宗之間的權力斗争:武宗

―――――――――
① (后晉)劉昫等撰:《舊唐書》第2册,中華書局點校本,1975年,第603頁。
② 同上書,第615頁。
③ 趙道一編《歷世真仙體道通鑑》卷四〇《劉元靖》"自壇尋峻峰而上六十五里"下有小字"《南嶽總真集》云十數里",《南嶽總真集》即《南嶽總勝集》,知此篇采此。

與佛教的矛盾，實質上主要是與宣宗的矛盾。武宗毁滅佛教的原因，根本在於宣宗從宫中出逃之後，隱身於佛門。滅佛，就是爲了查殺宣宗，毁滅他的棲身之所。① 這個説法，牛致功先生曾予系統反駁，頗有力度，并指出武宗滅佛的根本原因是經濟問題，重要原因是政治問題，直接原因則是佛道關係問題。② 另外崔北京的《武宗滅佛原因新探》所用材料未出牛先生大作範圍，僅強調佛道衝突爲武宗滅佛的"主要因素"。③ 綜合近年研究，武宗滅佛的原因，從宏觀來看，也無非政治、經濟和宗教因素，所論基本都已涵括無遺。但從微觀上考察，趙歸真等幾位道士的"煽風點火"確實起了關鍵作用。④

佛道衝突自佛教傳入、道教成立就已經開始，但很長時間以來，還是以"論戰"爲主，大規模的衝突並非主流。唐武宗前後有三次滅佛事件，慘烈程度不及會昌法難，⑤緣何此次道教一定要置對方於死地？歷史充滿了偶然，從微觀考察，這其中或許不無趙歸真"公報私讎"的成分。對武宗滅佛的緣起，釋贊寧《宋高僧傳》卷一八這樣記載：

> 初有道士趙歸真者，授帝留年之術，寵遇無比。每一對揚，排毁釋氏，宜盡除之。蓋以歸真曾於敬宗朝出入宫掖，勢若探湯。及其禍纏，暴弒自然，事體如漿。京邑諸僧競生銷

---

① 于輔仁：《唐武宗滅佛原因新探》，《煙臺師範學院學報》1991年第3期。
② 參閲牛致功《試論唐武宗滅佛的原因》，《唐代碑石與文化研究》，三秦出版社，2002年。
③ 崔北京：《武宗滅佛原因新探》，《綏化學院學報》2005年第5期。
④ 牛致功《試論唐武宗滅佛的原因》一文曾提到"煽風點火"，見第302頁。
⑤ 另外三次滅佛事件影響不及唐武宗滅佛，重要原因之一是其他三次都發生在國家分裂時期的局部地區。

謗。歸真痛切心骨,何日忘之?還遇武皇,因緣狎昵,署爲兩街教授先生。時諫官抗疏,宰臣李德裕屢言。歸真懼其動搖,奏迎羅浮鄧元起、南嶽劉玄靖入,帝謂神仙坐致,由是共爲犄角,同毀釋門,意報僧譏誚之讎耳。①

據贊寧記載,敬宗朝趙歸真曾被僧人譏諷,至武宗朝,其欲借皇帝寵道傾向排毀佛教以報"譏誚之讎"。滅佛的起因是複雜的,時賢論述多在政治、經濟、佛道衝突等幾個宏觀層面打轉,牛致功先生指出,佛道衝突是直接原因,但佛道之間究竟有什麼衝突導致如此"勢不兩立"的惡果?如果趙歸真"報讎"說能夠成立,歷史的原貌似乎離我們更近一些。結合各種歷史記載,可以斷定鄧、劉是趙歸真請來助陣的配角,三人在武宗滅佛過程中起到了不算光彩的煽風點火、推波助瀾的作用。關於這個推斷,我們不用尋找其他證據,道門內部對三人的態度就能說明一二。

如上文所述,在《洞玄靈寶三師記并序》中,劉玄靖本是田虛應的四大弟子之一,但文章含糊其辭,僅稱"廣成先生劉君";在《歷世真仙體道通鑑》卷四〇《田虛應》中,劉玄靖未被列入田虛應弟子行列,同卷《劉元靖》中,對劉元靖參與唐武宗滅佛事件隻字不提,而且隱瞞了劉玄靖被弒殺的結局,編造一個尸解成仙的情節,且看:

武宗會昌中,復召入禁中,上請授法籙,問三盟歃血事,對曰:"世之所重者髮膚,天子之尊,止可飲丹以代之。"齋戒升壇授籙,賜銀青光祿大夫崇玄館大學士,號廣成先生,別築崇玄

---

① 《大正新修大藏經》第 50 冊 No.2061。

觀以居之。乞還山，詔許。宣宗大中五年冬十月，有雲鶴屢降，未幾去世，聞天樂浮空。及遷神日，惟杖屨在。①

《歷世真仙體道通鑑》卷四〇的這個記載，參考了《南嶽總勝集》卷下有關劉元靖的文字。《南嶽總勝集》卷下《敍唐宋得道異人高僧》對劉玄靖的記載，較《歷世真仙體道通鑑》爲詳細，并提到武宗滅佛事：

會昌三年，武宗奉玄元之教，將除佛寺，征先生赴闕。及對見，武宗見神貌清古，改容欽敬。因問："佛法傾烈祖之風，朕欲去之。"先生對曰："釋氏久遠，將遏絶，可漸革其弊。卒有變更，即系衆害事，卻不利於道門。"……大中五年冬十月，有雲鶴頻降，未幾去世，聞天樂浮空。及遷神日，惟杖屨在。②

這裏關於劉元靖參與滅佛的記載，與正史和佛門所述完全不同，劉元靖不但是被動參與，僅説"漸革其弊"，而且提及了"革弊"的負面因素，最後也是尸解成仙——竟把劉元靖粉飾爲一代高道。這種粉飾顯然是經不起推敲的，到元代趙道一編纂《歷世真仙體道通鑑》時僅保留尸解成仙，掩蓋了被殺的結局。

道門對劉元靖參與滅佛的記載，不是粉飾就是遮掩，那麼對趙歸真、鄧元起呢？檢索《道藏》，幾乎是完全封殺，宋以後最大的道士傳記集《歷世真仙體道通鑑》竟沒有二人傳記，其他後世道經文

---

① 《道藏》第5册，第329頁。
② 《大正新修大藏經》第51册 No.2097，另參《宛委別藏》本《南嶽總勝集》卷下。

獻也鮮有記載。可見，趙歸真、劉玄靖等12位道士或被流放，或被戮殺，①他們的"政治權利"也基本被剝奪了。筆者對比了各類文獻對此事和幾位道士的記載，佛教每談及此，必痛責之，正史和筆記類作品也是基本一致的口誅筆伐，②而道門對此采取的遮掩和粉飾，正可看出道教對武宗滅佛事的不自信或心虛氣短。由此可印證少數道教術士在這次影響深遠的歷史事件中，承擔着不可推卸的重責。

結語

《洞玄靈寶三師記并序》的作者問題，仍是一個不解之謎，只能作些推測，但在索解過程中發現致誤的症結，即對"廣成先生劉君"的含糊表述。遮掩和粉飾的背後，涉及會昌法難的緣起問題。通過不同文獻的記載和各自的處理方式，我們可以肯定，個別道教術士源於一己之私，在會昌法難過程中起到了慫恿和推動的重要作用。

（原文刊載於《宗教學研究》2013年第1期）

---

① 正史記載趙歸真流放，劉玄靖等12人誅殺，《南嶽總勝集》卷下記爲趙歸真、鄧元起等處極刑，唯劉元靖乞還南嶽，似不可信。

② 筆記類主要是《唐語林》卷一的記載："武宗好神仙。道士趙歸真者，出入禁中，自言數百歲，上頗敬之。與道士劉元靖力排釋氏，上惑其說，遂有廢寺之詔。宣宗即位，流歸真於嶺南，戮元靖於市。"與《舊唐書》所載雷同。（宋）王讜撰，周勛初注解：《唐語林校正》，中華書局，1987年，第79頁。

《翊聖保德真君傳》的編撰流傳與宋初皇權的更迭

　　北宋真宗朝王欽若編的《翊聖保德真君傳》雜糅了史傳、志怪等敘事筆法,詳細記述了北宋初年太祖至真宗年間的黑煞神降言張守真事件。這則帶有讖緯色彩的道教神話,直接關涉太祖、太宗之間的皇權更迭問題。宋太祖之死與太宗即位這宗千古謎案,從20世紀40年代開始就有多位歷史學者作過深入探討,但大多針對"金匱之盟""斧聲燭影"等事件,從史料對比中作各種分析和推測,鮮有從宋初道教信仰角度加以詮釋者,①對《翊聖保德真君傳》這部重要道經更缺乏應有的關注。在本文修訂過程中,《華東師範大學學報》(哲學社會科學版)2017年第3期發表了韋兵的《"張守真降神"考疑:術士與宋太祖、太宗皇權更迭》一文。此文從道教

---

① 如吳天墀發表於1941年的《燭影斧聲傳疑》,《史學季刊》第1卷第2期,後收入《吳天墀文史存稿》,四川大學出版社,1998年;張蔭麟:《宋太宗繼統考實》,見《文史雜誌》第1卷第8期,1941年7月;谷霽光:《宋代繼承問題商榷》,《清華學報》第13卷第1期,1941年;鄧廣銘:《宋太祖太宗授受辨》,《真理雜誌》第1卷第2期,1944年,後收入《鄧廣銘全集》第7卷,河北教育出版社,2005年;盧荷生:《對宋太宗承位之剖析》,《"中央"圖書館館刊》1970年10月;李裕民:《揭開"斧聲燭影"之謎》,《山西大學學報》1988年第3期;王瑞來:《"燭影斧聲"事件新解》,《中國史研究》1991年第2期;《"燭影斧聲"與宋太祖之死》,《文史知識》2008年12月;侯楊方:《宋太宗繼統考實》,《復旦大學學報》1992年第2期;顧宏義:《"晉王有仁心"説辨析——兼及宋初"斧聲燭影"事件若干疑問之考證》,《杭州師範大學學報》2015年第2期。

科儀、術士讖緯等角度分析了太祖、太宗權利更迭過程中的敏感問題,這是迄今爲止筆者見到的爲數不多的從道教角度的深論。其他如朱雲鵬《道教與宋太宗父子的上臺》認爲太宗上臺很大程度上是跟一群道士的合謀,①唐代劍《陳摶、張守真事迹考》一文對張守真與太宗關係作過一些考訂,②栗豔《宋初道教政治讖語研究》對此也有涉及,③向仲敏專著《兩宋道教與政治關係研究》主要從宏觀層面論述了宋代道教與政治的關係。④ 以上論著爲進一步探討提供了有益線索,本文擬從黑殺神降言傳説的生成與流傳入手,嘗試重新思考兩宋皇權更迭的關鍵問題,并初步評估《翊聖保德真君傳》的道教文學價值。

一、"黑殺""火德皇帝"與天心正法派

"煞"與"殺"在表示凶神的意義時,經常是通用的,⑤在各種文獻記載中,"黑殺神"又作"黑煞神"。吉煞、凶煞的趨避是古代星命信仰中的重要内容。神煞存在於空間的每個角落和不同時辰,有大煞、七煞、劫煞等各種災煞,也有紫微、鳳輦、天貴、天良等吉煞。煞的起源很早,睡虎地秦簡《日書》和放馬灘秦簡《日書》中已經記載不少煞名,漢代有專門的職業神煞占驗者叢辰家。隨着神仙道教和各路方術的興起,擇日、星命、堪輿、祈禳、齋戒、醮祭等都需要以神煞判定吉凶以作趨避。道經文獻中較早記録神煞的當爲南北

---

① 朱雲鵬:《道教與宋太宗父子的上臺》,《中州學刊》1999 年第 2 期。
② 唐代劍:《陳摶、張守真事迹考》,《中華文化論壇》1996 年第 2 期。
③ 栗豔:《宋初道教政治讖語研究》,《科學·經濟·社會》2015 年第 2 期。
④ 向仲敏:《兩宋道教與政治關係研究》,人民出版社,2011 年。
⑤ 《説文》無"殺"字。

朝時期的天師道經典《赤松子章曆》：①

  又重請東方九夷君、九九八十一官君、寅卯辰甲乙君爲弟子某解除東方青災、青厄、青瘟、青毒、青症、青殺；又請南方八蠻君、八八六十四官君、巳午未丙丁君爲弟子某解除南方赤災、赤厄、赤瘟、赤毒、赤症、赤殺；又請西方六戎君、六六三十六官君、申酉戌庚辛君爲弟子某解除西方白災、白厄、白瘟、白毒、白症、白殺；又請北方五狄君、五五二十五官君、亥子丑壬癸君爲弟子某解除北方黑災、黑厄、黑瘟、黑毒、黑症、黑殺；又請中央三秦戊巳君、千二百官君爲弟子某解除中央黄災、黄厄、黄瘟、黄毒、黄症、黄殺……②

  《赤松子章曆》已經明確記載了五方兇神、兇煞，"北方黑災、黑厄、黑瘟、黑毒、黑症、黑殺"中就有"黑殺"。"黑殺"在這裏還没有明確的道教神格，僅僅是一種災煞。據五行屬性與五色、五方的配合，北方爲水，黑色，兇神名"黑殺"。黑殺作爲一種災煞徽頭，當有上古巫鬼信仰的淵源。

  據《續資治通鑑長編》所引《國史》《談苑》及《邵氏聞見後録》所引《太宗實録》，③真宗朝錢若水、楊億、王旦等館臣在纂修《太宗實録》及《國史》的時候，記録了與"斧聲燭影"密切相關的黑殺

---

  ① 任繼愈等主編的《道藏提要》以爲《赤松子章曆》出於六朝，中國社會科學出版社，1991 年，第 443 頁。《道藏通考》(*The Taoist Canon: A Historical Companion to the Daozang*) 第一卷《赤松子章曆》作了較爲詳細的考訂，以爲該經出於六朝，但有後世編修的痕跡（倫敦、芝加哥：芝加哥大學出版社，2004 年，第 134—135 頁）。
  ② 《赤松子章曆》卷三，載《道藏》第 11 册，第 196 頁。
  ③ 見《續資治通鑑長編》卷一七，中華書局，1980 年，第 378 頁；《邵氏聞見後録》卷一，中華書局，1997 年，第 2 頁。

神降言張守真事件,而與楊億同朝爲官的王欽若又編撰了《翊聖保德真君傳》繼續鋪張此事。黑殺神降言張守真事,成了後世太祖、太宗權利更替過程的敏感事件,各種論著做了大量考訂分析,但爲什麼單單是"黑煞神"? 而非"白殺神""青殺神""赤殺神""黃殺神"或是其他災煞? 這個看似不是問題的問題,恰恰是值得深思的關鍵節點。

太祖發跡於睢陽(今商丘),商丘應星火大辰之居,有"火德皇帝"之稱,宋人劉攽在《鴻慶三聖殿賦》中寫道:"於是太祖乘火而帝,繼益之功,在祚吉土。……而宋以來,火帝興於火墟。"趙匡胤爲火德皇帝,在開寶九年(976)十月"不豫"之際,忽有黑殺神降言,而"黑"爲北方屬水,水正克火,這對太祖而言是帶有天命色彩的致命讖言。這種推測,是附會牽強之詞還是彼時地道的"高級黑"? "高級黑"是一個網絡詞彙,還沒有選入詞典,也沒有權威解釋,用在這裏也許不當,但結合語文常識,我們大概可以作這樣的定義:一種隱秘而不露痕跡的、高深複雜的諷刺、嘲笑,甚至戲害。我們細審太祖駕崩、太宗繼統之際的"黑殺神降言",當非隨機偶然,而是有所暗示和指向。但這畢竟是一種推測,而選擇黑殺神降言,當與北宋初天心正法派興起有密切關係。

天心正法是興起於五代末北宋初的新符籙派道教,源於饒洞天"掘地得書"的創教神話及譚紫霄的早期創教活動。① 天心正法的重要經典爲北宋末鄧有功編輯的《上清天心正法》,②此經記錄大量行符、持咒之法,有符篆咒訣數十種,其中的"正法三符"之一就是"黑煞符"。黑殺神、黑殺符是天心正法道派崇奉的重要內容。

---

① 李志鴻:《道教天心正法研究》,社會科學出版社,2011年,第16頁。
② 李志鴻:《撫州華蓋山天心正法考》,《中國道教》2008年第4期。

另外創教者譚紫霄亦事"黑殺神君",馬令《南唐書》卷二四《方術傳》載:

> 道士譚紫霄,泉州人也。與陳守元相善。事王昶,封正一先生。閩亡,寓廬山棲隱洞,其徒百餘人,有道術,醮星宿,事黑煞神君,禹步魁罡,禁沮鬼魅,禳祈災福,頗知人之壽夭。①

黑煞本爲星命方術中的一種兇煞,在天心正法派中進一步神格化,與北帝、天蓬等相關聯,成爲重要的道教天神之一。真宗朝開始宣揚黑殺神降言張守真時,天心正法派正處在形成和興盛時期,二者之間是什麼關係?據《上清天心正法》序文,譚紫霄與真宗大中祥符四年(1011)所封泰山"天齊仁聖帝"有關:

> 復遇神人,指令師於譚先生,名紫霄,授得其道。紫霄又令往見泰山天齊仁聖帝,得盡真妙。②

譚紫霄是否直接參與了大中祥符年間的崇道事件還有待考訂,但據現存道經文獻來看,天心正法派的創立與北宋初的政治有相當密切的聯繫。鄧有功編撰的《上清天心正法》卷三載有《玄武黑煞符》:

---

① 馬令:《馬氏南唐書》卷二四,《四部叢刊續編·史部》,商務印書館,1934年影印明刊本。
② 《道藏》第10冊,第607頁。

符下釋云：

> 凡書符變神，爲北方黑帝，太微六甲，五炁玄武，玄天翊聖大將軍。身長百尺，散髮丁立，腳踏五炁靈龜，又名騰蛇，八卦靈龜。手結伏魔印，即真武印。眼出電光，按劍而立。化硯爲龍蛇，墨爲戈戟，筆爲七星寶劍。然後呪敕朱墨筆，磨墨如前畢，卻書符。①

這裏以爲玄武黑殺符，書符變神爲北方黑帝，又稱"玄天翊聖大將軍"，從"翊聖大將軍"一詞來看，正是黑殺神所被封號"翊聖保德真君"的"翊聖"，二者必有關係。同爲天心正法派的重要經典、路時中所編《無上玄元三天玉堂大法》也載有《黑煞真形符》：②

---

① 鄧有功編：《上清天心正法》卷三，載《道藏》第 10 冊，第 616 頁。
② 路時中編：《無上玄元三天玉堂大法》卷二五，載《道藏》第 4 冊，第 97 頁。

此《黑殺真形符》與江少虞《宋朝事實類苑》卷四四《黑殺將軍》條引自楊億《談苑》,因此與其對黑殺神的描述極爲相近:

> 神曰:"我人形,怒目被髮,騎龍按劍,前指一星。"如其言造之,六年宮成,封神爲"翊聖將軍"。每歲春秋遣中使祈醮,立碑記其事。守真時來京師,得召見。至道三年春,太宗弗豫,召守真至,令爲下神。守真屢請,神不降,歸。纔至而卒,後數日,宮車晏駕。此事異也。楊文公《談苑》。①

"人形""騎龍按劍""前指一星"與此《黑殺真形符》一一吻合,我們再結合上引《玄武黑煞符》引"翊聖大將軍",可以看到北宋初黑殺降神事件,與當時的天心正法派道教有密切關係,是道教參與

---

① (宋)江少虞輯:《宋朝事實類苑》,上海古籍出版社,1981年,第581—582頁。

政治的顯著案例。對"北帝符"和"黑煞神"的崇奉修持應不是沒有根由的。主張北帝信仰與黑煞符的天心正法道派與直接製造黑殺降神事件的人,或許是同一夥人,也可能是互相利用,總之,他們巧妙地聯繫在一起,服務了統治者的政治陰謀,也促進了這個道派的發展和黑殺神在民間的普及。道教與民俗本有密切聯繫,民間對"黑殺""黑殺神"亦敬畏有加。《宋史·李稷傳》載:

> 擢鹽鐵判官……遂爲陝西轉運使,制置解鹽。秦民作舍道傍者,創使納侵街錢,一路擾怨,與李察皆以苛暴著稱。時人語曰"寧逢黑殺,莫逢稷察"。①

宋時百姓謂寧可遇到"黑殺",也不要遇到苛暴酷吏李稷,可見北宋後黑殺神信仰有廣闊的信仰背景,究其實,當有先秦星命神煞、天心正法派道教與真宗朝黑殺降神事件的共同作用。

二、黑殺降神和翊聖真君事跡的傳播

黑殺神降言事件的各種文字記載,有的彼此因襲,有的源頭不明,它們之間的歧出異文,大量論著已經作了很多推敲索引,有的文章幾乎全篇都在仔細推敲那些字裏行間的"深意"。但是,這種研究往往忽視了文本生成過程的複雜性和真實性。我們苦苦思索的那些文句多是轉引、綜述、刪并而來,并非原文,如李燾《續資治通鑑長編》所引《太宗實錄》、《邵氏聞見後錄》所引《國史》的相關記載,都已去宋初原文遠矣;楊億《談苑》所載相關內容,不過輯佚文

---

① 《宋史》第 31 册,第 10724—10725 頁。

字,即使原著也不過是楊億口述、黃鑑記録、宋庠整理的三手、四手文獻。讀書須"力透紙背",看到文字背後的意義,但過分追索則容易犯餖飣瑣碎、求之過深的毛病。這裏,我們把主要精力放在文獻的出世先後和文本傳承的脈絡上,從宏觀上考察黑殺神降言事件的真相。

從現存的相關文本來看,雖然黑殺神降言張守真事發生在太祖、太宗朝,但較早的記載是從真宗朝開始的。幾乎所有論著都會提及《太宗實録》的相關記録,但這是真宗即位之初的至道三年(997)由錢若水、楊億花了不到一年時間編修的;《聞見後録》所引的《國史》也比較複雜:大中祥符九年(1016)王旦進呈《兩朝國史》,後來合并真宗朝爲《三朝國史》,《兩朝國史》遂不傳,此處所引當爲《三朝國史》。《太宗實録》《國史》的相關内容,是官修史書中對降言事件的較早記載。另一部真宗朝的相關記載是王欽若編撰的《翊聖保德真君傳》,這是對黑殺神降言事件最系統的記述,但因其道經性質,歷史學者往往關注不夠,即使有所考察,亦未得這部道教記傳文獻所傳遞的重要信息。

太宗爲了掩飾他的非正常繼統,做了一些欲蓋彌彰的"手腳",比如"金匱之盟"的説辭,"斧聲燭影"的傳説,現在大部分學者都以爲不足信。可是爲什麽真宗朝開始出現各種記載,并且通過黑殺神降言張守真的方式,宣稱"晉王有仁心"?爲什麽真宗朝開始非常熱衷、在意太宗的合法性地位?太宗登基後,太祖的正統法脈由此更張,此後一直到南宋高宗都是太宗一支的血脈,後因高宗無子,才把皇位又傳予宋太祖七世孫趙昚。太宗朝對皇位繼承問題,雖然不擇手段,但在位時已經基本解決,而真宗即位相當曲折,而且真宗是太宗血脈第一次正式登臺,需要面臨更大的壓力和質疑,此時神化太宗的合法性就顯得非常必要。這種宗教神秘主義的預言和神話對太宗繼統合法性的肯定具有重要作用,這與唐太宗在玄武門之變後也運用各種手段粉飾自己的登基如出一轍:其中除了史官有意篡改歷史外,道教也參與編造各種讖語神化太宗,著名傳奇《虬髯客傳》就是在這個過程中產生的。① 而對於真宗,就需要深明此道的楊億、王欽若等高級臣僚從事於此了,與《虬髯客傳》相對應的可以説就是《翊聖保德真君傳》了。

從真宗朝開始大規模出現黑殺神降言張守真事件的記載後,有個值得注意的文本傳播現象,即至南宋孝宗朝,這方面的記載突然間很少見到。我們通過各種檢索和排比,臚列相關文本信息如下:

黑殺神降言張守真及翊聖真君的相關記載	作　　者	成書時間
《楊文公談苑》	楊億口述 黄鑑記録 宋庠整理	北宋初
《太宗實録》	錢若水、楊億	北宋初
《國史》	王旦等	北宋初
《傳應法師行狀》	張元濟	北宋中
《括異誌》	張師正	北宋中
《隆平集校正》	曾鞏	北宋中

---

① 參閲李豐楙《六朝隋唐仙道類小説研究》第六章《唐人創業小説與道教圖讖傳説:以〈神告録〉、〈虬髯客傳〉爲中心的考察》(臺灣學生書局,1986 年,第 327—333 頁)。

續表

黑殺神降言張守真及翊聖真君的相關記載	作　者	成書時間
《春渚紀聞》	何薳	北宋末
《太上感應篇》	李昌齡	北宋末年
《三洞群仙録》	陳葆光	南宋紹興年間
《續資治通鑑長編》卷一七《太祖》	李燾	南宋紹興年間
《宋朝事實類苑》卷四四《黑殺將軍》條	江少虞	南宋紹興年間
《邵氏聞見後録》	邵博	南宋紹興年間

在各種引録翊聖真君事跡的文獻中，李燾《續資治通鑑長編》的情況相對複雜。李燾一生著述弘富，《續資治通鑑長編》是其代表作。這部著作的正式寫作時間應爲紹興二十四年(1154)，李燾時年40歲。自隆興元年(1163)至淳熙四年(1177)先後四次上進此書。隆興元年(1163)，李燾在知榮州任上，進太祖朝部分，自宋太祖建隆元年(960)迄開寶九年(976)，計17年，爲書17卷，當時李燾49歲。乾道四年(1168)又進上已修成的太祖、太宗、真宗、仁宗、英宗五朝，共108卷，寫成175册和《目録》册，此年李燾54歲。可見，《續資治通鑑長編》卷一七引録的相關記載是在孝宗剛剛即位的隆興元年，寫作於高宗紹興年間。孝宗朝所進卷次，也提及了翊聖將軍，但是這些都是簡單的史實記録，没有關於黑殺降神的描述性記載，如：

卷二二：

(太平興國六年)壬戌，詔封太平宫神爲翊聖將軍，從道士張守真之請也。①

卷八一：

（大中祥符六年）癸酉，謁玉清昭應宮。禮儀院請太初明慶殿親行禮，神御殿親焚香，紫微已下諸殿遣官以素饌薦獻，集靈殿、翊聖閣遣官焚香。詔令近臣分獻，遂著爲永式。②

卷八三：

（大中祥符七年）十一月癸未朔，加號翊聖將軍曰"翊聖保德真君"。③

卷八八：

（大中祥符九年）己卯，王欽若表上《翊聖保德真君傳》三卷，上製序。④

以上史筆記錄並非文學性的敘事渲染，與孝宗朝之前的《春渚紀聞》《邵氏見聞錄》等雜史筆記的手法絕然不同，没有再鋪張黑殺神降言事件；而卷一七的引錄内容亦撰自紹興年間。總體上看，相

---

① （宋）李燾撰，上海師範大學古籍整理研究所、華東師範大學古籍研究所校點：《續資治通鑑長編》卷二二，中華書局，1980年，第506頁。
② 同上書，第1850頁。
③ 同上書，第1900頁。
④ 同上書，第2023頁。

關記載主要集中在真宗至高宗之間,孝宗朝以後的歷史文獻則鮮見。孝宗是太祖七世孫,他的即位是對太祖、太宗皇權"非正常"更替的歷史回應,而到孝宗這裏,太祖血統正式回歸。《宋史》卷三三《孝宗本紀》云:

> 及元懿太子薨,高宗未有後,而昭慈聖獻皇后亦自江西還行在,後嘗感異夢,密爲高宗言之,高宗大寤。會右僕射范宗尹亦造膝以請,高宗曰:"太祖以神武定天下,子孫不得享之,遭時多艱,零落可憫。朕若不法仁宗,爲天下計,何以慰在天之靈。"於是詔選太祖之後。①

哲宗孟皇后(昭慈聖獻皇后)所感異夢即夢見"靖康之禍"實爲天神對太祖之後不得享國的天報,於是高宗在無後的情況下主動尋找太祖後代繼統。太祖血脈重回寶座,那麽此前一切爲太宗繼統合法性的粉飾和"文宣"都沒有必要了,甚至具有一定風險。由此,我們對上表所示文本傳播的特徵也就不難理解。

三、《翊聖保德真君傳》的文學價值

王欽若在歷史上名聲有虧,與丁謂、陳彭年等有"五鬼"之稱,但在道經校訂、醮儀修纂上有一定功勞。這部《翊聖保德真君傳》雖然有深刻的政治目的和濃厚的宗教色彩,但從道教文學角度看,卻是宋初一部難得的道教文學作品。《翊聖保德真君傳》在《正統道藏》中有兩處保存:一是太玄部《雲笈七籤》卷一〇三"傳"類,前

---

① 《宋史》卷三三,第 615 頁。

有《宋真宗御制翊聖保德真君傳序》,後附王欽若《進翊聖保德真君事迹表》及真宗的《批答》;一是正一部單行三卷本《翊聖保德傳》,序文改題爲《宋仁宗御制翊聖應感儲慶保德傳序》,後附除了《事迹表》《批答》,又綴徽宗崇寧三年(1104)追加"翊聖保德真君"爲"翊聖應感儲慶保德真君"敕旨一通。顯然單行三卷本《翊聖保德傳》是經後世整理的再修本,因《雲笈七籤》的不斷刊行,不分卷的《翊聖保德真君傳》流傳最廣。

《翊聖保德真君傳》的敘事模式未脱傳統讖緯神話的套路,但從細節安排和文辭修飾上看,是一篇相當講究的綜合性長篇傳記。《雲笈七籤》所收《翊聖保德真君傳》雖然没有分卷,但文末所附王欽若《進翊聖保德真君事迹表》云:"其所録成《真君事迹》三卷,謹隨表上進以聞。"① 可見原本《真君傳》是分卷的。② 我們從内容上看,此傳也的確可分爲有明顯區别的三個部分,并與三卷本對應,下面依據《正統道藏》本《雲笈七籤》卷一○三《翊聖保德真君傳》做如下歸納:

第一部分:完整敘述真君降言張守真的道教神話。建隆(960—962)之初,"高天大聖玉帝輔臣"爲"爲宋朝大事"降言鳳翔府盩厔縣民張守真,傳授爲民除妖劍法及爲國祈福設醮的結壇之法。從此以後,張守真備有徵驗,於是引起彼時尚爲晉王的趙光義和太祖趙匡胤的注意。但真君顯然對晉王與太祖有"厚此薄彼"之心:晉王致醮,降言"吾將來運值天平君,宋朝第二祖";太祖因"未甚信異",致禱時竟没有降言,後在王繼恩設醮時方降,并責備太祖

---

① 《道藏》第 22 册,第 703 頁。
② 《雲笈七籤》本是《大宋天宫寶藏》的縮編,在編排上爲節省篇幅,有合并卷次的編纂策略。

"小黃門呼嘯以比吾言,斯爲不可",預言:"上天宮闕已成,玉鎖開,晉王有仁心,晉王有仁心!"第二日太祖升遐,太宗嗣位,加號真君爲"翊聖將軍"。此爲全傳的重要節點。太宗即位後,一一兑現真君當初的"預言":終南山下修建"太平宫",殿閣一如預言之制,太宗年號"太平興國",纂修《太平廣記》《太平御覽》,想必亦應真君所言"將來運值天平君"的説辭。但隨着太宗皇位的終結,至道(995—997)初年,真君"卻歸天上",張守真亦在真宗即位前化升。大中祥符七年,"翊聖將軍"又加號"翊聖保德真君"。

第二部分:敘述真君預言、張守真劍法除妖的十餘則靈驗故事,又通過降言張守真的方式,表達了對儒釋道三教地位和區別的見解、對玉皇大殿"通明殿"的解釋等。

第三部分:太祖、太宗年間,官吏、民庶等社會各階層崇奉真君,記録數十首降言。真君降言亦因材施教,"清淳者,示之格言;貪酷者,警以要道",且"詞甚平易,頗叶音韻",内容涉及修道之要、爲官之道等箴言秘語。

從整體看,《翊聖保德真君傳》三部分内容由主到次地記述了太祖、太宗年間真君降言的完整過程,這是一部組織嚴密、氣勢恢宏,且背景複雜、用意隱微的道教雜傳。可以説,與此前的《漢武帝内傳》《虯髯客傳》等著名道教傳記一樣,有着非常豐富的歷史文化信息。

本文僅從道教文學角度關照,《翊聖保德真君傳》算得上一部小型的道教文學資料庫。全傳包括十幾則張守真驅邪除妖的靈驗故事,這些故事李劍國《宋代志怪傳奇敘録》未曾關注,今人纂輯的各種小説、筆記類文獻,注意者也極少,[1]但它們都是十分精彩的

---

[1] 安徽大學潘燕的碩士論文《〈道藏〉中的宋代小説研究》(安徽大學,2012年)對《翊聖保德傳》有所論及。

志怪小説，在宋初小説史上應引起重視。其中第九則敘述楊家有鬼，請術士"李捉鬼"和僧徒除之，結果反被鬼捉弄的戲劇性描寫，就很富有趣味。

又長安富民楊氏家有鬼物爲怪，擲瓦縱火一日萬變，聚族憂惶，莫可寧處。時有術士李捉鬼者，尤善符禁。楊氏召之，方及其門，若爲物所擊，匍匐而起，俄復顛隕，如是者三，遂狼狽而走。楊氏復召僧衆爲道場，誦經作梵唄以祛之。俄又若有物攫其道具，或投於屋，或棄於井，群僧惶懼而去。乃至擣衣砧石，亦自空中騰起，三三兩兩，相逐而落中庭，遇物凌觸，而物無所損。如是之怪尤衆，不可具紀。

楊氏素聞真君之靈，乃躬持香燭等馳赴焚禱，具言其怪，且求驅殄。真君降言曰："汝當速歸，吾令守真繼往也。"守真尋再拜而往其家，士民觀者填隘其户。守真易衣整冠，咒水揮劍，行於四隅，其怪即寂然無聲。守真謂楊氏曰："此妖伏矣！請爲醮以祛之。"向夕，結壇焚章，禮畢而去。一城之衆，稽首稱嘆。守真既歸，楊氏隨詣宫中，陳醮以謝。①

這篇文字用語直白，描寫生動，與早期志怪體已有明顯區別，與《夷堅志》中的同類作品當不相上下，一定程度上也體現了宋代敘事文學的水準和特徵。但這樣的作品，在各種宋人小説研究中很少有人關注。詩歌方面，《翊聖保德真君傳》也録有二三十首各體詩作。根據許地山《扶箕迷信的研究》對降筆、扶箕的描述，②這

---

① 《道藏》第 22 册，第 699 頁。
② 許地山：《扶箕迷信的研究》，商務印書館，1999 年，第 7 頁。

裏各色人等在崇奉真君時候的降筆文字，很可能也是一種扶箕降筆。據筆者統計，全傳共錄詩 27 首，這些作品，《全宋詩》《全宋詩訂補》及若干《全宋詩》補輯類論文均未輯錄，鑒於此，這裏一並過錄如下：

卷上：

1. 降詩王繼恩：

建隆元年奉帝言，乘龍下降衛人君。掃除妖孽猶閑事，縱橫整頓立乾坤。

國祚已興長安泰，兆民樂業保天真。八方效貢來稽首，萬靈震伏自稱臣。

親王祝壽須焚禱，遞相虔潔向君親。吾有捷疾一百萬，諸位靈官萬該人。

若行忠孝吾加福，若行悖逆必誅身。賞罰行之既平等，天無氛穢地無塵。

愛民治國勝前代，萬年基業永長新。①

2. 降詩張守真：

大道興，陰謀滅，諸天衆聖皆欣悅。宋朝社稷甚延年，太平景運初興發。

君上端心顯明哲，愛民治國常須切。萬年基業永長新，金枝玉葉無休歇。②

---

① 《道藏》第 32 册，第 652 頁。
② 同上書，第 653 頁。

卷下：
1. 降詩道士馮洞元：

  到境始知安，形忘靈物閑。真空須照達，幽微即大還。
  動觀無障礙，希夷合自然。功成神莫測，變化可衝天。
  去住由自己，三官赦舊愆。命曹除罪簿，六丁奏上天。
  衆生要修道，須知無上源。①

2. 降詩侍御史路沖：

  盡力事君，以爲忠臣，濁財勿顧，邪事莫聞。
  整雪刑獄，救療人民。動合王道，終爲吉人。
  積愆累咎，必有沉淪。

又降：

  六合乾坤内，衆生多不會。造業向前行，如盲蕩江海。
  如將智慧觀，自越千重海。②

3. 降丞相沈倫：

  靈物不病，形軀自安。形軀有病，返照而看。③

---
① 《道藏》第 32 册，第 656 頁。
② 同上書，第 657 頁。
③ 同上。

4. 降王德淵：

> 莫管內,莫管外,來往真虛無罣礙。
> 所居安樂是汝家,各自勤行莫相待。
> 先達之人無滯礙。
> 真空妙樂有天堂,與聖相同滅諸罪。

又降：

> 妙理須行到,周旋皆合道。舉措見真空,真空無煩惱。
> 混合太虛中,自有無聲樂。地爐天灶間,背凡歸聖道。
> 常將智惠觀,可向今生了。①

5. 降駕部員外郎李鑄：

> 建隆之初,方稟希夷。上帝命吾,衆聖皆知。
> 乘龍下降,列宿相隨。五嶽受命,主張地祇。
> 潛扶社稷,密佐明時。吾要李鑄,知吾降期。
> 不得輕泄,免漏天機。②

又降：

> 爲官求理在貞明,智慧俱通臨事清。觀天行道合陰德,食

---

① 《道藏》第 32 册,第 657 頁。
② 同上。

君爵禄常若驚。

爲吾洗心復換骨,背凡入聖奔長生。天宫快樂勝凡世,不夜之鄉掛一名。①

又降:

年登七十餘,住世不久居。饒君壽百歲,問汝得幾秋?地府直須怕,冥司難請求。有功無驚懼,積罪必遭誅。子孫難替代,早覺莫癡愚。②

又降:

有緣無緣,福業相牽。有緣福至,無緣業纏。三業大罪,信根不圓。若遵吾語,如倚太山。③

又降:

聽吾之言必延年,亦將康健保安自然,至誠不退修真理,今生若在玉皇前。④

又降:

---

① 《道藏》第32册,第657—658頁。
② 同上書,第658頁。
③ 同上。
④ 同上。

托托莫憂煩,軍府自然安。每事依王道,從他天下傳。①

又降:

爲主虔誠拜上玄,宋朝社稷保長安。不久太平天下樂,一家受福管長安。②

又降:

爲主合虔誠,將心助太平。天宮繫其職,每事更宜精。衆聖皆知汝,舉措直須驚。一朝功滿後,永住看三清。③

又降:

生前莫亂憂,已後亦無愁。主判陽間事,凡人得幾秋。但依聖言著,長生上天求。④

6. 降張卓嘗:

大道養汝性,陰陽生汝身。爲吾勤行道,爲吾勤修真。公廉常用意,憂恤在乎民。遇時佐明主,清濁上帝聞。

---

① 《道藏》第 32 册,第 658 頁。
② 同上。
③ 同上。
④ 同上。

濁富終不久,清貧爲天人。莫教人道富,從他人笑貧。自有真家富,清高不愧貧。①

又降:

形凡性不凡,爲國顯清廉。家積千餘口,有罪自家擔。②

又降:

但服陽和氣,天灶再重蒸。地爐別有用,道德日日新。延年積福應,真空若至清。虛無有妙理,度脫有緣人。③

7. 降道士周務本:

汝有詞言慕上天,其如心意隔關山。仙宮不遠如指掌,內外工夫全未圓。

陰官察錄無遺過,免墜酆都數百年。依吾所語合吾道,要復三清應不難。④

8. 降張守真子張元濟:

---

① 《道藏》第 32 册,第 658—659 頁。
② 同上書,第 659 頁。
③ 同上。
④ 同上。

无事莫街行，勤学必立名。扬名在天下，道荫有长生。①

又降：

为过自家知，善恶日相随。分明违天道，问汝阿谁癡。②

9. 降张守真：

当今显圣明，修德动三清。上天归正道，四海息交兵。
八方钦睿圣，五穀尽收成。勸君须修德，上帝赐长生。③

10. 降诗诫辅道士：

千人心不同，万人心皆错。举意不相通，与圣难相约。④

11. 降诗诫官吏：

每存忠信齐其天，文武班行自有贤。为主万年定基业，常忧黎庶恐饥寒。
长行德行合其道，烧香虔祝告虚玄。但愿国安君长久，齐心辅佐太平年。⑤

---

① 《道藏》第 32 册，第 659 页。
② 同上。
③ 同上。
④ 同上。
⑤ 同上。

12. 降詩誡朝臣：

　　擎天之柱著功勳，包羅大海佐明君。文王治世及堯日，輔弼乾坤在忠臣。

　　爲主直須行決烈，死生齊卻戴皇恩。常行吉善合其德，慎終如始莫憂身。①

《翊聖保德傳》白文一萬餘字，內中有道教文學固有的説道内容，如翊聖保德真君借張守真之口講述三教"一貫"之説、修醮設壇之法，但除去這些，這個體量巨大的"母傳"包含的志怪故事和道詩，都是道教文學史上較少關注的對象，而他們對於認識宋初道教文學的總體成就具有重要意義。

（此文曾在武漢大學"宗教實踐與文學創作"國際學術研討會上發表，2016年12月）

---

① 《道藏》第32册，第659頁。

張伯端及其《悟真篇》諸問題的再檢討

　　五代末至北宋中期,道教内丹方術漸次興起,鍾離權、吕洞賓、陳摶等丹道修持者先後提出自己的内丹理論,至張伯端《悟真篇》有了更系統的闡發。《四庫全書總目提要》卷一四六《悟真篇注疏》評《悟真篇》云:"是書專明金丹之要,與魏伯陽《參同契》,道教並推爲正宗。"[1]在道門内部,《悟真篇》與《參同契》齊名,在文學表達上,《參同契》已是"文章極好,蓋後漢之能文者爲之",[2]而《悟真篇》完全以詩詞形式寫就,創造了丹道詩詞藝術成就的又一個高峰。張伯端正史無傳,是一位隱顯無常的仙道人物,相關道經和各種雜史筆記的記載交錯蕪雜,其頗具神異性的生平,歷來聚訟紛紜,尤其關於張伯端籍貫的討論,觀點對立,爭論激烈,缺乏對問題本身的思考。另外《悟真篇》的來源及文學性質也還有討論的空間,本文即針對以上諸問題略作考訂,希望能對張伯端及其《悟真篇》的深入瞭解有所助益。

---

[1] (清)永瑢等:《四庫全書總目》,中華書局,1965年影印浙本,第1252頁。
[2] (宋)朱熹:《朱子語類》卷一二五,朱傑人等主編:《朱子全書》第十八册,第3917頁。

一、關於張伯端籍貫爭論的反思

關於張伯端的籍貫,主要有"臨海"和"天台"兩種觀點,這兩種説法都有歷史文獻上的有力支撑,如果我們僅依據相關記載,各執一詞,互不認可,以至於言語上的激烈抨擊,就逐漸背離了學術應有的客觀與理性。爲了認定張伯端的籍貫,2014年台州市社科聯設立專項課題,其成果《張伯端籍貫考辯的正本清源》反駁了《台州道教考》等論著認爲張伯端爲臨海人的説法,得出了張伯端是天台人的"明確結論",①似乎爲這樁公案畫上了句號。成果作者係天台山桐柏宫中國道教南宗研究所的鄭爲一先生,除了這篇"正本清源"之作,他還在《宗教學研究》上發表了《張伯端籍貫考辨的幾個關鍵問題》等文章,②討論的内容基本雷同。鄭先生維護天台山桐柏宫道教南宗的歷史地位,極力主張張伯端爲天台人的心情可以理解,但並非臨海一説就毫無意義,畢竟雍正帝曾派人實地查訪,"其在天台,惟桐柏宫有真人於此棲真修煉之跡,餘無所傳",③而臨海"但今府城中尚有紫陽樓,傳爲真人故居,久已改建元壇廟,另起樓於左側,爲仙像以祀。又因真人曾著《悟真篇》,故府治之北有悟真橋,并有悟真坊在於城北,皆其遺跡"。④ 清初查訪的悟真坊、悟真橋,在南宋陳耆卿編訂的《嘉定赤城志》就有記載,可見臨海的張伯端遺跡淵源有自,

---

① 成果文章未見公開出版物發表,通過網絡檢索,此文發表在一個以書法爲主題的論壇"墨吧"上,網址:https://www.mobar.cn/shufa/0cb68fbed27391de528148bb.html.
② 《宗教學研究》2013年第4期。
③ 臺北故宫博物院編:《宫中檔雍正朝奏摺》第19輯,臺北故宫博物院,1979年,第51頁。
④ 同上。

從南宋至清，綿延數百年仍有留存。其實，一定要指認張伯端爲"天台人"還是"臨海人"，對當地文化建設或許有一定意義，但學術價值不大，在證據不足的情況下，文史考據應有所闕疑，我們更應該思考是什麼導致了這個問題的出現。就此，究其原因，概有兩端：

其一，張伯端在後世傳播過程中，成爲箭垛式的人物被反復塑造和解讀，尤其謫籍嶺南的坎坷身世，強化了張伯端作爲一代高道的神秘性和隱顯無常的仙道特徵。在爲張伯端"神性加注"的過程中，①他的年里生平顯得更加撲朔迷離。

張伯端《悟真篇自序》云："僕幼親善道，涉獵三教經書，以至刑法、書算、醫卜、戰陣、天文、地理、吉凶、死生之術，靡不留心詳究。"②從這些敍述中，我們看到張伯端從小好道，慕長生，漫遊山水，遍涉三教，飽讀墳籍。《陸彦孚記》云"少業進士"，③但顯然沒有獲取功名，④此後張伯端在當地做了一名"府吏"，直到惹下一樁官司。《陸彦孚記》謂"坐累，謫嶺南兵籍"，⑤但因爲什麼"坐累"，沒有進一步的敍述，直到康熙年間纂的《臨海縣志》卷一〇才有這樣一段記載：

宋張用誠，邑人，字平叔，爲府吏。性嗜魚，在官辦事，

---

① "神性加注"采用吳真《爲神性加注：唐宋葉法善崇拜的造成史》（中國社會科學出版社，2012年）的提法，該書對唐代道士葉法善肉身成神的傳播過程展開研究，而張伯端作爲一代高道，他在後世的傳播與葉法善有相類的地方。
② （宋）張伯端撰，王沐注釋：《悟真篇淺解（外三種）·自序》，第3頁。
③ （宋）張伯端撰，（清）仇兆鰲集注：《悟真篇集注》錄《陸彦孚記》，上海古籍出版社影印廣州三元宫刊本，1989年，第10頁。
④ 樊光春《張伯端生平考辨》曾考訂過張伯端是否得進士第，見《中國道教》1991年第4期。
⑤ （宋）張伯端撰，（清）仇兆鰲集注：《悟真篇集注》錄《陸彦孚記》，第10頁。

家送膳至,衆以其所嗜魚戲匿之梁間,平叔疑其婢所竊,歸撲其婢,婢自經死。一日,蟲自梁間下,驗之,魚爛蟲出也。平叔乃喟然嘆曰:"積牘盈箱,其中類竊魚事不知凡幾。"因賦詩云:

刀筆隨身四十年,是非非是萬千千。
一家溫飽千家怨,半世功名百世愆。
紫綬金章今已矣,芒鞋竹杖任悠然。
有人問我蓬萊路,雲在青山月在天。

賦畢,縱火,將所署案卷悉焚之。因按火燒文書律,遣戍。先是郡城有鹽癲,每食鹽數十觔,平叔奉之最謹。臨別囑曰:"若遇難,但呼祖師三聲,即解汝厄。"後械至百步溪,天炎,浴溪中,遂仙去。至淳熙中,①其家早起,忽有一道人,進門坐中堂,叩其家事,歷歷,隨出門去,人以平叔歸。云百步嶺舊有紫陽真人祠,遍云紫陽神化處,今廢。②

這段記載,許多學者以爲荒誕不經,尤其其所賦詩,元末明初人葉子奇的《草木子》卷四《談藪》篇所載元代至順年間福建廉訪使蜜蘭沙的求仙詩,與此詩雷同。另外,所云崇奉鹽癲,押解至百步溪溺水而亡,淳熙年間又現身家中的傳説,顯然是後人附會到張伯端身上的。元初趙道一《歷世真仙體道通鑑》卷四九所記與僧人神遊揚州觀瓊花事,也無從考實而語出荒誕。可見,從南宋到元,張伯端形象已經日趨繁複而荒誕,康熙年間的《臨海縣志》不過搜集傳聞

---

① "至"下原作雙行小字"今上御名",北宋有"熙寧",南宋有"淳熙""紹熙",據《嘉定赤城志》的相關記載,當爲淳熙。
② (康熙)《臨海縣志》卷十,康熙二十二年(1683)刊本。

進一步"加注"而已。但是,在所有這些傳聞中,因罪"謫嶺南兵籍"是確信無疑的。

宋代的懲官治吏法由嚴而寬,由重而輕,張伯端"火燒文書"如屬實,當非輕罪,但"謫嶺南兵籍",當未遭受杖脊、黥面之刑,僅僅是外州編管或流配。明道二年(1033)仁宗曾下詔:"凡命官犯重罪當配隸,則於外州編管,或隸牙校。"①南宋白玉蟾《高祖聖師天台紫陽真人贊》所云"元豐一皂吏,三番遭配隸",②白玉蟾曾爲前代高道寫過多篇像贊,如張繼先、王文卿等,這首張伯端的像贊有一定可信度。如張伯端果真"三番遭配隸",罪責一定不輕,但無論怎樣,此後張伯端一直以"戴罪之身"編配嶺南,在陸龍圖帳下從事類似機要秘書的工作(典機事)。據陸龍圖的孫輩陸彦孚記載,張伯端後來徙至秦隴,事馬處厚,這雖在史實上有各種出入,但事體大致如此,即張伯端發配充軍後,並未隱居修道,而是輾轉軍中出任校書(秘書)等職務。

翁葆光《紫陽真人悟真直指詳說三乘秘要》中載錄的《張真人本末》謂:"於己酉歲,遂遇異人傳火候之秘,其道乃成,仍戒之曰:他日有與汝脱韁鎖者,當受之。"③此謂"與汝脱韁鎖者"即指擺脱戴罪之身。張伯端又名"用成",或"用誠",再加上百步溪溺水而亡、淳熙間現身等各種傳説,可能也是這種洗白脱罪的努力之一。總之,張伯端一生充滿傳奇和神異色彩,而這也正是作爲一代高道神龍見首不見尾的高妙之處,給後人留下無盡的想象空間,成爲富有神異性的道教人物,同時也爲考據張伯端籍貫帶來重重迷霧和

---

① 《宋史》卷二〇一《刑法三》,第 5017 頁。
② 《全宋詩》卷三一三九,第 17634 頁。
③ 《道藏》第 2 册,第 974 頁。

不小的障礙。

其二,署作"天台張伯端"不一定是"天台縣張伯端",有些天台縣或天台山的文化學者混淆了宗教文化地理與實際行政區劃的分別。

張伯端撰於神宗熙寧八年(1075)的《悟真篇序》即自署"天台張伯端平叔敘",①撰於元豐元年(1078)的《悟真篇後敘》亦署"天台張伯端平叔再敘"。② 此後,去張伯端年代不遠的陸彦孚和再傳弟子翁葆光等,或署"張平叔先生天台人",③或署"乃天台纓絡街人"。④ 這的確是張伯端爲天台人的最有力證據,但即便如此,也不一定就是天台縣人。籍貫在天台山麓的其他縣市鄉鎮,從文化地理的角度,自然也可以署爲天台人,如天台山周圍的臨海、仙居、三門等,都可自稱天台人。

天台山從六朝以來就是道教聖地,在道教特有的洞天福地系統中,"十大洞天"中的赤城洞在天台山西北,"七十二福地"中的靈墟、天姥岑、司馬梅山等也都在天台,再經唐代司馬承禎(隱居天台山玉霄峰)等人的系統化建構,天台山更成爲天下道門的聖域。可見,一位天台山麓範圍內的道士,自稱"天台人"並不爲過,而張伯端自稱"天台"及他書也多作"天台"者,更是從自然地

---

① 《悟真篇序》有不同版本,此引自元人張士弘編《紫陽真人悟真篇三注》,見《道藏》第 2 册,第 974 頁。
② 署翁葆光注、陳達靈傳、戴起宗疏的《紫陽真人悟真篇注疏》中的《悟真篇後序》題"張用成平叔序",與元人張士弘編《紫陽真人悟真篇三注》不同,此據《紫陽真人悟真篇三注》,見《道藏》第 2 册,第 1019 頁。
③ 陸詵之孫陸彦孚(思誠)曾記張伯端追隨先大父(祖父)輾轉桂林、成都事,此記又見於《道藏》本《紫陽真人悟真篇三注》卷前,缺最後一行。
④ 翁葆光《紫陽真人悟真直指詳説三乘秘要》所收《張真人本末》有《道藏》本,另有仇兆鼇《悟真篇集注》所收版本,題作《張紫陽事迹本末》。兩篇文字均謂"天臺瓔珞街人"。見《道藏》第 2 册,第 1024 頁。

理和宗教地理角度的"泛指"。我們當下的一些研究，以現行行政區劃下的"天台縣"等同於張伯端中的"天台"，在地方志修訂和地方文化建設中，因鄉賢歸屬的敏感，言辭激烈，缺乏足夠的學術理性。

二、"遇劉海蟾"辨析及《悟真篇》來源推測

《悟真篇》的成書過程就像張伯端的年里生平一樣，歧說紛出。最可靠的記載，當是張伯端所撰《悟真篇自序》《悟真篇後序》及較接近張伯端的陸彥孚所作《陸彥孚記》。張伯端的兩篇序文和《陸彥孚記》在後世刊刻流傳過程中，每有增刪改易之處，各本均有同異，但關於《悟真篇》的成書還是能看出一些端倪。

在《悟真篇自序》中，張伯端云：

> 惟金丹一法，閱盡群經及諸家歌詩、論、契，皆云：日魂月魄，庚虎甲龍，水銀丹砂，白金黑錫，坎男離女，能成金液還丹，終不言真鉛真汞是何物色，不説火候法度、溫養指歸。加以後世迷徒，恣其臆説，將先聖典教，妄行箋注，乖訛萬狀。不惟紊亂仙經，抑亦惑誤後學。
>
> 僕以至人未遇，口訣難逢，遂至寢食不安，精神疲悴。雖詢求遍於海嶽，請益盡於賢愚，皆莫能通曉真宗，開照心腑。後至熙寧二年己酉歲，因隨龍圖陸公入成都，以夙志不回，初誠愈恪，遂感真人授金丹藥物、火候之訣。其言甚簡，其要不繁，可謂指流知源，語一悟百，霧開日瑩，塵盡鑒明。校之丹經，若合符契。因念世之學仙者，十有八九，而達其真要者，未聞一二。僕既遇真筌，安敢隱默，罄所得成律詩九九八十一

首,號曰《悟真篇》。①

張伯端這段自序文字最能説明《悟真篇》的寫作緣起。張伯端自幼就親近道教(善道),但也廣泛涉獵儒、釋兩家經典,甚至子部諸説也都詳究細討,但是研讀的大量丹經、歌訣,多爲泛泛之談,終究没有説明"真鉛真汞"爲何物,對什麽是"火候法度、温養指歸"也都語焉不詳,再加上後世的各種臆説箋注,這些丹經、歌訣更加乖舛難明。爲此,張伯端苦求不得,一度寝食不安,精神憔悴。後隨陸龍圖入成都,在神宗熙寧二年("己酉歲")(1069)於成都得遇真人,授以金丹藥物、火候之訣,於是罄其所得,撰定《悟真篇》。張伯端在成都所感"真人",②是否爲五代宋初廣泛流傳的劉海蟾,有學者懷疑,③但也不盡然,王沐等道教學者的意見不可輕忽,④更不能無視與張伯端有間接聯繫的陸彦孚所作《悟真篇記》中的相關記載。

張伯端獲罪發配嶺南軍籍時,陸彦孚祖父陸龍圖曾將其收在帳下"典機事",後攜之入成都。陸龍圖薨於成都後,張伯端輾轉秦隴,再事馬默(字處厚,《宋史》卷三四四有傳),并把《悟真篇》交付馬默,馬默爲司農少卿時又將該書交付陸龍圖之婿張坦夫,坦夫傳陸龍圖之子,也即陸彦孚父親陸師閔,而陸彦孚童年時目睹《悟真

---

① (宋) 張伯端撰,王沐注釋:《悟真篇淺解(外三種)·自序》,第3—4頁。
② 張伯端《悟真篇後序》謂"僕自己酉歲於成都遇師",僅稱"師",未稱"真人"。
③ 許壽霖曾作《張伯端師承劉海蟾考辨》(《氣功》1994年10月號)一文,後作《再論張伯端師承劉海蟾》,發表於《宗教學研究》1995年第3期,再次申論張伯端不可能師承劉海蟾。其《張伯端若干歷史問題辨僞》(《宗教學研究》1997年第2期)一文再次申明這個觀點。
④ 王沐《悟真篇淺解》之《序言》及附錄二《悟真篇丹法源流》引用《悟真篇記》等提到張伯端所遇真人或許爲劉海蟾,也有説是青城老仙等説法。

篇》,取而讀之,不能通也。《陸彥孚記》中的這些記載,因其耳聞目睹,可信度相當高。柳存仁《張伯端與〈悟真篇〉》一文指出張伯端事馬默不可信,因馬默爲河東轉運使是 1086 年以後的事情,張伯端如果 1082 年去世,不可能再事馬默。① 其實,按《宋史》卷三四四馬默本傳,馬默爲司農少卿亦在任河東轉運使之前,陸彥孚這裏所記,當據一時回憶,難免會有史實出入。而我們從宏觀來看,《陸彥孚記》所記絶非荒誕無稽之辭,所涉及的人、事多有據可查。關於張伯端所遇真人是否劉海蟾,陸彥孚有自己認真的考訂:

先公帥秦,陽平王箴袞臣在幕府,因言其兄沖熙先生學道,遇劉海蟾,得金丹之術。沖熙謂:"舉世道人,無能達此者,獨張平叔知之。成道之難,非巨有力者不能也。"沖熙入洛,謁富韓公,賴其力而後就。余時年少氣鋭,雖聞其説,不甚介意,亦不省平叔者爲何人。邇來年運日往,志氣益衰,稍以黄老方士之術自治。有以金丹之術見授者,曰:"神者,生之體;形者,神之舍。道以全神,術以固形。神全而形固,則去留得以自如矣。"因卜吉戒誓,傳法既竟,再謂余曰……復序其所從來,得之成都異人者,豈非海蟾耶? 且沖熙成丹之難,及於世之道人者,無所許可,唯平叔一人而已。其言與予昔者所聞於袞臣者皆合,因取此書玩之,始悟其説。又考世之所傳吕公《沁園春》及海蟾詩辭,無一語不相契者。故知淵源有自矣。②

這裏提到的沖熙先生,南宋紹興(1131—1161)前後成書的《能改齋

---

① 此文編録於柳存仁《和風堂文集》,上海古籍出版社,1991 年。
② (宋)張伯端撰,(清)仇兆鰲集注:《悟真篇集注》録《陸彥孚記》,第 10—11 頁。

漫錄》《夷堅志》等都有記載，如《夷堅丁志》卷四《司命府丞》：

> 王筌，字子真，鳳翔陽平人。其父登科，兄弟皆爲進士，筌獨閑居樂道。一日郊行，憩瓜圃間，野婦從乞瓜，乳齊於腹。筌知非常人，問其姓，曰：「吾蕭三娘也。」筌取瓜置諸橐以遺之。婦就食，輟其餘，曰：「爾可嘗乎？」筌接取而食，無難色。婦曰：「可教矣！神仙海蟾子今居此。當度後學，吾明日挾汝往見。」及見，海蟾曰：「汝以夙契得遇我。」命長跪傳至道，授丹訣，戒以積功累行。遂還家白母，遣妻歸，周遊名山。一時大臣薦其賢，賜封沖熙處士。①

王筌爲王箴（衮臣）兄，賜封"沖熙處士"，即《陸彥孚記》所謂"沖熙先生"。沖熙先生通過考驗得遇劉海蟾事，南宋初已有流傳，仍不脫傳統的人仙感遇主題。通過以上記載，我們看到，遇劉海蟾的沖熙先生，瞭解、推崇張伯端，但沒有說張伯端曾遇劉海蟾，推測張伯端成都所遇"異人"爲劉海蟾，僅是陸彥孚所做的推斷。陸彥孚年老氣衰時請一位金丹術士傳法，這位術士也提及張伯端《悟真篇》的事情，這與他年少時所聞沖熙先生的弟弟王箴所說相契合，從而更加篤信張伯端的道行。另外，陸彥孚以爲《悟真篇》詩詞與呂洞賓《沁園春》及海蟾詩詞相類，有一定淵源。

呂洞賓《沁園春》今存數闕，有的或爲宋人僞托，後世演義小説不斷重塑，各種版本歧出。陸彥孚提到的《沁園春》，當即《全唐詩》卷九〇〇所存呂洞賓《沁園春》，其第一首，元代俞琰曾予注解，即

---

① （宋）洪邁撰，何卓點校：《夷堅志·夷堅丁志》卷四，中華書局，2006年，第565頁。

《正統道藏》洞真部玉訣類所收《呂純陽真人沁園春丹詞注解》，現據《全唐詩》引錄如下：

> 七返還丹，在我先須，煉已待時。正一陽初動，中宵漏永，溫溫鉛鼎，光透簾幃。造化争馳，虎龍交媾，進火工夫牛斗危。曲江上，看月華瑩淨，有個烏飛。　　當時。自飲刀圭。又誰信無中就養兒。辨水源清濁，木金間隔，不因師指，此事難知。道要玄微，天機深遠，下手忙修猶太遲。蓬萊路，待三千行滿，獨步雲歸。①

這是一首典型的丹道詞，張伯端《悟真篇》在風格和內容上均與其有相似的地方。劉海蟾本名劉玄英，《全宋詩》卷七二錄《題潭州壽寧觀》一首、散句一，《歷世真仙體道通鑑》卷四九《劉玄英》傳記云："亦間作詩，有詩集行於世。其咏修煉，則有《還金篇》行於世。"②《還金篇》不存，南宋曾慥《道樞》卷一二節錄數語，俞琰《周易參同契發揮》有數句引自《還金篇》，當即劉海蟾所作，如："先賢明露丹臺旨，幾度靈烏宿桂柯。""渺邈但撈水裏月，分明只探鏡中花。""莫教違漏刻，長在一陽中。""沉歸海底去，抱出日頭來。""不達陰陽祖，徒勞更議玄。""快活百千劫，辛勤一二年。"③從這幾句可以看出，劉海蟾《還金篇》爲五、七言詩形式描述丹道修煉的作品，再結合呂洞賓的作品，張伯端《悟真篇》源出呂、劉一系，當無可懷疑，但是張伯端成都所遇師是否劉海蟾，窮究考索的學術意義不

---

① （清）彭定求編：《全唐詩》卷九〇〇，中華書局，1960年，第10168頁。
② （元）趙道一編：《歷世真仙體道通鑑》（卷四九），見《道藏》第5册，第382頁。
③ 詩句散見於俞琰撰《周易參同契發揮》，見《道藏》第20册。

大。另外,《道藏》太玄部存《真人高象先金丹歌》一卷,內容主旨與《悟真篇》的丹法要旨接近,且《悟真篇》多首詩詞化用《真人高象先金丹歌》中的句子,二者必定存在密切的源流關係。如《悟真篇》絶句第十一首:

夢謁西華到九天,真人授我指玄篇。
其中簡易無多語,只是教人煉汞鉛。

王沐先生以爲:"這一首雖是遊仙詩的體裁,但所指西華似是暗指西嶽華山,是陳摶修道的地方;所受《指玄篇》,是陳摶的丹法著作。所以此詩雖托爲夢遊,實際暗示自己師承,詞義是很明顯的。清陶素耜認爲此詩'西華'係指西華夫人;朱元育説西華指西蜀,真人指劉海蟾,均屬牽强。所以我們認爲,這一首詩他自述與陳摶的繼承淵源和精神相通的關係,是比較恰當的。"① 但我們仔細分析《真人高象先金丹歌》,發現這裏的"指玄篇"未必確指一本名爲《指玄篇》的書,也可以泛指丹道經訣,名爲《指玄篇》的道經有數種,"指玄篇"泛指道經的例子也有很多。所謂"夢謁西華到九天,真人授我指玄篇"實際上是指真人高象先講述自己八月十五閉關思道,靈升太清,誤入月宫,因仙籍有名,玉宸君命仙童送去西華夫人處修習丹法的典故。王先生對《悟真篇》有深入瞭解,并"堅持如法實驗,數十年如一日",② 但先生對這一句的理解是有待商榷的。由此,張伯端一定讀過《真人高象先金丹歌》,且從主體框架和丹道主旨上看,《悟真篇》與這篇《金丹歌》也有相通之處,二者很可能存在源

---

① 王沐:《悟真篇丹法源流》,《悟真篇淺解》附録二,第360頁。
② 李養正:《悟真篇淺解序》,見《悟真篇淺解》,第1頁。

流關係。因篇幅所限，此不專論。

三、《悟真篇》的文學性質

方回(1227—1305)曾指摘道經之僞，認爲《周易參同契》不大可能爲東漢魏伯陽之作，似爲五代蜀道士彭曉所爲，而張伯端《悟真篇》即爲《周易參同契》的注脚，但更趨淺近，其中的 12 首《西江月》或爲南宋人夏元鼎所爲。① 就《悟真篇》附於卷末以表性功的 32 首歌、詞、頌等，歷來也有以爲僞作者，清人董德寧《悟真正義》即未加收録，王沐先生《悟真篇淺解》以此爲底本僅作《悟真篇外集》收録。《悟真篇》這部影響深遠的丹經巨著，後世僞托張伯端作僞或修訂、改編，甚至增補，當不足爲奇，但先命後性、性命雙修的的基本結構亦大抵如此。

《悟真篇》全用詩、詞、歌賦寫就，從外在形式上看，它本身就是一部詩歌集。從内容上看，這些詩詞歌賦有很强的宗教目的，主要用以解説教理教義，闡發丹道修煉的精義，所以它同時又是一部道教經典。《悟真篇》是一部典型的道教文學作品，應從宗教實踐和宗教情感上着眼，不能全以世俗文學的文藝理論、批評標準加以評判。

首先，《悟真篇》並非全是充滿隱語和暗示的詩句，有些詩作直白淺顯，説理深刻。《悟真篇》首篇七律，不言丹道，勸世意味更濃，讀來曉暢明瞭，全無一點晦澀難通之處：

不求大道出迷途，縱負賢才豈丈夫。

---

① （元）方回撰：《桐江續集》(卷三一)，文淵閣《四庫全書》本。

百歲光陰石火爍,一生身世水泡浮。

只貪利祿求榮顯,不覺形容暗瘁枯。

試問堆金等山嶽,無常買得不來無。①

這是全書開篇第一首七言律詩,具有提綱挈領的作用,其中的勸世意味,勸告世人不以榮顯富貴爲最終追求,應該認識到現實人生的短暫虛無,一句"試問堆金等山嶽,無常買得不來無",令人警醒。第二首作品:"人生雖有百年期,壽夭窮通莫預知。昨日街頭方走馬,今朝棺內已眠尸。妻財拋下非君有,罪業將行難自欺。大藥不求爭得遇,遇之不煉是愚癡。"②這延續上篇,繼續勸喻世人煉心修道。"昨日街頭方走馬,今朝棺內已眠尸"一句,形象地揭示了人生無常、死生難料的殘酷現實,詩句淺顯生動,具有很強的感染力。《悟真篇》中這樣的詩篇還有不少,其實除去丹道術語和一些大藥返還的理論表述,有很多詩作都相當直白。如六十四首七絕中的部分詩作:

其五十四:

藥逢氣類方成象,道在希夷合自然。一粒靈丹吞入腹,始知我命不由天。③

其五十五:

赫赫金丹一日成,古仙垂語實堪聽。若言九載三年者,盡

---

① (宋)張伯端撰,王沐注釋:《悟真篇淺解》卷上,第1頁。
② 同上書,第2頁。
③ (宋)張伯端撰,王沐注釋:《悟真篇淺解》卷中,第118頁。

是推延款日程。①

其五十六：

　　大藥修之有易難，也知由我亦由天。若非積行修陰德，動有群魔作障緣。②

這幾首詩用語都很平實，而且所占比重並不少。從這個方面，我們可以看出《悟真篇》有其簡易通俗的一面，與古奧、晦澀的《周易參同契》相較，顯示了道教世俗化的趨勢。

其次，《悟真篇》使用道教隱語，充分利用漢語隱喻功能，使詩作富有濃厚的宗教神秘色彩。③《悟真篇》的丹道理論是通過兩種文學形式來表達的，一是文學隱喻手法，二是詩歌韻語形式。英國修辭和語言學家麥克斯·米勒在《神話學論稿》中曾提出："古代語言是一種很難掌握的工具，尤其對於宗教的目的來説更是如此，人類語言除非憑藉隱語就不可能表達抽象概念：説古代宗教的全部詞彙都是由隱語構成，這並非誇張其詞。"④當然，以爲古代宗教的全部詞彙都是隱語構成的，是值得商榷的，甚至卡希爾也認爲是"古怪"的，但神話乃至古代宗教，從語言固有的含混性中汲取養料，則是不争的事實。作爲古代本土宗教的道教，在其經典造構階

---

① （宋）張伯端撰，王沐注釋：《悟真篇淺解》卷中，第119—120頁。
② 同上書，第121頁。
③ 蔣振華：《唐宋道教文學思想史》第三章《北宋時期的道教文學思想》第二節"道教隱語系統與文學隱喻"針對《悟真篇》中的隱語、隱喻作過系統分析。嶽麓書社，2009年，第271—283頁。
④ ［英］麥克斯·米勒：《神話學論稿》，載［德］恩斯特·卡西爾《人論》，上海譯文出版社，1985年，第140—141頁。

段,也同樣運用漢語言的隱秘、模糊性傳播教義、闡釋教理。據蔣振華《唐宋道教文學思想史》的初步統計,《周易參同契》用隱語或隱喻有15條,"三光陸沉,温養子珠"中的"陸沉"喻指氣收丹田,"被褐懷玉"中的褐與玉均指煉丹原料"鉛",因鉛外黑内白,外粗内精,與褐、玉有相似性。① 道教隱語和隱喻,敦煌古道經《道教故實》(P.2524)就有過專門搜集,陳國符也曾對丹道中的石藥、草木藥的隱名做過統計,并分門别類,②如:

赤龍:丹砂　　金虎、龍:鉛　　　玄珠:汞　　　艮:銀
庚、兌:金　　帝男、陽黄:雄黄　帝女、陰黄:雌黄
河車:鉛的氧化物　　　　青要玉女:空青

草木藥的隱名更爲繁複,③如:

兒長生:牡丹　　三變得蘇骨:澤瀉　千歲老翁腦:松根
薛側膠:桃膠　　丹光之母:松脂　　木落子:杏仁
金蕊龍芽:菊花　懸球龍芽:茄子　　天刃龍芽:菖蒲
地骨龍芽:枸杞　碧玉龍芽:竹子　　金苑龍芽:椒

這些隱語出現在丹道詩詞中,如果没有必要的知識準備,是很難理解其用意的。《悟真篇》中的類似隱語也有不少,比如律詩第十四:

　　三五一都三個字,古今明者實然稀。
　　東三南二同成五,北一西方四共之。

---

① 蔣振華:《唐宋道教文學思想史》,第272頁。
② 陳國符:《〈道藏〉經中外丹黄白術材料的研究法》,《陳國符道藏研究論文集》,上海古籍出版社,2004年,第10—11頁。
③ 陳國符:《中國外丹黄白術所用草木藥録》,《陳國符道藏研究論文集》,第230—233頁。

戊己自居生數五，三家相見結嬰兒。
嬰兒是一含真炁，十月胎圓入聖基。①

　　劉一明解釋說："和合四象，攢簇五行，則精氣神凝結。曰三家相見，名曰嬰兒，又曰先天一氣，又曰聖胎，又曰金丹。"②這類隱語，不能從字面瞭解，但字面意義似乎又有某種深意。微言、顯言、正言、疑似之言、比喻之言、影射之言、旁敲側擊之言，都是文學修辭筆法，《悟真篇》把漢語具有的這種模糊特質發揮到極致，既說明了丹經要旨，也起到了隱秘而不妄傳的宗教目的。我們在研習閱讀這些作品時，需要"祛魅"的功夫，也即"得意忘言"的本領。《悟真篇》絕句第三十七首云：

卦中設象本儀形，得象忘言意自明。
後世迷人惟泥象，卻行卦氣望飛升。③

　　王沐先生對《悟真篇》有精深的瞭解，他在研讀《悟真篇》時就此指出："更從比喻詞、影射詞，暗喻的隱語中，反語的機鋒內，尋其含義，破其啞謎。然後六轡在手，馳驟由心，掌握主流，一以貫之，才能剝去掩飾的外衣，看到它本來的面目。例如精氣神三種內煉主要成分，在宋翁葆光《紫陽真人悟真直指詳說三乘秘要》中，舉出'精'的代號就有二十九種——坎、庚、四、九、金、月魄、兔脂、老郎、坎男、真鉛、白雪、金液、水虎、金華、黑鉛、丹母、玉蕊、虎弦氣、黃芽

---

① （宋）張伯端撰，王沐注釋：《悟真篇淺解》卷上，第 24 頁。
② 王沐：《〈悟真篇〉丹法要旨》，《悟真篇淺解》，第 302 頁。
③ （宋）張伯端撰，王沐注釋：《悟真篇淺解》卷中，第 90 頁。

鉛、黑龜精、潭底日紅、素煉郎君、白頭老子、黑中有白、兔髓半斤、生於壬癸、九三郎君、上弦金半斤、坎戊月精。又有神的代號三十七種離、卯、甲、東、三、八、木、日魄、烏髓、姹女、青娥、真汞、木液、火汞、火龍、金烏、雌母、流珠、紅鉛、硃砂、交梨、玉芝、真火、水銀、日中烏、龍弦氣、赤鳳髓、砂裏汞、離之己、山頭月白、青衣女子、碧眼胡兒、烏肝八兩、生於丙丁、二八姹女、硃砂鼎內、下弦水半斤。"①我們要讀懂《悟真篇》，要明瞭一些關鍵性的要點，尋出線索脈絡，比喻和隱語，無非陰陽變化、五行生克、河圖數字、藥物名稱等。讀懂之後，我們就能慢慢領會《悟真篇》神秘色彩的魅力和詭譎奇特之美。

再次，張伯端《悟真篇》積極利用"詞"這種"流行"體裁寫作內丹修煉的精義，是一種與時俱進的宗教性探索。《悟真篇》全書有24首《西江月》詞(有的本子多出一首)，這與《西江月》詞牌本身的特殊含義有一定關係。南宋翁葆光注、元戴起宗疏的《紫陽真人悟真篇注疏》卷七《西江月》詞牌下，有謂：

《西江月》一十二首，以周歲律
　　仙翁自注云："西者，金之方。江者，水之體。月者，藥之用。"無名子注曰："蓋仙舫作此曲以周歲律，以顯其大道也。"②

"十二首以周歲律"，說明了為什麼做12首，而非24首、36

---
① 王沐：《〈悟真篇〉丹法要旨》，《悟真篇淺解》，第258—259頁。
② (南宋)翁葆光注，(元)戴起宗疏：《紫陽真人悟真篇注疏》卷七，《道藏》第2冊，第953頁。

首，而何以選擇《西江月》的詞牌，據此"仙翁自注"，"西""江""月"各有所指，即西——金之方，江——水之體，月——藥之用。這是以丹道理論所作的比附，當自有其深意。王重陽以爲柳永的一句"楊柳岸、曉風殘月"實言丹田，也有江水、月的意象，或有某種契合。但我們通讀這十二首《西江月》，自有其特定的聲情體式，當與《西江月》詞牌本身的緣起也有關係。且看這十二首作品中的兩首：

其一：

　　内藥還同外藥，内通外亦須通。丹頭和合類相同，溫養兩般作用。
　　内有天然真火，爐中赫赫長紅。外爐增減要勤功，妙絶無過真種。[1]

十二：

　　牛女情緣道合，龜蛇類稟天然。蟾烏遇朔合嬋娟，二氣相資運轉。
　　總是乾坤妙用，誰能達此真詮。陰陽否隔即成愆，怎得天長地遠。[2]

相比前代丹道歌詩，這十二首《西江月》都相當通俗淺顯，這也正是張伯端一再申明的，丹道大藥沒有想象得複雜、深奧，《悟真

---

[1] （宋）張伯端撰，王沐注釋：《悟真篇淺解》卷下，第135頁。
[2] 同上書，第156頁。

篇》律詩第五十五首說:"赫赤金丹一日成,古仙垂語實堪聽。若言九載三年者,總是推延款日程。"①金丹一日可成,而所謂三年九載的言論,不過推延日程而已。這大概也是受"見性成佛"的禪宗教義等三教融合理論的影響,以爲丹藥並非"九載三年"之功。那麽,張伯端爲什麼用《西江月》的詞牌來表達金丹修煉的主旨,也當與這種詞牌本身的聲情體式有關。

《西江月》爲唐代教坊曲,調名可能取自李白《蘇臺覽古》一詩。李白詩云:"舊苑荒臺楊柳新,菱歌清唱不勝春。只今唯有西江月,曾照吳王宮裏人。"此處"西江"乃長江的別稱,詩作針對繁華易逝、人生如夢而天地永恒的深刻矛盾,發出深沉的感慨。唐五代時期,《西江月》爲民間流行歌曲,後來因清越哀傷,轉入法部道曲。有以爲《西江月》又名《步虛詞》,當與此法部道曲有關。其詞牌體式,以柳永詞《西江月·鳳額繡簾高卷》爲正體,雙調五十字,前後段各四句兩平韻一叶韻。《西江月》體式上爲俳體,容易滑入俚俗,清人吳衡昭指出:"詞有俗調,《西江月》《一剪梅》之類,最難得佳。"②而這種通俗淺顯的聲情體式,很容易爲佛、道傳唱偈語提供方便。在這方面,《悟真篇》當是始作俑者之一,較早用《西江月》從事道教歌詩的創作。無怪乎清人謝章鋌(1820—1903)說:"而道錄佛偈,巷說街談,開卷每有《如夢令》《西江月》諸調。此誠風雅之蟊賊,聲律之狐鬼也。"③

《悟真篇》申明的是丹道主旨和修煉方法,約略言之,也是一篇"内丹修煉指南",但這個"指南"必須具備一定素養和基礎才能"祛

---

① (宋)張伯端撰,王沐注釋:《悟真篇淺解》卷中,第119頁。
② (清)吳衡昭:《蓮子居詞話》,《詞話叢編》,第2454頁。
③ (清)謝章鋌:《賭棋山莊詞話》,《詞話叢編》,第3346頁。

魅"化簡，撥雲見霧。這個祛魅功夫也是賞鑒和詮釋的過程，通過前輩學人的不斷努力，我們已經越來越接近《悟真篇》的本來面目。

結語

張伯端及其《悟真篇》的研究一向是學界爭論的焦點，各種歧說紛出，相關文獻基本上都已搜羅殆盡，但總的來看，缺乏對文本的細讀闡釋和對問題本身的深入思考，僅停留在幾則常見史料的反復引用上各說各話，未見明顯的學術推進。本文選擇張伯端生平中的籍貫問題及《悟真篇》的來源與文學性質等學界討論的熱點，嘗試從文本細讀和語境還原的角度再作檢討，力圖澄清一些誤解。但是，我們在研究過程中發現還有很多細節，似乎已經永遠湮没在歷史的迷霧之中，比如張伯端謫籍嶺南的真實原因到底是什麽？成都所遇真人是否高象先？"三番遭配隸"是否可信？如此等等，在没有新出史料的情況下，我們只能做一些推測，或存疑以待來日。

（原文刊載於《中國文學研究》2020年第2期）

高象先《金丹歌》及其與
《悟真篇》之關係考論

　　《真人高象先金丹歌》(以下簡稱《金丹歌》)是一首丹道歌詩,存明《道藏》太玄部。自《周易參同契》《内景經》以下,丹道詩充斥着大量隱語别名,加之丹理玄奥,這種詩歌往往缺乏審美意味而晦澀難懂,但這首《金丹歌》以歌行體排闥而來,汪洋恣肆,氣勢磅礴,且在義理闡釋上,鞭辟入裏,皎然明白,有的詩句還被《悟真篇》化用,而其與《悟真篇》之關係對《悟真篇》來源問題的考訂具有重要的學術意義。檢今人研究,高象先《金丹歌》還很少有人關注,此就其作者生平、創作過程、内容結構及與《悟真篇》之關係等問題試作考訂辨析。

一、高象先生平

　　高象先及其《金丹歌》在史籍中的記載很少,現在能看到的較早記載是《渭南文集》卷二六《跋高象先金丹歌》的幾句話:

> 右玉隆萬壽觀本。序言有注解而不傳,亦不知序者爲何人也。丙戌二月八日,務觀書。①

―――――――
①　錢仲聯、馬亞中主編,馬亞中校注:《陸游全集校注》第 10 册《渭南文集校注》(二),浙江教育出版社,2011 年,第 138 頁。

此丙戌年爲南宋孝宗乾道二年(1166)，這一年陸游見到玉隆萬壽觀(今址南昌市新建縣)的單行本《金丹歌》，并簡單著録。二十多年後的光宗紹熙二年(1191)，陸游又續寫了一則跋語：

> 國初，有高象先，淳化中爲三司户部副使，少從戚同文學，與宗度、許讓、陳象輿、郭成範、王礪、滕涉齊名，不言其所終，亦不知其鄉里，恐即此人。然序言名先，字象先，又似别一人。神仙隱顯，不必可知，聊記之耳。辛亥炊熟日書。①

這則跋語較上則略詳，陸游推測宋初淳化年間(990—994)的三司户部副使高象先"恐即此人"，但從序看"又似别一人"，感慨"神仙隱顯，不可必知"。陸游並没有深入研讀這部道經，其實這首帶有自傳色彩的《金丹歌》本身就提供了很多信息。

《金丹歌》首句寫到："東海高先真作怪，一個了心無比大。"②"東海高先"的"東海"指籍貫屬地，今連雲港尚有東海縣。卷首佚名《金丹歌序》云："高先，字象先，朐陽人也。余素昧平生。"③朐陽，秦時置縣，後改爲東海郡，今連雲港市仍有朐陽門廣場。可以肯定，高先的籍貫就是今連雲港東海縣。高先，字象先，這在《金丹歌》詩中也有提及：高先閉關存思，靈升太清廣寒宮時，"有吏開關問行止，遽報高先字象先"，④這裏已經明確"高先字象先"，正與《金丹歌序》所記互證。

---

① 錢仲聯、馬亞中主編，馬亞中校注：《陸游全集校注》第 10 册《渭南文集校注》(二)，第 138 頁。
② 《道藏》第 24 册，第 151 頁。
③ 同上。
④ 同上。

又有文獻記載高象先號鴻濛子,如南宋曾慥《道樞》卷三五《衆妙篇》輯錄歷代高道事迹及其道論,其中有"鴻濛子,高象先,嘗至廣寒宮,於是玉宸君使見於西華夫人",①隨後節錄高象先《金丹歌》中的部分内容。宋末元初人俞琰《周易參同契發揮》卷五引高鴻濛《夢仙謡》,即高象先《金丹歌》。② 今人丁培仁《增注新修道藏目錄》以爲高象先號"鴻濛子"。③ 宋初有張無夢,字靈隱,號鴻蒙子,鳳翔盩厔人,與劉海蟾、種放結爲方外之友,事陳摶先生。張無夢號鴻蒙子是否與高象先混淆,無從判斷,可備一説。另外,前引南宋曾慥《道樞》卷三五《衆妙篇》同卷,還輯錄"高子,名象先"的一則"玉女抱臍"的煉養方法。④ 據此,高象先後世亦被尊爲"高子"。

《金丹歌序》云:"祥符六年(1013),因四明傳神僧禹昌,始得識公面於京師。"⑤序者於大中祥符六年與高象先結識,可推測高象先當活躍於大中祥符(1008—1016)年間。《金丹歌》還有一部分詩句自敍身世,現引錄如下:

憶昔余年十四五,明經早欲干明主。壯心不伏低時才,遂弄牋毫業詞賦。賦成齷齪飜自鄙,篆刻雕蟲安足貴。旋操洪筆落宏詞,將應大中天子制。前年攘臂來京輦,曼倩飛書方自薦。酒酣覽鏡照客容,遽駭潘安鬢華變。捨鑑撫膺吁自語,倏忽浮榮寧足慕。金闕遂抛方正科,玉京上應神仙舉。⑥

---

① 《道藏》第20册,第795頁。
② 同上書,第222頁。
③ 丁培仁編著:《增注新修道藏目錄》,巴蜀書社,2008年,第437頁。
④ 《道藏》第20册,第795頁。
⑤ 《道藏》第24册,第151頁。
⑥ 同上。

十四、五歲的高象先也曾有一番經邦濟世之志，一心從事科舉。詩中"將應大中天子制"的"大中"即"大中祥符"的簡稱，可見此間高象先曾參加科舉，又曾飛書自薦（"曼倩飛書方自薦"用東方朔①上書武帝，自薦得爲郎的典故），而因感嘆韶華易逝、功業難成，最終棄儒入道，放棄了俗世科舉而"上應神仙舉"，從此以修仙求道爲畢生追求。

目前，關於高象先的生平，我們基本上能考之大概。在某種程度上，他與唐人李白的精神志趣是相通的，而這首詩在風格氣度上，與李白的古風更可謂隔代知音。

二、《金丹歌》的創作過程與敘事結構

《金丹歌序》云："洎七年秋，觀公《承醉答諸宮高員外歌》一首，幾二千言。"②這裏的"七年"，從上下文看應是大中祥符七年（1014），序者看到高象先所作《承醉答諸宮高員外歌》，也就是這首《金丹歌》。歌名已經揭示了這首詩的創作過程：這是一首酒醉之後（"承醉"）的神來之筆，後世所謂《金丹歌》《夢仙謠》等均非舊題。而與高象先共飲者，即爲"高員外"，此人身世，在《金丹歌》中也有描述：

> 揖坐從容詢姓氏，答我江陵王者孫，祖先世列荆南君。旋屬建隆真主出，忻然納璽稱蕃臣。我昔少年心膽雄，文場一戰魁群公。豈思一射失前望，武陵曾薦阿房宮。蹤跡因兹沈下吏，九品公裳青崒地。折腰趨入謁刺史，堦下一拜不如死。早

---

① 按，東方朔，字曼倩。
② 《道藏》第24册，第151頁。

是徒勞顧飄蕩,那堪枉被相誣罔。由賴漢昭明霍光,得全首領歸南陽。旋辱天王霈恩渥,一命遄催尉西洛。自嗟薄命非貴人,退歸南海怡天真。負郭良田幾百頃,禾黍離離墮雲穎。王租輸外有餘儲,足養嵇康懶情性。去歲驚聞王御史,嘗把文章奏天子。向來已決麋鹿心,不顧絲綸重及此。臥龍諸葛徒權奇,今日昇平何所施。拂衣安得修仙子,九天高約雲爲梯。①

這是高象先受道西華夫人後回到世間,在街衢邂逅高員外時的寒暄之語。高員外本爲五代十國南平高季興的後裔。南平末主高繼沖於宋太祖乾德元年(963)納地歸降,即詩句"旋屬建隆真主出,忻然納壐稱蕃臣"所述的歷史事件。高員外少負雄才,科場曾一舉奪魁,"豈思一射失前望,武陵曾薦阿房宫"句用吴武陵推薦杜牧《阿房宫賦》,杜牧遂以得第的典故,此或暗指自己未能如願得進三甲,從此沉跡下僚,做了折腰趨拜刺史的下層官僚。任上高員外又被誣謗,幸得保全首領,辭官南陽,不久受命任西洛軍尉,但自嘆薄命,退歸南海。詩句"負郭良田幾百頃,禾黍離離墮雲穎。王租輸外有餘儲,足養嵇康懶情性"描述了高員外這段逍遥自得、頤養天年的歸隱生活。高員外的一生起伏跌宕,負高才而庸碌無爲,遂決意歸隱,即所謂"向來已決麋鹿心",而"去歲驚聞王御史,嘗把文章奏天子"一事讓高員外再次燃起希望之火,可惜升平盛事,無所施爲,只好以修仙飛升爲"凌雲"之志。

高象先從西華夫人那裹悟得真詮,歌曰"群仙拍手笑方歸,人間四大颯然悟",但悟道後的象先並不主張避居深山修道,如詩云:

---

① 《道藏》第24册,第152頁。

"嘗聞古仙有遺語,深山不是修真所。許碏長尋偃月爐,遊遍雄都并會府。"①《悟真篇》卷上有謂"須知大隱居廛市,何必深山守靜孤",②即爲此意。許碏,五代高陽人,也曾積極仕進,但屢試不第,遂周遊五嶽名山,他在所到之處,都於人跡罕至的峭壁間題書"許碏自峨嵋山尋偃月子到此"幾個大字。③"偃月子"又稱"偃月爐",《悟真篇》卷中有"休泥丹灶費工夫,煉藥須尋偃月爐"。④"偃月爐"顯然指内丹鼎爐。象先對深山隱居求道不以爲意,而應該像許碏一樣遍尋"偃月子"。爲此,高象先出入市井都邑,遍歷英才,結果"求個同人求不得……未嘗失口談真寂"。⑤ 正在孤獨彷徨之際,高象先與高員外兩位"高人"相遇。

高象先在"通衢"大街上發現高員外,對其神態舉止作了相當精彩的描述:

有客通衢情忽忽,雙睛激電如驚鵑。渾渾行當群小間,雞中一鶴孤突兀。迤邐潛隨復潛視,神骨雖奇容色悴,此必高才下位人。⑥

這個情節頗類後世武俠小說中的片段,遣詞用語有很強的畫面感。"情忽忽"一詞可以給人無限的想象空間,此客"忽忽"之情非昏昏之態,是帶有强大氣場的英武拔俗之氣。後句"雙睛激電如驚鵑"

---

① 《道藏》第 24 册,第 152 頁。
② (宋)張伯端撰,王沐注釋:《悟真篇淺解》,第 8 頁。
③ (元)趙道一編:《歷世真仙體道通鑑》卷三六《許碏》,《道藏》第 5 册,第 309 頁。
④ (宋)張伯端撰,王沐注釋:《悟真篇淺解》,第 35 頁。
⑤ 《道藏》第 24 册,第 152 頁。
⑥ 同上。

專注於目光神態的刻畫——閃電般的目光,如驚鶻之犀利。此輩在市井群小之間,如雞中之鶴,卓異不群。象先見此英豪之士,歆羨高才之心促使他"迤邐潛隨復潛視",跟在後面暗中觀察,看出此人"神骨雖奇容色悴,必爲高才下位人",於是"揖坐從容詢姓氏",遂有前引高員外自敍身世的一大段文字。兩人一見如故,相逢恨晚,"各當攜手登酒樓,酒酣高歌豁胸臆",①詩人接下來描寫倆人酣暢淋漓的飲酒場面,也極富感染力:

> 武陽鴻鍾百餘列,速飲連傾不得歇。直宜潑向沃焦山,大江須枯海須竭。②

兩人飲酒已非"推杯換盞"可比,"武陽鴻鍾"或爲武陽郡所產"大號"酒杯。"百餘列"酒杯自是文學性的誇張,形容酒量極大,且豪飲如洪,"速飲連傾不得歇"。"直宜潑向沃焦山,大江須枯海須竭"一句中的"沃焦山",在《神異經》《玄中記》等漢魏六朝神話經典中有一些記載,如:"天下之強者,東海之沃焦焉,水灌之而不已。沃焦者,山名也,在東海南,方三萬里,海水灌之而即消,故水東南流而不盈也。"③沃焦山是至陽之石,海水之所以不增,正因此石的蒸發作用。象先與高員外二人的暢飲就如潑向沃焦山而枯竭的江海一樣,這種磅礴而恢弘的想象,真有太白之風味。

飲中高員外乘興賦作千言贈給象先,這首千言之作是詩歌,還是文賦,不得而知,但從象先的描述來看,也一定是氣勢恢弘的奇

---

① 《道藏》第 24 册,第 152 頁。
② 同上。
③ 魯迅校錄:《古小說鉤沉·玄中經》,齊魯書社,1997 年,第 234—235 頁。

篇佳構,即如象先云:"坐中筆我一千言,龍門浩浩傾詞源。勢決崑崙塞渤澥,聲撼天關摇地闊。"①接下來,象先以排比句式描述高員外所贈千言:

> 數百言兮何磊落,囚龍掣斷黄金索。霹靂一聲涇水湄,雲中推下馬頭黿。
>
> 數百言兮何高奇,虚籟寒生瓊樹枝。誰將宋玉倚天劍,秋空截斷雙虹蜺。
>
> 數百言兮何清苦,霜猿叫月月當午。霸陵衰柳怯秋風,金谷殘花愁暮雨。
>
> 數百言兮何達觀,萬象强名聲一斷。大哉真覺覺來心,一切聖賢拂如電。②

象先以排江倒海的氣勢贊美員外所贈千言如何"磊落""高奇""清苦""達觀",而如此奇篇正是象先"承醉"所答的對象,也即詩作原題《承醉答諸宮高員外歌》所提示的。詩中亦云:"我有赤龍天上訣,有口人間未曾説。奇君雄負天仙才,不惜天機爲君洩。"③爲君所洩天機,就是高象先魂入太清的宗教性神秘體驗,以及從西華夫人所受的金丹之訣。

回顧全詩,高象先這首 2 000 餘言的《承醉答諸宮高員外歌》從少年時代開始,以順敘的敘事模式,描述他棄儒從道後、魂入太清、受道西華、回到人間邂逅高員外、與員外飲酒互贈的完整故事。

---

① 《道藏》第 24 册,第 152 頁。
② 同上書,第 152—153 頁。
③ 同上書,第 153 頁。

其核心内容——西華夫人傳授的"金丹秘訣",被層層包裹在周邊敘事中。大致來看,全詩可分成這樣幾個敘事環節:

1. 自敘身世,講述棄儒從道的過程;
2. 八月十五修煉,魂入太清,誤入月宫的神秘體驗;
3. 仙籍已備,西華夫人授《金丹歌訣》;
4. 悟道後,回到俗世間,邂逅高員外;
5. 與高員外飲酒互贈,一泄天機,道出寫作此詩的理由。

五節環環相扣,首尾銜接,象先雖是"承醉"之作,但理路分明,章法謹嚴。《金丹歌序》云:"雖朝上帝,問道西華,率皆寓言。"[1]《金丹歌》没有像此前的《參同契》《黄庭經》等丹經一樣直接闡述丹道秘旨,而是以想象、誇張的文學筆法,以寓言的方式清晰地闡釋了金丹大道,并鮮明地反對各種小道邪行。這在宗教文學史上,具有重要的啓示意義。

三、《金丹歌》的真一之道、金丹之旨

如前述,俞琰引録《金丹歌》,題爲《夢仙謡》,以爲高象先飛升天界不過是一場"夢仙"之旅。但詩作中的朝太清、問道西華實際上是一個"存思"内修的過程,雖爲"寓言"而有仙道理據,非怪誕不稽之辭。詩云:

八月十五天清明,閉關思道心冥冥。兀然四大生虚白,不

---

[1] 《道藏》第24册,第151頁。

覺一靈升太清。①

"閉關思道"非如《枕中記》盧生"目昏思寐"而夢的被動狀態,而是一種心尚"冥冥"的修道狀態。存思又稱存想、存神。《雲笈七籤》卷四三"存思"曰:"是故爲學之基,以存思爲首。存思之功,以五藏爲盛。藏者何也？藏也成也。潛神隱智,不炫耀也。智顯慾動,動慾日耀。耀之則敗,隱之則成。光而不耀,智靜神凝,除慾中淨。如玉山内明,得斯勝理,久視長生也。"②存思術當源於天師道和六朝上清派道術,有存思内景、外景之別,司馬承禎云"存謂存我之神,想謂想我之身",③即爲内視"身神"的一種存思術。高象先正是在存思修道時"靈升太清"。當時正爲八月十五月明之日,象先魂飛廣寒宮,詩作對這段神秘體驗,作了文學性的描寫:

太清四顧何漫漫,水晶宮殿冰相攢。巍巍雙闕橫雲端,玉牌金篆題廣寒。

廣寒宮中有平道,倒景未升天未曉。絳鳳紫鸞栖碧林,白鹿黃猿睡瑤草。④

廣寒宮中的水晶宮殿,寒氣逼人,碧林中有絳鳳、紫鸞,瑤草間有白鹿、黃猿。象先扣關,自報行止,雙童揖告,原來是"玉宸有命召先生"。⑤

---

① 《道藏》第24册,第151頁。
② (宋)張君房編,李永晟點校:《雲笈七籤》,中華書局,2003年,第958頁。
③ (唐)司馬承禎撰:《天隱子》,《道藏》第21册,第700頁。
④ 《道藏》第24册,第151頁。
⑤ 同上。

面見玉宸君後,"急徵仙籍問仙名,仙官答云有名字",①於是告曰:"舉世何人識河車,子當西去求西華。西華夫人掌樞紐,使當指與真丹砂。"②玉宸命雙童導引,飛赴西華宮,向西華夫人求道。元道士陳致虛《太上洞玄靈寶無量度人上品妙經注》在引録高象先《金丹歌》時云:"高象先日夕思真,不覺魂升玉京,上帝憐之,命西華太乙夫人指示金丹訣。"③西華夫人又稱"西華太乙夫人",當即西王母或金母元君。《墉城集仙録》卷一《金母元君》云:

  金母元君者,九靈太妙龜山金母也,一號太靈九光龜臺金母,一號曰西王母,乃西華之至妙、洞陰之極尊。在昔道炁凝寂,湛體無爲,將欲啓迪玄功,化生萬物。……又以西華至妙之氣,化而生金母焉。④

西王母乃西華之至妙,又以西華至妙之氣化而生金母。又,《無上秘要》卷二二:"青琳宫、西華堂、丹微房,右在白玉龜山上,西王母所居。"⑤西華堂爲西王母所居,"堂"與"宫"有别,但《金丹歌》中的"西華宫"當出於考慮韻腳的一種變通,與"西華堂"無異。雙童引象先至西華宫後,用大量筆墨描述西華夫人所居西華宫及其天仙容貌,詩云:

  仍命雙童爲前導,縹縹渺渺凌飛霞。百萬里兮何咫尺,倏

---

① 《道藏》第 24 册,第 151 頁。
② 同上。
③ 《道藏》第 2 册,第 403 頁。
④ (唐)杜光庭撰,羅争鳴輯校:《杜光庭記傳十種輯校》(下册),中華書局,2013 年,第 575 頁。
⑤ 周作明點校:《無上秘要》,中華書局,2016 年,第 269 頁。

然已抵金天涯。朱曦半出扶桑東,輕雲夾之光瞳矇,百花摘引如長虹,抓楹攫檻皆虬龍。琳琅琪樹何青葱,天風四觸聲玲瓏,珠璣寶殿森其中,雙童指曰西華宮。宮中彩仗何昭晣,有女方年十七八,鬢髮繽紛垂暮雲,素容輕淡凝春雪①。

西華夫人年方十七、八歲,"鬢髮繽紛垂暮雲,素容輕淡凝春雪",值妙齡、素容顔、長髮垂、膚白晢等等,向爲"天仙"的標準姿儀。西華夫人所居西華宮亦是琳琅寶樹、殿宇珠璣。得玉宸之旨後,西華爲象先設宴張樂,衆仙雲集,觥籌交錯,歡樂難陳之際,西華夫人唱起短歌,即所謂"夫人顧我兮歌短歌",短歌云:

聖賢莫若丘與軻。借問丘軻今何在,空留塚墓高嵯峨。前豪後傑循一轍,溺名濤兮沈利波。甘隨石火風燈去,莫有栖心追大羅。紅塵此日佳吾子,擺落浮榮如脱屣。向來虔奉玉宸言,爲君析理長生事。②

孔丘、孟軻兩位儒家聖賢還有數不清的"前豪後傑"不修仙道,耽於世俗榮利,都已塚墓荒涼,而高象先能夠擺脱浮榮,心向大羅,遂爲之"析理長生事"。從這裏開始,《金丹歌》才進入其核心内容——金丹之旨的闡釋。

西華夫人所"析理"的長生事爲内丹要旨,有以爲"則其所述丹道似爲男女合修之内丹",③男女、夫妻在内丹歌訣中多爲陰陽、坎

---

① 《道藏》第 24 册,第 151 頁。
② 同上。
③ 任繼愈主編,鍾肇鵬副主編:《道藏提要》,第 505 頁。

離、水火的代稱,也即内丹,非男女合修之房中之類。西華夫人傳道之前云:"君不見古皇問道崆峒室,雖得宏綱未全悉,回頭蜀國訪峨眉,天真皇人與真一。"①"古皇問道崆峒室"指軒轅黃帝登崆峒山向廣成子問道,後又"回頭蜀國訪峨嵋",向天真皇人問道。黄帝問道事較完整的早期記載,當爲葛洪《抱朴子内篇》卷一八《地真》篇:

> 昔黄帝東到青丘,過風山,見紫府先生,受《三皇内文》,以劾召萬神……過崆峒,從廣成子受《自然之經》,……到峨眉山,見天真皇人於玉堂,請問真一之道。皇人曰:"子既君四海,欲復求長生,不亦貪乎?其相覆不可具説,粗舉一隅耳。"②

黄帝問道廣成事,《莊子》外篇《在宥》和《神仙傳》卷一《廣成子》都有敷述,如:

> 黄帝聞而造焉,曰:"敢問至道之要。"……廣成子蹶然而起曰:"至哉!子之問也。至道之精,窈窈冥冥;至道之極,昏昏默默。無視無聽,抱神以静,形將自正。必静必清,無勞爾形,無摇爾精,乃可長生。慎内閉外,多知爲敗。我守其一,以處其和。故千二百歲而形未嘗衰,得吾道者上爲皇,入吾道者下爲王。吾將去汝,適無何之鄉,入無窮之門,遊無極之野,與

---

① 《道藏》第 24 册,第 151 頁。
② (晉)葛洪撰,王明校釋:《抱朴子内篇校釋》(增訂本),中華書局,1985 年,第 323—324 頁。

日月齊光,與天地爲常。人其盡死而我獨存焉。"①

"無勞""無搖"這段文字廣爲流傳,廣成子授黄帝之道爲守一處和之道,有謂廣成子授黄帝《陰陽經》,《歷世真仙體道通鑑》卷一《軒轅黄帝》沿襲《神仙傳》,謂廣成子授以《自然經》一卷。這些經典傳授,即西華夫人所云"雖得宏綱未全悉",黄帝從廣成子那裏僅得修道的綱領,未能全悉大道之旨。後來又赴峨眉山,訪道天皇真人,始得真一之道。上引《抱朴子内篇》卷一八《地真》篇對"真一之道"有所闡述:

夫長生仙方,則唯有金丹;守形却惡,則獨有真一,故古人尤重也。仙經曰:九轉丹,金液經,守一訣,皆在崑崙五城之内,藏以玉函,刻以金札,封以紫泥,印以中章焉。吾聞之於先師曰:一在北極大淵之中,前有明堂,後有絳宫;巍巍華蓋,金樓穹隆;左罡右魁,激波揚空;玄芝被崖,朱草蒙瓏;白玉嵯峨,日月垂光;歷火過水,經玄涉黄;城闕交錯,帷帳琳琅;龍虎列衛,神人在傍;不施不與,一安其所;不遲不疾,一安其室;能眇能豫,一乃不去;守一存真,乃能通神;少欲約食,一乃留息;白刃臨頸,思一得生;知一不難,難在於終;守之不失,可以無窮;陸辟惡獸,水卻蛟龍;不畏魍魎,挾毒之蟲;鬼不敢近,刃不敢中。此真一之大略也。②

我們看《抱朴子》引《仙經》對真一的解釋:"一"已是具備神格和超

---

① (晉)葛洪撰,胡守爲校釋:《神仙傳校釋》,中華書局,2010年,第1頁。
② (晉)葛洪撰,王明校釋:《抱朴子内篇校釋》(增訂本),第324頁。

凡能力的神,居住在北極大淵之中,有重重衛護;"一"也是道的化身,不施不與,不遲不疾,能暇能豫,能做到"守一存真",則能通神,可以無窮。可見,《抱朴子内篇》據《仙經》對"真一"之道的解釋,與廣成子所授"必静必清,無勞爾形,無揺爾精……慎内閉外,多知爲敗"的守一處和之道,没有太大差别。高象先《金丹歌》中西華夫人對"真一"之道所云爲何,似乎並不在意,而是强調"真一之道何所云,莫若先敲戊已門",與其苦苦追求"真一",不如先敲戊己之門,修煉金丹大道,那麽這是怎樣的金丹大道?現引録西華夫人所授如下:

真一之道何所云,莫若先敲戊己門。戊己門中有金子,金子便是黄芽根。黄芽根爲萬物母,母得子兮爲鼎釜。日月魂華交感時,一浮一沈珠自飛。明珠飛到崑崙上,子若求之憑罔象。得之歸來歸絳宫,絳宫蒸入肌膚紅。肌膚紅,鬢髮黑,北斗由兹落死籍。大哉九十日成功,髣髴喬山有遺跡。①

"戊己"爲中央土,代指"意",在内丹隱語中,常用"媒妁""媒娉""黄婆"指稱,意爲引導、運行,如男女婚配之媒介,使金、水之元精(坎)與木、火之元神(離)會合於中央戊己之土,凝結成丹。《悟真篇》卷上有"二物會時性情合,五行全處虎龍蟠。本因戊己爲媒娉,遂使夫妻鎮合歡"。② 卷上又云:"戊己自居生數五,三家相見結嬰兒。"③卷中又有"黄婆自解相媒合,遣作夫妻共一心"。④ 這些都是

---

① 《道藏》第 24 册,第 151—152 頁。
② (宋)張伯端撰,王沐注釋:《悟真篇淺解》,第 3 頁。
③ 同上書,第 24 頁。
④ 同上書,第 58 頁。

戊己運行水、火，五行交會而成丹之要旨，"敲戊己門"即修煉金丹之法，而這不是外丹黃白，更不是房中秘術，而是典型的内丹道法。

"黄芽"是内丹道中的重要隱語，常與"白雪"並列，如《悟真篇》卷上"黃芽白雪不難尋，達者須凭德行深"。① 坎中真陽是爲黃芽，離中真陽是爲白雪，王沐先生在解此句時說："黃芽指精氣動後，做爲丹頭，是上藥三品中最基本的物質。"②這種物質也即詩句所云"黃芽根爲萬物母"。上引"日月魂華交感時，一浮一沈珠自飛。明珠飛到崑崙上，子若求之憑罔象"中的"自飛"之珠也即金丹。這兩句典出黃帝索玄珠事，《莊子》外篇《天地》云：

> 黃帝遊乎赤水之北，登乎崑崙之丘而南望。還歸，遺其玄珠。使知索之而不得，使離朱索之而不得，使喫詬索之而不得也。乃使象罔，象罔得之。黃帝曰："異哉！象罔乃可以得之乎？"③

黃帝三索玄珠而不得，最後象罔得之。道家對"象罔"的解釋，一般以爲非有非無的無心之狀。而"玄珠"，寶物也。但黃帝作爲上古仙人，在丹道系統内，"玄珠"成了金丹的代名詞。《悟真篇》卷上有謂"虎躍龍騰風浪粗，中央正位産玄珠"。④ 虎、龍爲元精、元神的象徵，在"中央正位"經過内煉而凝結爲金丹。金丹（也稱"嬰兒"）凝成歸入絳宮，於是"肌膚紅，鬢髮黑"，長生得矣。

---

① （宋）張伯端撰，王沐注釋：《悟真篇淺解》，第19頁。《周易參同契》云"玄含黃芽，五金之主"，又有"將欲制之，黃芽爲根"等表述。
② 同上書，第20頁。
③ 崔大華：《莊子歧解》，中華書局，2012年，第363頁。
④ （宋）張伯端撰，王沐注釋：《悟真篇淺解》，第8頁。

上引西華夫人所授歌詩,是北宋初年修道者對內丹道所作的闡釋,這幾乎囊括了所有內丹修煉的基本宗旨。但是,《金丹歌》的可貴之處在於,通過西華夫人之口對丹道的講授並未止於此境。接下來,西華夫人云:

> 又不聞,叔通從事魏伯陽,相將笑入無何鄉。准連山作《參同契》,留爲萬古丹中王。首曰乾坤易門户,乾道男兮坤道女。世人不識真陰陽,茫茫天下尋龍虎。日爲離,月爲坎,日月爲易相吞啖。金烏死,玉兔生,萬物生因天地感。天地氤氲男女姤,四象五行憑輻輳。晝夜屯蒙法自然,焉用孜孜看火候。采有時,取有日,采兮取兮須慎密。勿使驪龍驚覺來,天真喪去明珠失。萬一留心契上清,上清非道胡能升。①

叔通,淳于叔通;從事,徐從事,又稱徐真人,《真誥》《三洞珠囊》等六朝、唐五代道經對二人與魏伯陽先後鼇定撰作《周易參同契》事有各種解説,這裏籠而統之,謂三人"相將笑入"無何有之鄉,留下萬古丹經王《周易參同契》。《周易參同契》首句即爲"乾坤者,《易》之門户,衆卦之父母",②《金丹歌》所謂"首曰乾坤易門户,乾道男兮坤道女"當化用此句,以説明乾坤、日月、坎離、陰陽、男女概念同一也。陰陽交會,天地氤氲,水火配合,男女互姤,在抽添煉化之際,一任自然,不用"孜孜看火候"。火候該怎麼掌握?下句云:"采有時,取有日,采兮取兮須慎密。勿使驪龍驚覺來,天真喪去明珠

---

① 《道藏》第 24 册,第 152 頁。
② 有以爲這是注釋文字,足以補正文之缺,見蕭漢明、郭東升《〈周易參同契〉研究》(下編),上海文化出版社,2001 年,第 247 頁。

失",從詞面來看,類似房中的表述,但這裏不過形容內丹修煉過程中"丹藥""爐火"的運用之理。白玉蟾《海瓊問道集》在論述丹道修煉時,即引用高象先的表述,云:

惟太上度人,教人修鍊,以乾坤爲鼎器,以烏兔爲藥物,以日魂之升沉應氣血之升降,以月魄之虧盈應精神之衰旺,以四季之節候應一日之時刻,以周天之星數應一爐之造化。是故采精神以爲藥,取静定以爲火,以静定之火而鍊精神之藥,則成金液大還丹。蓋真陰真陽之交會,一水一火之配合,要在先辨浮沉,次明主客,審抽添之運用,察反覆之安危。如高象先云:采有日,取有時。①

"采有日"指"采精神以爲藥","取有時"指"取静定以爲火",白玉蟾作爲南宋影響巨大的內丹傳人,他的理解應該是準確的。《金丹歌》借西華夫人之口,接下來批判了各種方術派别的修仙歧路,所謂"眼前有路不知處,造空伏死徒冥冥"。② 具體來看,《金丹歌》主要批判了如下幾種修仙誤區:

1. 行氣吐納

返精內視爲團空,臍下强名太一宮。先想神爐峙乎內,次存真火炎其中。常當半夜子時起,采日月華投鼎裹。妄將津液號金精,漱下丹田作神水。自云沖妙符希夷,脱胎十月生嬰

---

① 《道藏》第33册,第142頁。
② 《道藏》第24册,第152頁。

兒。勞神疲思良可嘆，往往容色先人衰。①

2. 外丹黃白

有烹金石爲九還，砂中抽汞丹取鉛。團作一斤安土釜，炎炎凡火相烹煎。其中方色各歸一，依稀亦有黃芽出。似是而非迷殺人，往往餌之成痼疾。②

3. 辟穀、禁欲、苦修、服食、房中等

忽斷鹽，忽斷穀，或陽兮孤栖，或陰兮寡宿，或向隅而坐忘遺照，或遁跡兮深山窮谷，或餌便溺爲九還，或鍊桑灰爲大丹，或陰采兮復陽，采沴精氣兮衝泥丸。何事千岐并萬路，埋没真詮無覓處。③

"勞神疲思良可嘆，往往容色先人衰""似是而非迷殺人，往往餌之成痼疾""何事千岐并萬路，埋没真詮無覓處"，這幾句可謂發人深省，對彼時仙道修煉的亂象有清醒而深刻的認識。這正如《金丹歌序》所云："其排邪斥僞、矯正歸真，真一之道也。"④但是，後人在引錄此詩時，對這些批評往往不加細審，以此詩所講爲男女房中之術，其謬甚矣。這部分內容對內丹修煉的本質和現實中存在的問

---

① 《道藏》第 24 册，第 152 頁。
② 同上。
③ 同上。
④ 同上書，第 151 頁。

題,作了全面剖析,是整首《金丹歌》的核心内容。《金丹歌序》所謂:"余不佞春秋六十四矣,學道四十年間,百師千友,萬言億術,皆蒙蒙相授,迷迷相指,其皎然明白若象先是歌者,未之前聞。"① 這句話,絕非溢美之詞,象先此作,振聾發聵,直指真詮,對後世丹法產生了深刻影響。

四、《金丹歌》與《悟真篇》的關係

五代末至北宋中期,道教内丹方術漸次興起,鍾離權、呂洞賓、陳摶等丹道修持者先後提出自己的内丹理論,而至張伯端《悟真篇》才有了更具體系的闡發。張伯端字平叔,號紫陽,又稱紫陽山人,後改名"用成"(一作"用誠"),人稱"悟真先生"。《四庫全書總目提要》卷一四六《悟真篇注疏》評《悟真篇》云:"是書專明金丹之要,與魏伯陽《參同契》,道家並推爲正宗。"②

張伯端所撰《悟真篇序》《悟真篇後序》及時代較接近張伯端的陸彦孚所作《悟真篇記》(仇兆鰲《悟真篇集注》録作《陸彦孚記》)對《悟真篇》的傳授過程,有較明確的記載。南宋翁葆光注、元戴起宗疏《紫陽真人悟真篇注疏》卷前所收張伯端《悟真篇序》,曾明確提到自己於成都感遇真人,受以金丹藥物,後成《悟真篇》的經過。在翁、戴《注疏》後,還有一篇《悟真篇後序》,也云"僕自己酉歲,於成都遇師授以丹法"。③ 己酉歲成都感遇真人遂授其金丹之要,張伯端所感遇者何人? 南宋陸彦孚所作《悟真篇記》作過認真的推測,《記》云:

---

① 《道藏》第 24 册,第 151 頁。
② (清) 永瑢等編撰:《四庫全書總目》,中華書局,1965 年,第 1252 頁。
③ 《道藏》第 2 册,第 968 頁。

先公帥秦,陽平王箴衮臣在幕府,因言其兄沖熙先生學道,遇劉海蟾,得金丹之術。沖熙謂:"舉世道人,無能達此者,獨張平叔知之。成道之難,非巨有力者不能也。"沖熙入洛,謁富韓公,賴其力而後就。……復序其所從來,得之成都異人者,豈非海蟾耶?①

陸彥孚謂沖熙先生遇劉海蟾,推測張伯端所遇也可能是劉海蟾,但到了元代趙道一所編《歷世真仙體道通鑑》卷四九《張用成》,則明確説:"宋神宗熙寧二年,陸龍圖公詵鎮益都,乃依以遊蜀。遂遇劉海蟾,授金液還丹火候之訣,乃改名用成,字平叔,號紫陽。修煉功成,作《悟真篇》,行於世。"②此後,今人多以爲張伯端所遇真人爲劉海蟾,如卿希泰主編《中國道教史》指出"從《悟真篇記》内容看,所遇當爲劉海蟾";③王沐《悟真篇淺解》附錄二《悟真篇丹法源流》據陸彥孚《悟真篇記》等記載,也認爲《悟真篇》直接師承自劉海蟾。④ 但近年許壽霖曾作《張伯端師承劉海蟾考辨》(《氣功》1994年10月號)、《再論張伯端師承劉海蟾》(《宗教學研究》1995年第3期)、《張伯端若干歷史問題辨僞》(《宗教學研究》1997年第2期)等文章,論述張伯端不可能遇到劉海蟾。劉海蟾後來演化爲劉海戲金蟬,曾爲八仙信仰系統中的八仙之一,在民間有廣泛的傳播。實際上,劉海蟾實有其人,曾爲五代十國時期的燕國宰相。據許壽霖先生推算,如果劉海蟾在燕國任宰相爲25歲上下,那麼張伯端熙寧二年遇劉海蟾,當時劉海蟾當有200歲上下,顯然不合情理。

---

① 《道藏》第2册,第968—969頁。
② 《道藏》第5册,第382頁。
③ 卿希泰主編:《中國道教史》第二卷,四川人民出版社,1996年,第750頁。
④ (宋)張伯端撰,王沐注釋:《悟真篇淺解》附錄二,第360—361頁。

《悟真篇》的丹道理論淵源,應從廣、狹兩義理解。從廣義來看,它主要繼承《周易參同契》、《道德經》、《陰符經》、陳摶《先天圖》、鍾呂內丹歌等前代知識積累,王沐《悟真篇淺解》附錄二《悟真篇丹法源流》一文曾予以全面而深入的探討。① 但從"成都遇師"的具體表述來看,張伯端又一定受到某位高人指點傳授,從而寫就《悟真篇》,而此人到底是誰,關係到一首絕句的解讀。《悟真篇》卷中第十一首絕句云:

> 夢謁西華到九天,真人授我指玄篇。②
> 其中簡易無多語,只是教人煉汞鉛。③

王沐先生對這首絕句做過如下闡釋:

> 這一首雖是遊仙詩的體裁,但所指西華似是暗指西嶽華山,是陳摶修道的地方;所授《指玄篇》,是陳摶的丹法著作。所以此詩雖托爲夢遊,實際暗示自己師承,詞意是很明顯的。清陶素耜認爲此詩"西華"係指西華夫人;朱元育説西華指西蜀,真人指劉海蟾,均屬牽強。所以我們認爲,這一首是他自述與陳摶的繼承淵源和精神相通的關係,是比較恰當的。④

---

① 王沐此文還涉及了出土的玉刻《行氣玉佩銘》,認爲此銘表述的內炁煉養方法,在整體輪廓和進程方式,與《悟真篇》丹法理論相近,是《悟真篇》丹法理論的最早淵源。見《悟真篇淺解》附錄二第 340 頁。
② 南宋夏元鼎撰《紫陽真人悟真篇講義》、曾慥《道樞》卷十八節錄《悟真篇》,均作"分明授我指玄篇",但從下文"西華"來看,當作"真人"。
③ (宋)張伯端撰,王沐注釋:《悟真篇淺解》,第 47 頁。
④ 同上書,第 360 頁。

王沐先生認爲這是張伯端師承陳摶,與其精神相通的證據,但是,通過上文對《金丹歌》的釋讀分析,首句"夢謁"的主語並非張伯端自己,而是借用高象先《金丹歌》的典故,是指象先八月十五閉關思道,靈升太清,拜謁西華夫人。實際上,關於這首絶句與高象先《金丹歌》的關係,南宋以下的各種注疏解釋,有幾位已經注意到了,如南宋陸子野注此詩云:

> 高象先日夕思真,不覺魂升玉京,上帝遂命西華太乙夫人指示金丹訣,其篇有曰:"乾坤陰陽之門户。……留爲萬古丹經王。"真人言甚多,只是煉鉛製汞耳。①

南宋翁葆光注曰:

> 高象先忽爾魂升玉京,上帝憐之,命西華真人指示丹訣,其篇略曰:……其言甚多,只是教人明真龍真虎鍊鉛汞而已。叔通姓淳于氏。右引《指玄篇》以明鉛汞。②

元戴起宗疏曰:

> 《指玄篇》文字雅古,專論鉛汞。今所引乃高象先所作之歌。今撮其妙,可見《悟真》之道,與《指玄篇》同,與所作之歌

---

① (宋)張伯端撰,(南宋)薛道光、陸墅、(元)陳致虛注:《紫陽真人悟真篇三注》卷三,《道藏》第 2 册,第 993 頁。
② (宋)張伯端撰,(南宋)翁葆光注,(元)戴起宗疏:《紫陽真人悟真篇注疏》卷六,《道藏》第 2 册,第 951 頁。

同。其歌曰：……①

戴起宗的疏曾引起海外漢學家的注意，大衛斯（Tenney L. Davis）和趙雲從翻譯過《悟真篇》（1939），後發表《高象先〈金丹歌〉》（*An Alchemical Poem by Kao Hsiang-Hsien*）一文，②文内主要介紹和翻譯了戴起宗的疏注文字。施舟人（Kristofer Schipper）、傅飛嵐（Franciscus Verellen）主編的《道藏統考》也根據翁葆光、戴起宗的《紫陽真人悟真篇注疏》提到：張伯端《悟真篇》中的典故，説明此詩（高象先《金丹歌》）在宋初已經流行。③ 仇兆鼇《悟真篇集注》引用了陶素耜的注，補注道："高氏作《金丹歌》在宋真宗大中間，張公著《悟真篇》在神宗熙寧乙卯，年歲既有先後，詩引歌中語，容或有之。"④可見，有的學者已經注意到這首絕句化用了高象先《金丹歌》，在時間和年歲上也有"引歌中語"的可能，而非"遇劉海蟾"一樣荒誕不經。

另外，上引《悟真篇》"真人授我指玄篇"一句，《太華希夷志》謂陳摶曾撰《指玄篇》八十章，王沐先生遂以爲張伯端師承陳摶，實爲誤判。詩中所謂"指玄篇"，並非確指，而是泛指丹道經訣。名爲《指玄篇》的道經有數種，如《道樞》卷一三收《指玄篇》《歸根篇》《鴻濛篇》等道經數篇；《許真君石函記》録有《聖石指玄篇》；吕洞賓也

---

① （宋）張伯端撰，（南宋）翁葆光注，（元）戴起宗疏：《紫陽真人悟真篇注疏》卷六，《道藏》第 2 册，第 951 頁。
② Tenney L. Davis, Chao Yun-Ts'ung（趙雲從）, *An Alchemical Poem by Kao Hsiang-Hsien*, History of Science Society, The University of Chicago Press, 1939, Vol.30, No.2, pp.236–240.
③ Kristofer Schipper, Franciscus Verellen, *The Taoist Canon: A Historical Companion to the Daozang*, The University of Chicago Press, 2005, pp.782–783.
④ （宋）張伯端撰，（清）仇兆鼇集注：《悟真篇集注》中卷之上，第 139—140 頁。

有《指玄篇》，收入《吕祖全書》，顯係僞托。"指玄篇"泛指道經的例子也有很多，如南宋陳楠《翠虛篇》："天中妙有無極宫，宫中萬卷指玄篇。篇篇皆露金丹旨，千句萬句會一言。"① 元王玠（字道淵）《還真集》卷下《詩》第八十："丹書萬卷指玄篇，句句令人討箇玄。肯向裏頭参得透，那家門户不朝天。"② 另《道藏》洞真部方法類《修真十書》第一書《雜著指玄篇》收録十二種丹經，綜括爲"雜著指玄篇"，亦可見"指玄篇"一詞泛指道經。

通過以上論述，我們可以肯定地説張伯端曾經研讀過象先《金丹歌》，并在《悟真篇》中化用了象先拜謁西華夫人受道的典故，而與陳摶《指玄篇》没有直接關係。如果僅僅一首詩引用了《金丹歌》還不足爲憑，我們在文本細讀的基礎上，認真對比了《悟真篇》和《金丹歌》，發現《悟真篇》在文字表述和丹道主旨上，都對《金丹歌》有明顯的沿襲和發揮，具體體現在如下幾個方面：

1.《金丹歌》强調"戊己"中央土的五行交會，如上引："真一之道何所云，莫若先敲戊己門。戊己門中有金子，金子便是黄芽根。"《悟真篇》開篇十六首律詩就反復申明"戊己"中央土意的重要性，如律詩其三：

  學仙須是學天仙，惟有金丹最的端。二物會時情性合，五行全處虎龍蟠。
  本因戊己爲媒娉，遂使夫妻鎮合歡。只候功成朝帝闕，九霞光裏駕翔鸞。③

---

① 《道藏》第 24 册，第 203 頁。
② 同上書，第 118—119 頁。
③ （宋）張伯端撰，王沐注釋：《悟真篇淺解》，第 3 頁。

再如前引《悟真篇》卷上第五首律詩云："虎躍龍騰風浪粗,中央正位産玄珠。"《悟真篇》卷上其十四:"戊己自居生數五,三家相見結嬰兒。"卷中第十四首絶句:"離坎若還無戊己,雖含四象不成丹。"①第十七首絶句:"二物總因兒産母,五行全要入中央。"②天仙、金丹均是上乘大法,學仙者當目標高遠。元精、元神需用真意導引,精氣神三者歸一,五行四象,各稟中宮(中央土、戊己),是爲金丹築基的初步功夫。上引《悟真篇》詩作正應《金丹歌》"戊己門中有金子,金子便是黄芽根"的論述,反復申明戊己中央土的重要性,與《金丹歌》的表述密切相關。

2.《金丹歌》强調不必在意"火候",主張"晝夜屯蒙法自然,焉用孜孜看火候"。《悟真篇》卷上其十三也認爲但安神息,不必守藥爐看火候,如:"不識玄中顛倒顛,爭知火裹好栽蓮。牽將白虎歸家養,産個明珠是月圓。謾守藥爐看火候,但安神息任天然。群陰剥盡丹成熟,跳出樊籠壽萬年。"③

3.《金丹歌》主張識別真陰、真陽、真鉛汞,如"世人不識真陰陽,茫茫天下尋龍虎",而《悟真篇》卷上其八云:"時人要識真鉛汞,不是凡砂及水銀。"④又其十二:"草木陰陽亦兩齊,若還缺一不芳菲。初開緑葉陽先倡,次發紅花陰後隨。常道即斯爲日用,真源反此有誰知?報言學道諸君子,不識陰陽莫亂爲。"⑤這一點《悟真篇》也與《金丹歌》暗合。

4.《金丹歌》反對各種修煉小術,上文已經作過總結,具體反對

---

① (宋)張伯端撰,王沐注釋:《悟真篇淺解》,第50頁。
② 同上書,第55頁。
③ 同上書,第22頁。
④ 同上書,第15頁。
⑤ 同上書,第21頁。

行氣吐納、外丹黄白、辟穀、禁欲、苦修、服食、房中等。而這些在《悟真篇》中也有明確的反對,且全書反復出現類似的表述,如卷上其九:"陽裏陰精質不剛,獨修一物轉羸尪。勞形按影皆非道,服氣餐霞總是狂。舉世漫求鉛汞伏,何時得見龍虎降?勸君窮取生身處,返本還元是藥王。"① 這首詩明確反對各種苦修、服氣餐霞等小術。又如卷上其十五:"不識真鉛正祖宗,萬般作用枉施功。休妻謾遣陰陽隔,絕粒徒教腸胃空。草木金銀皆滓質,雲霞日月屬朦朧。更饒吐納並存想,總與金丹事不同。"② 卷中其四十:"玄牝之門世罕知,休將口鼻妄施爲。饒君吐納經千載,爭得金烏搦兔兒。"③ 卷中其五十:"不識陽精及主賓,知他那個是疏親。房中空閉尾閭穴,誤殺閻浮多少人。"④ 這三首詩作,針對修行者休妻禁欲、辟穀絕食、燒煉黄白、烹煮草藥、吐納、房中等提出明確的批評和反對,與《金丹歌》的態度完全一致,且在個別遣詞造句上,也有對《金丹歌》的模仿和襲用。

除了張伯端直接化用《金丹歌》典故,從以上比對,我們還看到《悟真篇》與高象先《金丹歌》在丹道修煉的主旨、内容,甚至語詞表述上,都有相類沿襲的痕跡。至此,我們回看張伯端《悟真篇序》中的這段表述:

> 後至熙寧己酉歲,因隨龍圖陸公入成都,以夙志不回,初誠愈恪,遂感真人,授金丹藥物、火候之訣。其言甚簡,其要不繁,可謂指流知源,語一悟百,霧開日瑩,塵盡鑑明。校之仙

---

① (宋)張伯端撰,王沐注釋:《悟真篇淺解》,第16頁。
② 同上書,第27頁。
③ 同上書,第96頁。
④ 同上書,第111頁。

經,若合符契。……僕既遇真詮,安敢隱默,罄所得,成律詩九九八十一首,號曰《悟真篇》。①

張伯端所受這部金丹藥物、火候之訣,"其言甚簡,其要不繁","指流知源,語一悟百",很可能就是指西華夫人傳授給高象先的數百字金丹秘旨。張伯端於成都所遇真人是否象先,雖無鐵證,但從文本內證和理論框架上看,這種可能性還是很大的。

結語

僅存一卷的《真人高象先金丹歌》在衆多道教經典中,受到的關注并不多。目前主要是提要類著作對這部丹道歌詩有一些考察,但限於體例和篇幅難以作深入討論。關於《悟真篇》與象先《金丹歌》的關係,《悟真篇》的宋元舊注略有提及,可惜流傳廣、影響深的《悟真篇淺解》未能充分注意,對《悟真篇》源頭的認識仍有偏差,而這直接關係到對金丹派南宗理論主旨和傳法譜系的再認識。我們期待學界對高象先《金丹歌》有更深入的討論和交流。

(原文刊載於南京大學《古典文獻研究》第 24 輯上卷,2021 年)

---

① 《道藏》第 2 册,第 915 頁。

趙道一《歷世真仙體道通鑑》的編撰、刊刻與流傳論考

《正統道藏》洞真部記傳類"醎"字號至"羽"字號所收《歷世真仙體道通鑑》（簡稱《真仙通鑑》）、《歷世真仙體道通鑑續編》（簡稱《真仙通鑑續編》）、《歷世真仙體道通鑑後集》（簡稱《真仙通鑑後集》）是宋末元初趙道一纂集的一部大型仙道傳記總集，共64卷，近900篇，白文40餘萬字。《歷世真仙體道通鑑》又有其他版本，下文泛指此書或《正統道藏》本三書合并統稱的地方，均略作"《仙鑑》"。

所謂"通鑑"，《真仙通鑑》卷首的《歷世真仙體道通鑑序》云："常觀儒家有《資治通鑑》，釋門有《釋氏通鑑》，惟吾道教，斯文獨缺。"[1]在儒、釋各有"《通鑑》"的壓力下，編者以爲道教也應該有一部類似的史書以補斯文，於是有了這部以《通鑑》爲名的神仙傳記集。但這部《仙鑑》並沒有按照"通鑑"的編年體史書修纂，趙道一曾給出幾個"不可編年"的理由，[2]這裏不作細究。《仙鑑》不是嚴格的編年體史書，但也並非單純的神仙傳記集，它所錄輯的仙真多是歷史上實有其人、躬身踐履的體道者，傳記文字也多有審訂筆

---

[1] 《道藏》第5册，第99頁。
[2] 見於《真仙通鑑後集》女仙傳目錄後的趙道一跋文。

削,不同道派的仙傳依照年代順序纂輯在一起,總體上反映了元以前道教的發展趨勢和道派分合的歷史。應該説,這不僅僅是一部"神仙傳",而是一部富有學術價值的道教史籍,反映了元朝初年道教内部對道教的認識和判定。就現代學術而言,這部《仙鑑》也具有教派歷史、傳記文學、教義思想等多方面的文獻價值,是學界非常看重的一部宗教經典。劉師培《讀道藏記》中的《歷世真仙體道通鑑》條云:"所據之書匪一,然語均有本,如卷三多據《列仙傳》,卷五以下多據葛洪《神仙傳》。其足校二書訛脱者,不下數百十事,此均有裨於校勘者也。"①陳國符《道藏源流考》附録一《引用傳記提要》亦謂《仙鑑》"諸家傳記,以此最爲詳瞻"。②

關於這部經典的研究,總體來看並不深入。近年有數篇碩、博論文對《仙鑑》作專門研討,③多通過比勘前代仙傳、史籍,探求史料來源,總結敘事特徵等,值得學界參考,但大部分研究中,很多基礎性的文獻問題尚未解決,《仙鑑》的成書過程、版本源流等都没有系統的清理和探討。而多年前收入《傳世藏書》和《中華道藏》的盧國龍標點本《仙鑑》幾無校勘,底本誤者多從舊未改,亦時見破句。另外,有幾種《道藏提要》對《仙鑑》也有介紹和考訂。任繼愈等主編的《道藏提要》和臺灣地區蕭登福撰《正統道藏總目提要》對《仙鑑》的卷次、作者等作了初步探索;④《道藏通考》(*The Taoist Canon:*

---

① 劉師培:《劉申叔遺書》下册,江蘇古籍出版社,1997年影印寧武南氏校印本,第1995頁。
② 陳國符:《道藏源流考》下册,中華書局,1963年,第243頁。
③ 劉永海博士論文《元代道教史籍研究》(北京師範大學,2007年)相關章節對《仙鑑》的學術價值有所闡釋,另見鄭娶碩士論文《仙鑑》與〈史記〉、〈漢書〉、〈後漢書〉重出人物比較研究》(中南大學,2011年)及錢敏的博士論文《歷世真仙體道通鑑研究》(華中師範大學,2014年)等。
④ 任繼愈主編:《道藏提要》(修訂版),中國社會科學出版社,1995年,第220—222頁;蕭登福:《正統道藏總目提要》上册,(臺北)文津出版社,2011年,第298—301頁。

A Historical Companion to the Daozang）也對《仙鑑》的作者身份、成書過程、資料來源等作了較深入的考察。①《仙鑑》卷帙龐大，版本衆多，其版本除了我們常見的《正統道藏》本，還有兩個元刻明修的殘本及多個明抄本、刻本、活字本等，在刊刻、流傳過程中，它們分屬兩個系統，此中關係錯綜複雜。下面就上述問題試作考論。

一、趙道一的年里生平

《正統道藏》本《仙鑑》除了卷一《軒轅黄帝》没有題署，其餘各卷均署"浮雲山聖壽萬年宫道士趙道一編修"。趙道一在各種史籍中未見可靠詳實的專門記載，我們僅能通過《正統道藏》本《仙鑑》卷前自序及劉辰翁(1233—1297)、鄧光薦(1232—1303)的兩篇序文等作些推測性的考述。

劉辰翁，字會孟，别號須溪，廬陵灌溪(今江西省吉安市吉安縣)人，南宋景定三年(1262)登進士第，宋亡後，回鄉隱居，以著述爲業。劉辰翁《須溪集》久佚，四庫館臣據《永樂大典》重輯爲十卷，曾謂"明人見者甚罕"。② 現《四庫全書》輯本《須溪集》未見所作《仙鑑序》，但楊士奇《東里集續集》卷二三著録三十六卷本《真仙體道通鑑》時云："有須溪先生序。"③楊士奇爲明初人，去元不遠，其《文淵閣書目》卷四也録有《真仙通鑑》三部。《正統道藏》本《仙鑑》卷前劉辰翁《序》應是可信的。在這篇序文中，劉辰翁提到："古瑞

---

① Kristofer Schipper, Franciscus Verellen, *The Taoist Canon: A Historical Companion to the Daozang*（《道藏通考》），The University of Chicago Press Chicago & London, 2004, Vol 2, pp.887－892.

② （宋）劉辰翁撰，段大林校點：《劉辰翁集》，江西人民出版社，1987年，第467頁。

③ （明）楊士奇撰：《東里集續集》卷二三，《景印文淵閣四庫全書》第1238册，臺灣商務印書館，1986年，第685頁。

趙全陽高士，……罷精竭力，朱棄細字，如蟲蝕葉，不可爲萬計。"①從這個簡單描述，我們可以想見趙道一當是道門中的精勤刻苦之輩，但不顯於世。《正統道藏》本《仙鑑》卷首自序曾云："愚者一介渺微，苦躭玄學，欲希度世，頗厭俗紛。"②雖云自謙之辭，但多少也能透露趙道一的個性與身世。

據目前有限的文字記載，趙道一的年里生平實難稽考。劉辰翁的《序》寫於"甲午五月"，宋末元初的"甲午"只能是至元三十一年(1294)。後附鄧光薦《序》作於"閼逢敦牂歲三月"，此爲太歲紀年，與"甲午"同爲1294年。鄧光薦與劉辰翁爲廬陵（今江西省吉安縣）同鄉，且二人同爲守節遺民，有"四十五年如手如足之情"。③至元三十一年(1294)或稍早，劉、鄧二人傳閱了《仙鑑》并分別撰寫了序文。劉《序》云"乃能會聚劉子政、葛稚川至近年諸書"，從"至近年諸書"的行文來看，彼時趙道一尚在世，年輩與劉、鄧二人相當。鄧序謂"浮雲山道士趙全陽"，"全陽"當爲趙道一號，而"道一"爲其名，《仙鑑》卷內時見趙道一所附論贊文字，多冠以"臣道一曰"。

如前述，《正統道藏》本《仙鑑》自序和除卷一以外的其他各卷均題"浮雲山聖壽萬年宮道士趙道一"。《真仙通鑑》卷一〇《李八百》篇載："浮雲觀，宋改浮雲山聖壽萬年觀，隸隆興府奉新縣。"④《真仙通鑑後集》卷二《李真多》云："云八百嘗與妹真多來卜居於筠陽之五龍岡，又名赤商寨，今瑞州州治是也，復煉丹於華林山石室，

---

① 《道藏》第5册，第100頁。
② 同上書，第99頁。
③ （元）周南端編：《天下同文集》卷三六，《景印文淵閣四庫全書》第1366册，第668頁。
④ 《道藏》第5册，第161頁。

今隆興府奉新縣浮雲觀是也。"①結合兩處記載,奉新縣浮雲觀正是趙道一題署的"浮雲山聖壽萬年宮"所在之地,即今江西省宜春市奉新縣浮雲山。今浮雲山仍有蜀道人李八百修煉處"八百洞天"的遺址和萬年宮牌坊。上引劉辰翁"古瑞趙全陽"的"古瑞"即指南宋所設"瑞州",治所與《李八百》《李真多》兩傳所記相符。奉新縣爲淨明忠孝之道的發源地,吳猛、許遜均爲奉新人,七十二福地之一的東白源也在該縣。宋元之際,浮雲山香火興旺,這當爲趙道一編撰《仙鑑》提供了有利條件。

二、《仙鑑》的編撰刊刻與版本概況

《仙鑑》的纂成年代很難確指,《正統道藏》本《真仙通鑑》卷一九爲歷代天師傳記,最近一位是第三十五代天師張可大(？—1262),傳云:"景定三年(1262)乃以教法授次子宗演,具表奏聞。至四月初十日羽解。"②據此,《仙鑑》當編撰於第三十六代天師張宗演(1244—1292)攝教的景定三年(1262)以後,劉、鄧作序的甲午年(1294)之前,此時正值宋末元初。《道藏通考》第二卷《歷世真仙體道通鑑》條推測《真仙通鑑》概成於南宋滅亡後的 20 年内,此論及相關表述亦大體不誤。③《正統道藏》本《真仙通鑑》卷五三後附部分清微派仙傳,内中涉及的年代已經到元末和明初,顯係後人增補,並非趙道一初刻纂輯年代的下限。

《仙鑑》成書後何時付梓不得而知。明人楊士奇(1366—1444)

---

① 《道藏》第 5 册,第 460 頁。
② 同上書,第 213 頁。
③ Kristofer Schipper and Franciscus Verellen eds, *The Taoist Canon: A Historical Companion to the Daozang*(《道藏通考》),第 888 頁。

《文淵閣書目》卷四較早著録了《真仙通鑑》。太祖洪武元年（1368）大將軍徐達攻入元大都，盡收元内閣圖籍運回南京，明初國家藏書即以元内閣所藏宋、金、元三朝典籍爲基礎。成祖遷都北京後，皇家藏書收貯於左順門北廊，英宗正統初年移貯至文淵閣。楊士奇於正統六年（1441）打點清理，逐一勘對，編置字號，釐定部類，纂成《文淵閣書目》。這部登記性的官修書目著録了三部《真仙通鑑》：《真仙通鑑》一部二十册、《真仙通鑑》一部十册、《真仙通鑑》一部八册。[1]

從三部《真仙通鑑》的册數估計，類似《正統道藏》本五十三卷《真仙通鑑》、五卷《真仙通鑑續編》、六卷《真仙通鑑後集》的規模。正統（1436—1449）初年，纂成於永樂（1403—1424）末年的《道藏》已經刊刻成書，[2]這三部《真仙通鑑》或即今存《正統道藏》本《仙鑑》的副本，但《文淵閣書目》所記簡略，畢竟没有分别"續編"或"後集"，均謂《真仙通鑑》，當然也可能是不同版本、不同卷次規模的《仙鑑》。楊士奇《東里集續集》卷二三就曾敘録一個三十六卷本《真仙體道通鑑》，謂"此板今在朝天宫，其殆淵然之不泯其師者乎？余家十册，得之道録掌書蕭鳳梧"，[3]此十册三十六卷本《仙鑑》，印版尚在南京朝天宫，因卷末有卒於洪武十五年（1382）的《趙元陽》傳，且及第四十二代天師張正常事，此本顯係後人增補。可見，《仙鑑》纂成之後，至少在明初已有多個本子。

今據各種公私書目的著録和對各藏書單位的訪查，我們發現

---

[1] （明）楊士奇編：《文淵閣書目》卷四，《景印文淵閣四庫全書》第 675 册，第 202 頁。

[2] 見虞萬里《〈正統道藏〉編纂刊刻年代新考》，《文史》2006 年第 4 輯，第 212 頁。

[3] （明）楊士奇編：《文淵閣書目》卷四，《景印文淵閣四庫全書》第 675 册，第 202 頁。

《仙鑑》的現存版本可以歸納爲兩個系統：一是"前卷後集"本系統，二是《正統道藏》改編本系統。所謂"前卷後集"，即指整部《仙鑑》分爲《歷世真仙體道通鑑前卷》三十六卷和《歷世真仙體道通鑑後集》六卷兩部分。按照"前卷後集"方式編撰的《仙鑑》，還有殘卷留存，通過比對和辨識，有兩部殘卷或同爲早期元刻明修本，還有一部明抄本和署爲"温陵卓吾李贄校"的改編本。《正統道藏》本《仙鑑》是現在最爲通行的本子，但這是一部改編增補的本子，與趙道一早期刻本相去較遠。以《正統道藏》本爲基礎，又有數種抄本和改編本。

三、"前卷後集"本系統

國家圖書館（以下簡稱"國圖"）藏三卷殘本《仙鑑》（索書號A01582），著録爲元刻，每葉12行，行22字，黑口，左右雙邊，簡稱"國圖藏殘三卷本"。傅增湘（1872—1949）《藏園群書經眼録》卷一〇有這樣一則著録：

> 《歷世真仙體道通鑑》存三十四、三十六兩卷，元刊本，十二行二十二字，黑口，左右雙闌，版心上間記字數。（涵芬樓藏書　乙未）[①]

傅增湘著録的這個本子藏於涵芬樓，檢張元濟《涵芬樓燼餘書録》後附《涵芬樓原存善本草目》子部，確實有"《歷世真仙體道通鑑》元刊本"的記載。[②] 可是傅先生所經眼的這個元刻僅存三十

[①]　傅增湘編：《藏園群書經眼録》，中華書局，2009年，第756頁。
[②]　張元濟：《張元濟全集》卷八，商務印書館，2009年，第499頁。

四、三十六兩卷，而國圖藏本尚有卷三五和部分女仙傳目録及一篇跋文，復製部分亦未見任何藏印。那麽這個藏本是否就是涵芬樓收藏、傅增湘經眼的元刊本？傅先生經眼的元刊本"版心上間有字數"，而國圖藏本的版心上的確有刻工所刻字數的統計數字，其他版式行款也都符合，從這點來看，我們推測此本即涵芬樓藏、傅增湘經眼的元刊《仙鑑》。傅增湘之所以録爲兩卷，或有誤記等無從查考的原因。雖然我們不能因傅增湘爲文獻學大家而盲從，但斷爲元刻當非虚言。此本版面清晰，墨色濃重，顔體刻字，筆劃圓活，頗有神彩。筆者曾對照中華再造善本影印的大量元刻本，此本確有鮮明的元刻風格；再參考已故著名收藏家和版本學家楊成凱的《元刻本的鑒賞和收藏》一文對元刻本特徵及元、明間刻本區别的論述，[1]此本也極符合元版特徵。而最具説服力的是文字内容上留下的内證。

此本卷三四《林靈蘁》有多處剜版拖黑的地方。《宋史》有《林靈素》傳，《賓退録》《投轄録》《老學庵筆記》《夷堅志》《清波雜誌》等宋元筆記、雜史對林靈蘁事也有各種記載。據此篇篇末小字注，這篇傳記爲南宋中興賢相趙鼎在耿延禧之《靈素傳》基礎上改寫而成。幸而耿延禧所作傳尚存趙與時《賓退録》卷一，現取與參核。

國圖藏殘三卷本卷三四《林靈蘁》傳：

臣每日念■ 自知■法廣大，不可思議，如陛下不信，乞宣■■■■法師等皆見在京可與林靈素斗法，别其邪正。時

---

[1] 楊成凱：《元刻本的鑒賞和收藏》（上、下），《紫禁城》2009 年第 3、4 期。

有■■■十二人并■■■■二人會於凝神殿。……正誦咒間,十四■中止有兩■能諷,餘■皆不能語■面若死灰。

《賓退錄》卷一所收耿延禧之《靈素傳》:

  皇太子上殿爭之,令胡僧一立藏十二人,并五台僧二人道堅等與靈素斗法。①

根據《賓退錄》的敘述,我們基本上能補全殘本卷三四剜除拖黑處,發現多爲"佛""僧""胡僧"等字眼。明太祖朱元璋曾削髮爲僧,雖然明初刻本延續元刻,避諱並不多,但對"僧""胡僧"等字眼還是相當敏感的。由此我們可以看出,此殘本《仙鑑》實爲元版,但並非初刻,而是入明以後,經過修版的翻刻,所以,確切來説,這是一個"元刊明修"的殘本。此殘本有極高的校勘價值,僅僅三卷就可以勘正《正統道藏》本《仙鑑》對應卷次的諸多錯誤。

這三卷殘本版心上方均刻"鑑前"字樣及卷次,"鑑前"當即此三卷殘本的卷首標題"歷世真仙體道通鑑前卷"的簡稱。如上述,此殘本除了卷三四、三五、三六部分内容外,還有拼接的半版女仙傳目録,版面左側兩行及另一面爲趙道一的一篇跋文,版心較爲模糊,但仍可辨識爲"鑑後目録"的字樣。可見,此元刻殘卷《仙鑑》是按照"前卷"與"後集"兩部分編纂的。《前卷》之卷三五《王嚞》篇以下,《正統道藏》本《仙鑑》單列爲《歷世真仙體道通鑑續編》,實爲明

---

① (宋)趙與時著,齊治平校點:《賓退録》,上海古籍出版社,1983年,第4頁。

初《道藏》編纂者的改編；《後集》則爲女仙傳記，《正統道藏》本保留了原貌，單編爲《歷世真仙體道通鑑後集》。

國圖藏殘三卷本卷三六後爲部分女仙傳目錄，目錄後爲趙道一跋文，這篇跋文解釋了全書名爲"《通鑑》"而沒有"編年"的矛盾問題。此跋文在《正統道藏》改編本的《真仙通鑑後集》女仙傳目錄後仍予保留，這就着實令人費解，爲什麽《正統道藏》分爲"正編""續編""後集"三個獨立部分，而"後集"目錄後突然出現一篇針對全書内容的跋文？蕭登福《正統道藏總目提要》曾謂："此篇跋語應置於書末，爲趙氏《歷世真仙體道通鑑》《續編》《後集》三者之總跋語，不知何故被誤置於書前。"①但是，通過此元刻明修的殘本，我們看到，原本《仙鑑》就是由"前卷""後集"兩部分構成的，《後集》已經是書的末尾，此跋放在《後集》目錄之後是講得通的。

據目前對各大藏書單位（包括港、臺及國外漢學圖書館）的訪查調研，除了這部國圖藏殘三卷本《仙鑑》的版刻年代較早外，還有一部藏於國圖、著録爲明初刻本的殘本《仙鑑》（索書號 A01581）。此本目前僅存卷二一至卷二七部分内容，這也是一部彌足珍貴的較早刻本，簡稱"國圖藏殘七卷本"。從卷次和篇目順序的對照上看，這個殘本也是按照"前卷後集"方式編次的《歷世真仙體道通鑑前卷》。

或以爲國圖藏三卷殘本《仙鑑》不一定是元刻，從版式、行款、字體上看，懷疑三卷殘本與國圖藏殘七卷本同爲明刻。但考察下來我們發現，情況正相反，此殘卷明初刻本很可能與三卷殘本同爲

---

① 蕭登福：《正統道藏總目提要》，第 300 頁。

元刻明修本。國圖藏殘三卷本《仙鑑》與此所謂明初刻本，在字體、行款上未見明顯差異，且版心上方均有"鑑前"字樣，偶有版面、字體上的微別，但《仙鑑》卷帙龐大，刊刻難成於一時，因刻工不同、時間延宕，難免會存在一些差異。

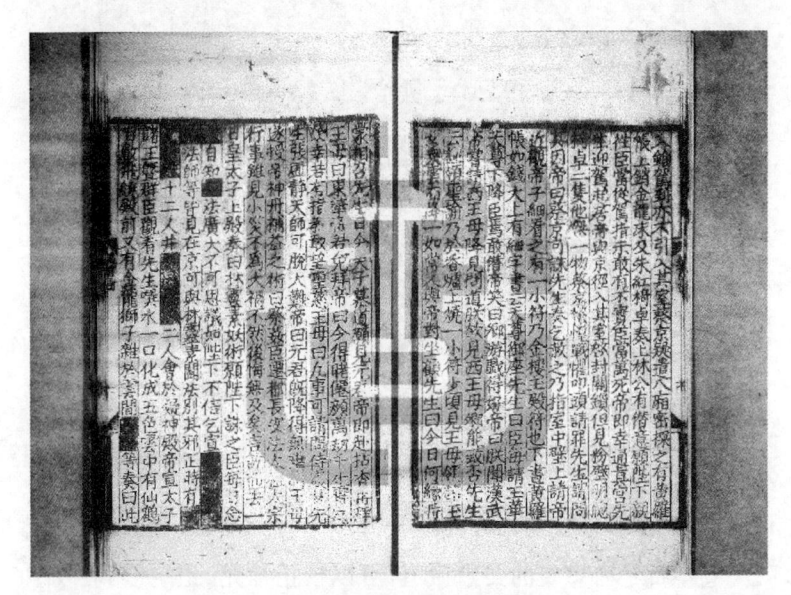

圖一　國圖藏殘三卷本《仙鑑》

如國圖藏殘三卷本版心上方大多數刻有字數，而所謂明初刻本相對較少。但是，國圖藏殘七卷本卷二三《張果》篇，"恒州"的"恒"字出現六次，均闕筆避宋真宗趙恒諱。明初刻書，對本朝"璋""章"等御名中的單字尚無嚴格避諱，而明隔代避宋諱，當是元初刻工沿南宋舊習導致的，這在版刻歷史上並不鮮見。[1] 另

---

[1] 李致忠《古書版本鑒定》對宋、元、明書籍避諱問題有深入討論(文物出版社，1997年，第111—118頁)。另外，李先生一次座談發言中曾云："有些元刻本也有避諱，這是好多刻書家、出版家從南宋遺留下的習慣。"見網絡版《古籍版本鑒定漫談》發言稿。

圖二　國圖藏殘七卷本《仙鑑》

外，此本也有後世剜版拖黑處，綜合考慮，它與國圖藏殘三卷本很可能同爲元刻，但在明初經過修版，剜除了敏感字眼。它和國圖藏殘三卷本都具有重要的文獻價值，可以校正補充《正統道藏》改編本中的大量文字錯誤，如《正統道藏》本《真仙通鑑續編》卷二《丘處機》篇：

> 金熙宗 大定六年，師甫十九，遞居昆崳山。[①]

"金熙宗"根本沒有"大定"年，大定（1161—1189）爲金世宗年號，而據"國圖藏殘三卷本"可知此處脫文達 21 字，如下文劃橫線

[①]《道藏》第 5 册，第 425 頁。

部分：

> 金熙宗皇統八年正月十九日生,幼穎悟強記,夙有道緣。世宗大定六年,師甫十九,遞居昆嵛山。

"前卷後集"本系統除了國圖著錄的這兩個殘本,目前還考見明代三個本子也是按照"前卷"三十六卷、"後集"六卷的方式編次的,它們分別是:

國圖藏殘存二十五卷的抄本,簡稱"國圖藏殘二十五卷抄本";

國圖和臺北圖書館藏三十六卷署名李贄校本,簡稱"李贄校本";

北京大學圖書館藏二十卷活字印本,簡稱"北大藏活字本"。

這幾個本子在卷次安排上,與《正統道藏》改編本完全不同,但也有版本在"前卷後集"的基礎上作了程度不一的改編和調整,下面分別考錄。

1. 國圖藏殘二十五卷抄本

此本每葉 9 行,行 18 字,無格,抄本,現存卷一至卷二三、卷三四、卷三六,共 25 卷。卷前有《仙鑑編例》和完整的前卷目錄,均署"浮雲山聖壽萬年宮道士小兆臣趙道一編修"。卷一前有玉真子《跋》一篇,云:

> 余酷好道書,昨過遵王先生齋中,見此書,乃吾儒之列傳也。據云尚有《後集》六卷,遺失無存,遂舉以相贈,足見良友之遺愛也。

玉真子不明何人，所云"遵王"不能確定是清初藏書家錢曾，[①]各册均未見與錢曾相關的藏書印。宋末元初，淨明道的著名高道劉玉（1257—1308）字頤真，號玉真子。如果玉真子果爲劉玉，那麼此本爲元初抄本，但從各種對比上看，可能性不大，它應晚於上述國圖藏的兩個殘本。理由如下：一是，此抄本卷三六後附清微派仙傳，年代入明，爲明以後增補；二是，在異文歧出的地方，此抄本卷三四《林靈蘁》傳及卷三六相應篇目與國圖藏殘三卷本一致，如《林靈蘁》傳中的剜版拖黑處，此抄本均爲空白；三是，此抄本卷二一至卷二三與國圖藏殘七卷本卷次順序一致，異文也多保持一致。基於上述理由，國圖藏殘二十五卷抄本與兩個元刻明修的殘本屬於同一個版本系統，且晚於這兩個元刻明修的殘本。國圖藏殘七卷本卷二二《李白》傳與卷二三《馬湘》傳版面錯置，這個抄本予以調整，《馬湘》置於卷二二，《李白》置於卷二三。後出轉精，此抄本當出自上述兩個元刻明修的殘本。另外，此抄本卷三六從《祖元君》篇以下至《趙元陽》爲清微派仙傳。這八篇傳記在目錄中没有標朝代名，傳記正文也未見趙道一的雙行小字注解，且年代涉及至元乙未（1295）、[②]至正（1341—1368）、洪武（1368—1398），又引元末虞集像贊，叙及明初宋濂等，顯然這是後世所補，或抄寫於明朝中後期。

此本可貴之處在於卷前的完整目錄，原三十六卷本《歷世真仙

[①] （清）錢曾著，丁瑜校點：《讀書敏求記》卷二傳記類著録一《仙鑑》，云："《真仙體道通鑑前集》三十六卷、《後集》六卷。《前集》《軒轅黄帝》至《趙元陽》止，《後集》《無上元君》至《孫仙姑》止，蓋以女仙故而爲之區分。浮雲山道士趙道一編修，前有表，進之昊天上帝，未免浮而誇矣。"（書目文獻出版社，1983年，第48頁）。此本是否即此抄本不得而知，但可以肯定這是一個"前卷後集"編纂方式的早期版本。

[②] 至元年號從1264—1294年，無乙未年，而1295爲乙未年，或誤以爲乙未年仍未改元。

體道通鑑前卷》目錄,可借此一窺全貌。當然,此抄本目錄存在誤寫錯置的情況,具體如下:卷三《王子喬》篇下的《幼伯子》《桂父》《瑕丘子》《酒客》《任光》《蕭史》《赤鬚子》《祝雞翁》《崔文子》《朱仲》《東方朔》《修羊公》12篇傳記目錄錯置在卷四目錄中;卷四《劉安》篇下的《劉圖》《介琰》《龍述》三篇錯寫在卷三三中;卷三三《賈善翔》篇下的《周史卿》《劉大頭》《劉混康》三篇卻誤植於卷三中。目錄中除了這幾處錯置,還偶有顛倒、錯字等,但卷內篇目的卷次、篇目順序與國圖藏殘三卷本、七卷本和李贄校本對應的卷次篇目順序完全一致,足證這是目錄謄抄時出現的錯誤。

此本卷內藏印見"曾藏汪閬源家""杭州王氏九峰舊廬藏書之章""曹大鐵圖書記""吳郡曹鼎""大鐵父"等章。據此,此本較早見藏於清代藏書家汪士鍾(1786—?)處,又先後藏於杭州王綬珊(1873—1938)、常熟曹大鐵(1916—2009)處。此抄本殘存的二十五卷,連同國圖藏殘三卷本、殘七卷本相互補充,"前卷後集"的早期版本僅缺卷二八、二九、三〇、三一、三二和《後集》部分。這些內容可爲《仙鑑》的整理研究提供相當重要的文獻參考。

2. 李贄校本

國圖和臺北圖書館均收藏一個三十六卷本《歷世真仙體道通鑑》,兩個本子的版式相同,均爲每葉10行,行22字,小字雙行,白口,四周雙邊,單魚尾,版心題"真仙通鑑"。從個別字體的比對上也能看出,二者同出一版,如《歷世真仙體道通鑑》目錄中卷五《青烏公》的"青"字同爲墨丁;卷一四《葛仙公》篇中有同樣的大量剜版拖黑。不同處在於,國圖藏本有朱筆圈點、墨筆眉批,且每卷正文卷端題署"溫陵卓吾李贄校",而臺北所藏沒有圈點、眉批,也只有卷一五、二九、三〇之卷首題署了"溫陵卓吾李贄校"。

此本或爲書商爲了射利妄自署名李贄。"温陵卓吾李贄校"的字形與正文有較顯著區別，國圖藏本更有將"温陵卓吾李贄校"放在篇目欄下，没有單列一格，顯然是後人補版。李贄是否校過《歷世真仙體道通鑑》，我們遍檢《藏書》《續藏書》《焚書》《續焚書》《初譚集》等李贄詩文著作，未見任何與《仙鑑》有關的篇目，但是這個題爲李贄校的本子，徹底改編了"前卷後集"本，把專輯女仙傳記的《後集》前四卷，替換了《前卷》卷一至卷四内容，這樣"掐頭去尾"，把《前卷》《後集》合并爲一部以女仙傳開頭的三十六卷本《歷世真仙體道通鑑》。另外，此本還删去了各篇序文和《仙鑑編例》等，把原《真仙通鑑後集》女仙傳目録後的趙道一《跋》文提到卷首，題爲《歷世真仙體道通鑑引》，以作爲全書的序，冠於全書目録之首。這樣一個徹底改編了"前卷後集"編輯體例的本子，突出了女仙傳的地位，似與李贄當時宣導男女平等、女人可以學道等離經叛道的觀念有所聯繫，但不足以證明李贄確實重新編校了《歷世真仙體道通鑑》。

　　這個本子雖然做了大幅度的改編，但仍源自"前卷後集"的系統，没有把《王嚞》篇以下的全真道傳記等另纂爲《續編》。該本卷三六目録，較《正統道藏》本《真仙通鑑續編》多出《張天全》《趙元陽》《劉淵然》三人傳記。但是，對照正文，劉淵然事迹只是緊接《趙元陽》傳後有簡短敘述，並未單列一篇。顯然，卷三六的清微派仙傳與國圖藏殘二十五抄本一樣，當係後人補刊。

　　署名李贄校的這個本子，雖然經過大幅度改編，但具體篇目内容並没有妄改，很多異文仍與元刊明修的兩個殘本同，可資校正《正統道藏》本《仙鑑》。

3. 北大藏活字本

　　此本藏於北京大學圖書館，每葉10行，行19字，小字雙行，四周單邊,版心所刻卷次上有"前"字,作"前一卷""前二卷"等。卷內有朱筆圈點和眉批,卷後偶有"京畿活字印行"字樣。卷一《軒轅黃帝》篇後補《太上老君》傳記,或不滿於《仙鑑》沒有老子傳記而增補之。另外卷八《玉子》《離明》《杜宇》《李冰》幾篇順序與其他"前卷後集"本不同,其他卷次安排與"前卷後集"的三十六卷本基本一致,可見此本也屬於這個系統。

活字本殘存二十卷,卷首各《序》、《仙鑑編例》、目錄等均佚,卷下不見"浮雲山聖壽萬年宮道士趙道一"的署名。此本與署名"溫陵卓吾李贄校"的改編本一樣,當同爲明後期在"前卷後集"本的基礎上重新改編的本子。在《軒轅黃帝》傳後補《太上老君》,正如李贄校本把部分女仙傳記移置卷首,體現了後世刊印者、讀者對《仙鑑》的再理解和新需求。但是,添加了《太上老君》並不符合趙道一的編纂策略和内在動機,此容他文細究。

四、《正統道藏》改編本系統

《正統道藏》洞真部記傳類所收《仙鑑》並非趙道一初刻原貌,是經過明初編修《道藏》者拆分、增補進而分爲"正編"(没有題"正編"二字)、《續編》、《後集》三部分的改編本。這個本子往往被學界看作最佳的《仙鑑》版本,但實際上此本時見文字妄改和文意不通的地方。因明版《道藏》是唯一得以保全流傳的一部,所收《仙鑑》廣爲教内和學界使用。

如前揭,國圖藏殘三卷和殘七卷元刻明修本,是未經大幅改編的早期刻本,趙道一原刊《仙鑑》當即按照《前卷》三十六卷、《後集》六卷的方式纂輯的。明初《道藏》纂修者以統一的版式、相近的卷帙篇幅,相對規範地重刻了所收道經,這樣很多經書都經歷了"削足適履"或"捆綁打包"的修訂過程,即卷帙大者拆分,卷帙小者合并。因原刊《仙鑑》卷帙較大,《正統道藏》在重刻時就做了適當拆分,原"前卷"三十六卷拆分爲"正編"五十三卷和《續編》五卷,卷數從 36 括充至 58。《正統道藏》本之所以從《王嚞》傳以下單纂爲《真仙通鑑續編》,可能出於這樣兩個原因:一是,原《前卷》卷三六從《謝守灝》之後增補了清微派仙傳,這些傳記年代已經涉及元末明初,均非趙道一原編,固有《續編》之説;二是,從《王嚞》傳以下,主要爲全真道傳記,全真道在明初與正一道無法匹敵,但畢竟是與正一道並立的兩大道派之一,以《王嚞》傳作爲切分的起點符合道教實情。

從這些年代已入元末明初的仙傳來看,《正統道藏》本《仙鑑》顯然不是趙道一原刊,而原刊《仙鑑》前卷很可能止於《謝守灝》篇,本没有《祖元君》篇以下的清微派仙傳。可以推測的理由如下:一是,《祖元君》篇以下的清微派仙傳,没有趙道一雙行小字注和篇尾"臣道一曰"的論贊文字,而此篇之前時見;二是,據《仙鑑編例》,趙道一編輯《仙鑑》所涉紀年,"用謝觀復《混元實録》中《年譜》",對謝守灝所編《混元皇帝實録》推崇備至,云:"今編《體道通鑑》,只合本於道家所載經書。謝觀復所編《混元實録年譜》蓋已考究詳盡,後之述者,幸無疑焉。"①謝守灝(1134—1212)爲南宋道士,字懷英,紹熙初賜號"觀復大師"。所編《混元實録》實爲以老君化現傳説爲線索的一部道教史書。《真仙通鑑續編》卷五《謝守灝》記載謝守灝升遐前,忽夢"天人下降,謂先生曰:'太上有命,趣召修真仙史記。'"②從這裏看,趙道一以《謝守灝》作結,多少或有上承其遺志的意味。《正統道藏》本《仙鑑》所依據的底本,當與國圖藏殘三卷、

---

① 《道藏》第 5 册,第 102—103 頁。
② 同上書,第 445 頁。

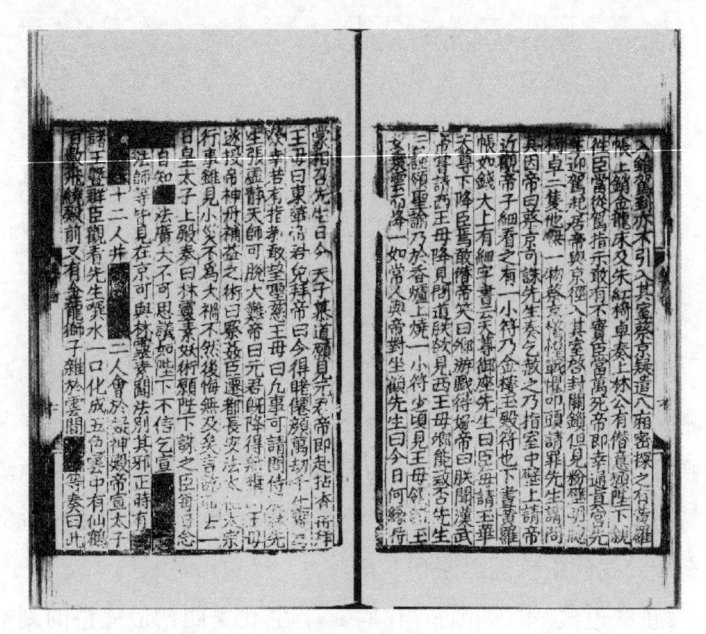

圖三

七卷的元刻明修本和國圖藏李贄校本同在"前卷後集"本系統下的某一個本子。這從卷內文字比勘上,也能印證這個結論。國圖藏兩個殘卷的元刻明修本有多處剜版拖黑,《正統道藏》本未作任何空格或墨丁處理,直接把拖黑處上下文字連綴在一起,造成一些扞格難通的地方。如國圖藏殘三卷本卷三五的《林靈蘁》的剜版拖黑處,國圖藏李贄校本和殘二十五卷抄本均按空格處理,而《正統道藏》本未作任何標識就把上下文字連綴在一起,憑一己之意增補,造成較大的閱讀障礙,如上圖剜版拖黑處,《正統道藏》本作:

臣每日念 他 自知□法廣大,不可思議,如陛下不信,乞宣□□□□□法師等皆見在京,可與林靈素鬪法,別其邪正。時有□□□十[四]人并□□□二大會於凝神殿，帝宣太子、諸王暨群臣觀看。先生噀水一口，化成五色雲，中有仙鶴百數，飛繞殿前，又有金龍獅子雜於雲問。[某等]奏曰：此非也。乃紙龍鶴耳，容臣□等諷大□□神咒，即令龍鶴墜地，化爲紙也。太子聞之，喜曰：若果然，則林靈素法僞當斬。正誦咒間，十四[人]中止有兩人能諷，餘[者]皆不能語言，□面若死灰。①

引文中加框的文字，均爲《正統道藏》本據己意刊補，劃橫線者爲删除文字，空格則爲直接省略處。從這些誤、脱、衍、亂的異文，我們可以看出《正統道藏》本《仙鑑》與趙道一原刻已有較大距離，容易造成文意混亂，如果它能保留國圖藏元刊明修本的這些脱文，仍有利於我們正確理解原刊本意。

《正統道藏》本《仙鑑》存在瑕疵，但它仍是明初最完整的刻本，在所有版本中，基本完整地保留趙道一原刊内容，雖然把《前卷》一分爲二，但從增補的清微派仙傳來看，稱《王嚞》之後部分爲《續編》亦有其合理之處。所以，《正統道藏》本《仙鑑》能在精校詳考的前提下歸其真正，仍具有極重要的文獻價值。

《正統道藏》改編本系統下的本子主要是以下三個：

1. 上海圖書館藏抄本

此本四周雙邊，雙魚尾，每頁11行，行20、21字不等。卷内有紅筆圈點和批點文字。存五十四卷："正編"存卷一至卷一四、卷一八至卷五三；《續編》存卷一、卷二；《後集》存卷五、卷六。《續編》有目録，卷下見《道藏》千字文編號，當抄自《正統道藏》本。

---

① 《道藏》第5册，第410頁。

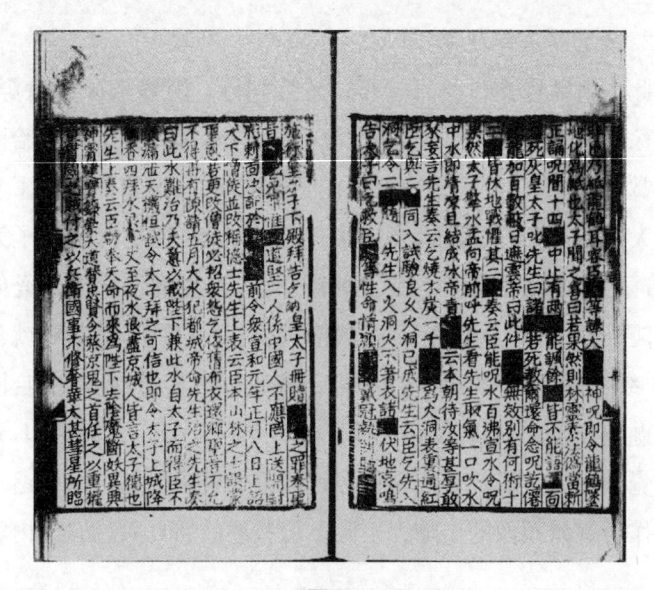

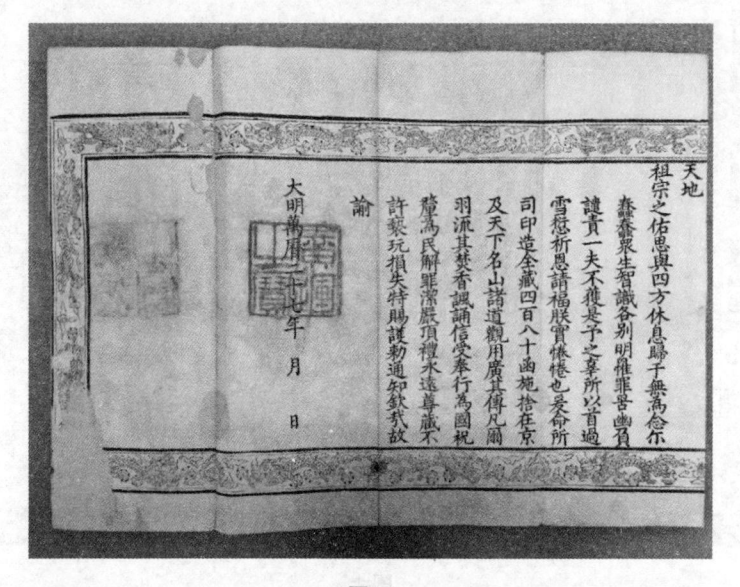

圖四

圖五

2. 廣倉學宭鉛印本

此本由姬覺彌（1885—1964）主持刊行。姬覺彌原名潘孺，江蘇省徐州府睢寧縣人，後任職上海哈同洋行，獲得猶太商人哈同夫婦的賞識，遂擔任愛儷園總管。在愛儷園期間，姬覺彌創辦了倉聖明智大學，曾聘請王國維、章太炎等名流任教，還主持翻譯了第一部《古蘭經》中文全譯本。除了興辦學堂，姬覺彌還成立了愛儷園文海閣、廣倉學宭等藏書、刻書機構，重刊大量舊籍，這其中就包括從《正統道藏》翻印的《仙鑑》一書。據版權頁信息，此本由哈同妻子羅迦陵校印，出版時間爲民國二十五年（1936）。全書鉛印，卷前附姬覺彌序文一篇及書法創作照片數張並贊語數則。內中還見一副換作姬覺彌頭像的金剛力士圖。這些卷前插頁與《仙鑑》內容無

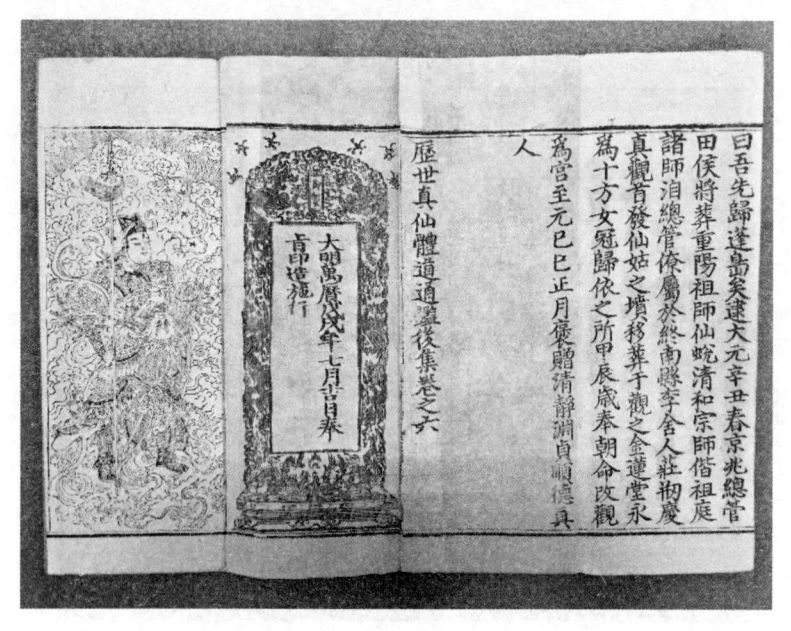

圖六

涉,有附庸風雅、炫耀賣弄之嫌。此本曾廣泛流傳,南京圖書館等多有收藏,蕭天石《道藏精華》本《仙鑑》也翻印自廣倉學窘的鉛印本,前有蕭天石《序》,但頗有舛誤不實之處。

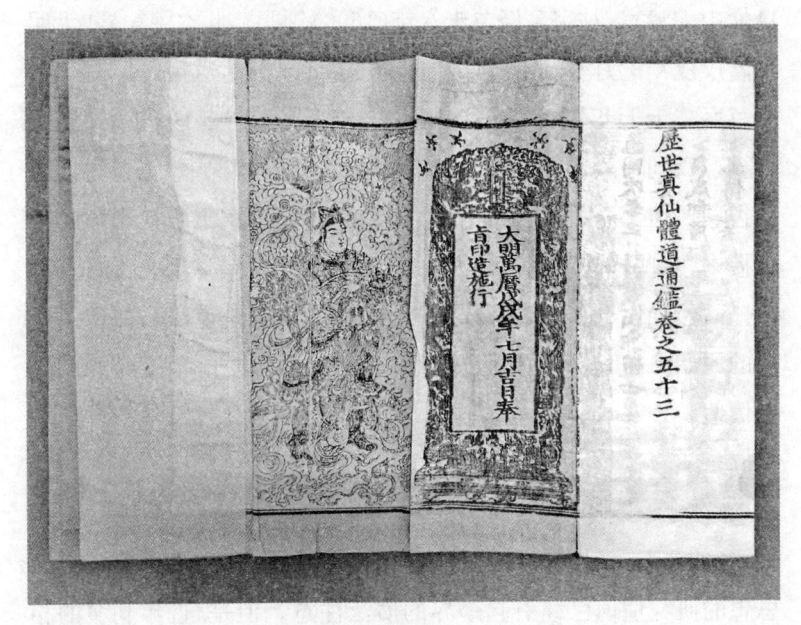

圖七

3. 青島博物館藏《正統道藏》本《仙鑑》

中外學界廣泛使用的《道藏》版本爲20世紀20年代上海涵芬樓據北京白雲觀藏本影印的所謂"涵芬樓本"。此本僅印350部,流傳不廣,後有臺灣藝文印書館、新文豐出版公司及文物出版社、中國書店、天津古籍出版社三家聯合據涵芬樓本再次影印。三種影印本增輯補校,各有所長。其中大陸學界廣泛使用的三家出版社影印本,曾借用上海圖書館藏《道藏》補缺1700餘行,糾正版面錯置17處,描補缺損文字500多個。但是這些描補糾正也有誤改錯置的地方，不可盡信。《正統道藏》除了北京白雲觀收藏，還有青島博物館、泰山岱廟博物館、四川大學圖書館、上海圖書館、日本宮內廳書陵部等多處。其中青島博物館所藏爲"文革"初期搶救於青島嶗山太清宮，神宗萬曆二十八年（1600）頒賜。此本牌記署"大明萬曆戊戌年七月吉日奉旨印造施行"，卷首《御制道藏經序》署"大明萬曆二十七年"。從牌記來看，此本與日本宮廷內書陵部所藏《道藏》爲同一版。在徵得青島博物館同意的情況下，筆者得以校閱復製了這部《正統道藏》所藏《仙鑑》，發現三家出版社影印的涵芬樓本，有些描補當爲工作人員臆改，而我們可借這部《正統道藏》本《仙鑑》加以刊正。這部未經後世修補的《正統道藏》，保留了更多的原始風貌，較其他屢經補輯和反復影印的本子，有着特殊的學術價值。

結語

《仙鑑》不僅僅是一部神仙傳記集，它的道教史學價值和教義思想的研究價值已經引起學界的廣泛注意。但是，近年刊發的相關論著，大多忽略了《仙鑑》的版本問題和其他基礎性研究，有的論著未加詳審，僅以《正統道藏》本或盧國龍點校本爲徵引對象，這勢必造成各種判斷上的偏差。《正統道藏》本《仙鑑》如果沒有校勘和考訂，盲從這個本子將會產生嚴重的誤解。本文詳細考察了《仙鑑》的所有現存版本，敘錄各本特徵，梳理彼此關係和版本源流，希望能爲進一步研究提供必備基礎。

（原文刊載於《宗教學研究》2018年第3期）

張謙及其稿本《道家詩紀》

《道家詩紀》是清中葉海鹽道士張謙所纂的道詩總集，共40卷，現殘存稿本22卷。（圖一）該集把歷代道詩彙爲一編，因卷一至卷一一散佚，無從知曉選詩的起始年代，但最遲當從兩漢開始，直至嘉慶、道光前後，歷時一千多年。其中清朝道教詩共輯六卷，這對"全清詩"的纂集具有重要的文獻價值。另外，《道家詩紀》每卷詩人小傳和詩作後多附"小瀛洲仙館詩話"的品評和論定。《小瀛洲仙館詩話》一向乏人問津，各種詩話目錄和詩話考訂著作鮮有提及，實際上這是一部非常難得的體現"道教詩學批評"取向的詩話。雖然出自"道流"，撰寫年代又晚，但它仍不失爲一部謹嚴而富有創意的詩學批評著作，對清代詩學及道教文學探索尤爲重要，值得我們深入發掘。

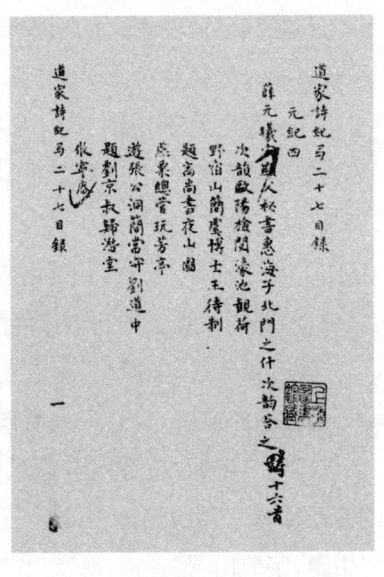

圖一

關於張謙《道家詩紀》，前人很少關注，目前僅見陳尚君教授在《上海圖書館未刊古籍稿本》收錄《道家詩紀》時所作《解題》一篇。① 現在這個基礎上，就張謙生平、《道家詩紀》成書、文獻學意義及《小瀛洲仙館詩話》詩學價值等問題再作考訂分析，故曰"再探"。

一、《道家詩紀》與張謙生平和創作

《道家詩紀》現藏於上海圖書館，屬稿抄善本，彌足珍貴，又據各種資料庫和目錄檢索發現僅上海圖書館藏此孤本。2008年上海圖書館聯合復旦大學出版社影印出版了《上海圖書館未刊古籍稿本》，叢刊集部第58—60冊收錄該書，卷首附陳尚君教授所作《解題》。這篇《解題》已對《道家詩紀》的編者年里、成書時間、卷次分合等基本問題作了考訂，并以《全唐詩》爲例指出《道家詩紀》的纂輯方式和采擇短長，但關於張謙生平和創作等問題，尚可有所補充。

現存稿本《道家詩紀》每卷前署"海鹽張謙雲槎編輯"，清人王彬《（光緒）海鹽縣志》卷一九有關於張謙的記載，也謂"道人張謙，字雲槎"。《解題》或據稿本等記載，以爲張謙字"雲槎"。但《晚晴簃詩匯》卷一九四選錄張謙詩三首，并附張謙小傳和小字注，謂："張謙，字地山，號雲槎，海鹽人。"古人的名與字在意義往往是相通相連的，從這個原則看，張謙的字，更應該是"地山"。"謙"是《易經》六十四卦之第十五卦，艮下坤上，上卦爲坤、爲地，下卦爲艮、爲山，爲"地中有山"之象。據此，可以肯定張謙字"地山"，而非"雲槎"，《晚晴簃詩匯》所載可信。

---

① 此《解題》曾略作修訂以《述上海圖書館藏清張謙稿本〈道家詩紀〉》爲題發表在《東方早報》2008年8月2日文化版上。

徐世昌門客幕僚纂輯的《晚晴簃詩匯》，又名《清詩匯》，200卷，選錄明末遺民至民國初6100餘人的27000多首詩，是目前單種規模最大的一部清詩總集。詩集成於衆手，選擇標準不一，但保存了大量清詩文獻，小傳所附各家詩話也頗爲精當。[①] 我們佐以其他文獻，發現《晚晴簃詩匯》所載張謙小傳的其他信息，能爲我們進一步認識張謙其人提供頗有價值的線索，現摘引如下：

> 張謙，字地山，號雲槎，海鹽人。桐柏山房道士。有《補梅居士詩選》。　詩話：……雲槎又輯《歷朝道家詩紀》五十卷，搜采甚富，幾出《禪藻集》之右。年復老壽，至咸豐中尚存。弟子馮水香傳其琴，朱文江傳其詩畫，鄭素庵傳其篆刻。

通過這段記載，對張謙的生平、創作，可有如下幾個方面的推論：

1. 張謙至咸豐(1851—1861)中期仍健在，當主要活躍於嘉慶、道光之際。謂其"老壽"，概生於乾隆年間(1736—1795)。

2. 此謂"弟子馮水香傳其琴，朱文江傳其詩畫，鄭素庵傳其篆刻"，當非虛言。《(光緒)海鹽縣志》卷一九載張謙幼年出家於城隍廟，受過良好的教育，"及長，熟精玄理，兼通儒術，工詩，善書畫"。[②]

3. 所謂"《歷朝道家詩紀》五十卷"，或即《道家詩紀》的別稱。而《(光緒)海鹽縣志》又謂"輯歷朝道家詩爲《方壺合編》"。《方壺合編》或同《歷朝道家詩紀》一樣，也是《道家詩紀》的別名，而"五十

[①] 駱玉明、汪湧豪《中國詩學》第3卷(東方出版中心，2008年)及金開誠、葛兆光《古詩文要籍敘錄》(中華書局，2012年)等論著對《晚晴簃詩話》均有論定。

[②] 王彬、徐用儀纂：《海鹽縣志》，清光緒二年(1876)刊本。下引同。

卷"之數或誤,或今四十卷本仍有缺失。

4. 張謙的別集爲"《補梅居士詩選》"。《(光緒)海鹽縣志》卷一九、潘衍桐《兩浙輶軒續錄》卷五一均稱"《補梅居士吟稿》"。這部詩稿,張元濟先生曾親見并抄錄。近年新出《張元濟全集》第八、九、十卷收錄古籍題跋、識語、校勘記等,第十卷專收浙江嘉興、海鹽先哲及海鹽張氏先人的著述題跋,其集部有《張元濟手抄本〈補梅居士詩選〉識語》一則,現錄於此:

雲槎先生爲吾邑羽流之能詩者,輯有《歷朝道家詩紀》,余得其殘稿數册。其所爲詩,甚罕見,余於友人處借得此册,因錄存之。卷末有蝕損處,無可覓補矣。海鹽張元濟。甲子十一月初二日鈔竟。1924年11月28日。

以上四個方面,有助於我們在《解題》的基礎上,對張謙的生平、著述等有更爲深入的瞭解。這裏值得注意的是,張謙的詩集《補梅居士詩選》,張元濟曾從友人處借得并手抄錄存,據張元濟後人張人鳳先生透露,此集現藏上海圖書館,《海鹽縣志》卷一九、潘衍桐《兩浙輶軒續錄》卷五一、徐世昌《晚晴簃詩匯》卷一九四等,亦可輯張謙詩數首,現引錄如下:

述　懷

一粟乾坤泡影微,蒼松翠竹自相依。
冰霜寒甚無椒酒,刀尺聲催尚葛衣。
小有才華非至理,絕無聞見是玄機。
古今不少高賢傳,畢竟柴桑似者稀。

西 水 驛

停橈西水驛,擊柝已三更。
野闊詩懷壯,天寒酒力輕。
雁聲驚別夢,月色鑒離情。
江上多漁唱,征人睡未成。

高 士 湖

涼風瑟瑟起菰蒲,九十九峰青此湖。
高士不來鶴飛去,沙堤剩有月輪孤。

過友人舊宅

舊板橋邊處士家,三間老屋自欹斜。
野風忽送香過澗,開遍牆陰卍字花。

自 述 詩

不嫺塵世事,松竹掩柴關。
老鶴慣棲樹,孤雲慵出山。
賴貧諸慮淡,因拙此生閑。
習靜延年術,①丹砂豈駐顏。

題畫竹詩

脩然萬個而紛紜,與可當年技軼群。
未出頭時先抱節,解虛心故易綾雲。

---

① "習靜",潘衍桐《兩浙輶軒續錄》卷五一"方外"所收《自述》作"莫問"。

每從林下思高士，合向窗前對此君。
清絕淇園煙雨裏，巧憑斑管一枝分。

仔細品味這幾首詩，可以看出張謙詩有煙霞味，但絕非一般道流的淺俗和虛矯，如不知張謙的道士身份，我們也完全可以把他的詩作看作是頭等的文人詩。詩作中的張謙，是個通達而富有趣味的人，而非不食煙火的"神仙"。比如這首《夏日田園雜興》：

乍收白雨晚涼天，扁豆棚低濕翠鮮。
喜與鄰翁拌一醉，囊中尚有賣瓜錢。

通過這幾首詩，我們從情感層面進一步豐富了張謙的形象：19世紀初中期，海鹽一方，一位不求聞達、清雅脫俗的修道者形象呼之欲出。

二、《小瀛洲仙館詩話》緣起及其"道教詩學"意義

《道家詩紀》中大量引用《小瀛洲仙館詩話》的品評（圖二）。關於這部詩話，各種詩話總集、目錄性著作，都没有提及和著錄。《解題》有過推測和論定，如："當然也有另外一種可能，即該詩話僅作本書議論或記錄軼事之資，未必另成專書。該詩話雖然時間較晚，影響不大，議論也未必高明，但卻是中國古代爲數不多的表達道教徒文學批評立場的

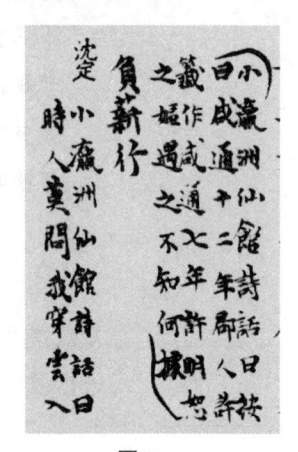

圖二

著作,也有其特殊的意義。"這些判斷出於豐富的學術經驗,十分恰切,但有關《小瀛洲仙館詩話》的一些具體問題,還需作深入分析。

雖然《小瀛洲仙館詩話》可資考訂的資料很少,而《晚晴簃詩匯》卷一九四張謙小傳下"詩話"可以提供一些線索:

> 詩話:海鹽顯佑宮桐柏山房道士,自明隆、萬間,徐月汀秋沙、吳允修兩峰、黄思石竹樓諸人,與邑中士大夫結詩社,往還酬唱,流風甚遠。至乾隆、嘉慶之際,尚有以詩鳴者。雲槎與趙凌洲繼之,各有詩集……

上引徐月汀、黄思石均是海鹽道士,(天啓)《海鹽縣圖經》卷三"棲真觀"條載:

> 萬曆壬辰道士徐月汀盡撮而新之……月汀割腴佐之尤多。月汀能詩,工成,爲詩示其徒云……

隆慶(1567—1572)、萬曆(1573—1619)年間,徐月汀、黄思石等海鹽地區善詩能文的道士,多與時賢往來唱和,而這個傳統,實際上可以上溯至嘉靖壬寅年(1542)的小瀛洲詩社活動。是年四月望日,徐咸在其園林小瀛洲組織倡議,由朱朴、陳鑒、吳昂、錢琦、徐泰、鍾梁、陳瀛、劉鋭、鍾西皋和僧石林等十人結爲"小瀛洲十老詩社"。① 他們之間的往來唱和之作結集爲《小瀛洲社十老詩》。《四庫全書》集部總集類《檇李詩系》卷一一全錄此集,對結社過程與彼

---

① 《海鹽史志》2011 年第 1、2 兩期發表張企巍《簡述海鹽續小瀛洲詩社活動情況》,以爲小瀛洲又名餘春園,在今海鹽縣鄉陽橋南塊。http://szw.haiyan.gov.cn/art/2011/4/29/art_1226_38270.html。

此交遊往來均有述及。那麼，從嘉靖壬寅年（1542）的這次小瀛洲結社，到隆慶、萬曆年間徐月汀等道士與士大夫的唱和，海鹽一地已成爲江浙一帶非常活躍的詩壇重鎮。而這個詩壇活動，相對當時名聲較大的白榆社、南屏社等並不顯赫，後人也極少關注。

《解題》已經指出：《道家詩紀》卷三六"宋昭明"小傳中，張謙自稱宋昭明爲七世師祖，宋約爲乾隆間道士，"晚年築小瀛洲仙館"，張謙繼其業，當沿用其道館名，因以名所撰詩話。這個判斷還可以從前引張企巍先生的《簡述海鹽續小瀛洲詩社活動情況》一文得到佐證。據該文表述，社友朱葵之作組詩《續小瀛洲詩社》13首，其中一首題爲《展重陽，集小瀛洲仙館，即贈雲槎道人二首》，"雲槎道人"當即張謙（號"雲槎"）。此詩內容不得而知，但從題目判斷，張謙是嘉、道年間，海鹽一代復興"小瀛洲詩社"活動的重要人物，此時"小瀛洲仙館"仍在，且張謙很可能就寓居於此。

《小瀛洲仙館詩話》在《道家詩紀》現存諸卷中，大部分詩人小傳後都附"小瀛洲仙館詩話曰"的字樣。這一如錢謙益《列朝詩集》、朱彝尊《明詩綜》、徐世昌《晚晴簃詩匯》中的"小傳""詩話"一樣，是編者在編輯歷代詩作時，"辨句法，備古今，紀盛德，錄異事，正訛誤"的"隨筆"性作品，未必結集成書。後人把這類隨筆謄錄重抄，即爲詩話著作，如從《列朝詩集》"小傳"輯出的《列朝詩集小傳》（上海古籍出版社，2008年），從《明詩綜》"小傳""詩話"輯出的《靜志居詩話》（姚祖恩輯，人民文學出版社，1990年），從《晚晴簃詩匯》中輯出的《晚晴簃詩話》（傅卜棠輯，華東師範大學出版社，2009年）等等。由此，我們也完全可以從《道家詩紀》中輯出《小瀛洲仙館詩話》，於吳宏一《清代詩話知見錄》、蔣寅《清詩話考》、張寅彭《新訂清人詩學書目》等清人詩話的考訂性著作有所助益。

《小瀛洲仙館詩話》爲羽流所創,這樣的詩話作品並不常見。以何文焕《歷代詩話》、丁福保《歷代詩話續編》爲參考,歷代詩話中,僧人寫作的有釋皎然《詩式》、齊己《風騷旨格》等,但道士撰寫的極少。另,筆者粗翻張寅彭《新訂清人詩學書目》,也未得道士作品。《小瀛洲仙館詩話》作爲一部道士詩話,從詩學立場上看,自有其特殊價值。

《小瀛洲仙館詩話》出現較晚,但有些生平事迹的考論、風格優劣的評騭,絕非拾人牙慧之作。比如關於詩人生平,張謙常引《雲笈七籤》等道經作品,這在其他詩話中並不多見。關於詩人、詩作辨偽等,也多有考訂,如卷一六《五代紀》"黃損":

> 損,字益之,連州人。登梁龍德二年進士第,累進尚書左僕射。以極諫忤意,退居永州。一日忽隱去,越三十二載乃歸。呼其子適不在,遂題詩於壁而去。
>
> 小瀛洲仙館詩話曰:《廣輿記》:損與桑惟翰、宋齊邱友善,常遊五老峰下,遇一叟,謂惟翰、齊邱曰:子異日當作相,則不得其死。指損曰:子有道氣,當善終。後惟翰相晉,齊邱相南唐,皆有殺。損獨入道,爲神仙。

題　壁

> 一別人間歲月多,歸來人事已消磨。
> 惟有門前鑑池水,春風不改舊時波。
>
> 小瀛洲仙館詩話曰:按賀知章《回鄉偶書》云:離別家鄉歲月多,近來人事半消磨。唯有門前鏡湖水,春風不改舊時

波。而《漁隱叢話》以此詩爲黄損《題壁詩》，蓋因東坡誤聞虔州布衣賴仙芝語。今考黄作，純是賀詩，惟易七字而已。本欲刪去，姑存其人耳。

張謙選録黄損詩，是有所甄別的。此詩與賀知章《回鄉偶書》雷同，所以"本欲刪之"，但本着"存人"的原則，還是録了這首《題壁詩》。《道家詩紀》中的其他選詩，也大多遴選謹嚴，考訂精詳，有些詩作的品格判定也相當準確。當然，《道家詩紀》還是一部未刊"書稿"，體例不定，時見刪補改飾的字樣。選録的黄損《題壁詩》的書頁抬頭部分，又補了三首選自《唐音統籤》中的三首黄損詩，并補"小瀛洲仙館詩話"。

《道家詩紀·唐紀》中，選録孫思邈、司馬承禎、吴筠的詩作，没有選李白。我們現在考訂李白或做過上清派道士，受過道籙，[1]但畢竟没有明確的歷史記載。總體上看，《道家詩紀》中的作者，多有過明確的入道經歷，詩作也表達濃厚的慕道情懷和淡泊清虚的處世態度，但仍是以中國詩歌的"情志"傳統爲主。如《元紀》部分選録大量丘處機的作品。丘處機的詩作，與全真道早期王重陽、馬鈺的詩作在風格上有所不同，更具有傳統文人詩的意味，而《道家詩紀》所選正是這類作品，闡釋内丹方術的丹道詩歌很少。

張謙的論詩，有些仿自歷代詩話，或録自前人，但也有很多具備個性化色彩的評論，如卷一二録司馬承禎《答宋之問》詩：

《小瀛洲仙館詩話》曰：清淡得好！純是初唐口吻，其原，

---

[1] 這方面的論述，可參閱李小榮、王鎮寶《取象與存思：李白詩歌與上清派關係略探》，《福建師範大學學報》2007年第2期。

始漢晉七言中來。

時既暮兮節欲春，山林寂兮懷幽人。
登奇峰兮望白雲，悵緬緲兮象欲紛。
白雲悠悠去不返，寒風颼颼吹日晚。
不見其人誰與言，歸坐彈琴思逾遠。

“清淡得好”，完全是口語化的表述，但卻直白而準確地道出了《答宋之問》的“詩魂”所在。總之，從詩學角度，《道家詩紀》是一部相當謹嚴的，以清虛、淡雅爲主要審美取向的歷代道士作品，且包含着大量“小瀛洲仙館詩話”的品評和考訂，其“道教詩學”意義的研討價值不可限量。

三、《道家詩紀》的“國朝”部分與“全清詩”的纂輯

《道家詩紀》具有多方面的學術價值，但還没有得到充分關注。在2008年《上海圖書館未刊古籍稿本》出版之前，《藏外道書》（巴蜀書社，1992—1994年）就影印過《道家詩紀》一書（圖三）。這次影印時間很早，但質量不盡如人意，或限於當時的照排技術，字體細小模糊，基本上無法研讀，喪失了文獻的原始面貌。而這容易誤導讀者，以爲原書就是如此。如果

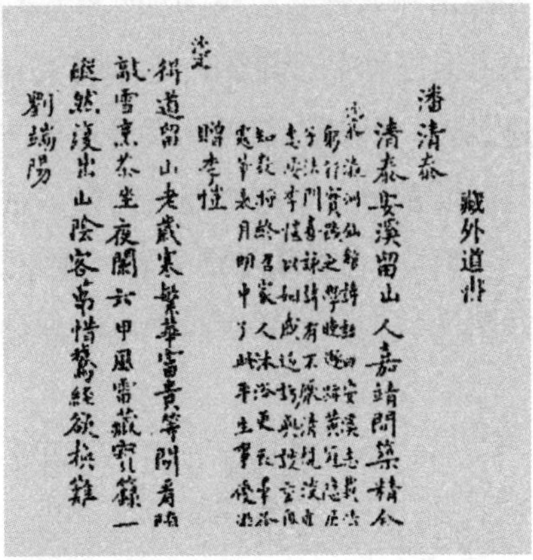
藏外道書
潘清泰
清泰安溪留山人嘉靖間築精
贈李愷
得道留山老歲寒繁華富貴等閒看
劉端陽

圖三

從20世紀90年代算起,近30年來,《道家詩紀》乏人問津,或許跟這次影印有關,儘管我們不能否定《藏外道書》把大量明以後道書彙爲一編、提供線索的歷史性功績。

現在我們通過《上海圖書館未刊古籍稿本》的影印,可以看到原書抄寫相當精美,且版式工整,字體清晰疏朗。根據這個影印本,我們可以具體分析《道家詩紀》纂輯的一些細節,隨着研究的深入,我們看到《道家詩紀》雖出道流,卻頗有可觀者。

在現存的"唐紀""五代紀""元紀""明紀"和"國朝"中,價值最大的應是"國朝"部分。目前只有清代無詩歌總集,據朱則傑《〈全清詩〉的先聲》一文,國家清史編纂委員會項目"清史・典志・文學藝術志・詩詞篇"的項目組正有志於此。"全清詩"至今未能成編,有時代因素,也與清詩本身的搜集整理相對艱難繁雜有關。雖然民國初年就有這方面的動議,且不乏張元濟、胡玉縉、徐世昌等重要機構和人物的參與,但仍難以蕆就。一部斷代詩歌總集的編纂,絕不是把作品搜羅到一起就算完成任務,作家小傳涉及的生平事迹、詩作真偽等,都需要大量可靠文獻的考辨分析。《道家詩紀》的"國朝"部分正是這種難得的第一手資料。

首先,從纂輯水準來看,《道家詩紀》的選錄去取相當謹嚴。如該書卷三八錄袁守中詩,《小瀛洲仙館詩話》云:

> 同門吳拙存嘗云:"袁月渚《西山探梅》八咏,頗佳,可以采入《道家詩紀》。"然屢次求錄,終未寄下。

從這段話我們可以看出,張謙在選錄過程中,曾多方求索,并與同門切磋琢磨。除了跟時賢索詩,張謙還廣泛利用了阮元的《兩浙輶軒錄》四十卷、《兩浙輶軒錄補遺》十卷等詩集文獻。阮元的《兩浙輶軒錄》及《兩浙輶軒錄補遺》是清詩研究的重要參考,其中前者卷三九錄道士詩人7位,《補遺》卷九錄11位。張謙《道家詩紀》卷三六見本恒《遊大滌洞天和聞人儒韻》、卷三七陳嘉宣《山居》、朱敏求《乙未秋上清宮送含山還錢塘》、施錫昌《吳山九日宴集值雨感賦次方漢水韻》、繆鶴鳴《除夕》、翟燾縀《山樓晚晴》等均見《兩浙輶軒錄補遺》卷九,其中錄見本恒詩時,《小瀛洲仙館詩話》説:"《洞霄宮志》載常吉詩一章,與阮中丞《輶軒錄》中互異,只依中丞本錄出。"張謙《道家詩紀》從《兩浙輶軒錄》(包括《補遺》)錄入部分詩作,但並非單純的復製。

其次,從人數上看,《道家詩紀》"國朝"部分六卷收錄清代道士詩人105位,選詩700餘首。即使同一詩人的詩作,《道家詩紀》錄入的作品更多,如卷三八選錄錢選詩,《兩浙輶軒錄》卷三九僅錄一首,《道家詩紀》則錄13首。目前收錄清詩最多的《晚晴簃詩匯》卷一九三、一九四兩卷"道士"類詩作,選錄不足80人,僅200餘首,與《道家詩紀》"國朝"部分在數量上還有很大差距。可以説,《道家詩紀》六卷"國朝"部分是目前所見最完整的江浙一帶道士詩人的作品集,而且保存了部分江浙文人群體唱和的珍貴記錄。

綜上,從作品纂輯和詩人小傳的撰寫角度看,《道家詩紀》中的"國朝"部分,可資考訂、借鑒,是"全清詩"纂輯工作中相當重要的文獻參考。

小結

本文在陳尚君教授《解題》的基礎上,對張謙的字號、生平、著述作了進一步考訂,對《道家詩紀》的文獻價值、小瀛洲詩社的緣起、《小瀛洲仙館詩話》的道教詩學意義等也有了較爲深入的認識。但這還只是一些鋪墊性的工作,明清時期,浙江海鹽此一道派的源流、教旨及相關的文學活動等問題,還有待梳理辨析,《小瀛洲仙館詩話》的整理與研究工作也有待展開。

(原文發表在《學術論壇》2013年第8期)

附

録

文本細讀下的唐詩與佛道關係探尋

——深澤一幸《詩海撈月：唐代宗教文學論集》讀後

詩歌與宗教在根本上是同源的，它們之間的隱微關係是中外學界普遍關注的學術話題。基督宗教與詩歌，包括《聖經》詩歌本身的研究，歐美等基督教背景下的海外學者已經取得非常豐厚的成果，其中不乏見解獨到的大家和具有典範意義的專著。從近代學術興起以來，中國詩歌與宗教關係的探討也有深厚的學術積累，胡适、陳寅恪、顧隨、季羨林等多少都有詩歌與宗教方面的討論，尤其是詩歌與佛教，在很多方面都有突破性進展。[1] 但是這方面的研究，我們中斷了二三十年，而此期海外學者一直在孜孜以求地深耕細作，并不斷地開墾新的園地。這方面，我們的近鄰日本就是最好的典範，他們的漢學研究秉持精準細緻的專業精神，一直穩健扎實地推進。俗云"不怕慢，就怕站"，我們這一"站"，日本漢學研究已經在很多領域先行一步。大陸學人也許都有這樣的體會，當我們意識到"它山之石，可以攻玉"，回頭參考翻譯的時候，發現人家已經作了精深的研究。他們的"團隊合作"很像一個攻堅克難的作

---

[1] 何坤翁、吳光正：《20世紀"佛教與古代文學"研究述評》(《世界宗教研究》2013年第3期)一文對此有詳盡的總結評述。

戰部隊：針對一個問題域，或一部繁難複雜的經典，由導師帶領一個研究班，一讀就是三年五年，甚至十年八年，然後"薄發"出幾篇論文和一冊翻譯，這種用時間打磨出的精品力作不得不令我們折服。

日本漢學成果的譯介已經有很多，近年由蔣寅教授主編的《日本唐代文學研究十家》進一步補充了他們在唐代文學研究上的重要成績。這套叢書選譯了多位重要學者的代表性論著，其中深澤一幸的論文集《詩海撈月：唐代宗教文學論集》基於精細的文本分析，①對孟浩然、李白、杜甫、韋應物、李商隱五位詩人的部分詩作作了多層面的綜合探討。在這些討論中，作者尤其注意詩作背後的信仰因素和佛、道教影響。文集中的論文，最早的寫於 20 世紀七八十年代，最晚的一篇也發表於十多年以前，但很多關於唐人詩歌與宗教關係的新穎探索，對我們仍有重要的啓發意義。

一、多維的宗教視角

《詩海撈月》選錄作者 12 篇文章，除了《"海月"是什麼——從李白〈同友人舟行〉談起》《杜甫與聯句》《韋應物的悼亡詩》三篇在論述過程中主要以文本釋讀和意象流變的討論爲主，對仙道與禪佛的涉及不多，其他九篇文字都與佛、道教相關，而《杜甫與道教》《李商隱與〈真誥〉》《李商隱與〈佛教〉》《引導李商隱到茅山的人物——從叔李褒》都是典型的文學與宗教研究。其實，作者深澤一幸在文學與宗教研究上還有很多論著，《詩海撈月》限於"唐代"的選題限制，只選了這樣幾篇。吉川忠夫主編的《中國古道教史研

---

① 深澤一幸著，王蘭、蔣寅譯：《詩海撈月：唐代宗教文學論集》，中華書局，2014 年。

究》曾收深澤教授的《"步虛詞"考》一文,①該文相當系統深入地發掘了道教科儀中用於吟唱的組詩"步虛詞",而這篇文章寫作於20世紀八九十年代,那時我們可能對這類詩作還相當陌生。另外,深澤教授還有《徽宗"瑞鶴図"の風景》、②《仙女謝自然の展開》、③《崔玄亮の道教生活》④等文學與宗教的綜合研究。深澤教授專精於宗教與文學的交叉性探討,當得益於早年的學習經歷。據《詩海撈月·後記》的自述,深澤曾跟從日本著名漢學家、堪稱日本中國文學研究的棟梁和支柱的小川環樹(1910—1993)讀書,當時參與其研究生面試的還有日本禪宗與敦煌研究的權威入矢義高(1910—1976),吉川幸次郎的高徒、一代漢學宗師清水茂(1925—2008)也都在場。後來讀書過程中,曾參與日本道教研究的先驅福永光司(1918—2001)主持的佛道教研究班,協助吉川幸次郎(1904—1980)寫作《杜甫詩注》,與吉川忠夫、麥谷邦夫等日本宗教學者也多有學術往來。深澤教授傾向於宗教研究的學術經歷和深湛的專業素養,決定了他的古典文學研究多從佛、道教的宗教維度出發,從歷史、文化等更廣闊的視野加以關照,以致他的很多探索選題新穎,富有創意,往往發他人所未發。

《杜甫與道教》一文發表於1990年大阪大學言語文化部的《言語文化研究》第16、17卷上,寫作時間大概是在20世紀80年代初,當時作者參加了福永光司主持的"隋唐五代的道教與佛教研究

---

① 吉川忠夫編:《中國古道教史研究》,京都:同朋舍,1992年,第363—416頁。
② 深澤一幸:《徽宗"瑞鶴図"の風景》,《言語文化研究》第39卷,2013年,第95—116頁。
③ 深澤一幸:《仙女謝自然の展開》,《言語文化研究》第27卷,2001年,第233—254頁。
④ 深澤一幸:《崔玄亮の道教生活》,麥谷邦夫編:《三教交涉論叢續編》,京都:京都大學人文科學研究所,2011年,第267—290頁。

班",作爲一篇研讀報告,前后歷經十餘年,從文獻掌握、文本釋讀和研究視野上看,都可謂扎實而全面。杜甫與佛、道的關係,馮至《杜甫傳》、蕭滌非《杜甫研究》等都持否定觀點,認爲王屋山、東蒙山的求仙訪道是暫時受了李白的影響,道家和佛教思想在杜甫思想中不佔地位,只如曇花一現,瞬息即逝。對此,郭沫若《李白與杜甫》中《杜甫的宗教信仰》一文認爲馮、蕭的看法都是主觀臆斷,對其加以反駁,以爲杜甫的求仙訪道行爲早在認識李白之前,而他迷信道教,至死不變,更篤於李白。① 到了 20 世紀 90 年代,石雲濤發表《重論杜甫與道教》,②鍾來茵又發表《再論杜甫與道教》,二人均延續馮至、蕭滌非的觀點,以爲杜甫主要還是"奉儒守官"的儒家思想。③ 隨後,又有杜甫研究者在一定程度上贊同郭沫若的觀點,指出杜甫與道家、道教關係密切,比如徐希平的《杜甫與道家及道教關係再探討——兼與鍾來茵先生商榷》基本贊同郭沫若的看法。④ 杜甫與宗教,尤其與道教的關係,幾乎成了學界的一樁公案,各種"也論""再論""重論"層出不窮,近年更有博士論文探討杜甫與宗教信仰的關係。但反觀這些討論,從郭沫若《李白與杜甫》對馮至、蕭滌非觀點加以反駁以後,其寫作年代都晚於深澤一幸撰寫的 20 世紀 80 年代。而且,所有討論幾乎都沒有注意到這位日本學人的深入探討,在研究方法和用力深淺上,也遠不如深澤這篇大作。而就杜甫與道教關係的探討,限於作者對道教研究本身的

---

① 郭沫若:《李白與杜甫》,人民文學出版社,1972 年,第 282—284 頁。
② 石雲濤:《重論杜甫與道教》,《許昌師專學報》(社會科學版)1993 年第 4 期。
③ 鍾來茵:《再論杜甫與道教》,《首都師範大學學報》(社會科學版)1995 年第 3 期。
④ 徐希平:《杜甫與道家及道教關繫再探討——兼與鍾來茵先生商榷》,《杜甫研究學刊》1999 年第 2 期。

缺位和局限，未能真正從道教信仰和道經文獻的構成等角度加以闡釋，大部分結論仍似有隔靴搔癢之感。

深澤一幸的《杜甫與道教》從杜甫的三篇《望嶽》詩入手，"考其起源，究其流別"，從史源學的角度，逐一訓釋詩作中"鍾秀""陰陽""白帝""仙人九節杖""玉女洗頭盆""真源""魏夫人"等源自道教信仰的詞匯，挖掘這些詞匯背後的仙道信仰和道經源頭，所引用的文獻有《太清中黄真經》《老子中經》《老君本生經頌》《真誥》《洞天福地嶽瀆名山記》等道教經典。這種歷史溯源式的研究，就需要作者在宗教與文學兩個領域都有深厚的學術基礎，對宗教與文學兩類文獻都極其諳熟，或作者本人就對宗教研究有精深的專業基礎。指出某某作品含有宗教因素，是一種無意義的淺層鋪敘，或者僅僅指出某某宗教是作家思想的來源，宗教成爲文學舞臺背後的一塊布景，且未特別描述這塊布景，這樣的研究在目前的學術界仍舊比比皆是，不得不引人深思。在討論杜甫與道教關係時，杜甫《贈李白》中的"豈無青精飯，使我顔色好。苦乏大藥資，山林迹如掃"一向是我們反復引用的例證，但據筆者考察，只有深澤這篇文章詳細考訂了"青精飯"的具體做法和相關文獻記載。據此，我們得知《雲笈七籤》卷七四《方藥》篇就曾存録《太極真人青精乾石䭀飯上仙靈方》：

> 生白粳米一斛五斗，更舂①治折取一斛二斗，得稻名有青者，如豫章西山青米、吴越青龍稻米是也。青米理虚而受藥氣，故當用之。盛治，勿令雞犬穢物臨見之。南燭草木葉

---

① "舂"原作"春"，據注釋[二]改。

五斤,燥者用三斤。其樹是木,而葉似草,故號南燭草木也,一名猴藥,一名男續,一名後卓,一名惟那木,一名草木之王。①

《雲笈七籤》同卷還引用了《青精先生飯米飯方》,亦用南燭汁液蒸煮。這些宗教文本,在我們的很多論著中均缺乏深入的挖掘和思考,大多一筆帶過,走馬觀花。

深澤對杜甫與道教關係的探討,沒有糾結於各種爭論,而是踏踏實實地從源頭上追尋前人每論及杜甫與道教關係必定引用的《三大禮賦》《冬日洛城北謁玄元皇帝廟》背後的道教因素,而實際上此文真正的研究對象是杜甫的道教寓言散文《前殿中侍御史柳公紫微仙閣畫太一天尊圖文》。這是一篇帶有濃厚道教色彩的散文,郭沫若曾說:"肅宗乾元元年(758),杜甫四十七歲,那樣的怪文章,像道士的疏薦文,虧他做了出來,而且保留下來了。"②此文關涉極廣,是理解杜甫的肯綮所在,但我們僅有個別著作略提一二,還有徐希平作過的一篇《杜文札記一則——杜甫〈前殿中侍御史柳公畫太乙天尊圖文〉試解》。③徐先生在《札記》中未提及深澤教授的論文,可見當時尚不知曉日本學者已經在十幾年前就對這篇文字作了非常深入的、多角度的宗教考察。徐先生的《札記》文限於體例,僅總結了杜文的段落大意和整體脈絡,認爲杜甫這篇寓言體的道教散文體現的不是純粹單一的思想,它有貫穿一生的儒家思想傾向,但也明顯融合了道家道教的觀念意識,且後者占了更大的

---

① (宋)張君房編,李永晟點校:《雲笈七籤》卷七四《方藥》,第1666頁。
② 郭沫若:《李白與杜甫》,第249頁。
③ 徐希平:《杜文札記一則——杜甫〈前殿中侍御史柳公畫太乙天尊圖文〉試解》,《杜甫研究學刊》2000年第1期,第47—49頁。

比重。從文章藝術水平上看,充斥着過多的祈禱文程式化詞語,藝術風格險僻生澀,體裁形式和語言風格使其確實算不上成功之作。① 這種解讀還是從社會背景出發來探討文學意義的決定論和社會、内容、藝術三分的傳統研究範式,而對宗教本身缺乏深入了解和多維視角的探析。深澤教授的《杜甫與道教》在解讀《前殿中侍御史柳公紫微仙閣畫太一天尊圖文》時,關於題目就用了相當大的篇幅探究何謂"太一天尊"? 爲什麽是"紫微閣"? 太一天尊在道經文獻中又常常寫作"太乙天尊",是衆星中央的北極星神格化了的、君臨衆神之上、可以救渡衆生的最高神。作者在考察時引用了大量道經文獻,另外顧炎武《日知録》卷三〇曾有《太一》篇,專門考證太一的起源,顧頡剛、楊向奎《古史辨》第 7 册中編《太一在道教中地位》也有分析,這些都在深澤教授的關照範圍之内,可見其文獻把握的深度和力度,而這些正是我們所欠缺的。

《前殿中侍御史柳公紫微仙閣畫太一天尊圖文》是爲一幅規模宏大的道教壁畫所作的文字,並非單純的道教散文,而我們常常忽略了這一點,而從純文學的角度來衡量它的藝術價值。要認識這篇文字的真實内涵和文字背後所體現的杜甫思想,必須結合壁畫本身作出分析。深澤研究的視角,除了宗教文獻本身的探究,還從更廣闊的視野,結合敦煌莫高窟第 172 窟的《西方淨土變》推測這幅壁畫的大致内容和所體現的氛圍,指出宋人《朝元仙仗圖》《八十七神仙圖》小型副本長卷可能都没有太一天尊像,而山西芮城永樂宫壁畫很可能尚有保存。深澤教授引用傅熹年的《永樂宫壁畫》記

---

① 徐希平:《杜文札記一則——杜甫〈前殿中侍御史柳公畫太乙天尊圖文〉試解》,《杜甫研究學刊》2000 年第 1 期,第 49 頁。

載,①認爲:"值得注意的是,加拿大的這幅壁畫中的北極帝君,正是紫微仙閣中的北闕帝君的後代。因此,我們讀杜甫此文時當然不能不參考這幅畫。"②深澤依據傅熹年文章所附北極帝君圖片作出如上判斷。現在各種出版物和網絡資源已經爲詳細考察永樂宫壁畫提供了極大便利。景安寧著《元代壁畫:〈神仙赴會圖〉》就附了加拿大多倫多市皇家安大略博物館(The Royal Ontario Museum)東西兩壁全圖和局部人物細節,其中東壁第一主神就是北極大帝,這幅《神仙赴會圖》描繪的是宋元以下的神仙系統,北極大帝與宋前的太一天尊當有聯繫,從這幅《神仙赴會圖》我們大致可以體會杜甫當時所見《紫微仙閣太一天尊圖》的氣勢。③

通過深澤的探討,我們可以確知杜甫對神仙道教有相當深厚的知識積累,對道教理解的深度和廣度超過李白,甚至超過顔真卿和白居易。這在以道教"爲本朝家教",且佛教發展也大爲繁盛的特殊時代,作爲一個以儒家"奉儒守官"爲底色的知識人,遊走於三教之間是一件再正常不過的事情,而我們常常以今人的價值標準和某種目的妄自褒貶古人,皆不可取也。作爲學術研究,最正確的姿勢就是老老實實地追求真相。

深澤論文還有更廣闊的多維視野,《杜甫與道教》的結尾進一步探討了太一天尊信仰在日本的傳播情況。他這種多角度的文學與宗教的綜合研究,還體現在《李商隱與〈真誥〉》及《李商隱與佛教》兩篇大作上。李商隱與道教關係密切,這是中晚唐文學研究的

---

① 傅熹年:《永樂宫壁畫》,《文物參考資料》1957年第3期。
② 深澤一幸:《詩海撈月:唐代宗教文學論集》,第82頁。
③ 景安寧:《元代壁畫:神仙赴會圖》,《圖集·東壁中部圖5》,北京大學出版社,2016年,第10頁。

通識。深澤教授對李商隱與道教關係的探討，是較早的從宗教文獻與詩歌本身出發的歷史溯源式討論。國内道教文學研究的前輩孫昌武教授《道教與唐代文學》一書中曾有一節《李商隱——作爲藝術境界的仙境》，①其中有些討論，就是在深澤教授的研究基礎上展開的，而深澤對李商隱與《真誥》的探究對我們也有一定啓發。② 趙益教授《真誥與唐詩》一文是研究《真誥》故事、詩歌、象徵手法、母題及美學意涵如何影響唐詩的一篇力作，③文中也提到了深澤的這篇文章，2001年此文被翻譯爲中文，④對我們進一步認識李商隱與道教的關係，有一定的啓發意義。

深澤的李商隱研究，一如杜甫與道教關係的探討，還是從文本細讀出發，廣泛利用各種相關的宗教文獻，通過與同時代詩人的對比，從宗教信仰本身探討詩人對道教的接受程度和認識深度。關於李商隱與《真誥》的關係，深澤教授的重要結論是：他詩作中的道教意象和典故，是自然而然的流露。他可能讀了原本《真誥》，對這部經典有更爲深切的體悟，與白居易、李賀等"都與《真誥》有一層隔膜"自不相同。這個結論是從大量文本釋讀和文獻歷史溯源中得出的，應該說是站得住腳的。這無疑推進了我們對李商隱的思想構成和文學藝術特徵的深入瞭解。

李商隱與佛教的關係研究，早在民國時期張采田在其《玉溪生年譜會箋》就有論述，指出："又義山居東川，頗耽禪悦。於長平山

---

① 孫昌武：《道教與唐代文學》，人民文學出版社，2001年。
② 深澤一幸的《李商隱與〈真誥〉》於1998年2月發表在春秋社刊行的《六朝道教の研究》一書中，這是一篇是由吉川忠夫主持的京都大學人文科學研究所"六朝道教研究班"的研究報告。
③ 趙益：《〈真誥〉與唐詩》，《中華文史論叢》總第86輯，2007年第2期。
④ 深澤一幸著，金育理譯，邵毅平校：《李商隱與〈真誥〉》，《中國文學研究（輯刊）》2001年第3輯，第97—112頁。

慧義精舍經藏院，自出財俸，特創石壁五間，金字勒《妙法蓮花經》七卷，啓(柳)仲郢爲記文，見集中，亦當在是年(大中七年)。"①深澤教授從李商隱這一年寫給柳仲郢的兩封信《上河東公啓二首》入手，逐句釋讀，從中看出李商隱的高深佛教素養，尤其對《法華經》的篤信，至爲傾倒。在《李商隱與佛教》這篇文章中，作者的重點還是在對李商隱的駢文力作《唐梓州慧義精舍南禪院四證堂碑銘并序》的詮釋和解説上。在廣徵博引的考訂基礎上，文章對這篇文字的釋讀，超出了一般集解和校注，給我們一個更精準的解釋文本，且從史源學的角度探究李商隱熟練使用的佛教典故在他所熟悉的《法華經》中的源頭。文章結尾處，作者指出："佛教對於李商隱的意義，絶不僅僅是一時尋求'麻醉'的膚淺程度，他對佛教的理解達到了相當深入廣博的水平。"②深澤在文中曾提到董乃斌教授《李商隱傳》(陝西人民出版社，1985年)第二十三章《在佛教中求麻醉》，但有趣的是，2012年上海古籍出版社再版董這本《李商隱傳》時，第二十三章題目改爲《在佛教中求解脱》，用"解脱"替换了"麻醉"。另外，深澤教授的《引導李商隱到茅山的人物——從叔李褒》一文，提出李商隱從叔李褒是其年輕時入道茅山的重要接引者，這也有效地推進了我們對李商隱這段特殊經歷的瞭解和認識。③

　　深澤教授宗教視角的綜合考察，還體現在他對韋應物與佛道教關係研究上。如韋應物抒情詩對"清"與"幽"的使用，絶非互相抵觸，而是互相融合，背後則是"老莊"的底色；④韋應物歌行體詩

---

① 張采田：《玉谿生年譜會箋(外一種)》，上海古籍出版社，1983年，第185頁。
② 深澤一幸：《詩海撈月：唐代宗教文學論集》，第264頁。
③ 深澤一幸：《引導李商隱到茅山的人物——從叔李褒》，《詩海撈月：唐代宗教文學論集》，第200—229頁。
④ 深澤一幸：《韋應物的抒情詩》，《詩海撈月：唐代宗教文學論集》，第111頁。

歌,有濃鬱的仙道色彩,這與其坎坷顛簸的身世和玄宗崇道的特殊背景有關。① 這些從佛、道信仰角度的深入研究也常常發人所未發,但可惜的是,深澤教授的很多研究,我們還沒有認真吸收,還有一些重要論著沒有譯成中文。

二、細緻的文本分析

海外漢學家面對我們的古詩文,首先要解決讀懂的問題,他們的很多研究是從文本釋讀和翻譯入手,這既是他們的短處也是長處。在有些字句的理解上,因文化背景不同,的確不是字典可以解決的,但也正是他們這種不厭其煩的、細緻的文本分析、歷史溯源和文獻考索,又常常發現我們視而不見的關鍵環節。深澤教授的研究中,一個最大的特徵就是精細的文本闡釋。文集中收錄的幾位詩人,都是文學史上的重磅人物,涉及的問題也是學界關注的重大問題,但他沒有停留在各種問題的爭論上,大部分精力都在埋頭細讀文本,追尋每一個典故的最早來源和真實用意,而經過這些繁瑣冗長的考訂,最後所得結論卻能一語中的,深刻而富有啓發。

《蜂與蝶——李商隱詩的性表象》一文在論文集中篇幅並不算大,據作者《後記》交代,這篇是由蔣寅教授翻譯的,譯文讀來曉暢明白,全無有些譯作的艱澀抵牾之處,漢譯日本學術者,良可借鑒。唐代文學與性的互動是一個很值得深入研究的話題,但礙於對"性"的忌諱和敏感,這方面的探討還是寥寥無幾。深澤教授這篇小文抓住李商隱《二月二日》詩中的"黃蜂"與"紫蝶"兩個風物意象展開討論,引用了金聖嘆對這首小詩的評價:"'花須柳眼',寫盡少

---

① 深澤一幸:《韋應物的歌行》,《詩海撈月:唐代宗教文學論集》,第119—142頁。

年冶遊。'紫蝶黃蜂',寫盡閨房秘戲。看他於'無賴''有情'上加'各'字、'俱'字,猶如言'物猶如此,人何以堪'也。"①深澤認爲這樣的評論並非無的放矢,必有來由,以此又通過敦煌文獻《書儀》(P.2505,同 P.3375)中的《二月仲春》《三月季春》均有蜂與蝶的描寫,結合岑參、孟郊、白居易等人的相關描寫,指出李商隱的"紫蝶""黃蜂"確是一種男女間性的象徵。但是深澤並沒有停留在這個層面,而是繼續追問:"爲何要以前所未有的表現,將這兩種生物與性的意向重合起來,形成性的表象?"②作者繼續以《蜂》詩説明李商隱借蜂、蝶寫相愛而經常離別的男女,但蜂和蝶被賦予的性别,即以蜂爲女性,以蝶爲男性,這在李商隱之前是絶無僅有的,而其他詩作一般情形卻是蜂爲男性,蝶爲女性。作者對文獻的把握,可謂"涸澤而漁",縱横捭闔,行文過程中,不僅利用道經文獻,《遊仙窟》也在徵引之列,而日本平安時代編輯的《醫心方》所引性交體位"空翻蝶",拉依海爾·德爾馬托夫著《戴薩娜:亞馬遜的性與宗教的象徵主義》關於蜜蜂的宗教象徵的描述,法國象徵派詩人保爾·瓦萊里《蜜蜂》詩,都在深澤教授的關照、思考之下。這種僅僅針對詩作中"蜂"與"蝶"的兩個文本意象的精細闡釋,頗值得我們反思和學習。

《"海月"是什麽——從李白的〈同友人舟行〉談起》一文,也是在精密的文本分析基礎上議論的典範。李白《同友人舟行》是一首五言詩,詩的首句云:"楚臣傷江楓,謝客拾海月。"顯然"謝客"爲謝靈運,此典來自謝靈運的《遊赤石進帆海》一詩,現節引如下:

---

① (清)金聖嘆撰,周錫山編校:《貫華堂選批唐才子詩》,萬卷出版公司,2009年,第304頁。
② 深澤一幸:《詩海撈月:唐代宗教文學論集》,第268頁。

> 首夏猶清和,芳草亦未歇。
> 水宿淹晨暮,陰霞屢興没。
> 周覽倦瀛壖,況乃陵窮髮。
> 川後時安流,天吳靜不發。
> <u>揚帆采石華</u>,掛席拾海月。
> 溟漲無端倪,虛舟有超越。①

關於這首詩中的"海月",作者利用《文選》李善注、六臣注等,指出謝靈運的"海月"是一種生物,學名 Placuna placenta,也稱窗貝,中國大陸稱作海月,臺灣地區稱作雲母蛤,是鶯蛤目雲母蛤科雲母蛤屬的一種,而李白所理解的"謝客拾海月"卻是"謝客拾起海上的明月",這種理解上的乖離誤差,是怎麼產生的呢? 作者繼續追問,進而聯繫從六朝到唐代幾乎所有有關"海月"的詩作,解析對"海"的認識演變,説明唐人如何接受"海月"一詞,並突破六朝知識上的束縛,重新感知"海"與"月"結合生成的"照耀於海上的月光"這種具有非常敏鋭的感受性的意象。但作者的思考並未就此止步,而是繼續探究宋元以後詩人對於"海月"的理解和運用。這種僅僅從一首詩中的一個詞彙"海月"入手生發出的宏闊而細密的討論,其學術境界遠超那些扣着宏大標題的泛泛之談。我們的研究方式缺乏對文本一句一字探本究源式的分析,往往舉出一個詩例,據一己臆測稍作復述概括,輕易地作出結論。真正的宗教與文學的探討,應該追尋宗教歷史、文獻、意象、典故與文學如何互動,怎樣產生影

---

① (南朝宋)謝靈運、鮑照撰,丁福林編選:《謝靈運鮑照集》,鳳凰出版社,2009年,第44頁。

響。深澤教授這種深層探討,或許可以作爲宗教文學研究範式的一種,值得認真總結。

三、"海月"拾遺

據作者《後記》介紹,書名《詩海撈月》來自謝靈運《遊赤石進帆海》中的詩句"揚帆采石華,掛席拾海月"。如前揭,論集中的《海月是什麽——從李白的〈同友人舟行〉》詳細探討了"海月"意象的出現和在後世的嬗變過程。六朝時期,"海月"僅指海中一種貝殼類生物,但到了唐代逐漸指代"海上明月"。作者在論集《後記》中淡淡地指出:"這本論文集裏撈出來的'月',理解爲月亮也可以,理解爲貝殼也可以。"[1]如果理解爲月亮,顯然"水中撈月"一場空,體現了作者曠達若谷的虛懷;如果理解爲貝殼,則在謙虛之外,另有一種童趣。作者巧妙地借用海月的雙重含義給自己的論集命名,着實提升了大作的水準。但在這裏,我們更樂意理解爲作爲"貝殼"的海月,因爲文集本身選錄的 12 篇文章,就像 12 個貝殼,串聯成作者在唐代宗教文學研究中一串璀璨而別致的項鏈。

深澤教授早年修習經濟學,但卻出於興趣轉而攻讀文學部的研究生。他的第一篇論文《論孟浩然的詩》,寫於 20 歲出頭,已經嶄露頭角,顯示了作者在中國古典文化上的堅實基礎。深澤教授早年還有一篇文章《韋應物的歌行》,在一次與吉川幸次郎的談話中,吉川先生就指出論文對韋應物詩有嚴重的誤讀之處,實際上當時作者也不過二十四五歲。面對一些佶屈生澀的古詩文作品,以中文爲母語的學者尚且犯難,對一位異邦漢學家來說,更是一個巨

---

[1] 深澤一幸:《詩海撈月:唐代宗教文學論集》,第 276 頁。

大挑戰,没有非凡的定力和高深的識見,實難攻克。《詩海撈月》中的其他論文,也還偶見這種誤讀和值得商榷的表述。

《杜甫與道教》第三節在談杜甫的《三大禮賦》時,提到杜甫30歲左右即開元二十九年(741)寫的長篇五言排律《冬日洛城北謁玄元皇帝廟》詩,認爲也體現了濃厚的道教氛圍。這首詩杜甫本人注云"廟有吴道士畫五聖圖",爲敍述方便,下面節引這首詩:

配極玄都閟,憑高禁御長。
守祧嚴具禮,掌節鎮非常。
碧瓦初寒外,金莖一氣旁。
山河扶繡户,日月近雕梁。
仙李盤根大,猗蘭奕葉光。
世家遺舊史,道德付今王。
畫手看前輩,吴生遠擅場。
森羅移地軸,妙絶動宫牆。
五聖聯龍衮,千官列雁行。
冕旒俱秀發,旌旆盡飛揚。①

在這裏,作者認爲"畫手看前輩,吴生遠擅場"句下所描述的是廟墙上有吴道玄畫的"五聖"壁畫,"五聖"是指從唐王朝高祖開始到太宗、高宗、中宗、睿宗這五位皇帝,并引唐人康駢《劇談録》的記載加以説明。《劇談録》卷下"老君廟畫"條云:"東都北邙山,有玄元觀。南有老君廟,臺殿高敞,下瞰伊洛。神仙泥塑之像,皆開元中楊惠

---
① (唐)杜甫撰,謝思煒校注:《杜甫集校注》,上海古籍出版社,2015年,第1345頁。

之所製,奇巧精嚴,見者增敬。壁有吳道玄畫五聖眞容及老子化胡經事。丹青絶妙,古今無比。"①作者明確認爲這五聖就是玄宗之前的五位唐皇,"五聖聯龍衮,千官列雁行"形容的正是這種壯觀的場面。② 但這裏吳道子所畫五聖,或許並非世間的這五位皇帝,而是指東華天地君、南極天帝君、扶桑大帝、西靈天帝君、北眞天帝君。唐代官方造像神系中,老子或三清之下的主神就是"五帝",《八十七神仙卷》和武宗元《朝元仙仗圖》就繼承了以五帝爲主體的構圖,今四川仁壽縣牛角寨石窟第40窟的三清窟,開鑿年代爲天寶八載(749),此時道教神系已經確立普及,該窟三清像後五位雙手捧笏的主神就是五天帝。③ 在玄元廟中,當朝皇帝的神位並不會成爲五帝主神,有時候玄宗的塑像或畫像只能侍立一旁,深澤教授這裏以爲所畫即爲前朝五位皇帝,無疑人爲地提高了他們的神譜地位。

另外,《李商隱與〈真誥〉》一文中,深澤教授花了很大功夫比對《雲笈七籤》卷九七中《萼緑華贈羊權詩三首并序》與《真誥》卷一《運象篇》開頭部分的《萼緑華詩》,分析《雲笈七籤》的改編方式。而《太平廣記》所引《真誥》的萼緑華故事,與《雲笈七籤》的改編格式相同,所以《太平廣記》與《雲笈七籤》屬於同一個系統,有别於道教内部流傳的原本《真誥》,是一個改編本,而韋應物、白居易等人詩作中透露的《真誥》信息都屬於這個系統。這部分考訂,深澤用力頗深。《真誥》的確存在七卷本、十卷本、二十卷本的差異,④但

---

① (唐)康駢撰:《劇談録》,古典文學出版社,1958年,第46頁。
② 深澤一幸:《詩海撈月:唐代宗教文學論集》,第58頁。
③ 參閲景安寧:《元代壁畫:神仙赴會圖》,北京大學出版社,2002年,第181—182頁。
④ 關於《真誥》版本的考訂,詳見陶弘景撰、趙益點校《真誥》"前言",中華書局,2011年,第26—33頁。

出於宗教内部的寶經觀念，不大可能隨意更改《真誥》内容，而非變更卷帙大小，仍以《真誥》之名流通的。但從《真誥》中抽取部分内容重編一本道經則是完全可能的，實際上深澤教授文章開頭已經提到了，就是《諸真歌頌》《衆仙讚頌靈章》兩部道經。這兩部道經從《真誥》中抽離部分詩歌作品，重予編輯，單册流行，任繼愈、鍾肇鵬主編的《道藏提要》未提及他們的編輯年代，但施舟人等編輯的《道藏通考》都署作唐代。① 另外，不同人看了同一部道經，從而在詩作中有不同表現，在常理上也是很自然的事情，以此逆推他們所閲道經爲不同版本，想必推測的成分更多一些，不能成爲定論。

瑕不掩瑜，譯文還有個別錯字，如《杜甫與道教》第五節，引岑參詩《太一石鱉崖口潭舊廬召王學士》中的"驟雨鳴浙瀝"，"浙瀝"誤作"浙瀝"；②《李商隱與真誥》第二節中引用韋應物的詩集，誤作《韋江州集》；③《李商隱與佛教》第三節引李商隱《唐梓州慧義精舍南禪院四證堂碑銘并序》，"碑銘"誤作"砷銘"。④ 另外，全書選篇的引文，多未標明出處，有些引文還存在破句或引用錯訛處。以上如有再版機會，望編校者能予勘定。

（原文刊載於《中外論壇》2021年第1期）

---

① Kristofer Schipper（施舟人），Franciscus Verellen（傅飛嵐）eds.，*The Taoist Canon: A Historical Companion to the Daozang*（《道藏通考》），Chicago: The University of Chicago Press，2004，p.626.
② 深澤一幸：《詩海撈月：唐代宗教文學論集》，第64頁。
③ 同上書，第177頁。
④ 同上書，第241頁。

後　　記

　　這本小書所收的文章，大部分是近十多年來發表過的零篇散什，所涉範圍，大致在道教文學、道經文獻和教理教義等研究領域。原來的題目叫"雲笈管蠡：道教文獻與文學考論"，但是有幾篇斗膽跨界的書畫研究，又不屬於純粹的道經文獻，所以乾脆去掉副標題，就用"雲笈管蠡"這個包羅比較廣的題目了。"雲笈"，又稱"寶笈""玄笈""瓊笈"。道教經義以爲鴻蒙之初，龍章鳳篆如垂天之雲，就已蘊於太空，故"雲笈"有"道經书篋"義，後泛指道教經藏。張君房的《雲笈七籤》縮編於《大宋天宫寶藏》，書名"雲笈"即用此意。皮日休有這樣的詩句"緑書不可注，雲笈應無鑰"，用的也是這個意思。雲笈雖"無鑰"，但不是"無解"，通過管窺蠡測，仍有略得一斑的可能。

　　之前發表過一些杜光庭研究的論文，但大都與博士論文相關，博士論文 2005 年就已經出版，此次結集不想再重複那個階段的工作。這裏收的 18 篇論文，只有一篇與杜光庭有點關係，即《洞玄靈寶三師記》作者與會昌滅佛問題的相關考察。關於這部道經的作者，上海社科院的白兆傑先生也有深入研究，今年我還曾到浙江省縉雲博物館專門考察了劉玄靖的斷碑，博物館工作人員還把殘碑的拓片複製一份給我。最近，業師陳尚君教授也特意傳來復旦中文系唐雯教授輯補的一篇《廣成先生劉玄靖傳》。這部篇幅很小的道經，關涉極廣，内中還有很多有待發掘的細節與真相，但本人一直没有更深入的探討，放在集中，也是提醒自己——這是一篇"未完待續"之作。

書中還有數篇宋代道教文學與文獻的論文，都是這些年撰寫《宋代道教文學史》的副産品。在整個《中國宗教文學史》的研究團隊中，我差不多是最後交稿的一位，但我跟武漢大學吴光正教授曾作過這樣的解釋：慢是慢了，但一定是認真的。目前，500多頁的《宋代道教文學史》也即將出版，事後時常感慨：多虧慢點來，爲此我得以參考了最新的研究成果，可以做得更深入更細緻一些。

幾篇道家金石、書帖、書畫的研究，是我這幾年越來越感興趣的一個領域。尤其在書畫方面，以前研究大都從藝術鑒藏等角度加以考察，但書法和題畫的詩文文本，很少有人認真比對、研讀，而這類文本往往有很高的校勘價值，包涵了豐富的歷史文化信息。目前，我僅僅考察了楊凝式的《新步虚詞十九章》和徽宗的部分書畫，就發現之前有很多誤讀，也能校正多處流行刊本的錯誤。這樣的文本還有許多，如王羲之的《黄庭經》、鍾紹京的《靈飛經》、顔真卿的《麻姑仙壇記》、張即之的《度人經》、趙孟頫的《道德經》等，深入文本，一定會有新的發現。又如仙道畫作，凌郁之教授編著的《李公麟畫譜》，最近剛出版，其中卷四"道釋"類有不少仙道題材的畫譜，這不僅可以因文見畫、以文存畫，這些文字本身就很值得考察。

從十年前完成《杜光庭記傳十種輯校》以來，學術興趣轉向《歷世真仙體道通鑑》和道藏歌詩步虚詞的研究上來。同樣"出手很慢"，《歷世真仙體道通鑑校正》至今尚未出版，但未曾一刻忘懷，有時候夢裏都是各種焦慮。如果要給自己找點理由的話,養倆娃的工作量堪比兩個重大項目。有一位外國智者說過,沒有什麼比陪孩子更重要的事情,等老了就會發現,只有孩子是真實的。別的沒記住,就記住這句話的大意了,從而更加"疲亦樂此"。所以,帶娃開會成了常事,甚至帶娃上課也有數次。疫情網課期間,偶爾忘記關視頻,我這就只能傳出孩子的哭鬧聲了。好在他們都如期長大,老大已經比我高出一截,二寶也越來越懂事。想來這十多年,還有無數師友的提攜和幫助,才得以奔奔坎坎地走過來。

　　2000年開始跟陳尚君教授讀書,至今倏已23年了。當學生的時候,見到陳老師,更多的是像神一樣的敬畏,但隨着年資的虛增,我們這些老學生,能更多地見到陳老師作為人的一面,這個時候更能品出老師對學生的那種厚愛和付出。如今我也帶了好幾屆的博士,越發覺得導師的重要意義不在於知識的傳授,而是學術品格和精神氣質的影響,所謂不言之教也。

　　在道教文學、文獻研究的路上,臺灣"中研院"院士李豐楙教授也給予了各種幫助。我們在讀書的時候,李教授的著作還只有臺灣出版的版本,後來中華書局結集為三冊,為我們了解道教文學研究的至高境界和前沿動態,提供了很大方便。2016年春,我在臺灣"中研院"訪學期間,李教授和夫人劉苑如教授對我關照有加,至今銘記。柏夷(Stephen R. Bokenkamp)教授是非常活躍的美國漢學家,早年師從薛愛華(Edward H. Schafer,1913—1991)等漢學大家,其《早期道經研究》(*Early Daoist Scriptures*)和《祖先與焦慮》(*Ancestors and Anxiety*)享譽國際學界。這些年的《真誥》英譯也已經部分出版,引起很大的反響。結識柏夷教授是在香港浸會大學2015年"文學與宗教"國際會議上,那次我講步虛詞的問題，柏夷提了個問題，我也忘了怎麽回答，會議休息時，他過來跟我招呼，並當場拷貝了他的碩士論文。後來，我把這篇西方最早的系統研究步虛詞的論文翻譯成中文，發表在《古典文獻研究》（第21輯，2018年）上。從那以後，我們一直保持着比較密切的學術聯繫。這次小書結集，想請他寫幾句話，他慨然應允，很快寫了一篇充滿激情的序，並委托自己的学生武薇博士翻譯成中文寄給我，爲拙著增色不少。業師尚君教授、李豐楙教授和柏夷教授都是長我20歲上下的前輩，他們分別來自大陸、臺灣地區和美國，很好地詮釋了什麽是"學術無界"和中外一也的學術傳承。

這十多年，要感謝的人很多，但路還長着，作爲一個階段總結和新的起點，感謝的話先藏在心底。最近重拾《老子》，每天車裏放的都是《老子》的誦讀，就以其中的這樣一句話作結吧：

天地之間，其猶橐籥乎？虛而不屈，動而愈出。多言數窮，不如守中。

羅争鳴

2023年12月華東師範大學

圖書在版編目(CIP)數據

雲笈管蠡／羅爭鳴著. —上海：上海古籍出版社，2024.1
ISBN 978-7-5732-0954-2

Ⅰ.①雲… Ⅱ.①羅… Ⅲ.①道教－文集 Ⅳ.①B958-53

中國國家版本館CIP數據核字(2023)第234864號

雲笈管蠡

羅爭鳴 著

上海古籍出版社出版發行

(上海市閔行區號景路159弄1-5號A座5F 郵政編碼201101)
(1)網址：www.guji.com.cn
(2)E-mail：guji1@guji.com.cn
(3)易文網網址：www.ewen.co

常州市金坛古籍印刷廠有限公司印刷

開本890×1240 1/32 印張13.625 插頁8 字數306,000
2024年1月第1版 2024年1月第1次印刷
ISBN 978-7-5732-0954-2
B·1360 定價：88.00元

如有質量問題，請與承印公司聯繫